Aplicativos e Direito do Trabalho: A Era dos Dados Controlados por Algoritmos

Aplicativos e Direito do Trabalho: A Era dos Dados Controlados por Algoritmos

2ª Edição

Revista, ampliada e atualizada

Ana Paula Silva Campos Miskulin

LACIER

LACIER

Lacier Livraria e Editora
www.livrarialacier.com.br

Rua Doutor Quirino, 808 – Centro
CEP 13015-081 – Campinas, SP – Brasil

Agosto, 2022

Diretor: *Lacier José de Rezende*
Diretor assistente: *Eduardo Soares Aureliano*
Projeto de capa: *Fabio Giglio*
Projeto gráfico e editoração eletrônica: *Peter Fritz Strotbek – The Best Page*

Ficha Catalográfica

Dados Internacionais de Catalogação na Publicação (CIP)
(Câmara Brasileira do Livro, SP, Brasil)

Miskulin, Ana Paula Silva Campos

Aplicativos e direito do trabalho : a era dos dados controlados por algoritmos / Ana Paula Silva Campos Miskulin. — 2. ed. — Campinas, SP : Lacier Editora, 2022.

Bibliografia
ISBN 978-65-88805-39-8

Programas de computador 3. Direito comparado 4. Direito do trabalho 5. Tecnologia e direito I. Título.

22-121622 CDU–34.331

Índices para catálogo sistemático:

1. Direito do trabalho 34.331

Cibele Maria Dias – Bibliotecária – CRB-8/9427

Dedico este trabalho a minha avó Preta,
por todo amor e carinho que sempre me dedicou.

À minha mãe, pois sei que este trabalho
também é uma realização para ela.

Aos meus filhos, na expectativa de que também carreguem
consigo todo este amor e alegria de viver que trago em mim.

Agradecimentos

A Deus, por me conceder o dom da vida e me dotar de entusiasmo nesta caminhada terrestre.

À minha mãe, que me criou com tanto amor e, com seu exemplo, me ensinou a sonhar e trabalhar duro pelos meus propósitos, sem nunca esquecer minhas origens.

À minha família Pereira, da qual tanto me orgulho pela união e afeto uns com os outros.

À minha família Miskulin, com quem aprendi tantas coisas e assimilei tantos exemplos de bondade e resiliência, especialmente aos queridos tios Cláudia e Carlos que, por um ano, fizeram da sua casa também o meu lar.

Ao meu marido, Fábio Miskulin, que dividiu comigo os cuidados com nossos três filhos, amenizando minhas ausências.

Aos meus filhos, Pedro, Lucas e Maria Clara, por me concederem a oportunidade mais maravilhosa e desafiadora que já experimentei na vida, que é a de ser mãe.

Ao meu orientador, professor doutor Guilherme Feliciano: faltam-me palavras para agradecer não só pela oportunidade honrosa que me concedeu, mas também por tudo que me ensinou, jamais deixando nenhuma pergunta sem resposta, ainda que fosse instado após um longo dia de trabalho, nos fins de semana, ou mesmo de madrugada.

Aos meus professores, por todos os ensinamentos ao longo da vida, nas pessoas de Ivaldeci Emília da Silva Luz, que me alfabetizou, Maria Nivea Taveira Rocha, que me fez gostar de Direito do Trabalho, Otávio Pinto e Silva, Paulo Eduardo Vieira de Oliveira, Antônio de Freitas Júnior, Adriana Calvo, Zélia Pierdoná, José Maurício Conti e Dário Moura Vicente, pelas aulas inesquecíveis nas Arcadas, e Homero Mateus Batista da Silva, que um dia fomentou o sonho de estar aqui.

Ao Tribunal Regional do Trabalho da 15ª Região, instituição à qual tenho muito orgulho de pertencer, que me oportunizou um licenciamento de oito meses, indispensáveis para aprofundar os estudos e redigir a maior parte deste trabalho, muitos dos quais subsidiados por material obtido com auxílio dos prestimosos servidores da biblioteca a quem também agradeço.

Aos servidores da Vara do Trabalho de José Bonifácio minha gratidão, por tornarem o meu local de trabalho a minha segunda casa e por me apoiarem em todos os momentos. Aqui faço um registro especial à querida Andrea Basílio, "minha" assistente, por todo empenho e envolvimento para que este trabalho fosse exitoso, e ao "meu" oficial de Justiça Marlon Murari, pois, com ambos, pude discutir várias ideias que aqui estão.

Aos meus queridos colegas da faculdade, pelas alegrias e dificuldades compartilhadas e pelos inesquecíveis almoços e cafés em torno da São Francisco: Gabi, Marco, Agnes, Adib, Mariana, Sandra, Claudirene e Olívia. A esta, meu agradecimento especial por tudo quanto me ensinou sobre pesquisa em todas as suas fases.

Agradeço ao senhor Augusto, que trabalha na portaria do estacionamento da Faculdade de Direito, por me fazer companhia em todas as segundas-feiras, à noite, enquanto eu esperava pelo transporte, zelando pela minha segurança.

Aos vários professores, amigos, familiares, colegas de trabalho do núcleo TADT ou dos grupos de discussão que me subsidiaram com material, dúvidas, debates ou auxílio, os quais faço questão de citar nominalmente: Luiz Alberto, Edna, Márcio Miskulin, Kelse, Luiz Bittencourt, Francisco Peixoto, Catharina Scodro, Camilla Lellis, Carol Cury, Patrícia Helena, Márcio Tamada, Túlio Massoni, Rafael Miziara, Ricardo Laraia, João Batista, Carla Leal, Pepe, Renan Kalil, André Zipperer, João Renda, Jouberto, Adriana Calvo, Cristiano Jarreta, Marco Serau, Zélia Pierdoná e Platon.

Finalmente agradeço ao amigo Radson, que fez a leitura deste trabalho e contribuiu com significativos aportes, e ao querido casal Sandra e Teté, por todos os momentos de alegria, afeto e descontração.

Sumário

Lista de Siglas

AAR .... *Asociación Autónoma de Riders*
AIP .... Acordos de Interesse Profissional
AMT .... *Amazon Mechanical Turk*
APP .... *Asociación de Personal de Plataformas*
APRA .... *Asociación Profesional de Riders Autónomos*
Asoriders .... *Asociación Española de Riders Mensajeros*
B2C/C2B .... *Business-to-consumer / Consumer-to-business*
B2G/G2B .... *Business-to-government / Government-to-business*
CDEICS .... Comissão de Desenvolvimento Econômico, Indústria, Comércio e Serviços
CEO .... *Chief Executive Officer*
CERN .... *Centre Européen pour la Recherche Nucléarie*
CFM .... Conselho Federal de Medicina
CIDE .... Contribuição de Intervenção no Domínio Econômico
CLT .... Consolidação das Leis do Trabalho
CMSI .... Cúpula Mundial sobre a Sociedade da Informação
CTPS .... Carteira de Trabalho e Previdência Social
DIAP .... Departamento Intersindical de Assessoria Parlamentar
EPI .... Equipamentos de Proteção Individual
EUROFOUND ... *European Foundation for the Improvement of Living and Working Conditions*
FGTS .... Fundo de Garantia do Tempo de Serviço
G2C/C2G .... *Government-to-consumer/consumer-to-government*
G2G .... *Government-to-government*
HITs .... *Human inteligent tasks*
IBGE .... Instituto Brasileiro de Geografia e Estatística
IBOPE .... Instituto Brasileiro de Opinião Pública e Estatística
INSS .... Instituto Nacional do Seguro Social

IOT .... *Internet of Things*
LCT .... Regime Jurídico do Contrato Individual de Trabalho
LETA .... Estatuto do Trabalho Autônomo da Espanha
LGBT .... Lésbicas, Gays, Bissexuais, Travestis, Transexuais e Transgêneros
LGPD .... Lei Geral de Proteção de Dados
LSN .... *Legal Scholarship Network*
MEI .... Microempreendedor Individual
NLRB .... *National Labor Relations Board*
NSE .... *Non-standard employment*
OCDE .... Organização para a Cooperação e Desenvolvimento Econômico
OGMO .... Órgão Gestor de Mão de Obra
OIT .... Organização Internacional do Trabalho
ONU .... Organização das Nações Unidas
PAT .... Programa de Amparo ao Trabalhador
P2P .... *Peer-to-peer*
PIDCP .... Pacto Internacional dos Direitos Civis e Políticos
PIDESC .... Pacto Internacional dos Direitos Econômicos, Sociais e Culturais
PL .... Projeto de Lei
PNAD .... Pesquisa Nacional por Amostra de Domicílios
RGPS .... Regime Geral de Previdência Social
RTC .... Regulamentação do Código do Trabalho
SEBRAE .... Serviço Brasileiro de Apoio às Micro e Pequenas Empresas
SEO .... *Search Engine Optimization*
SIBiUSP .... Sistema Integrado de Bibliotecas da Universidade de São Paulo
TIC .... Tecnologias da informação e comunicação
TRADE .... Trabalhador Autônomo Economicamente Dependente
TRT .... Tribunal Regional do Trabalho
TST .... Tribunal Superior do Trabalho
TVDE .... Transporte individual e remunerado de passageiros em veículos descaracterizados
Ubra .... União da Brasilândia
www .... *world wide web*

"Mas, tão certo quanto o erro de ser barco
A motor e insistir em usar os remos
É o mal que a água faz, quando se afoga
E o salva-vidas não está lá porque não vemos."

(Renato Manfredini Junior / Renato Da Silva Rocha,
"Daniel na cova dos leões" — Legião Urbana, Dois, 1986)

Apresentação

Com muita alegria e responsabilidade recebi o convite da autora, a Juíza **Ana Paula Silva Campos Miskulin,** para fazer a apresentação de seu livro, que é fruto de dissertação de mestrado, defendida perante a prestigiosa Universidade de São Paulo e orientada pelo Professor e Magistrado **Guilherme Guimarães Feliciano.** A banca foi composta pelos Professores-doutores **Antônio Rodrigues de Freitas Júnior, Jouberto de Quadros Pessoa Cavalcante** e **Maria Hemília Fonseca.** A defesa aconteceu no dia 28 de janeiro de 2021.

Antes da defesa, tive o privilégio de haver dialogado com a autora em várias ocasiões, tanto em seminários sobre o tema, como em conversas que foram muito proveitosas para mim.

A proposta da obra é "*a construção de uma via de acesso a uma proteção jurídico-laboral que assegure aos trabalhadores sob demanda em plataformas digitais um estatuto protetivo mínimo, sem o qual é inviável concretizar o ideal do trabalho decente para todos, e não apenas para os empregados.*" Para tanto, Ana Paula inicia com a contextualização dos impactos da tecnologia no Direito do Trabalho, sobretudo trazendo dados sobre as consequências da automação no futuro do emprego, apontando ainda o aumento da informalidade.

O trabalho situa ainda o surgimento da internet e a configuração da sociedade da informação e seus influxos na economia. A partir daí, nossa autora, faz uma ampla e rica pesquisa sobre a própria designação dessa nova economia, sobretudo a partir de três chaves: (I) *crowdsourcing*, (ii) economia colaborativa e (iii) *gig economy*.

De nossa parte, temos optado pela designação de *data-driven economy*, já que o fenômeno que emerge das interações sociais, culturais e econômicas reticulares é a ampla hegemonia do *big data* produtivo, pela captura de dados pessoais de cidadãos, consumidores e trabalhadores. Nesse cenário, o trabalho orientado a dados é que nos parece deva demandar maior atenção doutrinária a partir do presente momento.

Ana Paula, a partir de um levantamento da doutrina internacional sobre a tipologia das plataformas eletrônicas, parece optar pela classificação de SCHMIDT, que foca a questão do mercado, para em seguida proceder a um detalhado estudo das plataformas digitais oferecidas ao consumidor brasileiro.

Seu estudo, sem dúvida, é o mais amplo que temos disponível na doutrina nacional sobre a abrangência do fenômeno do mercado e do trabalho plataformizado.

Nossa autora fez também um excelente apanhado das propostas regulatórias do trabalho plataformizado no Direito do Trabalho comparado, bem assim de algumas principais propostas que tramitam no âmbito legislativo brasileiro.

Muito importante o levantamento do Direito Comparado que Ana Paula faz em relação ao fenômeno, nascido na Itália, do trabalho parassubordinado, modalidade que se espraiou por toda Europa, especialmente Reino Unido, Alemanha e Espanha.

Importante também a análise que a obra apresenta em relação ao contrato zero-hora, de origem inglesa, batizado aqui pela reforma trabalhista de trabalho intermitente. Traz ainda a proposta do Professor SHOLZ do chamado cooperativismo de plataforma.

Ao final, Ana Paula elenca seis pilares mínimos para a tutela jurídica dos trabalhadores de plataformas, nomeadamente, (i) salário mínimo, com periodicidade mensal, (ii) limite de jornada e direito à desconexão, (iii) saúde e segurança no trabalho, (iv) informação e portabilidade de dados, (v) livre associação e negociação coletiva e (vi) proteção previdenciária, direitos esse que, em suas palavras, mesmo em se abstraindo *"da classificação atribuída ao trabalhador, a pesquisa concluiu que é possível atribuir proteção jurídico-laboral aos trabalhadores sob demanda intermediados por plataformas digitais mediante os pilares legais atualmente existentes, de modo que, não sendo o caso de se caracterizar o vínculo empregatício, quando terão todos os direitos da CLT, ainda assim façam jus a um estatuto mínimo de direitos."*

Na era da economia *orientada a dados*, do capitalismo de rastreabilidade, da vigilância pós-panóptica, por meio das redes sociais e de plataformas digitais, da transição da sociedade da *disciplina* (FOUCAULT) para a sociedade do *controle* (DELEUZE), do contrato-hiper-realidade de trabalho, da *potentia* da multidão (ESPINOSA) que labuta em confronto com o poder (*potestas)* financeiro, tecnológico e dos dados, emerge a necessidade de o Direito do Trabalho desenvolver ferramentas conceituais para lidar com essa realidade. O capitalismo é muito mais um organismo, do que uma estrutura, que se impõe metamorfoses fluidas, de forma a dificultar a progressividade do rol dos direitos daqueles que trabalham.

O Direito do Trabalho Comparado vem sofrendo uma rápida adaptação legislativa e jurisprudencial para tentar responder às alucinantes transformações que a *data-driven economy* vêm impondo às relações de trabalho.

Nesse sentido, o Direito do Trabalho brasileiro, do ponto de vista conceitual, precisa acompanhar essa tendência, e por essa razão demanda uma certa *update* doutrinária para lidar, de uma forma mais operacional e consistente, com as relações contemporâneas de trabalho *rastreável*, regidas pelas plataformas e aplicativos eletrônicos, pela inteligência artificial e pelo *big data* produtivo, sobretudo no âmbito da afetividade, do *marketing* e da reterritorialização digital, enfim da passagem da *sociedade metalúrgica* para a *sociedade semiúrgica* (BAURDRILLARD).

A tarefa da doutrina é, de forma analítica, qual coruja hegeliana, reconstruir de forma crítica a geografia do pensamento da tecnologia no direito e no trabalho, após o entardecer do mundo da emergência e da inovação. O direito sempre esteve a reboque da realidade.

A coruja, a metáfora do conhecimento para HEGEL, como se sabe, parte do mito da Deusa Athena — Minerva em Roma — que se fez humana, para convencer as pessoas a respeitarem os deuses, mas foi vencida pela habilidade de Arachne de tecer teias. Pode-se arriscar a afirmar que as teias e as redes ressurgem da mitologia greco-romana como habilidade essencialmente humana, como potência virtual para enfrentar a transcendência. A imanência da rede, em releitura de ESPINOSA, como potência (*potentia*) contra a atualização do poder (*potestas*); contrapoder diria NEGRI.

A potência virtual de emancipação da sociedade em rede tem um outro lado da moeda: o *enredamento*. Os fluxos da rede são emanações de sua potência e de seu poder. NEGRI nos revela a disputa política entre a *potência constituinte* e o *poder constituído*; tanto poderes públicos, como poderes econômicos, que cooptam, cristalizam e paralisam a potência da *multidão* conectada, convertendo-a em massa — de manobra.

A inteligência artificial, de aprendizado, passa a ser tecida, instrumentalizada, para captura e armazenamento de dados sociais na rede. Não há mais especificidade de dados sensíveis; na era do *Big Data*, todos os dados são sensíveis, biopolíticos. Até a opção reiterada por um sabor de pizza comprada via plataforma eletrônica passa a ser informação estratégica. Informação é poder; megadados capturados em rede, são escrutinados e transformados em megapoderes.

A adequação doutrinária e esses novos impactos tecnológicos, como nos propõe Ana Paula, dispensa qualquer tipo de alteração legislativa na regulação do trabalho no Brasil, mas é preciso que os juristas compreendam o tom e o grau da evolução do conceito de valor e da organização produtiva no capitalismo dos dados e das relações cognitivas, criativas e de afeto.

O que se percebe é que a tendência da economia de plataforma faz emergir a figura do trabalho fantasma, prestado materialmente por bilhões de trabalhadores no planeta, que passam a ser arregimentados de forma massiva, com alto grau de aleatoriedade, baixíssima comutatividade e captura da sua energia de cooperação social. O resultado é a exponencial redução da porosidade desse labor, com a consequente derrubada da renda do trabalho.

Considero um privilégio a oportunidade de acesso ao conteúdo dessa obra antes de sua publicação. A Juíza e Professora Ana Paula Miskulin já é, sem favor algum, uma das maiores especialistas no tema no Brasil e, nesta publicação, disponibiliza aos especialistas, pesquisadores e também aos profissionais da advocacia, da magistratura e do ministério público seu conhecimento profundo, consistente e amadurecido. Este livro é imprescindível tanto para o estudo acadêmico, como também para a prática profissional, no âmbito contencioso ou consultivo.

A rede mais enreda que liberta. BARABASI já havia formulado matematicamente essa incômoda constatação. O desabafo de Umberto Eco, em sua Aula Magna da Universidade de Turin, após receber a láurea *honoris causa* em "Comunicação e Cultura de Mídia", no sentido de que as redes sociais deram estatuto de verdade à vociferação de uma legião de imbecis, deixou claro que temos de trabalhar muito ainda para que o sonho de Pierre Lèvy, com a 'inteligência coletiva' da rede, não se transforme numa utopia algo ingênua, ou pior ainda, numa pura distopia tecnológica. DELEUZE *et* GUATTARI dizem explicitamente o que a filosofia não é, mas talvez tenham querido dizer, com DILTHEY, que ela é, além da construção de conceitos, uma conexão, entre a vida, liberdade e dignidade no trabalho das pessoas.

José Eduardo de Resende Chaves Júnior

Doutor em Direitos Fundamentais. Professor adjunto do IEC-PUCMINAS. Professor convidado do programa de pós-graduação (mestrado e doutorado) da UFMG. Desembargador aposentado do TRT-MG. Diretor do Instituto IDEIA — Direito e Inteligência Artificial. Advogado.

Prefácio

Vivemos tempos líquidos, estranhos e — em muitos sentidos — revolucionários. Sedimentadas as bases materiais de desenvolvimento da sociedade capitalista, cinco séculos após o início da chamada "acumulação primitiva" (ou "acumulação prévia", se quisermos seguir Adam Smith), os incontáveis câmbios sociais, econômicos e comportamentais associados direta ou indiretamente às revoluções industriais revelam-se tão abruptos e significativos que, dissemos alhures, chegaram às raias da *radicalidade*. Basta ver que a humanidade progrediu, entre os séculos XIX e XXI, mais do que houvera progredido desde então, desde os primórdios da civilização (*i.e.*, há 8 mil anos). São do nosso tempo o motor elétrico e a combustão, a lâmpada, a penicilina e os antibióticos derivados, as vacinas e, no que aqui interessará de perto, o computador e a *internet*. Nessa ensancha, fala-se inclusive em uma *quarta revolução industrial* (ou "indústria 4.0"),[1] que ressignifica os processos produtivos e reinventa o nosso "ser-no-mundo" heideggeriano: a nanotecnologia, a biotecnologia, a biologia sintética, a impressão 3-D, os sistemas *cyber*-físicos, a inteligência artificial, os *cobots*, os *digital twins*, a *internet* das coisas, o *Big Data*, a computação em nuvem etc.

O que vem daí, para o Direito do Trabalho, não é propriamente uma surpresa. Como se poderia imaginar, essa nova realidade impactou severamente o mundo do trabalho, desenhando as alhetas da chamada *gig economy* — ou, dirão os eufemistas, "economia do compartilhamento" (*share economy*) —, que só pôde existir a partir da possibilidade técnica e econômica de angulações entre empresas e consumidores pelas inexpugnáveis trilhas virtuais. O valor de uso, agora, é mais instantâneo do que nunca fora; e o valor de troca, por seu turno, passa a se diluir por instâncias de intermediação eletrônica potencialmente infinitas.

De nossa parte, vamos denominá-la assim mesmo: *gig economy*, com toda a sua carga pejorativa. Trata-se da *economia do "bico"*, das tarefas inconstantes, do trabalho precário. Pois bem: uma das facetas mais polêmicas dessa nova econômica — o **trabalho sob demanda por plataformas digitais** (de que a *Uber* é a mais emblemática representante, a ponto de nominar o fenômeno) — é precisamente o objeto de estudo desta preciosa monografia que o leitor tem em mãos. A autora, ANA PAULA SILVA CAMPOS MISKULIN, juíza titular da Vara do Trabalho de José Bonifácio (Tribunal Regional do Trabalho da 15ª Região) e mestre em Direito do Trabalho pela Faculdade de Direito da

(1) V., por todos, SCHWAB, Klaus. *A quarta revolução industrial*. Trad. Daniel Moreira Miranda. São Paulo: Edipro, 2016., p. 16-18.

Universidade de São Paulo — título recentemente obtido com esta exata investigação —, vai apresentá-lo, amigo leitor, com o devido detalhamento científico e os necessários cuidados éticos, a esse vasto universo em construção.

E do que, afinal, trata este volume?

Trata das novas formas de organização do trabalho que o século XXI trouxe à sociedade de consumo de massa. O insuperável Valerio de Stefano(2) distinguiu, nesse desafiador contexto, duas principais novas formas de apropriação do trabalho humano: o *crowdwork* e o *work on demand*. O *crowdwork* — ou, literalmente, "trabalho em multidão" — envolve plataformas virtuais de trabalho coletivo destinadas à captação de prestações laborais, em um universo virtualmente global de potenciais prestadores, para o cumprimento de uma série de tarefas adredemente ordenadas (as ditas *tasks*). Nesse modelo, um número indefinido de organizações e indivíduos conectam-se livremente, como clientes tomadores e trabalhadores prestadores, em uma base de comunicações virtualmente global; e, por essa vereda, prestam-se os mais diversos serviços, desde microtarefas (*i.e.*, atividades extremamente curtas e simples, muitas vezes subalternas e monótonas, mas que ainda exigem algum tipo de julgamento humano ainda inalcançável pelos *softwares* de inteligência artificial) até tarefas mais extensas complexas (sempre mirando as chamadas *"human intelligence tasks"* — HITs). No campo empresarial, talvez o maior representante dessa modalidade seja a *Amazon Mechanical Turk* (*MTurk*), conectando *requesters* e *turkers*.

Já o *work on demand* — e é nomeadamente disto que trata o presente estudo — corresponde ao trabalho sob demanda via aplicativos. Seu representante mais eloquente, já o dissemos, é a *Uber* (e, já por isso, notabilizou-se a expressão "uberização do trabalho"); mas também se valem dessa modalidade um sem-número de plataformas, como *Ifood*, *99*, *Rappi*, *Deliveroo* etc. As possibilidades econômicas, do ponto de vista da reprodução acumulada do capital — empresas do tipo "ponto com", como a *Uber*, praticamente não precisam de capital imobilizado — e do acesso ao mercado consumidor, não têm precedentes: somente Brasil, em 2019 — cinco anos após a chegada da *Uber* —, tínhamos 125 milhões de brasileiros com acesso à *internet*, mais 220 milhões de *smartphones* em circulação. Um ano antes, em 2018, apenas nas regiões metropolitanas do país, 18 milhões de brasileiros haviam se valido regularmente de aplicativos para obter alguma remuneração. No mundo todo, *apps* de transporte e de entrega de comida superarão os 130 bilhões de dólares em faturamento em 2023, tendo à frente a China, a União Europeia e os Estados Unidos.

(2) STEFANO, Valerio de. The rise of the just-in-time workforce: On-demand work, crowdwork, and labor protection in the gig-economy. In: *Comparative Labor Law & Policy Journal*. Champaign: University of Illinois College of Law, 2015, v. 37, p. 1 e ss.

Mas, como em todas as "revoluções" anteriores, estamos diante de Janus, a mítica divindade regente do Lácio: há duas faces a fitar, cada qual olhando para uma direção, geralmente opostas entre si. Na visão das empresas titulares de aplicativos, o trabalhador *on demand* não está sob subordinação jurídica, não lhe sendo devidos quaisquer dos direitos típicos catalogados na Consolidação das Leis do Trabalho (nesse sentido, veja-se, *e.g.*, TST, RR 10575-88.2019.5.03.0003, 4ª T., rel. Min. Alexandre Luiz Ramos, j. 9.9.2020). A valer essa compreensão, reverte-se diametralmente a tendência contratual da primeira e da segunda revoluções industriais (do ferro/carvão e do aço/eletricidade, respectivamente) e se faz o "caminho de volta", tendendo à restrição/eliminação do "salariato" de tipo fordista-keynesiano.[3] Noutras palavras, regride-se da hegemonia do emprego para a hegemonia do "trabalho" (autônomo, eventual, parceiro, inominado). Parafraseando Ricardo Antunes,[4] o trabalhador uberizado é empresário-de-si-mesmo. Já não há limites regulares de jornada, descansos obrigatórios às expensas da empresa, ações regulares de proteção da saúde laboral e de redução dos riscos inerentes ao trabalho ou direito à remuneração mínima (bem ao contrário, de 20% a 30% do que se ganha é repassado à plataforma, independentemente do valor mensal arrecadado). Os trabalhadores não têm qualquer controle sobre os mecanismos de definição dos preços dos serviços, como ainda sobre outros dados algorítmicos que definem custos, preços e/ou trajetos, muitas vezes sem a intervenção humana (*i.e.*, por *softwares* de inteligência artificial). No caso específico da *Uber*, duas avaliações negativas tendem a bastar para o descredenciamento do motorista, sem informação suficiente ou contraditório prévio; e, porque se estabeleceu a dúvida quanto à natureza da relação jurídica que se estabelece entre o prestador de serviços e o aplicativo — há quem entenda sequer haver relação de trabalho (v., *e.g.*, STJ, CC n. 164.544, 2ª Seção, rel. Min. Moura Ribeiro, j. 28.8.2019) —, as ações judiciais que impugnam tais desligamentos sumários têm desaguado sobretudo na Justiça comum...

Deve-se indagar, porém, se esse quadro de marginalização normativa — para não dizer *social* — justifica-se à luz da própria ordem jurídica vigente. Serão as plataformas empresas de tecnologia que simplesmente "aproximam" consumidores e prestadores de serviços, como insistem em afirmar, ou são, ao revés, empresas de prestação de serviços que mobilizam a mão de obra dos trabalhadores *on demand* para atender à sua própria clientela? Em relação à *Uber*, o Supremo Tribunal espanhol já havia entendido se tratar de uma genuína empresa de prestação de serviços de transporte de passageiros, inclusive

(3) V., por todos, ALVES, Giovanni. Trabalho, capitalismo e formas do salariato: notas teórico-críticas. In: *O público e o privado:* Revista do Programa de Pós-Graduação em Sociologia da Universidade Estadual do Ceará. Fortaleza: UECE, jul./dez. 2005, n. 6, p. 124 e ss. (conquanto afirme, com razão, que "[o] *que está ocorrendo no interior do capitalismo global é a constituição de novas formas de salariato por conta da crise estrutural do capital, que desmonta as implicações salariais vigentes buscando recompor sua base de exploração da força de trabalho*").

(4) V., *e.g.*, ANTUNES, Ricardo. ANTUNES, Ricardo. *O privilégio da servidão:* O novo proletariado de serviço na era digital. São Paulo: Boitempo, 2018, *passim* (especialmente p. 34 e ss.). V. também, do mesmo autor, *Adeus Ao Trabalho?* Ensaio sobre as Metamorfoses e a Centralidade do Mundo do Trabalho. São Paulo: Cortez, 1995. *passim*.

para fins administrativos (v., *e.g.*, *STS*, Sala III, j. 4.6.2018); e, mais recentemente, reconheceu inclusive a natureza empregatícia da relação entre entregadores e os *riders* de plataformas digitais como *Glovo, Deliverro* e *Uber Eats* (*STS*, Sala IV, j. 23.9.2020). Entendemos que, realmente, não há como negar a existência de *relação de trabalho* entre o prestador de serviços e a empresa que titulariza o aplicativo, inclusive — no Brasil — para os fins do art. 114, I, da CRFB.

E essa relação de trabalho poderá ser *relação de emprego*, para os fins dos arts. 2º e 3º da CLT? Não vemos impedimentos para isso, desde que concretamente se verifiquem os elementos legais configuradores do vínculo de emprego (notadamente a subordinação — inclusive em acepção *estrutural*, para além do seu conceito "clássico" de base fordista--taylorista —, a não eventualidade e a pessoalidade, já que invariavelmente estará presente a onerosidade); mas cremos que isto só poderá ser definido *"in concreto"*, a partir do exame das características básicas da relação de trabalho, na perspectiva do trabalhador e/ou do modelo de aplicativo.

Ademais, ainda que se considere não haver relação de emprego, essa peculiar relação de trabalho não deve assegurar, a esses trabalhadores *on demand*, direitos sociais mínimos, tanto no campo previdenciário (aposentadoria, auxílio-doença, auxílio-acidente, licença-maternidade etc.) como sobretudo no campo trabalhista (direito à desconexão, direito à redução dos riscos inerentes ao trabalho, direito à informação laboral — e, portanto, à transparência algorítmica —, direito à remuneração digna etc.)? O Reino Unido entendeu recentemente que sim (*UK Supreme Court, Uber BV* and others *v.* Aslam and Farrar, Lord G. Legatt, 19.2.2021), classificando tais trabalhadores como *workers* — uma categoria intermediária entre os *employees* (os empregados, i.e. trabalhadores subordinados com plenitude de direitos) e os *self-employed persons* (os trabalhadores autônomos) — e assegurando-lhes direitos sociais como férias e o salário mínimo oficial (excluído o tempo de espera de solicitações de corridas), que atualmente é de 8,72 libras por hora. Algo semelhante se passou na Califórnia (EUA), após as idas e vindas subsequentes à promulgação da célebre *"AB 5"*, lei estadual de 2019 que afetava especialmente os interesses de *Uber*, *Lyft*, *Doordash*, *Instacart* e *Postmates*, e mesmo após a aprovação popular da *Proposition 22*.[5]

Essa derradeira questão é a que, afina, ocupa especialmente os desideratos desta obra. E, para além disso, Ana Miskulin quer avançar, destrinçando, entre outros aspectos, a taxonomia das plataformas digitais de trabalho (transportes, aluguel, entregas, microtarefas, limpeza, serviços médicos, serviços criativos, serviços gerais etc.), os dilemas conceituais (passando por uma recensão comparativa das principais categorias jurídicas de trabalhadores, ordinárias e *sui generis*, nos sistemas legislativos mais relevantes para a matéria), as possibilidades regulatórias (incluindo um breve olhar crítico sobre os

(5) V., a propósito, a seção 2.4.2.3 deste volume.

principais projetos de lei que tramitam a respeito, como os recentes Projetos de Lei n. 3.748/2020, da Deputada Tábata do Amaral, e n. 4.172/2020, do Deputado Henrique Fontana) e a especificação dos principais direitos trabalhistas, específicos e inespecíficos, que devem compor o patrimônio jurídico dos trabalhadores *on demand* (ou, nas palavras da autora, o seu "estatuto mínimo").

Ao final, conclui a autora — a nosso ver, com todo acerto — que,

> [...] com base nos pilares legais existentes no ordenamento jurídico brasileiro, é possível estabelecer um estatuto mínimo de direitos aos trabalhadores sob demanda em plataformas digitais, contemplando as suas reivindicações e assegurando-lhes um trabalho digno e decente. [...] Tal estatuto deve ser composto por um salário mínimo com periodicidade mensal, limite de jornada e direito à desconexão, direito à saúde e segurança no trabalho, direito à informação e portabilidade de dados, direito à livre associação e negociação coletiva e direito à proteção previdenciária.

Agregaríamos a esse sucinto rol outros direitos que, a nosso ver, já estão incorporados à condição jurídica desses trabalhadores, *"de iure constituto"*, independentemente de quaisquer leis que se venham a aprovar; ou ao menos os especificaríamos. Assim se dá, p. ex., com o direito a repousos remunerados periódicos (o que pode ou não estar compreendido na ideia de "desconexão") e o direito à transparência algorítmica (o que pode ou não estar compreendido na ideia de "informação"), além das inalienáveis liberdades civis clássicas (de pensamento, de expressão, de opinião, de religião, de culto etc.), que podem se tornar cruciais, p. ex., quando estivermos diante de desligamentos unilaterais motivados por má avaliação. Mas, de modo geral, alinhamo-nos com o que Miskulin propõe, como estatuto jurídico mínimo, com ciência e comedimento.

Dito isto, resta-nos uma vez mais evocar Janus, agora pela milenar *"Eneida"* de Virgílio, e enunciar, com o romano, toda a nossa perplexidade:[(6)]

> [...] Duas portas a serem ditas, bélicas,
> Que santo horror ela defende e o cru Mavorte:
> Barras, cem ferrolhos de bronze as trancam;
> Sempre ao limiar de sentinela Jano. [...]
> Então a guerra é deposta,
> Que se abrande a idade de ferro; a encanecida

(6) Cfr., por todos, VIRGIL. *The Virgil Anthology:* The Eclogues, The Georgics and The Aeneid. [s.l.]: <www.Bybliotech.org>, mar. 2012, *passim* (The Aeneid, linhas 307-311 e 612-615). Do inglês: *"Two doors to be said, warlike, / What a holy horror it defends and the raw Mavorte: / Bars, a hundred bronze bolts lock them; / Always at the threshold of sentry Jano.* [...] *Then the war is deposed, / Let the iron age soften; the graying / Faith with Vesta, the brothers Quirino and Remo / Dictate laws; Jano locks the direct doors / With locks and knockers".*

Fé com Vesta, os irmãos Quirino e Remo
Ditem leis; Jano trave as duras portas
Com trancas e aldravas.

Realmente, não se poderia dizer melhor: a Poesia tem o dom de explicitar, pelas faculdades da empatia, o que a Ciência muitas vezes claudica em descrever. Cumpriria então indagar: para garantir trabalho, vale enaltecer o "santo horror" de *qualquer trabalho*? Reabriremos as aldravas do trabalho medieval em pleno século XXI?

Este livro não lhe dará respostas absolutas. Nem poderia. Mas lhe dará boas razões para pensar além do seu umbigo, especialmente quando apanhar o próximo *Uber*.

São Paulo, 16 de março de 2021.

Guilherme Guimarães Feliciano

Professor Associado II do Departamento de Direito do Trabalho e da Seguridade Social da Faculdade de Direito da Universidade de São Paulo. Membro Titular da Cadeira n. 53 da Academia Brasileira de Direito do Trabalho. Doutor e Livre-Docente pela Faculdade de Direito da Universidade de São Paulo e Doutor pela Faculdade de Direito da Universidade de Lisboa. Presidente da Associação Nacional dos Magistrados da Justiça do Trabalho (gestão 2017/2019). Juiz Titular da 1ª Vara do Trabalho de Taubaté/SP.

Introdução

A tecnologia sempre permeou o trabalho humano e, seja em que época for, causa fascínio e preocupação. Fascínio pelas facilidades proporcionadas para alguns e preocupação pelas consequências que sua destinação trará para outros, pois a tecnologia não muda as pessoas, são as pessoas que mudam e direcionam a tecnologia, conforme seus interesses.

A internet descortinou um mundo novo no fim do século passado e, com o passar do tempo, especialmente com a chegada do *smartphone* iPhone em 2007, permitiu às pessoas o acesso à informação, a participação direta na construção do seu conteúdo e a comunicação individual ou coletiva, simultânea e instantânea entre as pessoas, independentemente do horário ou da localização geográfica.

Essa interação coletiva entre as pessoas deu origem a fenômenos, como o *crowdsourcing*, a economia colaborativa e chamou a atenção para outros, como a *gig economy*, comumente empregados como sinônimos, mas que revelam conceitos distintos, embora não raro sejam citados para se referirem ao trabalho não como um meio de subsistência, e sim como um passatempo ou "bico".

A interação entre a realidade digital, física e biológica, tornou factíveis algumas possibilidades (realidades) que somente eram imaginadas em cenas de filmes havia pouco. Impressão 3D, internet das coisas e inteligência artificial eram tecnologias distantes do dia a dia das pessoas.

A convergência entre a internet e as tecnologias de comunicação e informação aprofundou as mudanças estruturais pelas quais as organizações empresariais já vinham passando nas últimas décadas, no intuito de se tornarem empresas mais enxutas, com administração não mais concentrada nas mãos dos seus proprietários, e sim nas dos CEOs, e marcadas por uma cultura que tem por foco a valorização da marca, e não as etapas do processo produtivo que podem ser externalizadas e, mesmo assim, controladas e fiscalizadas de forma remota, para assegurar a qualidade dos produtos.

Nesse contexto, surgiram as plataformas digitais, que inicialmente se popularizaram, no formato de entretenimento, com a disseminação das redes sociais e, pouco tempo depois, sob a forma de prestação de serviço, com o surgimento da empresa *Uber* em 2009, cujo modelo de negócios se espraiou em nível global e se expandiu por diversos segmentos econômicos, alcançando atividades heterogêneas que vão desde o aluguel de coisas até a prestação de serviços eróticos.

As plataformas digitais de trabalho amplificaram as modalidades contratuais de relações de trabalho que escapam do modelo tradicional do vínculo empregatício, sob o fundamento de que são apenas intermediárias e propiciam o encontro entre o trabalhador e o consumidor, quando, na realidade, possuem forte ingerência no modo como o trabalho é prestado por meio do domínio da tecnologia da qual elas são detentoras, o que lhes permite o acesso e tratamento de dados que estão disponíveis somente para ela.

O fato conhecido até então era que os trabalhadores intermediados por plataformas digitais tinham liberdade para definir o seu horário de trabalho e também a duração da jornada, sendo tratados pelas empresas como parceiros ou usuários e, portanto, sem o reconhecimento de direitos trabalhistas.

Com base nas primeiras decisões judiciais que apreciaram a natureza da relação jurídica existente entre os motoristas cadastrados na plataforma da empresa *Uber* e esta, entre 2016 e 2017, percebeu-se que a liberdade concedida aos trabalhadores nessa atividade não é tão ampla como parece, ou pelo menos não é ampla o suficiente para caracterizar a condição de trabalhador autônomo. Em consequência, notou-se a importância de estudar o tema para perquirir as condições fáticas sob as quais o trabalho é prestado, para clarificar a natureza jurídica da atividade e, consequentemente, definir qual regulamentação deve incidir sobre a relação, uma vez que, não só no Brasil, mas também em outros países, a chave de acesso à proteção jurídico-laboral depende do reconhecimento de vínculo empregatício entre o trabalhador e a plataforma.

Nesse momento da pesquisa, notou-se que existe um dilema regulatório nessas relações de trabalho, as quais são heterogêneas e, em alguns casos, guardam notas de autonomia, razão pela qual as decisões judiciais, a fim de concederem direitos trabalhistas a esses trabalhadores, têm sido conflitantes, sendo certo que, no Brasil, a tendência do Poder Judiciário é a não concessão de qualquer proteção jurídico-laboral a esses trabalhadores, que, por conseguinte, ficam desguarnecidos.

Essa ausência de proteção trabalhista e as incertezas decorrentes da regulação adequada têm sido alvo de várias manifestações dos trabalhadores tanto no Brasil quanto em vários países, porque os trabalhadores, independentemente da classificação jurídica que lhes for reconhecida, se sentem desprotegidos e injustiçados ante a assimetria de poder que detém a plataforma. Por isso, reivindicam o reconhecimento de um estatuto mínimo de direitos que lhe assegurem melhores condições de trabalho.

Diante disso, no presente estudo, buscou-se identificar quais seriam as possibilidades regulatórias por meio das quais poderiam ser concedidos direitos trabalhistas aos trabalhadores intermediados por plataformas digitais, bem como, se a concessão de direitos pode ser concretizada com fundamento nas medidas legais já existentes no ordenamento jurídico brasileiro ou se, ao contrário, seriam necessárias novas medidas legislativas que criassem uma regulamentação específica para eles.

Delimitado o campo da pesquisa, foram analisadas diversas plataformas digitais de trabalho e suas características, para entender como o trabalho é realizado e, a partir daí, responder à pergunta central deste trabalho, qual seja: diante das características do trabalho sob demanda, intermediado por plataformas digitais, quais são as possibilidades regulatórias mediante as quais é possível conceder uma proteção jurídico-laboral aos trabalhadores sob demanda que se ativam por meio dessas plataformas? Dessa pergunta, que norteia a pesquisa, derivaram-se outras: quais são os pilares legais existentes para tanto? E quais direitos estariam incluídos nessa proteção?

Diante do problema de pesquisa, inicialmente se fez uma pesquisa exploratória sobre o tema, a fim de aventar as hipóteses de pesquisa, a saber: (a) as possibilidades regulatórias por meio das quais podem ser atribuídos direitos aos trabalhadores sob demanda em plataformas digitais devem partir dos modelos legais já existentes; e (b) as possibilidades regulatórias por meio das quais podem ser atribuídos direitos aos trabalhadores sob demanda em plataformas digitais devem partir de modelos novos, criados especificamente para os trabalhadores sob demanda em plataformas digitais.

De partida, no capítulo 1, a investigação buscou entender a origem desse modelo de negócios, seu contexto e sua relação com fenômenos novos, com os quais ele tem sido associado, como *crowdsourcing*, economia compartilhada e *gig economy*, que, muitas vezes, consideram a atividade do trabalhador como um "bico" ou um meio de aproveitar o seu tempo ocioso, duvidando até mesmo a sua natureza de trabalho, assim entendido como fonte de subsistência.

Foi necessário analisar a classificação geral das plataformas digitais e destacar aquelas que são voltadas unicamente para a prestação de serviços, excluindo outras com as quais não se confundem, para fazer um recorte na pesquisa. Para tanto, seguiu-se a classificação de Valerio De Stefano, focando-se somente nos trabalhadores sob demanda, que são aqueles que desenvolvem sua atividade numa localização geográfica determinada e, portanto, possuem características distintas daqueles trabalhadores cuja atividade é realizada totalmente *on-line* (*crowdwork*), os quais foram excluídos da pesquisa.

No capítulo 2, foram analisadas as possibilidades regulatórias do trabalho sob demanda intermediado por plataformas digitais com base nos modelos legais já existentes, conforme aventado pela doutrina e jurisprudência, a saber: empregado, autônomo, autônomo dependente, ou outra forma que se encaixe numa categoria intermediária entre empregado e autônomo, intermitente ou cooperado. Ademais, analisou-se também a possibilidade da adoção de medidas legislativas novas, criadas especificamente para esses trabalhadores, para lhes atribuir alguma proteção jurídico-laboral, como já ocorreu em alguns países onde leis já foram promulgadas, ou como no Brasil, em que existem vários projetos de lei em trâmite.

Depois de analisar as possibilidades regulatórias encontradas na bibliografia pesquisada, no capítulo 3 esse estudo procurou apresentar, na visão da autora, qual pode ser o melhor caminho em direção à proteção jurídico-laboral dos trabalhadores sob demanda em plataformas digitais, observando não só as reivindicações que têm sido apresentadas por eles mas também os pilares legais existentes em âmbito nacional e internacional, por meio dos quais fosse possível conceder uma proteção jurídico-laboral a esses trabalhadores e quais direitos seriam abrangidos por ela.

Pretende-se demonstrar que, por mais que se alterem os formatos de trabalho, dificilmente se altera a sua essência, por isso é preciso ter uma visão sistemática do ordenamento jurídico e indicar fundamentos que permitam, se não solucionar o problema, dar um primeiro passo rumo a uma proteção jurídico-laboral aos trabalhadores que esteja além da forma e seja centrada no ser humano.

1. A Tecnologia, os Negócios e o Trabalho

Existe uma interdependência entre a tecnologia, os negócios e o trabalho, fatores que constituem o sistema capitalista de produção, representados por três elementos que nem sempre estão em harmonia: técnica, capital e trabalho.

Normalmente o avanço da técnica é pensado como sinônimo de desenvolvimento e progresso e por isso é desejável, mas também é importante questionar quem são os destinatários dessas aspirações. A tecnologia deve ter prioridade em detrimento do trabalho e seu sistema protetivo? Ou é possível que o ser humano, por meio do trabalho, se desenvolva tanto quanto a tecnologia?

As novas modalidades de trabalho intermediado por plataformas digitais são fruto de uma era marcada pela revolução tecnológica, em que a execução da atividade — que antes se dava em favor de um único contratante, em local e horários definidos e com fiscalização pessoal — agora é contratada, dirigida e controlada por algoritmos.

Ocorre que os novos formatos de trabalho não surgiram repentinamente, pois integram um processo inacabado de transformação pela qual as empresas vêm passando desde o final do século XIX, em busca de redução de custos por meio de uma estrutura enxuta e de priorização de atividades essenciais, voltadas à imagem da sua marca.

É preciso analisar o que mudou desde o advento da primeira revolução industrial até agora em relação à essência do trabalho e se o fato de o prestador de serviços ter uma flexibilidade de horários ou utilizar equipamentos próprios desnatura o trabalho produtivo ou se realmente o transforma em atos de altruísmo ou simples forma de aproveitar o tempo livre.

Este capítulo tem por objetivo estudar a inter-relação do trabalho com a tecnologia e o modelo atual das organizações empresariais, distinguindo-o de outros fenômenos que são frequentemente associados a ele como se sinônimos fossem, mas com os quais o trabalho não se confunde. Também se pretende explorar a tipologia das plataformas digitais, separando as que se destinam à intermediação de prestação de serviços e seus subtipos para que se justifique o recorte adotado neste trabalho que focará apenas nas plataformas digitais de trabalho sob demanda.

1.1. A tecnologia e seu contexto

A reflexão a respeito dos acontecimentos da vida depende muito da visão de mundo que cada um carrega consigo, a qual também se vincula ao contexto em que o indivíduo está inserido e às experiências pessoais dele.

No caso da tecnologia, não poderia ser diferente, por isso esse fenômeno ora é visto com entusiasmo, ora é apresentado com preocupação.

Tecnologia é uma palavra de origem grega que apresenta múltiplos significados, por exemplo, "[...] tudo que é novo em matéria de conhecimento técnico e científico" (MICHAELIS, [s.d.], p. 24).

Considerada como aprimoramento de uma técnica, a evolução da tecnologia significa também a evolução da própria humanidade, porque, desde os primórdios, o homem cria novos instrumentos para substituir os anteriores e, com eles, atingir maior eficiência em suas práticas cotidianas.

Entretanto, se, por um lado, o aprimoramento de uma determinada técnica ou o surgimento de uma invenção propiciam ao homem algum ganho, registrando uma evolução, por outro, o do domínio da tecnologia por uma minoria pode colocar as demais pessoas numa posição de dominação ou dependência, que vai de encontro aos propósitos de progresso que norteiam ou deveriam nortear o desenvolvimento dessa técnica.

Ao analisar a influência que a tecnologia exerce numa determinada sociedade ou cultura, Pierre Lévy (1999, p. 25-26) afirma que ela é uma condicionante, e não uma determinante, pois muitas possibilidades são geradas, embora nem todas sejam aproveitadas.

O autor afirma que "[...] uma técnica não é boa, nem má (isto depende dos contextos, dos usos e dos pontos de vista), tampouco neutra (já que é condicionante ou restritiva, já que de um lado abre e de outro fecha o espectro de possibilidades)". Porém, alerta sobre a importância de definir o que fazer dela, bem como de pontuar os efeitos irreversíveis que podem advir de seu uso (LÉVY, 1999, p. 26).

Álvaro Pinto menciona outra acepção do termo tecnologia, qual seja, a "ideologização da técnica" (PINTO, 2005, p. 220). E afirma:

> [...] o conceito de 'era tecnológica' encobre, ao lado de um sentido razoável e sério, outro, tipicamente ideológico, graças ao qual os interessados procuram embriagar a consciência das massas, fazendo-as crer que tem a felicidade de viver nos melhores tempos jamais desfrutados pela humanidade.

Ao analisar os fundamentos sociais da tecnologia, o autor (PINTO, 2005, p. 283-284) considera um erro reconhecer a historicidade da técnica somente pelo sentido abstrato e destaca que, para a compreensão da essência da tecnologia, é necessário entender a categoria de "mediação dialética" entre as relações sociais do indivíduo com seu meio, pois a tecnologia se desenvolve conforme as exigências de cada grupo humano em cada fase histórica.

O autor critica a ideologização da técnica como recurso que retira a consciência crítica da natureza tecnológica, cuja finalidade é a produção de bens e, assim, impede a descoberta "da função do homem como único agente real de todo processo" (PINTO, 2005, p. 290).

Uma vez que este estudo está voltado à relação entre a tecnologia e o trabalho humano, o que se pretende fazer é contextualizar as novas modalidades de trabalho dentro do modelo da sociedade atual. E, para tanto, faz-se necessário levar em conta as características econômicas, culturais e sociais de seu povo(7), das quais o desenvolvimento tecnológico é indissociável.

O fato é que, há pouco mais de 200 anos, iniciou-se a segunda revolução industrial, cujas principais características foram a substituição do ferro pelo aço, o emprego da eletricidade e derivados do petróleo em substituição ao vapor, a criação do automóvel, telefone, rádio, avião e televisão, a expansão da indústria de base e de grande porte (siderúrgicas, metalúrgicas, petroquímicas, automobilísticas, de transporte ferroviário e naval) e a disseminação do método de produção em série, também conhecido como o sistema fordista/taylorista (FELICIANO, 2013).

Hoje, embora não haja consenso(8), fala-se em quarta revolução industrial, que, de acordo com Klauss Schwab (2016, p. 7),

> [...] começou na virada deste século e baseia-se na revolução digital. É caracterizada por uma Internet muito mais onipresente e móvel, por sensores menores e mais poderosos que se tornaram mais baratos, e por inteligência artificial e aprendizado automático(9).

Schwab (2016, p. 11-13) sustenta que se trata de uma quarta revolução industrial, não somente pelo advento de novidades tecnológicas, como a inteligência artificial, a

(7) Aqui povo é expressão utilizada na acepção jurídica do termo, para identificar "[...] a totalidade de pessoas que habita um determinado território, já se apresentando como elemento formador de uma nacionalidade" (SILVA, 1998, p. 624).

(8) De acordo com Feliciano (2013, p. 60): "Diz-se hoje, ademais, de uma terceira revolução industrial ou 'revolução tecnológica', havida no último quartel do século XX". Já Trillo Párraga (2016, p. 62) reconhece uma quarta revolução industrial, mencionando um estudo apresentado no Fórum Mundial Econômico de Davos, em 2016, que atribuiu a ela a eliminação de cinco milhões de postos de trabalhos nos quinze países mais industrializados.

(9) Tradução livre do original: "It began at the turn of this century and builds on the digital revolution. It is characterized by a much more ubiquitous and mobile internet, by smaller and more powerful sensors that have become cheaper, and by artificial intelligence and machine learning".

internet das coisas, veículos autômatos, impressora 3D, nanotecnologia e robótica, entre outras, mas também pelo fato de que o momento atual registra profundas alterações disruptivas em todos os setores, com novos formatos de negócios e "[...] reformulação da produção, do consumo, dos transportes e dos sistemas logísticos", bem como na maneira de as pessoas se informarem, se expressarem e se divertirem. Para o autor, o que distingue essa revolução da anteriores é o seu tamanho, profundidade, velocidade e impacto sistêmico, cujas "[...] mudanças são tão profundas que, na perspectiva da história humana, nunca houve um momento tão potencialmente promissor ou perigoso".

Schwab (2016) afirma, ainda, que a quarta revolução industrial não apenas se refere às máquinas e sistemas inteligentes e conectados, mas ainda abrange simultaneamente áreas que vão desde a sequenciação de genes até a nanotecnologia. Para ele, a fusão de tecnologias, com interação nos domínios físicos, digitais e biológicos é que tornam a quarta revolução industrial diferente das revoluções anteriores.

Entretanto, é certo que, enquanto alguns ostentam relógios de pulsos, automóveis ou eletrodomésticos conectados à internet ou já vivenciaram a experiência de implantar uma vértebra impressa em 3D(10) ou um chip(11), outros — metade da população mundial, que é equivalente a quatro bilhões de pessoas — ainda não têm acesso à internet e 17% da população mundial nem sequer tem acesso à eletricidade (SCHWAB, 2016, p. 17).

Por isso, o autor externou preocupação no sentido de que a revolução tecnológica provoque uma "desigualdade exacerbada" (SCHWAB, 2016, p. 20), razão pela qual ele insta a todos os *stakeholders*(12) a assumir a responsabilidade conjunta de moldar a quarta revolução industrial de maneira que possa "melhorar o estado do mundo", para que ela seja "[...] empoderadora e esteja centrada no ser humano — em vez de divisionista e desumana" (SCHWAB, 2016, p. 14).

Quando a discussão se volta especificamente para a relação existente entre a quarta revolução industrial e as questões ligadas ao trabalho, dois temas chamam a atenção: o primeiro é a diminuição ou eliminação do trabalho humano em decorrência da automação; e o segundo é sob quais condições esse trabalho é prestado.

No primeiro aspecto, Trillo Párraga menciona um estudo apresentado no Fórum Mundial Econômico de Davos, em 2016, que atribuiu à quarta revolução industrial a eliminação de cinco milhões de postos de trabalhos nos 15 países mais industrializados (PÁRRAGA, 2016).

---

(10) De acordo com notícia do *site Popular Science*, um garoto chinês de 12 anos teve uma vértebra impressa em 3D implantada, após a identificação de um tumor maligno que culminou na remoção de alguns ossos. POPULAR SCIENCE. *Boy Given A 3-D Printed Spine Implant*. 2014.

(11) Reportagem do *Los Angeles Times* noticia o implante de microchips nos corpos dos trabalhadores. LOS ANGELES TIMES. *Companies start implanting microchips into workers' bodies*. 2017.

(12) Thaís Campos Silva (2015, p. 45) explica que o termo americano stakeholders surgiu dentro do conceito de Responsabilidade Social, em que há "[...] interações sociais e ambientais com os diversos sujeitos [...]" e pode ser "[...] entendido como partes interessadas, aquelas que serão ou poderão ser afetadas pelas atividades empresariais".

Evidentemente as inovações tecnológicas também ensejam a criação de novas profissões, no entanto "[...] a quarta revolução industrial parece estar criando menos postos de trabalho nas novas indústrias do que as revoluções anteriores" (SCHWAB, 2016, p. 44). No caso do Brasil, o índice de desempregados é bem acentuado e, no segundo trimestre de 2020, estava em 12,8 milhões de pessoas[(13)].

É verdade que tais dados não podem ser imputados somente à tecnologia ou à automação, mas certamente guardam relação com os avanços no campo da técnica e a busca das empresas por mais produtividade com menor custo possível.

No caso dos jovens brasileiros, por exemplo, uma pesquisa realizada pelo *site* de empregos Catho citou vários aspectos comportamentais, verbais e de aparência que são considerados prejudiciais durante uma entrevista de emprego, entre os quais se destacou, em primeiro lugar, a falta de interesse e/ou entusiasmo, seguida da dispersão (CATHO, 2016).

Schwab (2016, p. 44-45) apresenta dados de uma pesquisa realizada nos Estados Unidos, pela *Oxford Martin School* (FREY; OSBORNE, 2013), a qual classificou 702 profissões com maior risco de automação e concluiu que 47% do emprego total daquele país está em risco. O autor sintetizou os resultados em um quadro que demonstra, em escala de 0 a 1, as profissões com maior e menor probabilidade de automação.

Quadro 1 — Probabilidades de automação das profissões.

Maior probabilidade de automação		Menor probabilidade de automação	
Probabilidade	**Profissão**	**Probabilidade**	**Profissão**
0,99	Operadores de *telemarketing*	0,0031	Assistentes sociais de abuso de substâncias e saúde mental
0,99	Responsável por cálculos fiscais	0,0040	Coreógrafos
0,98	Avaliadores de seguros, danos automobilísticos	0,0042	Médicos e cirurgiões
0,98	Árbitros, juízes e outros profissionais desportivos	0,0043	Psicólogos
0,98	Secretários jurídicos	0,0055	Gerentes de recursos humanos
0,97	*Hosts* e *hostesses* de restaurantes, *lounges* e cafés	0,0065	Analistas de sistemas de computador
0,97	Corretores de imóveis	0,0077	Antropologos e arqueólogos
0,97	Mão de obra agrícola	0,0100	Engenheiros marinhos e arquitetos navais
0,96	Secretários e assistentes administrativos, exceto os jurídicos, médicos e executivos	0,0130	Gerentes de vendas
0,94	Entregadores e mensageiros	0,0150	Diretores

Fonte: Pesquisa realizada por Carl Benedikt Frey e Michael Osborne. Disponível em: <https://www.oxfordmartin.ox.ac.uk/downloads/academic/The_Future_of_Employment.pdf>. Acesso em: 16 out. 2019.

(13) BRASIL. IBGE. *Desemprego*. 2020.

Na América Latina, a pesquisa denominada Competências para o Trabalho na Era das Máquinas Inteligentes (PLASTINO; ZUPPOLINI; GOVIER, 2018) apontou que, na economia formal, um em cada quatro trabalhadores (cerca de 38 milhões de pessoas) exerce cargo com alta probabilidade de automação, enquanto 43% estão em cargos com média probabilidade de automação, assim considerados os que passam de 25% a 75% do seu tempo em tarefas rotineiras, conforme é demonstrado no gráfico a seguir.

Gráfico 1 – Probabilidade de automação até 2020, por país, com base na quantidade de tarefas rotineiras.

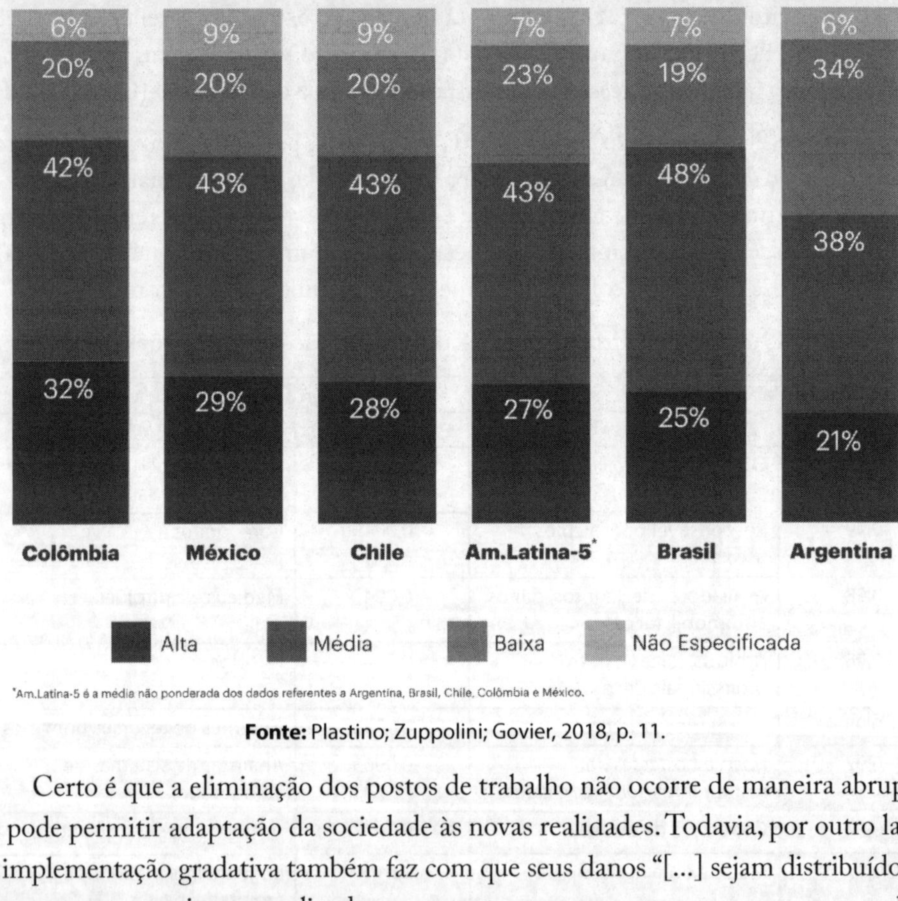

*Am.Latina-5 é a média não ponderada dos dados referentes a Argentina, Brasil, Chile, Colômbia e México.

Fonte: Plastino; Zuppolini; Govier, 2018, p. 11.

Certo é que a eliminação dos postos de trabalho não ocorre de maneira abrupta, o que pode permitir adaptação da sociedade às novas realidades. Todavia, por outro lado, a sua implementação gradativa também faz com que seus danos "[...] sejam distribuídos em doses menores e mais personalizadas e, portanto, menos propensos a provocar qualquer tipo de resposta pública urgente" (MERCHANT, 2019).

De todo modo, diante do cenário apresentado, é passada a hora de o legislador dar efetividade ao disposto no art. 7º, XXVII, que trata da proteção em face da automação, pois este é um direito que não se restringe àqueles que perdem o seu posto de trabalho no momento da automação, mas atinge toda uma geração futura que pretendia se empregar (FELICIANO; MORAES, 2019).

Quanto ao segundo aspecto, referente às condições de trabalho na era da quarta revolução industrial, o que se denota é um visível aumento do trabalho informal, cuja principal consequência é a invisibilidade do trabalhador que, pela ausência do seu registro em carteira de trabalho, passa a laborar à margem do sistema trabalhista de proteção e também do sistema da seguridade social.

Do trabalho informal, por sua vez, decorrem várias consequências que extrapolam a questão da exclusão do trabalhador do manto protetivo do Direito do Trabalho, as quais não serão tratadas aqui pela limitação que o tema exige, como a possível sobrecarga do sistema da seguridade social, visto que há poucos trabalhadores informais vinculados ao subsistema da previdência social, mas há grande probabilidade de que necessitem dos outros dois subsistemas, da saúde e assistência social, quando se tornarem incapazes de trabalhar por motivo de enfermidade ou velhice, por exemplo.

Dupas (2011, p. 18) afirma que os efeitos dos avanços da tecnologia são, a um só tempo, espetaculares e preocupantes, pois "[...] rompem, inauguram e voltam a romper paradigmas dentro de uma lógica de competição exacerbada, de deslumbramento diante da novidade tecnológica e de ausência total de valores e normas éticas".

O autor afirma que as consequências são, entre outras coisas, "[...] o aumento da concentração de renda e da exclusão social, o perigo de destruição do *habitat* humano por contaminação e de manipulação genética ameaçando o patrimônio comum da humanidade" (DUPAS, 2011, p. 15).

Nesse contexto, parece correta a proposição de Dupas visto que não se trata de se posicionar contra a tecnologia, e sim de submetê-la a "[...] uma ética que seja libertadora a fim de contemplar o bem-estar de toda a sociedade presente e futura, e não apenas colocar-se a serviço de minorias ou atender necessidades imediatas" (DUPAS, 2011, p. 18).

O pensamento de Dupas alinha-se aqui com a ideia de Maestri (2011), que reúne, na expressão tríade social, os princípios da função social, responsabilidade social e sustentabilidade, como conceitos interligados e indissociáveis para as sociedades empresariais, cujo ponto de intersecção é a dignidade da pessoa humana.

Assim como não há pensar em desenvolvimento sustentável, na sua tríplice dimensão (econômica, ambiental e social) apontada por Pruner e Kool (2013), sem perseguir a eliminação da pobreza, também não há imaginar a eliminação da pobreza sem pensar no trabalho e na sua proteção.

Ocorre que, para assegurar a dignidade humana, não é suficiente garantir simplesmente o trabalho, mas o trabalho decente, nos moldes desenhados pela Agenda 2006 da Organização Internacional do Trabalho (OIT): "[...] um trabalho adequadamente remunerado, exercido em condições de liberdade, equidade e segurança, capaz de garantir uma vida digna".

Esse é o prisma do objetivo de desenvolvimento sustentável n. 8 da Agenda 2030, qual seja: de "promover o crescimento econômico sustentado, inclusivo e sustentável, o emprego pleno e produtivo e o trabalho decente para todos".

Entende-se, pois, que a tecnologia tem de se desenvolver nesse contexto.

1.2. Internet e tecnologia da informação: sociedade da informação

A internet revolucionou os meios de comunicação entre as pessoas, apresentando-se como uma ferramenta mundial de interação, inimaginável no fim do século XVIII, quando se iniciou a primeira revolução industrial.

O estágio avançado da tecnologia, aliado à evolução constante da internet, convergiu para uma nova era em que, por meio da rede mundial de computadores, é possível interagir com as pessoas individual ou coletivamente, de qualquer lugar do mundo, de forma simultânea e instantânea.

Nesse contexto, a internet passou a ser palco para encontros, pesquisas, notícias, compra e venda de produtos, fornecimento ou prestação de serviços e compartilhamento de bens ou ideias, inovando o sistema capitalista de produção e de exploração do trabalho humano.

Castells (2003, p. 7-8) afirma que "[...] a internet passou a ser a base tecnológica para a forma organizacional da Era da Informação: a rede [...]", por meio da qual se possibilitou, de forma inédita, a comunicação de muitos com muitos, num momento escolhido e em escala global.

A informação passou a servir como matéria-prima nesse processo produtivo e a ter valor econômico. Por isso, Castells (2016, p. 89) afirma que, "[...] pela primeira vez na história, a mente humana é uma força direta de produção, não apenas um elemento decisivo no processo produtivo".

O autor distingue "produtores/usuários" de "consumidores/usuários": os primeiros são partícipes nos processos de criação e configuração da internet; e os segundos, seus beneficiários. Mesmo no caso do consumidor que não participa diretamente do desenvolvimento da internet, seus usos também colaboram para a evolução dela (CASTELLS, 2003).

O compartilhamento de informações por meio da rede mundial de computadores fez a informação ganhar novos relevos, de modo que ela passou a ser analisada não pelo prisma do direito da personalidade, mas do ponto de vista patrimonial, envolvendo direito de propriedade intelectual, direitos autorais e questões como marcas e patentes (RODRÍGUEZ, 2017).

A informação tornou-se "[...] um bem suscetível de ser comercializado" (ANTÚNEZ, 2017, p. 111).

Aliás, do ponto de vista jurídico, a informação pode ser abordada sob três perspectivas: i) direito de informação, em que ela é tida como um objeto e se refere aos fenômenos informativos; ii) direito à informação, que apresenta um tríplice enfoque: direito de informar e de informar-se (conhecendo as fontes) e de proteger-se contra informações abusivas; e iii) direito sobre a informação, cuja acepção é patrimonial e significa considerá-la como um bem com valor econômico e suscetível de apropriação (DELPIAZZO, 2009).

O volume de informações, sua velocidade de transmissão e necessidade de armazenamento exigem que haja uma gestão de todos esses dados. Nesse contexto, desenvolveu-se a tecnologia da informação, que pode ser conceituada como "[...] a infraestrutura organizada de *hardware*, *software*, banco de dados e redes de telecomunicações, que permite manipular, gerar e distribuir dados e informações ao longo dos seus usuários (empresas ou pessoas)".

Para Castells (2016, p. 87), a tecnologia da informação inclui "[...] o conjunto convergente de tecnologias em microeletrônica, computação (*software e hardware*), telecomunicações/radiofusão e optoeletrônica", além de engenharia genética.

O autor relembra que a expansão da internet ocorreu nos anos 1990, mas ainda com certas dificuldades, por exemplo, para a localização e transmissão de informações e também para a transmissão de gráficos, cuja capacidade era limitada, e aponta que houve um grande passo para a sua difusão na sociedade em geral com a invenção da *world wide web (www)*, na mesma época, no Centre Européen pour Recherche Nuclearie (CERN), em Genebra.

Desde então, a internet também passou por vários estágios evolutivos, e, se, no início, o usuário apenas consultava os *sites* sem interagir com eles, é possível, nos dias atuais, não só responder a comentários por meio de textos, áudios ou vídeos, mas também participar, ativa e colaborativamente, na construção do próprio conteúdo dos *sites*. Além disso, houve a convergência entre aparelhos de comunicação, tais como telefone celular e televisão, e a internet, conforme destaca Laura Brunet (2017, p. 28):

> O termo Internet não abrange todos os aspectos existentes em matéria de desenvolvimentos digitais a nível mundial. Dois outros termos — sociedade da informação e comunicação — são geralmente apresentados como mais abrangentes e onipresentes. E isso é assim, na medida em que, desta forma, são incluídas áreas que estão fora do domínio da Internet, como a telefonia

> celular. Dito isso, de modo ponderado, porque, com o fenômeno da 'convergência tecnológica', a telefonia móvel também se apropria — se se pode dizer — de uma parcela considerável do mundo da Internet, com o chamado e-móvel.

O aparelho celular, que até poucos anos inexistia, hoje é um computador pessoal portátil, conectado à internet 24 horas por dia. Além da comunicação entre pessoas, a conexão entre os dispositivos móveis permite a comunicação de pessoas com objetos ou mesmo de objetos com objetos, no âmbito da Internet das Coisas (IOT).

A forma pela qual os sistemas de computadores são conectados também foi influenciada pela fusão entre estes e as comunicações. Em vez de um único computador de grandes proporções para satisfazer as necessidades das organizações, agora vários computadores individualizados, mas interconectados, fazem o trabalho, que não mais exige a presença física. Assim nasceu o espaço telemático, também conhecido como ciberespaço (DELPIAZZO, 2017).

Para Pierre Lévy (2015, p. 29), o ciberespaço favorece o desenvolvimento do que ele chama de inteligência coletiva. Segundo ele, "[...] é uma inteligência distribuída por toda parte, incessantemente valorizada, coordenada em tempo real, que resulta em uma mobilização efetiva das competências".

Nesse contexto, reaparece a expressão sociedade da informação, que começou a ser empregada nos anos 1960 e ganhou notoriedade com a obra "An Introduction to the Information Society", de Yoneji Masuda, em 1968. Porém, enquanto a obra de Masuda (2016) retratava o fim da sociedade industrial, a qual seria substituída pela sociedade cibernética, o termo aparece agora para identificar um novo modelo social, assim classificado em conformidade com processo produtivo técnico-econômico desta época (O EXPLORADOR, 2016).

Para Rodríguez (2017, p. 9), pode-se conceituar sociedade da informação como

> [...] aquela em que as tecnologias facilitam a criação, distribuição e manipulação da informação e se diz que tem tido uma conotação mais política que teórica, pois frequentemente se apresenta como uma aspiração estratégica que permitirá superar o encantamento social.

O tema sociedade da informação ganhou tanta relevância, que culminou na Cúpula Mundial sobre a Sociedade da Informação (CMSI, 2019), cuja realização se deveu ao fato de os líderes mundiais terem "[...] reconhecido a importância da revolução das TIC como um instrumento para moldar o futuro do planeta e alcançar as metas da Declaração do

Milênio [...]" (NAÇÕES UNIDAS, 2011, [s.p]) e concomitantemente terem se conscientizado da necessidade de "[...] uma visão global e um diálogo global para instaurar o marco regulatório de uma sociedade da informação integradora e justa".

Nesse evento, os líderes mundiais também expressaram a preocupação com a exclusão digital e assim declararam: "Estamos totalmente comprometidos em transformar a divisão digital em uma oportunidade digital para todos, especialmente aqueles em risco de ficarem para trás e ainda mais marginalizados" (OIT, 2005, [s.p]).

Vê-se, pois, que, com os benefícios proporcionados pelas ferramentas tecnológicas de interação, surgem também grandes obstáculos a serem superados, a fim de que o aprimoramento da técnica se reverta em prol da sociedade como um todo, e não apenas como um aparato para a perpetuação da exploração dos menos favorecidos.

Para Rodríguez (2017, p. 17), a sociedade da informação apresenta as seguintes vantagens:

> [...] eliminação das barreiras geográficas; [...] possibilidade de acesso a um mercado global;"[...] colaboração em pesquisas com cientistas de diversas partes do planeta; [...] educação a distância; [...] multiplicidade de conhecimentos ao alcance de todos, com sistemas de buscas precisas e rápidas; [...] facilitação da vida diária diante da possibilidade de fazer compras, ir ao banco e pagar impostos" sem sair de casa; [...] possibilidade de conhecer pessoas e manter relações que pela falta de contato se perderiam no tempo; [...] possibilidade de falar por telefone, ver vídeos, televisão, fotos em formato digital, jogar *on-line*, entre outras atividades.

Por outro lado, a autora (2017, p. 17-18) apresenta as seguintes desvantagens:

> [...] necessidade de possuir recursos e conhecimento para acessar a rede; [...] isolamento ou deterioração de relações sociais presenciais pelo fato de alcançar tudo com um clique; [...] vícios pelas ferramentas eletrônicas; [...] risco à privacidade; [...] necessidade de ter conhecimento e espírito crítico para avaliar a informação; [...] perigo de poluição de informação; [...] violação de propriedade intelectual; [...] suplantação da identidade; e [...] fraudes e delitos informáticos em geral.

Certamente há inúmeras questões relacionadas às características da sociedade da informação que são de extrema relevância, como educação, política, democracia, poder e hegemonia econômica, as quais, todavia, não serão analisadas neste trabalho, tendo em vista a necessidade de limitação do tema.

A internet e a tecnologia da informação são ferramentas que se desenvolvem dentro de um contexto social, cujo comportamento é influenciado por diversos fatores que contribuem para o desdobramento do uso dessas técnicas em várias searas interligadas entre si.

Lévy (2010) afirma que, se a internet fosse considerada um grande oceano no planeta informacional, não se poderia esquecer que ela é alimentada por vários rios, como redes de empresas independentes, de associações, de universidades e de mídias clássicas como bibliotecas, museus, jornais e televisão, e que tudo isso compõe o ciberespaço, e não apenas a internet, isoladamente.

Em se tratando, porém, de um trabalho cujo foco é a concessão de uma proteção laboral aos trabalhadores sob demanda que se ativam por meio de plataformas digitais, é necessário analisar o modelo de negócios dessas empresas que encontram, na internet e tecnologia da informação, campo fértil para se proliferarem no mercado de forma global, alterando a realidade laboral de milhares de trabalhadores que estão à margem de proteção trabalhista.

É o que se verá a seguir.

1.3. As organizações empresariais e a nova economia

A difusão do uso da internet na última década do século XX somou-se às transformações em curso naquele momento, em que já não interessavam às organizações uma produção em larga escala e a manutenção de grandes estruturas empresariais, com elevados custos de folha de pagamento.

As empresas buscavam alternativas para descentralizar a produção, sem perder, porém, o total controle do seu resultado.

Nesse contexto, no Brasil, a Lei n. 8.949, de 9 de dezembro de 1994, inseriu um parágrafo único no art. 442 da Consolidação das Leis do Trabalho (CLT), prevendo que, "qualquer que seja o ramo de atividade da sociedade cooperativa, não existe vínculo empregatício entre ela e seus associados, nem entre estes e os tomadores de serviços daquela", o que significou uma alternativa para que as relações de trabalho ficassem à margem da proteção trabalhista da CLT.

Nessa época também, foi editada a Lei n. 8.863/94, que alterou a Lei n. 7.102/83, para permitir a expansão da terceirização permanente (e não mais temporária) tanto para o segmento bancário quanto para qualquer instituição e estabelecimento público ou privado, inclusive segurança de pessoas físicas, além de transporte ou categoria de transporte de qualquer tipo de carga.

Castells (2016, p. 71) destaca a importância da revolução da tecnologia da informação e afirma que se estabeleceu um paradigma informacional em decorrência da reestruturação do sistema capitalista que desde os anos 1980. Tal paradigma transformou os processos de geração de conhecimentos, produtividade econômica, poder político-militar e a comunicação, os quais "[...] estão conectados às redes globais de riqueza, poder e símbolos que funcionam sob essa lógica" (CASTELLS, 2016, p. 75-77).

O autor afirma que os fundamentos históricos da economia informacional estão insculpidos na convergência entre um novo paradigma tecnológico e uma nova lógica organizacional (CASTELLS, 2016).

Entre os diversos modelos de transformação organizacional que fizeram parte da reestruturação do modelo capitalista, desenvolvendo-se de diferentes maneiras, conforme a cultura de cada país, mas sempre com objetivo comum de buscar a igualdade de condições de concorrência, competitividade e produtividade, dentro do novo paradigma informacional e da nova econômica global, Castells (2016, p. 219-220) cita os seguintes:

a) Transição da produção em massa para a produção flexível, ou do 'fordismo' ao 'pós-fordismo'.

b) A crise da grande empresa e a flexibilidade das pequenas e médias empresas como agentes de inovação e fontes de criação de empregos.

c) Toyotismo: cooperação gerentes-trabalhadores, mão de obra multifuncional, controle de qualidade total e redução de incertezas.

d) Formação de redes entre empresas.

e) Alianças corporativas estratégicas.

A esse respeito, David Weil (2017) vai além e traça um panorama que demonstra como as alterações ocorridas nas organizações no fim da década de 1970 levaram ao que ele chamou de local de trabalho fissurado (*fissured workplace*).

O autor explica que as tecnologias de informação e comunicação permitiram às empresas reduzir os custos de coordenação das suas transações comerciais e, assim, diante de mudanças nos mercados de capitais, houve forte pressão por parte dos credores e investidores, para que a alta administração das empresas focasse todos os seus esforços apenas nas suas competências essenciais (WEIL, 2017).

Segundo Weil (2017), focar as competências essenciais da empresa significa investir na marca e identificação dos clientes com seus produtos ou serviços, o que inclui o ingresso de acionistas na propriedade das empresas e na separação entre os proprietários e a gerência (2017, p. 34). De acordo com ele:

> As atividades fora desse núcleo foram deslocadas. Como resultado, as empresas terceirizaram o relacionamento com os clientes para *call centers*

> terceirizados; fabricantes transferiram a produção para redes de subcontratados para submontagens; e organizações privadas, públicas e sem fins lucrativos terceirizaram tudo, desde serviços de limpeza e zeladoria a funções de folha de pagamento e recursos humanos (WEIL, 2017, p. 34).

Weil (2017) afirma que as organizações líderes se assemelham a um sistema solar cheio de pequenas empresas orbitando em volta delas, as quais também, muitas vezes, possuem outras empresas ao seu redor.

Na nova economia, as empresas multinacionais interorganizam-se por meio de redes descentralizadas e simultaneamente estruturam redes internacionais globais com outras empresas (CASTELLS, 2016).

No entanto, para que essas empresas subcontratadas ou franqueadas ou das redes de suprimento não prejudiquem os resultados das companhias líderes em relação às suas competências essenciais. Essas companhias estabelecem padrões rígidos mediante políticas que, segundo Weil (2017, p. 63), incluem "[...] orientações claras e explícitas sobre o que é esperado", "sistemas de monitoramento e auditoria que garantam o cumprimento dos padrões" e "[...] penalidades significativas em caso de falha no cumprimento das metas".

A digitalização de dados e comunicação por meio da internet aperfeiçoou a interconexão entre as empresas ligadas em redes, aprimorando a capacidade de rastrearem o produto ou serviço desde sua gênese até a entrega ao consumidor final, ainda que essas fases distintas sejam empreendidas por franquias, subcontratadas ou redes de fornecimento.

Essa interdependência entre as empresas líderes e suas redes de fornecedores, produtores ou colaboradores demonstra que a transformação organizacional, em certa medida, motivou a trajetória tecnológica. A propagação dos computadores pessoais e redes de computadores deveu-se à necessidade de as empresas, grandes ou pequenas, operarem em rede (CASTELLS, 2016).

Por isso, Castells (2003, p. 57) afirma que "[...] o que está surgindo não é uma economia ponto.com, mas uma economia interconectada com um sistema nervoso eletrônico". Ele ainda afirma que "[...] do redemoinho das empresas ponto.com resultou uma nova paisagem econômica, com as empresas eletrônicas em seu núcleo [...]" e esclarece que as empresas eletrônicas podem ser entendidas como

> [...] qualquer atividade de negócio cujas operações-chave de administração, financiamento, inovação, produção, distribuição, vendas, relações com empregados e relações com clientes tenham lugar predominantemente pela/na Internet ou outras redes de computadores, seja qual for o tipo de conexão entre as dimensões virtuais e físicas da firma (2003, p. 57).

De acordo com o Livro Verde da Sociedade da Informação no Brasil, "[...] as tecnologias de informação e comunicação deram origem a um grande número de inovações, dentre as quais a Internet é a mais revolucionária [...]", e, por meio dela, a economia se renovou substancialmente (TAKAHASHI, 2000, p. 17-18).

Conforme consta nesse documento, "[...] as atividades econômicas que se utilizam de redes eletrônicas como plataforma tecnológica [...]" são denominadas "negócios eletrônicos (*e-business*)", os quais compreendem várias "[...] transações comerciais, administrativas e contábeis [...]", que podem ser realizadas por três agentes: governo, empresas e consumidores (TAKAHASHI, 2000, p. 18).

O documento destaca, porém, que a principal dessas atividades é o "comércio eletrônico (*e-commerce*)" e apresenta seis tipos de relações que os agentes envolvidos podem celebrar: i) B2B (*business-to-business*): são aquelas realizadas entre empresas; ii) B2C/C2B (*business-to-consumer/consumer-to-business*): relações entre empresas e consumidores; iii) B2G/G2B (*business-to-government/government-to-business*): transações entre empresas e governo; iv) C2C (*consumer-to-consumer*): relações entre consumidores finais; v) G2C/C2G (*government-to-consumer/consumer-to-government*): relações entre governo e consumidores finais; e vi) G2G (*government-to-government*): são os negócios realizados entre governo e governo, conforme se demonstra na figura a seguir (TAKAHASHI, 2000, p. 18).

Figura 1 – Ambiente de negócios eletrônicos.

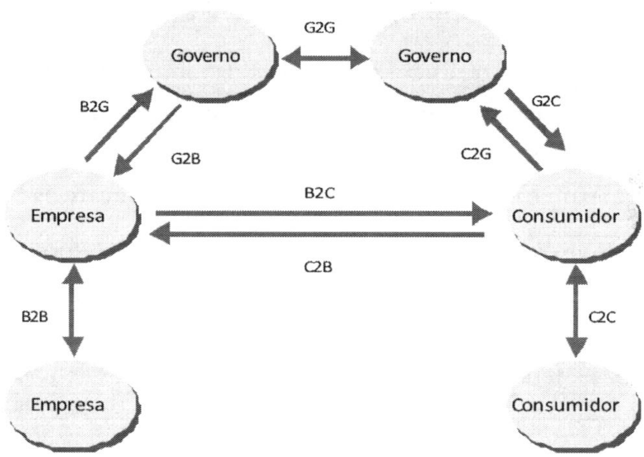

Fonte: Takahashi, 2000, p. 18.

Nesse contexto de digitalização de informações e da difusão da internet, surgiram as plataformas digitais, a exemplo da *Amazon*(14) de 1994 e do *eBay*(15), criado em 1995.

(14) De acordo com o *site* da revista *Exame*, a história da Amazon iniciou-se em 1994, quando seu fundador Jeff Bezos contava 30 anos de idade e resolveu montar uma livraria em sua garagem para vender livros pela internet, o que ocorreu a partir de julho de 1995.

(15) Conforme informações na página do *site eBay*, foi criado por Pierre Omidyar, com o nome de AuctionWeb, como um *site* "dedicado a reunir compradores e vendedores em um mercado aberto e honesto" (OUR HISTRY, 1995).

Ocorre que as mudanças nas relações telemáticas não se restringiram às relações comerciais, que "[...] são sinônimas de comércio eletrônico" (VIEGA, 2009, p. 110).

Viega (2009, p. 108) afirma que, "[...] nesse mundo paralelo que chamamos de ciberespaço, podemos realizar uma multiplicidade de atividades, o que nos leva a uma rede de relacionamentos muito complexos"(16).

A internet tornou-se uma rede de compartilhamento de ideias, que se retroalimenta, por meio da qual se tornou possível difundir a criatividade das pessoas, fazendo com que usuários e criadores se tornassem a mesma coisa (CASTELLS, 2016).

Com o surgimento do iPhone, que foi o primeiro smartphone da Apple, em 2007 (MARASCIULO, 2019), criou-se o *habitat* necessário para o estabelecimento definitivo das plataformas digitais, pois os aplicativos de todos os tipos tornaram-se onipresentes e acessíveis pela palma da mão(17).

As plataformas digitais criaram um espaço para a interação entre as pessoas, físicas ou jurídicas, de forma individual ou coletiva, com ânimo de lucro ou não, e, a partir daí, surgiram novos fenômenos, como é o caso do *crowdsourcing* da economia colaborativa e da *gig economy*, que serão analisados a seguir.

1.4. *Crowdsourcing*, economia colaborativa e *gig economy*

Tanto o *crowdsourcing* quanto a economia colaborativa e a *gig economy* (economia do bico) são termos frequentemente utilizados para contextualizar o trabalho realizado por intermédio de plataformas digitais e, não raro, para justificar a inexistência de proteção jurídico-trabalhista para os trabalhadores cadastrados nos aplicativos(18).

Entretanto, como será demonstrado adiante, nem toda plataforma digital é utilizada para a prestação de serviços, de modo que, antes de falar da classificação das plataformas digitais e rumar para aquelas que podem ser consideradas como um trabalho, é importante compreender os fenômenos do *crowdsourcing*, da economia colaborativa e da *gig economy*.

(16) Tradução livre do original: "[...] en este mundo paralelo que llamamos ciberspacio podemos realizar una multiplicidad de actividades, que nos llevan a un entramado de relaciones muy complejas".

(17) O aparelho da Apple inovou porque não mais dividia a tela e o teclado, juntando essas duas funcionalidades na parte frontal do aparelho (ROSA, 2020).

(18) Recentemente o Superior Tribunal de Justiça proferiu duas decisões da lavra do ministro Moura Ribeiro, afirmando que o trabalho dos motoristas de transporte de aplicativo pertence à economia colaborativa e que os contratos por eles firmados com as plataformas digitais de trabalho são de natureza cível, afastando a competência da Justiça do Trabalho para apreciar e julgar as ações nas quais se pleiteavam, respectivamente, a reativação da conta do trabalhador no aplicativo e a reparação patrimonial e extrapatrimonial. (Conflito de competência n. 164.544 – MG (2019/0079952-0), *DJE* 04.09.2019 e Conflito de competência n. 174798 – PB (2020/0236719-6), de 15 de outubro de 2020).

Alek Felstiner (2011, p. 143), por exemplo, escreveu um artigo em 2011, relatando a dificuldade em aplicar a regulamentação trabalhista tradicional ao *crowdsourcing*, que ele definiu como "[...] processo de executar tarefas que normalmente seriam delegadas a um empregado e distribuí-las a um grande grupo de trabalhadores *on-line*, a 'multidão', na forma de uma chamada aberta".

Anna Ginès i Fabrellas (2016, p. 5) chama algumas plataformas digitais que oferecem trabalho de *crowdsourcing sites* ou plataformas de *crowdemployment* virtual, "[...] cuja função é a habilitação de uma plataforma virtual que coloca o demandante de serviços em contato com trabalhadores autônomos para prestação de serviços *on-line*".

Já o relatório da EUROFOUND "New Forms of Employment" (2015) afirma que pode haver distinção entre o *crowd work*, que ele considera como uma das nove categorias das novas formas de trabalho lá identificadas, e *crowdsourcing*, ressalvando que este não faz parte daquele estudo, porque se trata de trabalho voluntário.

Alex Hern (2015, [s.p]) afirma que a expressão economia colaborativa "[...] é um termo sem sentido que foi cunhado primeiramente por causa do desejo da indústria de tecnologia de fingir que tudo que ela faz é novo e inovador"(19). Para ele, depois de ver seu uso por uma década, nota-se que é algo ainda pior do que "[...] ser sem sentido", pois é uma forma ofuscar a realidade, agrupando empresas totalmente díspares, cujas atividades, na maioria dos casos, não tem nada a ver com "compartilhar".

Kristofer Erickson e Inge Sørensen (2016, p. 3) afirmam que existe uma tensão entre as dimensões sociais e econômicas da economia compartilhada e chamam a atenção para a importância da sua definição, justificando que isso vai influenciar na maneira como suas atividades serão reguladas. Para eles, ela define-se "[...] pela agregação de ofertas individuais (de bens, trabalho, expressão criativa) em um pool comum".

Elizabeth Tippett e Bridget Schaaff (2017) afirmam que o estudo da economia colaborativa tem atraído o interesse dos estudiosos do Direito do Trabalho, porque a maioria das empresas que atuam sob esse modelo de negócio classifica seus empregados como autônomos. Consequentemente, enquanto elas obtêm vantagens financeiras diante da inexistência dos custos legais associados à contratação de empregados, os trabalhadores ficam em desvantagem, pois lhes é negada toda proteção decorrente da lei trabalhista.

Nota-se, portanto, que tanto o *crowdsourcing* como a economia colaborativa possuem acepções variadas e abrangem relações telemáticas amplas. Neste universo, encontram-se as relações de trabalho.

Assim, antes de focar o interesse específico do objeto de estudo deste trabalho, que são apenas as plataformas digitais de trabalho sob demanda, é importante fazer

(19) Tradução livre do original: The sharing economy "[...] is a meaningless term that was only coined in the first place because of the tech industry's desire to pretend everything it does is new and groundbreaking".

uma pequena digressão para entender a origem dessas expressões, bem como saber as situações mais comuns nas quais elas costumam ser utilizadas, pois tanto o fenômeno do *crowdourcing* quanto o modelo econômico da economia colaborativa não se confundem com as hipóteses de trabalho sob demanda por intermédio de aplicativos, que mais se aproximam da *gig economy*.

Jeff Howe (2008) conta que, em 2000, os Jakes queriam criar um *design* legal de camiseta para vender e, para tanto, lançaram o *site Threadless.com*, onde os próprios usuários enviariam estampas para as camisetas e também poderiam votar para escolher o melhor desenho. Aquele mais votado seria o vencedor e, como prêmio, receberia camisetas grátis.

Em decorrência desse modelo de participação coletiva e colaborativa, Howe (2008), em junho de 2006, publicou uma história[(20)] na revista *Wired*, dando a essa revolução um nome — *crowdsourcing* —, neologismo da expressão *crowd* (multidão) e *outsourcing* (terceirização) (BRANQUINHO, 2016).

De acordo com Branquinho (2016), o uso da expressão *crowdsourcing* tem sido cada vez mais frequente, aparecendo em diversos segmentos, cujo conceito já foi redefinido por vários autores, por exemplo:

> [...] é um modelo de produção online, distribuído via internet, para gerar soluções a propósitos específicos, usando a inteligência coletiva de comunidades interconectadas em rede e com ampla escala de interatividade. É, portanto, uma mistura da produção tradicionalmente adotada pelas empresas (hierarquizada de cima para baixo) com a produção liberal dos usuários (de baixo para cima)[(21)] (BRABHAM *et al.*, 2014, p. 179).

---

(20) A história é a seguinte: Claudia Menashe precisava de fotos de pessoas doentes para um projeto do Museu Nacional de Saúde, em Washington, sobre pandemias, como a gripe aviária, e, em vez de contratar um profissional para fotografar pessoas com gripe, ela encontrou uma coleção pronta de um fotógrafo *freelancer*, chamado Harmel, que morava na Califórnia, cuja esposa era médica. Como o museu estava com o orçamento apertado, Harmel concedeu um desconto muito bom, de cerca de 50%, e as fotos sairiam por U$ 600,00. Semanas depois, porém, Menashe, mesmo com pesar, enviou-lhe um *e-mail* para dizer que cancelou o negócio, pois havia descoberto um *site* de fotografia chamado iStockphoto, onde licenciou 56 fotos pelo valor de cerca de US$ 1 cada uma. O *site*, que começou com a troca gratuita de compartilhamento de imagem por um grupo de designers gráficos, rebaixou os preços de Harmel em mais de 99%, ao criar um mercado para o trabalho de fotógrafos amadores — donas de casa, estudantes, engenheiros, dançarinos — que cobram de U$1 a U$5, por imagem (WRIDE, 2006).

(21) Tradução livre do original: "In crowdsourcing, an organization communicates a problem or challenge to participants in an online community. Members of this community then provide solutions to the problem, which the crowdsourcing organization processes and consolidates into a unified product. Crowdsourcing is often a highly structured process from the organization's side, drawing on the creativity and intelligence of an online community in an open, but controlled, way. It is a blend of top–down, traditional project management with bottom–up, open innovation principles".

> [...] é um tipo de atividade participativa on-line por meio da qual um indivíduo, uma instituição, uma organização sem fins lucrativos ou uma empresa propõe, por meio de uma chamada aberta flexível, a realização voluntária de uma tarefa para um grupo de indivíduos de número, conhecimento e heterogeneidade variados. A realização da tarefa, de complexidade e modularidade variáveis, na qual a multidão participará trazendo seu trabalho, dinheiro, conhecimento e/ou experiência, sempre traz benefícios mútuos. O usuário será recompensado com a satisfação de uma determinada necessidade, seja ela econômica, reconhecimento social, autoestima ou o desenvolvimento de habilidades individuais, enquanto o demandante obterá e utilizará em seu benefício, as soluções a eles trazidas pelo usuário, em conformidade com tipo de atividade realizada(22) (ESTELLES-AROLAS; GUEVARA, 2012, p. 9-10).

Branquinho (2016, p. 9-10) afirma que o emprego da expressão *crowdourcing* é confundido, muitas vezes, com outras terminologias, como ocorre com a terceirização (*outsourcing*) e as fontes abertas (*open source)*, mas esclarece que são coisas distintas. *Outsourcing* "[...] refere-se ao uso de agentes externos para realizar uma ou mais atividades organizacionais [...]", que poderiam ser realizadas pelos empregados da contratante. Neste caso, há um contrato formal de prestação de serviços que envolve serviços pagos e relações comerciais. *Open source* "[...] refere-se a uma filosofia que vem sendo adotada nas últimas décadas para o desenvolvimento de produtos de forma colaborativa e voluntária, distribuídos gratuitamente [...]" por terem o propósito de aprimorar o produto. Geralmente é aplicada no desenvolvimento de *software*, o qual, por não ser comercializado, é chamado de "*software* de código aberto", como é o caso dos sistemas operacionais Linux e Ubuntu ou dos aplicativos com editor de textos, planilhas eletrônicas e do navegador Firefox.

No *crowdsourcing*, os participantes trabalham de forma voluntária, sendo acionados por meio de chamadas abertas e não firmam contratos de participação ou fornecimento de ideia, sugestões ou soluções. Os motivos para o engajamento na atividade são variados e há uma multiplicidade de incentivos que nem sempre são de cunho financeiro. A autora esclarece que, enquanto, no *crowdsourcing*, as contribuições de cada pessoa podem ser

(22) "Crowdsourcing is a type of participative online activity in which an individual, an institution, a non-profit organization, or company proposes to a group of individuals of varying knowledge, heterogeneity, and number, via a flexible open call, the voluntary undertaking of a task. The undertaking of the task, of variable complexity and modularity, and in which the crowd should participate bringing their work, money, knowledge and/or experience, always entails mutual benefit. The user will receive the satisfaction of a given type of need, be it economic, social recognition, self-esteem, or the development of individual skills, while the crowdsourcer will obtain and utilize to their advantage that what the user has brought to the venture, whose form will depend on the type of activity undertaken."

individuais ou colaborativas, em *open source* há uma interdependência entre as contribuições, e os participantes sempre trabalham juntos para a criação de alguma coisa (BRANQUINHO, 2016).

No *crowdsourcing*, o número, a heterogeneidade e o grau de conhecimento dos participantes que compõem a multidão dependerão dos requisitos da iniciativa de *crowdsourcing*. A chamada pode ser totalmente aberta para qualquer interessado, limitada a uma comunidade com habilidades ou conhecimentos específicos ou combinada mediante os dois tipos anteriores, com controle de seleção. O meio de veiculação será a internet, em razão das tecnologias da Web 2.0[(23)].

Para Zhao e Zhu (2012, p. 423), os sistemas de *crowdsourcing* constituem "[...] processos ou conjunto de processos que transformam entradas em saídas" e são criados por pessoas que apresentam distintas visões de "[...] planejamento, requisitos, *design* (projeção e previsão), implementação, desdobramento e operacionalização e comportamento". Eles geralmente apresentam os seguintes componentes:

> [...] i) as organizações demandantes que iniciam o processo, expõem seus problemas e ficam aguardando as respostas/soluções dos participantes; ii) os participantes (indivíduos ou membros de comunidades com interesses comuns) que formam a 'multidão' e que, em atendimento as tarefas expostas pelas organizações demandantes, submetem suas sugestões ou soluções; iii) uma plataforma de intermediação que viabiliza a aplicação de *crowdsourcing*, que tem a função de estabelecer a ligação entre demandantes e solucionadores e é projetada para informar certas regras que devem ser obedecidas durante todo o ciclo de vida do processo (por exemplo: especificação das competências ou habilidades adequadas para solucionar problema; controle do nível de certificação dos participantes; estabelecimento de prazo e data limite para submissão de respostas; resultados esperados; forma de pagamento de incentivos aos vencedores)[(24)] (BRANQUINHO, 2016, p. 10-11).

Zhao e Zhu (2012, p. 424) afirmam que o *crowdsourcing* pode ser classificado quanto ao contexto, em comercial e não comercial, e quanto à função, conforme a natureza e granularidade da tarefa proposta, que pode ser de granularidade baixa, quando lida com algumas tarefas rotineiras, como coleta de dados, classificação e tradução de textos

(23) De acordo com Branquinho (2016, p. 10), as novas tecnologias da *Web 2.0* são *wikis*, *social tagging*, *mashups*, *blogs*, *RSS filters*, *podcasts*, SNS e outras que podem ser utilizadas na construção de interfaces e plataformas de suporte a sistemas de *crowdsourcing*. A autora afirma que "[...] os mecanismos de interação disponíveis na Web 2.0 (aplicativos, programas computacionais mais sofisticados, plataformas etc.) facilitaram a comunicação entre indivíduos, que deixaram de ser meros navegadores e passaram a ser colaboradores".

(24) Tradução de Carmem Lucia Branquinho (2016, p. 10-11).

simples; granularidade média, que se refere a algumas tarefas criativas, como *design* de logotipo, fotografia, anúncio gerado pelo usuário; e granularidade alta, que lida com alguns problemas sofisticados e tarefas complicadas, como o desenvolvimento de produtos e consultoria.

Destaca-se que, Zhao e Zhu (2012) fazem importante distinção entre o *crowdsourcing* e a terceirização: nesta existe um contrato por meio do qual uma empresa define as suas necessidades e busca um fornecedor para supri-las, em conformidade com os padrões nele estabelecidos; naquele, a empresa procede a uma chamada aberta para uma multidão que lhe fornece informações voluntariamente e, muitas vezes, de forma anônima, inviabilizando a garantia de um contrato. Enquanto a terceirização depende em boa parte das relações comerciais e incentivos financeiros, no *crowdsourcing*, os motivos que causam a participação da multidão são diversificados, fazendo com que os incentivos sejam variados[25].

> A participação, a comunicação e a colaboração da multidão são diversificadas e ocorrem segundo as modalidades/variantes de *crowdsourcing* que são aplicadas (BRANQUINHO, 2016, p. 10).

Para Branquinho (2016), o poder da metodologia *crowdsourcing* está na sua capacidade de obter maior quantidade de informações, conhecimentos e experiências de um diversificado conjunto de pessoas, em face de suas diferentes formações intelectuais. Deve-se sempre considerar que cada indivíduo é portador de um universo de habilidades muito mais complexo do que aquele que pode ser demonstrado por sua educação e/ou qualificação profissional.

O *site* de pesquisas *Wikipedia* é um bom exemplo de *crowdsourcing*, pois apresenta uma enciclopédia construída pelos próprios usuários, sem onerosidade.

A essência do *crowdsourcing* não é a tecnologia, e sim os comportamentos humanos que a internet é capaz de interligar, unificando uma massa da humanidade que praticava ações descoordenadas de milhares de pessoas com gostos em comum (HOWE, 2008, p. 9-11).

Howe (2008) explica que o *crowdwourcing* gera outra forma de colaboração, qual seja, entre clientes e empresas, pois o consumidor não quer apenas consumir, mas também

(25) Tradução livre do original: "One major difference lies in the inclusion of the word 'contract'. In outsourcing, the client firm seeks a supplier and defines needs, and then the pre-selected supplier provides the client firm with goods or services, according to a contract. While in crowdsourcing, the client firm issues na open call and individuals within the crowd provide inputs to the client firm on a voluntary basis. It would *be* more difficult, if not impossible, to secure a contract because that would entail engaging in an agreement with multiple parties who are often anonymous. In addition, outsourcing largely depends on business relationships (financial incentives), while crowdsourcing may have a much more diverse participation motivation, which may lead to multiple incentives".

participar do desenvolvimento dos produtos e afirma que há uma tendência de democratização do comércio. O autor ainda afirma que os incentivos financeiros são importantes, mas que, nem sempre, as pessoas contribuem para algum projeto em troca de uma remuneração, pois sentem prazer em cultivar talento e transmitir conhecimentos. Exemplo disso é a rede InnoCentive, que reúne 140 mil cientistas(26).

A possibilidade de as pessoas, individualmente ou em comunidade, veicularem seus interesses na rede mundial de computadores e, por meio dela, disponibilizarem tudo quanto é tipo de bens revolucionou o mercado, pois livros, músicas, objetos pessoais e até o tempo, as imagens do corpo ou apresentações sexuais(27) passaram a ser oferecidos pela internet, fazendo emergir um modelo que tem sido chamado de economia compartilhada (*sharing economy*) ou economia colaborativa.

Fato é que não há uma definição padronizada de economia compartilhada, conforme observa Vanessa Katz (2015), que afirma que, paralelamente ao comércio entre pares (P2P) que atingiu uma larga escala, surgiu também um mercado *on-line* para o intercâmbio de serviços entre pares (P2P), tais como locação temporária de residências ou espaços de escritórios; locação de bens pessoais; empresas de rede de transporte para viagens curtas em veículos pessoais ou aviões pequenos; contratação de serviços de diaristas e empréstimos.

Ao falar sobre a gênese da economia compartilhada, Sundararajan (2016, p. 47) explica que as relações de troca já existiam, mas deixaram de ser uma extensão do comércio eletrônico para criar modelos de negócios e comportamentos de consumo inconcebíveis nos primeiros anos da internet. E ele explica as razões pelas quais a economia compartilhada surgiu apenas recentemente:

> O surgimento da economia compartilhada de hoje se deve, em grande parte, à confluência de um conjunto de facilitadores digitais que já existem há muito tempo — o que é fundamental entre eles agora: a massificação dos *smartphones*, a onipresença da banda larga sem fio e os sistemas de confiança que incluem redes sociais do mundo real digitalizadas(28) (SUNDARARAJAN, 2016, p. 47-48).

(26) Jeff Howe (2008, p. 9-10) informa que o *crowdsourcing* influenciou empresas da lista *Fortune 100,* como a Procter & Gamble, que, quando necessitam de solução para algum problema, o encaminha para a rede InnoCentive, na qual há milhares de cientistas cadastrados e dispostos a utilizar seus laboratórios caseiros para encontrarem uma solução mediante o pagamento de recompensas.

(27) A matéria intitulada "A vida secreta dos brasileiros que trabalham no '*Uber* do pornô'" apresenta um novo produto do mercado do sexo, conhecido como *camming,* o qual consiste em apresentações sexuais por *webcan* para internautas, mediante a compra de créditos que possibilitam o aceso a diferentes tipos de *chats*, com valores também variados (MACHADO; ALVIM, 2019).

(28) Tradução livre do original: "[...] the emergence of today's sharing economy is largely due to the confluence of a set of digital enablers that have been a long time coming — critical among them now being mass-market smartphones, ubiquitous wireless broadband, and trust systems that include digitized real-world social networks".

Botsman (2013) afirma que as expressões consumo colaborativo (*collaborative consumption)*, economia compartilhada (*sharing economy)*, economia entre pares (*peer economy)* e economia colaborativa possuem significados diferentes, a saber:

> Consumo colaborativo: é um modelo econômico baseado no compartilhamento, troca, negociação ou aluguel de produtos e serviços, permitindo o acesso sobre a propriedade. Possui três sistemas distintos: mercados de redistribuição, em que bens indesejados ou subutilizados são redistribuídos; estilos de vida colaborativos, em que os ativos que não são produtos, como espaço, habilidades e dinheiro, são trocados e comercializados de novas maneiras; e sistemas de serviço do produto pelos quais se paga para acessar os benefícios de um produto, em vez de precisar possuí-lo completamente.
>
> Economia compartilhada: é um modelo econômico baseado no compartilhamento de ativos subutilizados, de espaços a habilidades, para obter benefícios monetários ou não monetários.
>
> Economia de pares: mercados entre pessoas que facilitam o compartilhamento e o comércio direto de ativos criados com base na confiança de colegas.
>
> Economia colaborativa: uma economia construída em redes distribuídas de indivíduos e comunidades conectados em contraposição às instituições centralizadas, transformando como podemos produzir, consumir, financiar e aprender[29] (BOTSMAN, 2013, [s.p]).

Botsman (2013) elucida que os significados, muitas vezes, se confundem porque todos apresentam benefícios implícitos e os seguintes pontos em comum: poder distribuído, utilização de ativos de forma inovadora e eficiente e fatores disruptivos (inovação tecnológica, mudança de valores, realidades econômicas e pressões ambientais).

Para Sundararajan (2016, p. 75), a expressão economia compartilhada (*sharing economy*) pode ser substituída por capitalismo baseado na multidão (*crowd-based capitalism*). O autor explica:

---

(29) Tradução livre do original: "Collaborative Consumption: An economic model based on sharing, swapping, trading, or renting products and services, enabling access over ownership. It is reinventing not just what we consume but how we consume. It has three distinct systems: 1. Redistribution markets: Unwanted or underused goods redistributed. 2. Collaborative Lifestyles: Non-product assets such as space, skills and money are exchanged and traded in new ways. 3. Product Service Systems: Pay to access the benefit of a product versus needing to own it outright. Sharing Economy: An economic model based on sharing underutilized assets from spaces to skills to stuff for monetary or non-monetary benefits. Peer Economy:
Person-to-person marketplaces that facilitate the sharing and direct trade of assets built on peer trust.
Collaborative Economy: An economy built on distributed networks of connected individuals and communities versus centralized institutions, transforming how we can produce, consume, finance, and learn" (BOSTMAN, 2013, [s.p]).

Aqui é necessário formar a nossa compreensão das plataformas de economia compartilhada olhando o surgimento simultâneo de um tipo muito específico de microterceirização, em que, em vez de contratar um fornecedor específico para suprir alguma necessidade da empresa, esta simplesmente terceiriza para a multidão(30).

Sundararajan (2013, p. 27) afirma que a economia compartilhada é um sistema econômico com cinco características:

i) é amplamente baseado no mercado (a economia compartilhada cria mercados que permitem o intercâmbio de bens e o surgimento de novos serviços, resultando em níveis potencialmente mais altos de atividade econômica; ii) capital de alto impacto (a economia compartilhada abre novas oportunidades para tudo, desde bens e habilidades até tempo e dinheiro, para serem usados em níveis mais próximos da sua capacidade máxima; iii) redes baseadas na multidão em vez de instituições ou hierarquias centralizadas: a oferta de capital e trabalho se origina de multidões descentralizadas de indivíduos em vez de corporações ou estados agregados; trocas futuras podem ser mediadas por mercados distribuídos baseados na multidão e não por terceiros centralizados; iv) linhas tênues entre o pessoal e o profissional: a oferta de mão de obra e serviços geralmente comercializa e dimensiona atividades de pessoa para pessoa, como dar carona a alguém ou emprestar dinheiro a alguém, atividades que costumavam ser consideradas 'pessoais'; e v) linhas tênues entre o trabalho de um empregado e do eventual, entre o trabalho autônomo e subordinado, entre trabalho e lazer: muitos empregos tradicionalmente em tempo integral são substituídos por contratos de trabalho que caracterizam uma continuidade dos níveis de comprometimento de tempo, granularidade, dependência econômica e empreendedorismo(31).

---

(30) Tradução livre do original: "Here it is important, though, to shape our understanding of sharing economoy platforms by looking at the concurrent emergence of a very specific kind of micro-outsourcing of innovative activities, under which, rather than contracting with one specific vendor to provide somenthing the firm needs, a firm instead simply 'outsources to the crowd'".

(31) Tradução livre do original: "1. largely market-based: the sharing economy creates markets that enable the exchange of goods and the emergence of new services, resulting in potentially higher levels of economic activity. 2. High-impact capital: the sharing economy opens new opportunities for everything, from assets and skills to time and Money, to be used at levels closer to their full capacity. 3. Crowd-based 'networks' rather than centralized institutions or 'hierarchies': the supply of capital and labor comes from decentralized crowds of individuals rather than corporate or state aggregates; future exchange may be mediated by distributed crowd-based marketplaces rather than by centralized third parties. 4. Blurring lines between the personal and the professional: the supply of labor and services often commercializes and scales peer-to-peer activities like giving someone a ride or lending someone Money, activities which used to be considered 'personal'. 5. Blurring lines between fully employed and casual labor, between independent and dependent employment, between work and leisure: many traditionally full-time Jobs are supplanted by contract work that features a continuum of levels of time commitment, granularity, economic dependence, and entrepreneurship".

A empresa *Airbnb* é um exemplo de empresa que ganhou notoriedade nos segmentos hoteleiro e imobiliário, pois, por meio de uma plataforma digital, ela conecta o detentor de um bem, qual seja, um imóvel (residencial ou não), com um usuário, onde o primeiro tem interesse de disponibilizá-lo ou partilhá-lo com o segundo, de modo remunerado ou não, e a plataforma não interfere na negociação entre ambos.

Outro exemplo que se enquadra na ideia de *sharing economy* é o *site Getaround*, que permite que uma pessoa, por meio do aparelho celular, tome emprestado o carro a outra, estacionado nas proximidades, ao custo aproximado de US $ 10 por hora (SUNDARARAJAN, 2016).

A Resolução P8_TA (2017) 0271 do Parlamento Europeu, que editou o documento "Uma agenda europeia para uma economia colaborativa", destaca a necessidade de

> [...] considerar a economia colaborativa não apenas como um conjunto de modelos empresariais novos, que oferecem bens e serviços, mas também como uma nova forma de integração entre a economia e a sociedade em cujo âmbito os serviços oferecidos são baseados em relações muito diversas entre si, as quais integram as relações econômicas no tecido social e criam novos modelos de comunidade e de negócios[32].

Gauthier (2016, p. 12) afirma que o momento é de mudança disruptiva entre o conceito de possuir e o de ter acesso a um determinado bem ou serviço, de modo que muitos empreendedores criaram as mais variadas plataformas de negócios, possibilitando às pessoas que desfrutem um determinado bem sem a necessidade de ter a propriedade dele.

Martin (2016, p. 153) apresenta três aspectos que enaltecem a economia colaborativa — oportunidade econômica, forma de consumo mais sustentável e caminho para uma economia descentralizada, equitativa e sustentável — e outros três que criticam esse modelo econômico: mercados não regulamentados, reforço do paradigma neoliberal e campo incoerente de inovação.

A empresa *Airbnb* (2018, [s.p]), por exemplo, levanta a bandeira da sustentabilidade e declara que "[...] o futuro do turismo está na sustentabilidade: no contato com a comunidade local para gerar novas fontes de renda e beneficiar todos os envolvidos com a presença de turistas".

Schor (2014), porém, elucida que a avaliação dos impactos ecológicos inclui informações, tais como: qual é a destinação que o anfitrião dá aos valores ganhos, pois podem ser empregados em produtos de alto impacto; se as pessoas comprarão mais coisas novas

(32) Tradução livre do original: "[...] considerar la economía colaborativa no solo como un conjunto de modelos empresariales nuevos que ofrecen bienes y servicios, sino también como una nueva forma de integración entre la economía y la sociedad en cuyo ámbito los servicios ofrecidos se basan en relaciones muy diversas entre sí que integran las relaciones económicas en el entramado social y crean nuevos modelos comunitarios y de empresas".

para venderem posteriormente; e se a quantidade de viagens aumentará em razão da diminuição dos custos daí decorrentes.

A autora (2014, p. 2) afirma que a origem da economia colaborativa remonta à época da fundação do *eBay* e *Craigslist* em 1995, que são dois mercados para a recirculação de mercadorias. Para ela, "[...] as atividades da economia colaborativa podem ser enquadradas em quatro categorias: recirculação de bens, aumento da utilização de bens duráveis, troca de serviços e compartilhamento de ativos produtivos"(33).

Ângulo, Rodríguez e Díaz afirmam que a economia colaborativa "[...] pode ser herdeira do consumo colaborativo, cunhado por Felson e Spaeth em 1978 a partir da teoria de Hawley sobre estruturas comunitárias e atividades sustentáveis [...]" (2018, p. 40), mas Rosalía Alfonso Sánchez ressalta que esse termo utilizado inicialmente para descrever a economia colaborativa se tornou insuficiente, porque ela é mais do que o consumo (SÁNCHEZ, 2016).

Para a autora, a expressão economia colaborativa serve para referenciar

> [...] os novos sistemas de produção e consumo de bens e serviços surgidos no início desse século graças às possibilidades oferecidas pelos avanços da tecnologia da informação para trocar e compartilhar esses bens e/ou serviços, o que permite reduzir as assimetrias de informação e os custos de transação que afetam tais atividades, permitindo aumentar a escala em que são realizadas e executá-las de maneira diferente da tradicional(34) (SÁNCHEZ, 2016, p. 235).

Sánchez (2016) sintetiza bem as diversas expressões que são comumente empregadas como sinônimas da economia colaborativa, por exemplo: i) economia entre pares (*P2P — peer-to-peer*), que se aplica aos modelos de negócios realizados entre "iguais" por meio de plataformas, para alugar, vender, emprestar ou compartilhar bens fora de lojas, bancos ou agências, o que, portanto, não abrangeria toda a economia colaborativa, porque deixaria de fora os modelos entre empresários e consumidores (*B2C — business-to-consumer*), empresários e empresários (*B2B — business-to-business*) ou entre consumidores e empresários (*C2B — consumer-to-business*); ii) *gig-economy* (economia do bico), que abrange os trabalhos realizados por aplicativos móveis e se refere ao setor econômico caracterizado pelo trabalho com duração incerta, tais como os contratos a

(33) Tradução livre do original: "Sharing economy activities fall into four broad categories: recirculation of goods, increased utilization of durable assets, exchange of services, and sharing of productive assets".

(34) Tradução livre do original: "[...] a los nuevos sistemas de producción y consumo de bienes y servicios surgidos a principios de este siglo gracias a las posibilidades ofrecidas por los avances de la tecnología de la información para intercambiar y compartir dichos bienes y/o servicios, que permiten reducir las asimetrías informativas y los costes de transacción que afectan a dichas actividades1, a la vez que permiten incrementar la escala en que se llevan a cabo y realizarlas de forma diferente a la tradicional".

tempo parcial, temporário ou *freelance;* iii) economia compartilhada *(sharing economy)*, que, segundo a autora, pode ser empregada indevidamente, pois sedimenta-se na ideia de compartilhamento de criação, produção, distribuição, comércio de bens e serviços entre pessoas e organizações diferentes, mediante troca, sem o necessário pagamento, o que é incomum na economia colaborativa; ou iv) economia de acesso (*access economy*), que se concentra na principal característica dos modelos de negócios da economia colaborativa, que é a preferência ao acesso, e não à propriedade dos bens.

Há autores que criticam o uso da expressão "compartilhar", a qual teria como pressuposto um ato de generosidade. Esse termo, conforme tal crítica, traduz-se em um eufemismo, pois, nos modelos de negócios mencionados, o dinheiro troca de mãos e o que se vê são muitas empresas que se aproveitam da falta de regulamentação e da exploração do trabalho, assemelhando-se às "[...] empresas capitalistas da velha guarda" (TUTTLE, 2014, [s.p]).

Hern (2015) chama a atenção para o fato de que as empresas identificadas sob o epíteto de economia colaborativa passaram a se caracterizar por algo completamente diferente, que é a dependência do trabalho instável, prestado principalmente por aqueles trabalhadores terceirizados em vez de empregados. Ele justifica que, por tal razão, utiliza a expressão *gig economy* (economia do "bico") para referir-se a essas empresas, embora reconheça que há ainda outras denominações populares, como "economia 1099", que se refere ao código tributário utilizado nos Estados Unidos para os trabalhadores autônomos, ou contrato zero hora, que faz referência aos contratos de trabalho do Reino Unido, em que não há horário fixo, nem sequer se sabe se a oportunidade para trabalhar será fornecida.

Nesse rasto, infere-se que, sob as mais variadas denominações, o fenômeno da economia compartilhada (*sharing economy*) refletiu também nas relações de trabalho e no próprio conceito de trabalho, do qual se extrai a vasta gama de nomenclatura empregada, para identificar essas novas formas de prestar serviço, tais como economia do bico (*gig economy*), economia por demanda (*on demand economy*) ou, até mesmo, economia *Uber*, ou *uberização.*

Este último, em consequência da popularização da empresa *Uber*, que decorreu tanto da facilitação que esta proporcionou aos usuários em comparação com o serviço de táxi quanto da quantidade expressiva (FOLHA DE S. PAULO, 2017)[35] de trabalhadores que se engajaram na atividade de motoristas em vários aplicativos.

Freitas Junior e Silva (2017, p. 4) afirmam que expressões como, "economia gig", "economia freelance", "economia sob demanda", "economia de trabalhadores de plataforma",

(35) De acordo com notícia veiculada no jornal *Folha de S. Paulo*, somente no estado de São Paulo, o número de motoristas que trabalham por meio de aplicativos aproxima-se de 50 mil, enquanto os taxistas somam 38 mil.

"economia de *Uber*" e "economia de negócios compartilhada", têm sido empregadas para "[...] indicar as empresas que desenvolvem a sua atividade por intermédio do serviço prestado pelos trabalhadores, em regime de relação laboral legalmente precária, senão informal, ocasional ou sem horário regular"[(36)].

A expressão *gig economy* é uma das mais utilizadas para fazer referência ao trabalho realizado por meio de plataformas virtuais, sem previsão de continuidade ou vinculação a um único contratante. Segundo o documento *The characteristics of those in the gig economy* (LEPANJUURI; WISHART; CORNICK, 2018, p. 12), ela pode ser definida como "[...] a troca de trabalho por dinheiro entre indivíduos ou empresas, por meio de plataformas digitais que facilitam ativamente o encontro entre fornecedores e consumidores, em curto prazo e com pagamento por tarefa"[(37)].

Sua origem está ligada a alguns trabalhos artísticos de antigamente e hoje se popularizou como uma referência ao trabalho por meio de aplicativos, como esclarece Steven Greenhouse (2019, p. 217):

> [...] originalmente se referia a músicos de clubes de jazz na década de 1920, mas o termo *gig economy* não se tornou popular até a Grande Recessão, como uma maneira de descrever os trabalhadores de vários empregos em meio período ou 'bicos' simultâneos.[(38)]

Drahokoupil e Fabo (2016) afirmam que, embora as expressões economia compartilhada (*sharing economy*), economia entre pares (*peer to peer economy*) e economia sob demanda (*on-demand economy*) sejam usadas como sinônimos de economia colaborativa, as suas implicações são diferentes (a colaboração ou interação entre pares são diferentes de compartilhamento e esses termos diferem também do conceito de "sob-demanda"), assim como o conceito de colaboração não se refere a um mercado que facilita o acesso a bens e serviços. Os autores afirmam que a maioria das plataformas de *outsourcing* se destina ao aluguel, e não ao compartilhamento de bens. Diante disso, sugerem o uso da expressão economia de plataforma (*platform economy*) sob o fundamento de que o fenômeno se baseia no uso de plataformas *on-line*, para diminuir custos de transação da terceirização do trabalho e de acesso a bens e serviços.

---

(36) Tradução livre do original: "[...] to indicate those companies that carry out their business by mediating the service provided by workers, under a lawfully precarious, if not informal, occasional or with no regular time, work relationship".

(37) Tradução livre do original: "[...] involving exchange of labour for money between individuals or companies via digital platforms that actively facilitate matching between providers and customers, on a short-term and payment by task basis".

(38) Tradução livre do original: "Gig work originally referred to jazz club musicians in 1920s, but the term 'gig economy' didn't become popular untill Great Recession as a way to describe workers jugglings several part-time jobs or 'gigs'. Nowa.days the term refers increasingly to app-based jobs)".

É fato que não se pode identificar a economia compartilhada — que pressupõe a partilha de um bem subutilizado com ânimo de lucro ou não — com a intermediação da prestação de serviços (ou da mão de obra) engendrada por intermédio de *sites ou* aplicativos, para os quais o trabalho de alguém é indispensável à consecução da finalidade de atender a uma demanda específica das empresas que criam e administram essas ferramentas digitais, por meio das quais realizam sua atividade-fim e obtêm expressivo valor econômico[39].

Todavia, a terminologia utilizada pelas plataformas para se referirem às atividades dos trabalhadores ou a eles mesmos, tais como *riders, taskers, gigs*, induzem à concepção de que estão fora da dimensão do trabalho e fora do campo de incidência de regulação e proteção trabalhista (DE STEFANO, 2016).

De Stefano (2016, p. 5), ao falar das consequências prejudiciais de ocultar a natureza de trabalho que essas atividades possuem e seus componente humanos, afirma que

> [...] os trabalhadores podem ser acionados pelos clientes ou consumidores com um clique no mouse ou um toque na tela do celular, desempenhar a tarefa e, em seguida, desparecer na multidão ou na força de trabalho *on demand*, correndo o risco de ser identificado como uma extensão de um dispositivo de TI ou de uma plataforma *on-line*. A expectativa é que eles funcionem de uma maneira tão impecável e tranquila quanto um *software* ou uma ferramenta tecnológica e, se algo der errado, poderão receber críticas ou *feedbacks* piores do que seus colegas de outros segmentos da economia.[40]

Contudo, qualquer tipo de trabalho, independentemente de sua categoria jurídica, não pode ser coisificado como se fosse uma mercadoria, o que foi estabelecido desde o século passado, quando da fundação da Organização Internacional do Trabalho, e assim deve continuar a ser.

---

(39) Pesquisa feita pela PricewaterhouseCoopers em 2016 (SMITH, p. 14) aponta que a *Uber*, em fevereiro daquele ano, operava em 250 cidades do mundo e foi avaliada em US $ 41,2 bilhões, número que supera a capitalização de mercado de empresas, como Delta Air Lines, American Airlines e United Continental.

Já o Airbnb, cujo cálculo é de 425.000 visitantes por noite, em média, totalizou mais de 155 milhões de estadas por ano, quase 22% a mais que o Hilton Worldwide, que atendeu 127 milhões de hóspedes em 2014.

De acordo com as projeções da PwC, os cinco principais setores da economia compartilhada (viagens, compartilhamento de carros, finanças, pessoal e transmissão de música e vídeo) podem aumentar a receita global que até então era em torno de US $ 15 bilhões para cerca de US $ 335 bilhões até 2025.

(40) Tradução livre do original: "Workers that can be called by clients and customers at a click of their mouse or at a tap on their mobile, perform their task and disappear again in the crowd or in the on-demand workforce materially risk being identified as an extension of an IT device or online platform. They could be expected to run as flawlessly and smoothly as a software or technological tool and then, if something goes amiss, they might receive worse reviews or feedbacks than their counterparts in other sections of the economy".

A atividade laboral prestada por intermédio de plataformas digitais e gerenciada por algoritmos não se aparta do conceito de trabalho, uma vez que se destina a complementar ou obter a renda, a mantença e, consequentemente, merece proteção, a fim de que seja preservada a dignidade de quem trabalha.

Partindo-se da premissa de que o trabalho é direito humano fundamental, de matiz constitucional, é necessário a analisar as principais formas de trabalho oferecidas por meio de plataformas digitais, pois, somente depois de diferenciá-las e analisar as suas características, será possível perquirir qual a proteção jurídico-laboral adequada aos profissionais que nela se ativam.

1.5. A economia de plataformas

Em relação ao papel das empresas na sociedade da informação, Castells (2003, p. 49) conclui que "[...] a internet transformou as empresas do mesmo modo, se não mais, do que as empresas transformaram a internet" e afirma:

> A internet está transformando a prática das empresas em sua relação com fornecedores e compradores, em sua administração, em seu processo de produção e em sua cooperação com outras firmas, em seu financiamento e na avaliação de ações em mercados financeiros (CASTELLS, 2003, p. 56).

Uma das estrelas de maior destaque no universo do sistema capitalista atual é a empresa-plataforma, que, muitas vezes revestida pela capa da economia do compartilhamento, se traduz numa autêntica transnacional sem ramo específico, em torno da qual se concentra a intermediação entre fabricantes/comerciantes e consumidores dos mais variados segmentos, monopolizando a clientela ou dificultando a concorrência, com potencial de lucros exponenciais, mas sem possuir nenhuma instalação física, maquinários, mercadorias ou empregados.

Para Parker, Alstyne e Choudary (2018, p. 13), "[...] a plataforma é uma empresa que viabiliza interações que criam valor entre produtores e consumidores externos". Segundo eles, ela "[...] oferece uma infraestrutura para tais interações e estabelece condições de funcionamento para elas".

Pode-se dizer, portanto, que o que dá sustentação a esse modelo gerencial e organizacional de negócios é o sucesso das interações bem-sucedidas entre os participantes, para que se repitam e atinjam o efeito de rede (CHOUDARY, 2018).

A interação entre os participantes (produtores e consumidores) envolve três componentes — os participantes, a unidade de valor e o filtro —, os quais precisam ser bem projetados e identificados para que as interações se tornem mais fáceis, atraentes e valiosas possível (PARKER; ALSTYNE; CHOUDARY, 2018).

No documento *The Architeture of digital labour platforms: Policy recommendations on platform design for worker well-being*, Choudary (2018, p. 5) explica que, para encorajar a repetição das interações e atingir o efeito em rede, as plataformas precisam adotar algumas estratégias, tais como: reduzir os custos de transação; evitar falhas de mercado e maximizar sua liquidez; e utilizar sistemas de reputação para garantir a qualidade e fomentar a confiança entre os participantes.

Como as plataformas são as detentoras das informações dos seus participantes, elas situam-se numa condição vantajosa que lhes possibilita tratar os dados coletados e gerenciá-los de maneira a satisfazer os seus interesses, o que evidencia a sua assimetria de poder em detrimento dos demais participantes.

Nesse contexto, para atingir seu objetivo de atrair e manter os seus participantes, além de assegurar que as interações entre eles serão bem-sucedidas, as plataformas digitais utilizam técnicas de gestão, como a metodologia de *startup* enxuta e o gerenciamento por métricas como parte integrante de uma estrutura que pode tanto empoderar como explorar os trabalhadores (CHOUDARY, 2018).

O gerenciamento por métricas é aquele baseado nos dados extraídos do comportamento dos participantes, mas muitas vezes não é aparente para as outras duas partes do contrato, uma vez que é a plataforma quem detém e faz o tratamento dos dados, traçando as estratégias para atrair e reter os participantes.

Por exemplo, é pouco conhecido o fato de as plataformas de aplicativos de transporte exibirem na tela inicial uma quantidade de carros superiores aos realmente existentes, para que o consumidor pense que há vários veículos disponíveis, quando, na verdade, são "carros fantasma". Do mesmo modo, poucos sabem que a plataforma pode fixar preços diferentes para consumidores que estão na mesma localidade por conta da satisfação do cliente com seus serviços ou pelo fato de a plataforma identificar que a bateria do celular está com pouca carga e, em tais situações, os consumidores tendem a aceitar preços mais altos (ROSEMBLAT; CALO, 2017).

Além disso, os mecanismos operacionais das plataformas digitais variam conforme o segmento do negócio, inexistindo uma forma-padrão de funcionamento.

Além do mais, a criatividade e inovação frequentes no mundo dos negócios fazem surgir, a cada dia, novos formatos de plataformas digitais nos mais variados segmentos, o que dificulta a padronização da classificação das diferentes modalidades de plataformas digitais.

O documento *El mercado laboral digital a debate* (CAÑIGUERAL BAGÓ, 2019) afirma que a economia de plataformas apresenta as seguintes características: existência de uma plataforma para conectar os prestadores de serviços e os clientes; é o trabalhador quem define o horário de trabalho; o pagamento é intermediado pela plataforma por tarefa ou projeto.

Para Schmidt (2017, p. 5), a economia de plataformas "consiste num mercado *on-line* que envolve três partes" e apresenta as seguintes características:

> O provedor da plataforma serve como um intermediário que coordena os lados da oferta e demanda ocupado pelas outras duas partes. Esse papel de intermediário permite que o provedor da plataforma transfira a maioria dos custos, riscos e responsabilidades para as outras duas partes. Normalmente, o provedor da plataforma não precisa cobrir o custo da mão de obra ou os meios de produção. O provedor da plataforma oferece um serviço totalmente virtual (apenas um aplicativo ou *site)* e, portanto, pode crescer exponencialmente, sem ter de enfrentar os custos de produção crescendo proporcionalmente também (custos marginais muito baixos). O provedor da plataforma também é a única das três partes que tem acesso total e controle sobre os dados, processos e regras da plataforma. A arquitetura de *software* específica da plataforma digital causa uma assimetria sistêmica de informações e, com isso, uma assimetria de poder. Impulsionada pelo capital de risco e pelos efeitos da rede, a economia de plataforma é propensa a promover o surgimento de monopólios ou, pelo menos, de oligarquias[41].

Enquanto algumas plataformas são assemelhadas a mercados que visam facilitar o empreendedorismo, outras aparentam ser "[...] hierarquias que utilizam prestadores de serviços" (SUDARARAJAN, 2016, p. 119-120).

Por essa razão, para compreender a estrutura que envolve as plataformas digitais de trabalho, é necessário situá-las num contexto geral dessa economia de plataformas, para, em seguida, direcionar a pesquisa para o segmento específico das plataformas de trabalho sob demanda, observando-se as suas especificidades.

1.5.1. Classificação das plataformas digitais em geral

Hoje em dia, qualquer tipo de necessidade ou de talento pode ser acessado facilmente por meio de uma plataforma digital (CAÑIGUERAL BAGÓ, 2019). Entretanto, nem todas as plataformas digitais destinam-se à prestação de serviços, razão pela qual, nesse contexto de proliferação de uma infinidade de plataformas digitais dos mais diversos

(41) Tradução livre do original: "The platform provider serves as na intermediary that coordinates the supply and demand sides of the other two parties. This role as intermediary allows the platform provider to shift most of the costs, risks and liabilities to the other two parties. Typically, the platform provider does not have to cover the cost of labour or the means of production. The platform provider offers an entirely virtyal service (just an app or a website) and can thus grow exponentially, without having to face production costs growing proportionally as well (very low marginal costs). The platform provider is also the only one of the three parties that has full access to and control over the data, processes and rules of the plataform. The particular software architecture of the digital platform causes a systemic information asymmetry and, through that, a power asymmetry. Driven by venture capital and network effects, the platform economy is prone to foster the emergence of monopolies or at least oligarchies".

tipos, é necessário distinguir os modelos de compartilhamento daqueles que se destinam à prestação de serviços.

De Stefano e Aloisi (2018) apontam que a primeira distinção a ser feita é a que separa as plataformas digitais de trabalho daquelas que proporcionam acesso a bens, propriedade e capital, entre as quais cita: as que oferecem serviço de aluguel, como *Airbnb*; plataformas de capital, como *British Funding Circle*; serviço de compartilhamento de carro entre pares, como a francesa Blablacar; ou mercado entre pares para troca de coisas, como a espanhola *Grownies*. Da mesma forma, Signes (2017), que também faz essa distinção, esclarece que, no termo economia colaborativa, há vários modelos e plataformas que podem ser divididos em dois grupos: plataformas destinadas à venda e aluguel de bens, por um lado, e as plataformas destinadas à prestação de serviços, por outro.

Como as plataformas digitais de trabalho fazem parte de um contexto muito mais amplo, pois "[...] a economia *on demand* representa a última onda de uma também nova economia digital" (MERCADER UGUINA, 2018, p. 107), serão apresentadas duas figuras que representam a taxonomia adotada por Schimidt (2017) no estudo denominado *Digital Labour Markets ih the Platform Economy: Mapping the Political Challenges of Crowd Workand Gig Work*, para melhor demonstrar o recorte adotado neste trabalho.

Figura 2 – Plataformas digitais comerciais em geral.

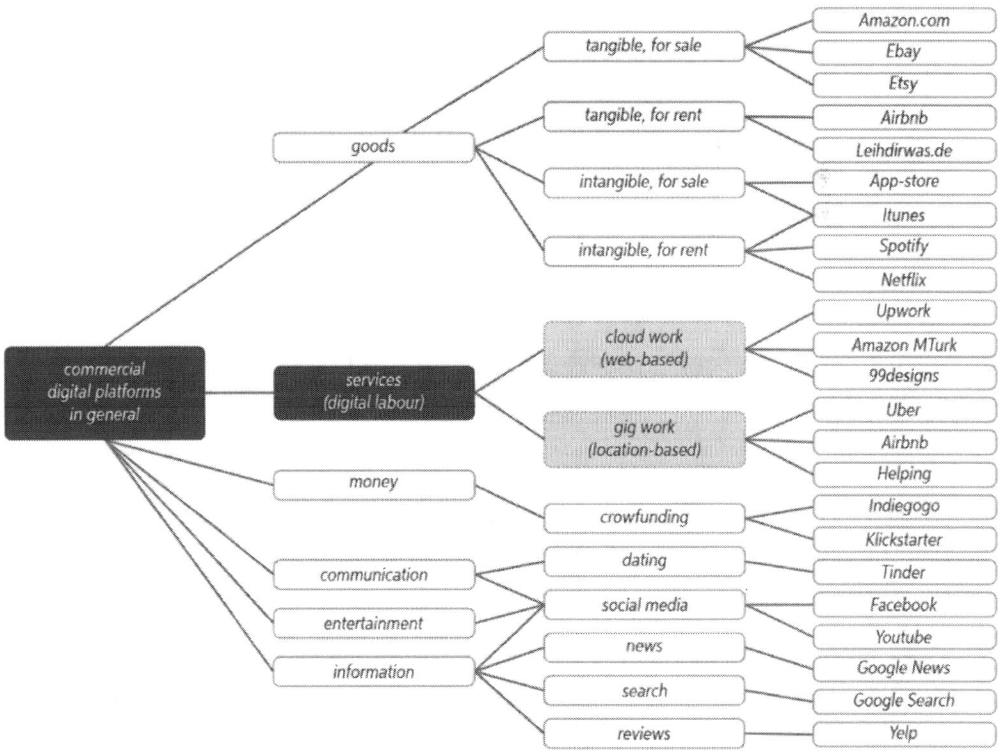

Fonte: Schmidt, 2017, p. 6.

A primeira figura (Figura 2) apresenta um panorama geral das plataformas digitais; e a segunda refere-se tão somente às plataformas digitais de trabalho, nas quais se situam as de trabalho sob demanda, que o autor intitula *gig work*.

Schmidt (2017) divide as plataformas digitais seis segmentos: i) de bens; ii) serviços; iii) dinheiro; iv) comunicação; v) entretenimento; e vi) informação.

As plataformas que comercializam bens são muito conhecidas e englobam tanto as que se destinam à venda ou aluguel de bens tangíveis, como *Amazon*, *eBay* e *Airbnb*, ou à venda ou aluguel de bens intangíveis, como *App-store*, *iTunes*, *Spotify* ou *Netflix*, para citar alguns exemplos. Nas plataformas de serviços, que são as que interessam a este estudo, existem duas categorias principais: serviços baseados na nuvem (*cloud--work)*, tais como *Amazon Mechanical Turk* (AMT) e *Upwork*, e serviços baseados na localização (*gig work*), como *Uber*, *Airbnb* e *Helping*. Há, ainda, diversas outras modalidades de plataformas em que o trabalho não é a principal atividade e, consequentemente, são excluídas desta pesquisa, mas que, por sua utilidade, também precisam ser citadas, entre as quais estão as plataformas que, por exemplo, emprestam dinheiro (*crowdfuning)*, como a Indiegogo ou Klickstarter, e as plataformas de comunica*ção, entretenimento e informação* que possuem pontos de intersecção, conforme a finalidade de seu uso, como é o caso do *Tinder*, destinado a encontros, as redes sociais (*Facebook* e *YouTube*) e as plataformas de notícias (*Google News*), pesquisas (*Google Search*) e avaliações (*Yelp*).

É importante deixar claro, porém, que essa demonstração pode apresentar alguma incompletude, visto que, a cada dia, surgem novos modelos de negócios e, consequentemente, novos formatos de plataformas.

Tendo em vista a limitação do tema que este trabalho exige, não são abordadas aqui as plataformas de capital ou de troca e venda de bens ou outras sem fins lucrativos, mas apenas as que envolvem prestação de serviços de um único tipo, que é o trabalho sob demanda por intermédio de aplicativo, adotando-se a classificação de De Stefano (2016).

Registra-se também que Schmidt (2017) esclarece que incluiu a plataforma *Airbnb* como uma plataforma de "bicos", em razão da similaridade de sua estrutura, mas reconhece que o trabalho ocupa um papel secundário no seu formato de negócios.

Na segunda figura (Figura 3), Schmidt (2017) refere-se tão somente às plataformas digitais de trabalho, dividindo-as em dois grandes grupos que compreendem as plataformas que se destinam ao trabalho totalmente *on-line* (*cloud work*) e as de trabalho sob demanda, que ele chama de *gig work*.

Figura 3 – Plataformas digitais de trabalho.

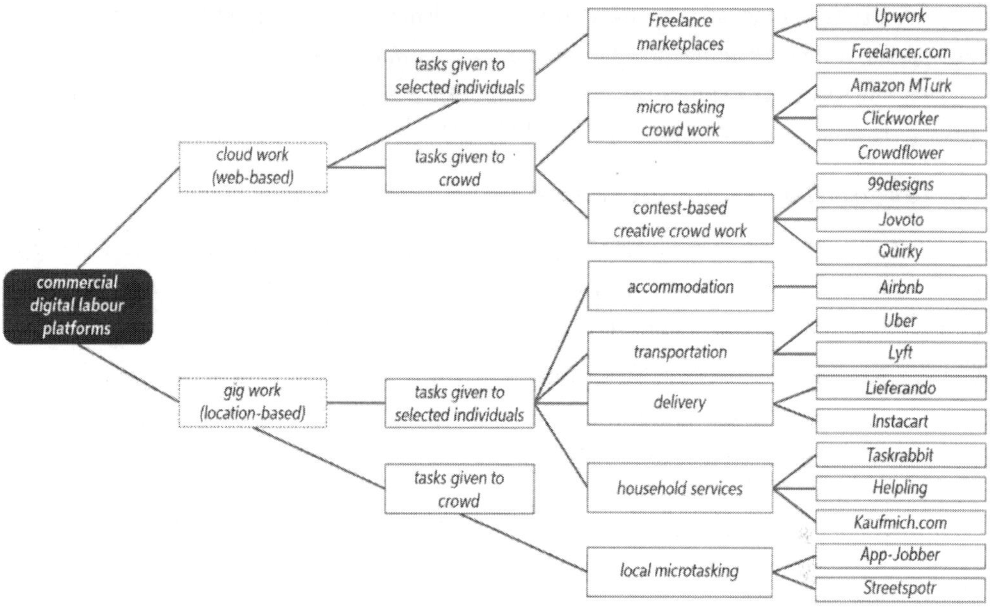

Fonte: Schmidt, 2017, p. 7.

No primeiro grupo estão os trabalhos baseados na nuvem (*cloud work*), o que significa que eles são realizados inteiramente de forma *on-line* e que abrangem tanto as tarefas destinadas a indivíduos selecionados, que ele chama de *freelance markplace*, como é o caso das plataformas *Upwork* e *Freelancer.com*, quanto as tarefas destinadas à multidão, que ele subdivide em dois grupos: i) as microtarefas (*microtasking crowd work)*, quando o trabalho é subdividido em unidades minúsculas, cada uma delas pagas por quantias igualmente diminutas, como é o caso da *AMT* ou *Clickworker* e *Crowdflower*; e ii) as tarefas baseadas em concursos *(contest-based creative crowd work)*, quando o trabalho não pode ser subdividido e é oferecido simultaneamente a uma multidão inteira, mas, ao final, apenas um resultado será escolhido e remunerado, como ocorre com a *99designs* ou *Jovoto*.

No segundo, está o trabalho baseado na localização, que o autor chama de *gig work*, quando a atividade a ser realizada se vincula a um local específico, o qual se subdivide também em dois grupos: i) tarefas para indivíduos selecionados, incluindo acomodação, transporte e entregas, como é o caso das plataformas *Airbnb*, *Uber* e (*Ifood*, *Rappi*), respectivamente; e ii) tarefas destinadas à multidão, que envolvem microtarefas locais, como é o caso das plataformas *App-Jobber* e *Streetspotr*.

Schmidt (2017) explica que, no caso do trabalho baseado na *web* (*cloud work*), isso ocorre como se fosse uma terceirização *on-line*, mas não para empresas, e sim para os próprios indivíduos que vão realizar o trabalho. Para o autor, o trabalho nesse *mercado* de *freelance* envolve atividades heterogêneas, que vão desde a otimização de mecanismos de busca, desenvolvimento de *software* ou páginas da *web*, *marketing*, *design*, redação, serviços jurídicos até engenharia, as quais, contudo, geralmente são complexas, especializadas e bem pagas, diferentemente do que ocorre com as *microtasking*. Assim, não há grandes debates em torno da exploração dos trabalhadores ou da necessidade de instituir uma política de regulação para eles (SCHMIDT, 2017, p. 14).

1.6. Taxonomia das plataformas digitais de trabalho

O afunilamento dos diversos tipos de plataformas digitais, como bem observado por De Stefano e Aloisi (2018), deve-se ao fato de os modelos de plataformas serem muito heterogêneos e possuírem tantas peculiaridades, que o estudo e a regulamentação padronizada num formato único parecem inviáveis.

Os autores apresentam uma tipologia das plataformas de trabalho, de acordo com cinco características-chave: dimensão (global ou local), execução (*on-line* ou *off-line*), localização (remota ou em local determinado), conteúdo do trabalho (criativo, repetitivo e fragmentado ou manual) e sistemas de pagamento (por resultado ou fixo por hora ou tarefa):

Figura 4 – Tipologias das plataformas de trabalho.

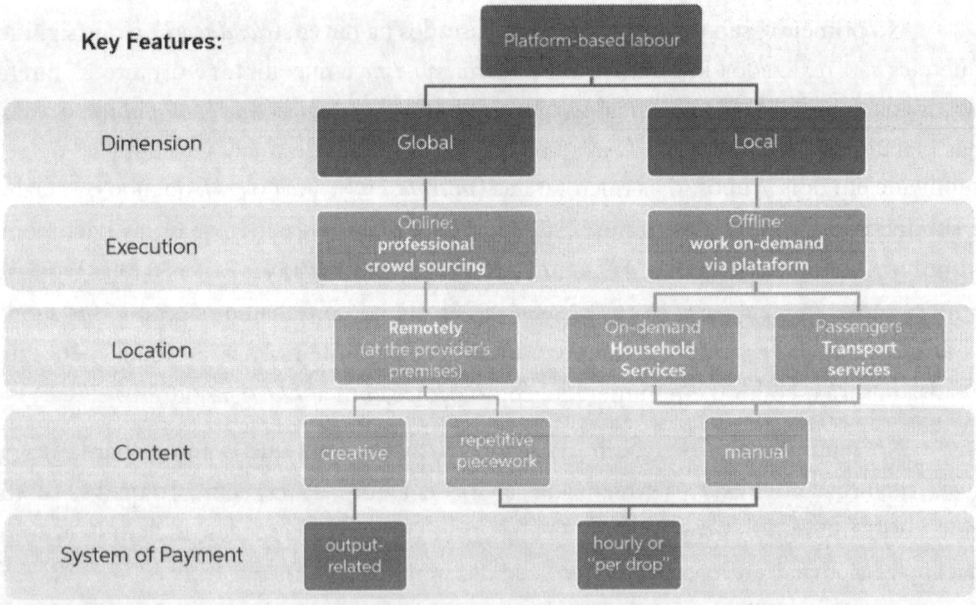

Fonte: De Stefano; Aloisi, 2018, p. 10.

Os autores afirmam que essa heterogeneidade pode levar a implicações jurídicas acentuadas, mas identificam um ponto em comum nesse modelo de negócio, propiciado pelos sistemas digitais, que consiste no encontro instantâneo entre a oferta e a demanda de trabalho, viabilizando o gerenciamento uma força de trabalho vasta e de baixo custo (DE STEFANO; ALOISI, 2018, p. 10).

O estudo da literatura a respeito do tema demonstrou que há várias classificações das plataformas digitais de trabalho, adotando-se diferentes critérios e sendo necessário analisar cada uma delas para indicar qual será o critério adotado nesta pesquisa.

Ao falar sobre a origem das plataformas digitais de *crowdwork*, o documento da Organização Internacional do Trabalho denominado *Digital Labour Platforms and The Future of Work*, conclui que, "[...] se o *crowdsourcing* é o ato de terceirizar trabalho para a multidão, então as plataformas de *crowdwork* são os serviços digitais (*sites* ou aplicativos) que facilitam o *crowdsourcing*" (DE STEFANO; ALOISI, 2018, p. 3). Isso porque, segundo esse documento, elas centralizam, num único espaço, o local para o solicitante de trabalho disponibilizar tarefas, resgatar e avaliar seus resultados e efetuar o pagamento, assim como possibilitam ao trabalhador identificar os solicitantes de trabalho, a descrição do método para a apresentação do resultado e a infraestrutura técnica e financeira para o recebimento pelo serviço concluído (OIT, 2018).

Embora esse relatório da OIT se restrinja ao estudo das especificidades de uma única modalidade de trabalho, que ele denomina *microtasking* — "tarefas subdivididas em unidades minúsculas, cada uma delas remunerada por uma pequena quantia em dinheiro e o trabalho é fragmentado pela multidão por intermédio das plataformas digitais de trabalho" —, ele menciona a variedade de tarefas oferecidas pelas plataformas digitais de trabalho e as classifica em dois tipos: i) as que são baseadas na internet (*web-based*) e podem ser de dois tipos, quais sejam, destinadas à multidão (na forma de microtarefas ou de concursos) ou destinadas diretamente aos indivíduos, usando um mercado de autônomos (por exemplo, a *Upwork*); e ii) as que são baseadas na localização (*location-based*), como é o caso dos serviços de transporte, entrega e serviços domésticos, servindo-se da classificação de Schmidt (2017).

De Stefano e Aloisi (2018) afirmam que não se pode olhar para as plataformas digitais de trabalho como um todo unificado, mas destacam que, além do papel desempenhado pelas ferramentas de tecnologia de informação e comunicação, esses modelos de negócios, que eles chamam de *digital matching firms*, apresentam outros fatores em comum, como o uso da tecnologia de informação avançada, particularmente a combinação do uso da banda larga, com aplicativos de fácil manuseio e recursos eficazes para facilitar as transações e manter a organização enxuta. Além disso, há a confiança nos sistemas de avaliação da qualidade dos serviços que são feitos pelos clientes e a dependência de trabalhadores que utilizam equipamentos próprios para realizar os serviços.

De tradução imprecisa, a expressão *digital matching firms* pode ser utilizada para identificar as empresas digitais que conectam os clientes (consumidores) aos prestadores de serviços. Ela foi empregada por Telles Jr. (2016, p. 1) como "[...] uma nova definição no espaço da economia compartilhada". Para ele, são "[...] entidades que fornecem plataformas (ou mercados) on-line que permitem o encontro de provedores de serviços com clientes [...]" (TELLES JR., 2016, p. 2), cujo modelo de negócio apresenta as seguintes características: i) usam a tecnologia da informação, normalmente por meio de plataformas ou aplicativos em dispositivos móveis, conectados à internet, para facilitar as transações entre o cliente e o trabalhador, de forma segura, confiável e eficiente, em tempo real, além de intermediarem a parte financeira; ii) contam com sistemas de avaliação de controle de qualidade que é feito pelo cliente, garantindo um nível de confiança entre os estes e os prestadores de serviços que são estranhos, estipulando um limite abaixo do qual o trabalhador é excluído da plataforma; iii) *o*ferecem flexibilidade para o trabalhador eleger seu horário de trabalho, de forma semelhante aos trabalhadores *freelancers,* assumindo que preenchem as exigências da empresa, como manter o nível mínimo fixado para avaliação, possuir licença, treinamento e seguros quando exigidos; e iv) dependem dos equipamentos de trabalho dos fornecedores do serviço, os quais podem ser próprios e alugados que atendam aos critérios estabelecidos (TELLES, 2016).

Tippett (2017, p. 4) explica que o nível de controle exercido pelas plataformas sobre os trabalhadores varia bastante, a depender do tipo de serviço por elas prestado e as divide em três categorias: i) compartilhamento de propriedade, como é o caso da *Airbnb,* em que o serviço adquirido pelo consumidor se refere ao acesso, por um determinado período de tempo, a um bem, como um carro, um apartamento ou roupas de grife, e o trabalho é incidental ao serviço que consiste na transferência de posse do bem; ii) serviços baseados na propriedade, como é o caso da *Uber*, por meio do qual se vende o uso vantajoso do bem pelo proprietário em benefício do consumidor e há um trabalho substancial envolvido; e iii) compartilhamento de serviços (por exemplo, TaskRabbit e Amazon MTurk), em que se compartilha tão somente a execução de algum trabalho por meio da internet, sem a utilização de nenhum bem, e é conhecido também como *crowdwork* ou *crowsourcing.*

Já Mexi (2019) divide as plataformas de trabalho digital em dois tipos: tipo A – refere-se ao trabalho sob demanda, solicitado por meio de plataformas digitais ou aplicativos, para a realização de tarefas ou serviços numa localização geográfica determinada, de modo *off-line*, como *Uber* (transporte), Deliveroo (entregas), *care.com* (serviços domésticos; tipo B – refere-se ao trabalho que envolve o conceito de Jeff Howe para *crowdsourcing,* por se tratar de uma chamada aberta a um número indefinido de pessoas, permitindo a dissociação entre tempo e local de trabalho, os quais podem ser subdivididos em: i) *microtasks,* que são pequenas tarefas possíveis de realizar rapidamente, para as quais não se exige criatividade, e, muitas vezes, *são repetitivas, como identificar imagens de pessoas sorrindo. Não requerem muita habilidade nem contato entre o cliente e a pessoa que a realiza. São exemplos as plataformas Amazon Mechanical Turk, Crowdflower* e *Microworker*; ii) *macrotasks*, que são tarefas que exigem mais qualificação e contato entre o cliente e o trabalhador, como a análise de dados e programação de aplicativos móveis, por exemplo as plataformas *Upwork* e *Freelancer;* e iii) plataformas de *crowdsourcing*, que lançam concursos para trabalhadores especializados desenvolverem tarefas criativas, como desenvolver uma logomarca ou resolver um problema científico, como é o caso da plataforma InnoCentive.

Howe (2009, p. 36) destaca que ofertas de trabalho sob modalidade de concurso, como as da plataforma *InnoCentive,* atraem muitos cientistas extremamente qualificados, que se dispõem a passar seu tempo livre, trabalhando tanto para a obtenção de um retorno financeiro, quanto principalmente "[...] em prol de algo por amor a um desafio intelectual".

O projeto "*Dont Gig up!*" (*GIG ECONOMY*, [s.d.]), que é voltado para os trabalhadores *gig*, propõe a classificação das plataformas digitais de trabalho em quatro tipos: i) tipo 1 – plataformas que proporcionam serviços de transporte de passageiros (*Uber*, *Lift...*); ii) tipo 2 – plataformas que propiciam serviços de entrega de bens (*Deliverhoo*, *Foodora...*); iii) tipo 3 – plataformas que proporcionam serviços de "bicos" tradicionais, como jardinagem, atividades de limpeza (como *Task Rabbit*, *Helping...*) e serviços especializados (marketing, publicidade, tradução...), possivelmente também por meio de leilões (*Fiverr*, *Upwork...*); e iv) tipo 4 – plataformas que externam microtarefas que geralmente são realizadas na *web* para uma "multidão" de trabalhadores (plataformas de trabalho em multidão, como a *Amazon Mechanical Turk*).

O Centro de Estudos de Política Europeia (CEPS) publicou, em 2016, um estudo de caso feito na Bélgica, com 14.113 trabalhadores, chamado *The Digital Market for Local Services: A one-night stand for workers?*, no qual os trabalhadores são classificados em dois grupos, com base em nos seguintes critérios: i) trabalho totalmente *on-line*, de nível global ou trabalho físico, com serviços presenciais; ii) o nível de qualificação, que, para os primeiros, pode ser de nível alto ou baixo e, para os segundos, de nível alto ou médio/ baixo (GROEN; MASELLI; FABO, 2016).

Conforme mencionado anteriormente, este trabalho foca os trabalhadores das plataformas digitais de trabalho sob demanda, cujas atividades são realizadas numa localização geográfica específica (*location-based applications*), adotando-se a classificação feita por Valerio De Stefano e Signes e também da pela Organização Internacional do Trabalho (no documento *Digital labour platforms and the future of work*).

Esse afunilamento deve-se ao fato de este trabalho ter peculiaridades distintas do trabalho realizado integralmente *on-line*, sendo inviável a análise global de situações muito distintas.

Para uma percepção dos diferentes modelos de plataformas digitais existentes no mercado brasileiro, antes de focar especificamente as plataformas digitais de trabalho sob demanda, que são objeto deste estudo, serão apresentadas as principais plataformas digitais que operam no Brasil em diversos segmentos.

1.7. Algumas plataformas digitais que operam no Brasil

Ao abordar a classificação das plataformas digitais em geral, no item 1.5.1, notou-se que elas podem ser classificadas em seis tipos, de acordo com o objeto que oferecem aos consumidores: mercadorias, serviços, dinheiro, comunicação, entretenimento e informação (SCHMIDT, 2017, p. 6).

As plataformas digitais de trabalho situam-se entre aquelas que oferecem serviços e, portanto, não se confundem, por exemplo, com as plataformas de aluguel ou venda de coisas.

Neste tópico, serão apresentadas as principais plataformas digitais que operam no Brasil, a fim de demonstrar o alastramento desse formato de negócios para além das conhecidas categorias econômicas de transporte de passageiros e entrega de comidas.

1.7.1. Plataformas de serviço de transporte de passageiros

As plataformas que oferecem serviços de transporte privado de passageiros se tornaram muito conhecidas, especialmente pela popularização do aplicativo da empresa *Uber*, que começou a funcionar no Brasil em 2014. No entanto, embora haja algumas similitudes, o modelo empresarial e os métodos operacionais adotados por cada uma dessas empresas apresentam peculiaridades que impedem que seja destinado um tratamento jurídico padronizado para todas elas, como se verá a seguir.

1.7.1.1. *Cabify*

O aplicativo encerrou as atividades no Brasil em 14.06.2021, porém continua funcionando normalmente no exterior, inclusive em outros países da América Latina. Fonte: <https://autopapo.uol.com.br/curta/cabify-sai-do-brasil/>.

Trata-se de um aplicativo de transporte de passageiros. De acordo com as informações disponibilizadas em seu *site*, a *Cabify* nasceu em Madrid, em 2011 e, em poucos meses, expandiu-se pelos países da América Latina, como Argentina, Brasil, Chile, Colômbia, Equador, Espanha, México, Panamá, Peru, República Dominicana e Uruguai. Segunda a empresa, ela opera em 11 países, em mais de 90 cidades ao redor do mundo, e emprega mais de mil empregados, mas os motoristas que se cadastram no aplicativo são considerados autônomos. Nas informações destinadas aos motoristas que pretendem se cadastrar no aplicativo no tópico "o que é a *Cabify*", a empresa oferece "[...] oportunidades de emprego autônomo a milhares de pessoas em mais de 90 cidades espalhadas pelo mundo" (*CABIFY*, [s.d.], [s.p]).

Atualmente oito cidades brasileiras são atendidas — São Paulo, Campinas, Santos, Rio de Janeiro, Brasília, Belo Horizonte, Porto Alegre e Curitiba — e oferecem transporte sob demanda, conectando os motoristas (que ela chama de parceiros) com usuários particulares e empresas (*Cabify Empresas* — transporte corporativo).

Para começar a dirigir para a plataforma, o motorista deve primeiro preencher formulário no *site* e enviar documentos (carteira de motorista, ano e modelo do veículo, antecedentes penais). Depois que enviar os dados, participará de uma sessão informativa e fará um teste *on-line*. Novos motoristas só são ativados quando há um crescimento na demanda por viagens e recebem treinamento *on-line*.

Os preços das viagens são estabelecidos pela plataforma, de acordo com a quilometragem rodada, o motorista recebe 75% do valor bruto, e não há preços dinâmicos diferentemente do que ocorre com a *Uber*.

O passageiro paga a viagem diretamente pelo aplicativo (somente cartão, não se aceita pagamento em dinheiro diretamente ao motorista), e a *Cabify* realiza o repasse dos valores aos motoristas parceiros, diretamente em suas contas.

Há um sistema de avaliação de 0 a 5 estrelas, e o motorista que fica abaixo de 4,6 após um ano dirigindo é desligado da plataforma.

No *site*, constam medidas de proteção contra a Covid-19, tais como películas de isolamento, máscaras a bordo e álcool em gel, sugerindo que o motorista faça uso delas, mas não constam informações sobre o fornecimento desses utilitários.

Recentemente também foi criada uma nova categoria de serviços, o *Cabify* entregas, por meio do qual é possível solicitar uma corrida para entregar produtos ou refeições em determinados destinos.

1.7.1.2. *Uber*

A *Uber* chegou ao Brasil em 2014 e atualmente mais de cem cidades brasileiras contam os serviços da plataforma.

De acordo com informações disponibilizadas no *site* da plataforma (UBER, [s.d.]), inicialmente a *Uber* se destinava apenas ao compartilhamento de viagens. Hoje, há vários segmentos além das viagens sob demanda: entregas rápidas de comida (*Uber Eats*), *app* que possibilita o encontro de transportadores e embarcadores (*Uber Freight*), compartilhamento de viagens para empresas (*Uber for Business*), sem contar as inovadoras pesquisas que estão sendo desenvolvidas para a criação de carros autoguiados e transporte coletivo aéreo (*Uber Elevate*).

Segundo os termos de uso da *Uber* ([s.d.], [s.p]), todos os motoristas e entregadores são denominados "parceiros independentes". A plataforma declara que, quando os usuários aderem aos seus termos, reconhecem que "[...] não são empregados(as) nem representantes da *Uber*, nem de qualquer de suas filiadas".

Após a realização de uma viagem, motoristas e passageiros avaliam um ao outro mediante um sistema de 5 estrelas, além de haver a possibilidade de os passageiros escreverem comentários. As notas *Uber* ([s.d.]) são definidas com base na média das últimas

500 viagens que foram avaliadas, e, caso um motorista parceiro não consiga manter sua nota acima de um mínimo esperado, ele pode ser desativado da plataforma.

Os valores das viagens são estabelecidos pela plataforma, e pode haver descontos ou valores mais elevados, dependendo da demanda por viagens na região (UBER, [s.d.]). Os pagamentos também são feitos pela plataforma, por meio de cartão de crédito ou dinheiro, e a porcentagem cobrada pela *Uber*, desde 2020, varia de 1% a 40%, de acordo não só com a quilometragem percorrida, mas também com o tempo de percurso (se ficou parado em um congestionamento, por exemplo).

A plataforma oferece, em suas viagens, um seguro de acidentes pessoais de passageiros (Chubb Seguros Brasil S.A.) para usuários, motoristas parceiros e entregadores, com a seguinte cobertura: R$ 100 mil em caso de morte acidental, R$ 100 mil em caso de invalidez permanente ou parcial por acidente (dependendo do grau de perda ou redução funcional do membro afetado) e R$ 15 mil de reembolso para despesas médicas hospitalares e odontológicas (UBER, [s.d.]).

1.7.1.3. *InDriver*

O aplicativo surgiu na Sibéria, em 2012, por um grupo de universitários da cidade chamado "motoristas independentes", os "*indrivers*".

Segundo informações disponibilizadas no *site* da plataforma, o *inDriver* hoje está em mais de 450 cidades, em 35 países e conta com cerca de 50 milhões de usuários cadastrados. São oferecidos serviços de compartilhamento de viagens urbanas e interurbanas, serviço de entrega de encomendas de até 20kg sem intermediários, além de serviço de carga.

Ainda de acordo com informações do *site*, o *inDriver* ([s.d.], [s.p]) nasceu desde o início como "[...] um aplicativo que vai contra as imposições de serviços de transportes centralizados e manipuladores". Isso porque os usuários publicam o lugar aonde querem ir e o preço que estão dispostos a pagar pelo trajeto e recebem as ofertas diretamente dos motoristas. Cabe aos usuários, então, selecionar as melhores ofertas dos motoristas, em termos de preços, marca do veículo e tempo de chegada. E, se a viagem não foi interessante, o usuário pode recusar a lista de solicitações, sem que sua avaliação seja afetada.

As viagens podem ser pagas em dinheiro ou por transferência *on-line*. A taxa cobrada dos motoristas pelo aplicativo nunca é maior do que 9,5% (INDRIVER, [s.d.]). Ao final de cada viagem, usuários e motoristas se avaliam mutuamente.

De acordo com notícia publicada no *site Techtudo*[(42)], o aplicativo ainda disponibiliza alguns recursos, como solicitar veículos para o transporte de mais de quatro passageiros ou para a locomoção de animais. O *InDriver* diferencia-se do *Uber* por permitir que o usuário

(42) DIAS, M. *Como funciona o inDriver? App* deixa usuário definir preço das corridas. 2019.

negocie o valor da corrida diretamente com o condutor e fica a cargo de o usuário escolher o motorista e a oferta mais vantajosa para ele, enquanto, no *Uber*, é o próprio aplicativo que seleciona o condutor e calcula o preço da corrida. Isso evita que os usuários sejam pegos de surpresa com o "preço dinâmico".

1.7.1.4. *BlaBlaCar*

O aplicativo é uma plataforma que se destina ao compartilhamento de viagens e conecta condutores de automóveis com lugares vazios no veículo a pessoas que pretendam viajar para o mesmo destino, por meio do *site* (<www.blablacar.com.br>) ou do aplicativo *BlaBlaCar*.

De acordo com os seus termos de uso (BLABLACAR, 2019), a plataforma tem dois objetivos: aproximar os condutores e os passageiros que vão para o mesmo local, para que compartilhem a viagem e seus custos e comprem assentos para viagens nos ônibus que utilizam a plataforma. A plataforma declara que, quando os usuários aderem aos seus termos, reconhecem que ela não faz parte "de nenhum acordo, contrato ou relação contratual, seja de que natureza for, entre condutor e passageiro ou quaisquer outros Membros da Plataforma, ou com um operador de Ônibus".

Chegou ao Brasil, em 2015, e, em 2017, a reportagem do *Estadão* (2017) informou que havia 1,6 milhão de usuários da plataforma, ao passo que atualmente a plataforma informou, em seu *site* (BLABLACAR, 2019), que já conta mais de 5 milhões de brasileiros entre seus membros.

Há um filtro com a observação "só para elas", que é visível para usuários conectados, o qual permite aos membros organizar uma viagem exclusivamente entre mulheres.

A plataforma classifica os seus membros em cinco níveis de experiência, de acordo com a porcentagem de avaliações positivas recebidas e com o tempo em que são membros, a saber: principiante, intermediário (mais de 60% de avaliações positivas, membro há um mês); avançado (mais de 70%, três meses); *expert* (mais de 80%, seis meses); e embaixador (mais de 90%, um ano).

O cadastro pode ser feio com um *e-mail* ou pelo perfil do *Facebook*, que é analisado pela plataforma.

A plataforma sugere um valor para o itinerário, por passageiro, e, se o motorista concordar em viajar por menos, o preço será exibido em verde; se ele cobrar mais, o valor aparecerá em laranja.

A *BlaBlaCar* não fornece nenhuma proteção em caso de acidentes pessoais, pois fica a cargo do anunciante dispor de um seguro contra terceiros, válido para o veículo a ser usado (BLABLACAR, 2019). No caso de o usuário atuar como condutor, deve possuir um seguro de responsabilidade civil válido no momento da viagem, devendo ainda se certificar da cobertura dos passageiros no caso de compartilhamento de viagem, para que eles sejam considerados como terceiros e abrangidos pelo seu seguro durante toda a viagem. Não há custos para acessar a plataforma nem mesmo para se cadastrar, pesquisar e visualizar os anúncios.

Reportagem da revista *Viagem* (2016) informa que, no Brasil, a base de usuários ainda é pequena, por isso a plataforma ainda não cobra comissão dos usuários, diferentemente do que se passa nos países europeus. O pagamento é combinado diretamente entre o motorista e o carona.

Em 2017, o *site* do jornal *Estadão* (2017) noticiou que a empresa começaria a monetizar o serviço no Brasil e informou que, em outros países, o aplicativo fica até com 15% do valor pago pela carona.

1.7.2. Plataformas de aluguel: Moobie e Airbnb

A *Moobie* é uma plataforma que tem por objeto o aluguel de veículos de pessoas para pessoas, o que permite ao proprietário do veículo disponibilizá-lo para utilização nos momentos em que o bem não está sendo utilizado (*carsharing*). Por isso, enquadrar-se-ia no conceito de economia compartilhada, que, de acordo com o *site*, "[...] é uma nova perspectiva sobre o consumo, que visa reduzir desperdícios e aumentar a eficiência do uso de bens, objetos ou serviços" (MOOBIE, [s.d.], [s.p]).

Para anunciar um carro disponível, a pessoa deve realizar um cadastro do veículo no aplicativo, com descrição, fotos e informações reais e aguardar o contato da plataforma. Os anunciantes (que a plataforma denomina de parceiros) têm autonomia para aceitar ou recusar pedidos dos clientes, de acordo com a disponibilidade de seu carro, e também é possível limitar a quantidade máxima de quilômetros rodados por dia.

São checadas as informações pessoais dos clientes (tempo de CNH, histórico no Detran, análise de crédito), e todas as locações realizadas pela plataforma têm apólice própria da Sulamérica ou Liberty, cuja taxa de ativação do seguro é paga com os valores das diárias (MOOBIE, [s.d.]).

O pagamento ao proprietário do carro é autorizado pela plataforma depois que o cliente retira o veículo, podendo ser creditado em duas datas (dias 5 ou 20), a depender do dia da reserva. Do valor pago pelo cliente, 80% ficam com o proprietário do carro e 20% vão para a plataforma que também cobra daquele uma taxa fixa de R$ 10 reais (MOOBIE, [s.d.]).

Após a devolução do carro, o cliente avalia a experiência com notas de 0 a 5 estrelas, para ajudar os próximos usuários.

Eventuais multas recebidas ou avarias no veículo durante uma locação são de responsabilidade do locatário, e a plataforma faz a intermediação do serviço (checa as informações para certificar que a infração foi cometida durante o período de locação, entra em contato com o locatário para agendar data para pagamento e data e local para assinar a notificação da infração) por meio de um despachante, e o custo do serviço do despachante não é opcional e o valor é de R$ 80,00 (MOOBIE, [s.d.]). Entretanto, é responsabilidade do parceiro informar a plataforma sobre eventuais infrações de trânsito recebidas, com o prazo limite de dez dias de antecedência, para que seja realizada a transferência e pagamento da fatura.

Já a *Airbnb*, que foi criada em 2008, é "[...] uma comunidade baseada no compartilhamento. [...] milhões de anfitriões e viajantes optam por criar uma conta gratuita no *Airbnb* para que possam anunciar seu espaço e reservar acomodações únicas em qualquer lugar do mundo" (Airbnb, [s.d.], [s.p]).

Não há custo para fazer o cadastro e anunciar o espaço, e praticamente qualquer pessoa pode tornar-se um anfitrião. A plataforma cobra do viajante uma taxa de serviços em todas as reservas efetuadas, e o valor das diárias e as despesas com taxa de limpeza são determinados pelos anfitriões. O pagamento é efetuado na plataforma, por meio de cartões de crédito ou débito, além de *Apple Pay*, *Google Pay* e *PayPal* (Airbnb, [s.d.]).

Após cada hospedagem, anfitrião e viajante fazem avaliações, porém somente as avaliações dos viajantes ficam disponíveis para futuros viajantes no *site* da plataforma, mas o anfitrião tem direito à resposta.

1.7.3. Plataforma de entregas de comida: Ifood

O *Ifood* surgiu em 2011 e hoje é a maior plataforma de *delivery on-line* de comida da América Latina, com operações no Brasil, no México, na Colômbia e na Argentina (IFOOD, [s.d.]).

De acordo com os termos e condições da plataforma (IFOOD, 2013), o serviço oferecido pelo *Ifood* relaciona-se apenas à intermediação (com opção de pagamento *on-line*) para a comercialização de produtos alimentícios.

Conforme os termos de uso do aplicativo *Ifood* direcionado aos entregadores, estes reconhecem que são independentes e não exclusivos, atuando por conta própria, e que se utilizam dos próprios recursos para a execução das atividades de entrega, não havendo nenhuma subordinação entre o *Ifood* e os entregadores. Os entregadores são classificados como profissionais independentes e autônomos.

Ainda de acordo com tais termos de uso, os valores pagos pelas entregas são calculados automaticamente por meio de algoritmo da plataforma, que leva em conta os pontos de coleta e de entrega, a distância percorrida, o tempo para deslocamento, as condições de trânsito, o meio de transporte utilizado, a região, a oferta e a demanda. É difícil, portanto, estimar os ganhos do entregador.

***1.7.4. Plataforma de serviços de entregas em geral:* Rappi e Lalamove**

A plataforma colombiana *Rappi* chegou ao Brasil, em julho de 2017 e atua em mais de 30 cidades (G1, 2020). De acordo com informações disponibilizadas em seu *site*, "[...] a Rappi é um aplicativo que entrega tudo o que você precisa na porta da sua casa" (RAPPI, 2020, [s.p]). Além de bares, restaurantes e lanchonetes, entre as opções de serviços estão farmácias, supermercados, distribuidoras de bebidas, ingressos para eventos e até mesmo um *delivery* de dinheiro (*RappiCash*). Há também a opção "qualquer coisa", quando o cliente precisa, por exemplo, comprar uma peça em uma determinada loja, da qual ele tem as informações, mas que não está no menu da *Rappi*. Basta escolher a opção mencionada e detalhar o pedido.

O serviço está disponível em mais de 140 cidades do Brasil e, para utilizá-lo, é necessário fazer o *download* do aplicativo e cadastrar-se, preenchendo os dados solicitados, como nome completo, endereço, telefone, entre outros.

O usuário digita no aplicativo o serviço que deseja, e o sistema procura automaticamente os entregadores mais próximos disponíveis para o trabalho. Quem aceitar a "corrida" fica responsável pelo serviço. Durante o processo, os usuários conseguem acompanhar, em tempo real, a entrega e, se precisarem, podem falar direto com o entregador via *chat*, que funciona dentro do aplicativo/*site*.

Para ser entregador é necessário ter moto ou bicicleta, enviar documentos pessoais pela plataforma, assistir à palestra *on-line* e depois aguardar o *SMS* de confirmação.

O valor da entrega é definido pela plataforma e fixado por quilômetro, da seguinte forma: de 1km a 3km, a taxa é fixa de R$ 6,90, e, a cada quilômetro rodado a mais, o entregador ganha R$ 1,00 extra (RAPPI, 2020).

O pagamento pode ser realizado de diversas formas: cartão de crédito ou débito cadastrado no aplicativo, em dinheiro, no ato da entrega, pelo *PayPal* ou por meio do *RappiCréditos*, que é um programa de recompensas por meio do qual o aplicativo oferece créditos às pessoas que indicam novos usuários e assim que elas utilizam o serviço pela primeira vez é gerado um código personalizado com o crédito, que é adicionado à conta do cliente e pode ser utilizado para pagamento quando o pedido é realizado.

A *Rappi* (2020) não ganha porcentagem sobre o serviço dos entregadores, e sim em cima daquilo que o parceiro vende. Segundo notícia do canal de tecnologia *Tilt*, também pode cobrar do cliente uma taxa de conveniência de 14% sobre o produto obtido em um estabelecimento comercial que não faz parte da sua rede de parceiros. Isso geralmente ocorre quando o usuário pede "qualquer coisa".

Ainda de acordo com tal notícia, os mais de 2.500 entregadores cadastrados são microempreendedores individuais, ou seja, prestadores de serviço. Nos termos e condições de uso da *Rappi*, os entregadores são definidos como "mandatários", pessoas físicas que aceitam realizar a gestão do encargo solicitado pelo consumidor por meio da plataforma.

Os produtos solicitados pelos usuários consumidores são entregues sob um contrato de comodato. Os danos ou extravio dos produtos entregues para o serviço de frete deverão ser arcados única e exclusivamente pelo entregador.

A plataforma *Lalamove*, fundada em 2013, surgiu para criar um serviço de entregas realizadas no mesmo dia. Segundo informações disponibilizadas no *site* da plataforma, atualmente a *Lalamove* ([s.d.]) opera em 21 mercados na Ásia e na América Latina, conectando 7 milhões de clientes a 700 mil motoristas parceiros. No Brasil, a *Lalamove* ([s.d.]) atua em diversas cidades dos estados de São Paulo e Rio de Janeiro.

Os motoristas parceiros operam vários tipos de veículos, desde carretos e utilitários até motos. Também segundo informações disponíveis no *site* da plataforma, é possível rastrear o pedido em tempo real. São permitidas entregas de itens de vários tamanhos, desde documentos até grandes quantidades de mercadorias, perecíveis ou não.

Os pagamentos são feitos em dinheiro, diretamente ao motorista, ou pela plataforma, por meio de uma carteira virtual que pode ser recarregada com cartão de crédito ou boleto bancário, e os clientes recebem recibos digitais por *e-mail*. Clientes corporativos têm acesso ao pagamento pós-pago e contam com condições especiais de suporte.

Os preços são definidos pela *Lalamove*, havendo faixas de acordo com o local da entrega, peso e tamanho da mercadoria, além de uma tarifa base para cada faixa que vai aumentando de acordo com a distância. Caso o cliente opte pela ajuda do motorista com o carregamento da encomenda, é cobrada uma taxa conforme o tempo despendido em cada faixa de entrega. A plataforma cobra dos motoristas a taxa *Lalamove*, que corresponde a um valor de 17,99% sobre os pedidos da plataforma, sendo a mesma taxa para todos os tipos de veículos.

É possível que um só pedido implique entregas em múltiplos destinos e, nesse caso, se o motorista aceitar o pedido, deverá realizar as entregas no mesmo dia, na ordem estabelecida pela plataforma e/ou pelo cliente.

Ainda de acordo com os termos e condições da plataforma, a *Lalamove* não assume qualquer responsabilidade quanto à segurança do motorista quando da prestação de serviços de entrega, tampouco qualquer seguro, ressarcimento ou garantia de ressarcimento da carga no caso de perda ou deterioração.

***1.7.5. Plataforma de microtarefas* on-line: Amazon mechanical Turk — AMT**

É um dos maiores mercados de microtarefas do mundo, que possibilita que indivíduos ou empresas usem inteligência humana para realizar tarefas que computadores não podem fazer atualmente, geralmente para treinar uma Inteligência Artificial que fará tudo sozinha posteriormente.

Na *AMT*, os solicitantes publicam tarefas (pesquisas, transcrição de áudio e vídeo, categorização, trabalho de planilha, classificações de vídeos do *YouTube*) para serem concluídas por um preço específico, e os trabalhadores (“*turkers*”) podem escolher quantas tarefas quiserem, uma por vez. As tarefas são chamadas *HITs* (“*human inteligente tasks*”) e cada *HIT* mostra o preço que o solicitante pagará pela conclusão, sendo o preço mínimo estabelecido pela plataforma US$ 0,01, bem como o tempo que será necessário para concluí-la (MERHOTRA, 2020). Há milhares de tarefas disponíveis, porém muitos solicitantes que pagam melhor exigem que o trabalhador tenha completado um número específico de *HITs* (100, 500 e 1.000 HITs) antes de poder trabalhar em suas tarefas. A *Amazon Mechanical Turk* fica com 20% do trabalho publicado, mas, se a tarefa tiver mais de dez passos ou atribuições, o corte passa para 40% (AMAZON MECHANICAL TURK PRICING, [s.d.]). Porém, apenas os trabalhadores dentro dos EUA podem retirar seus ganhos em dinheiro, e fora dos EUA os ganhos só podem ser resgatados por meio de vales-presente da Amazon americana. Segundo artigo publicado recentemente no *Gizmodo* (UOL), a maioria dos trabalhadores brasileiros leiloa os *gift cards* em *sites* como eBay e há, ainda, 6% de desconto do *PayPal*, plataforma utilizada para fazer a transferência do *eBay* para contas bancárias.

1.7.6. Plataformas de serviços criativos

A indústria criativa não é o único, mas certamente é dos setores em que se situa boa parte dos trabalhadores em plataformas digitais. Autores como Freitas Jr. e Silva (2017, p. 2) também já a visualizaram como campo para a exploração do trabalho sob demanda, no entanto são mais propícias para o trabalho realizado de modo totalmente *on-line*, uma vez que, para sua execução, dificilmente será necessário o deslocamento do trabalhador para um local geográfico determinado.

A expressão serviços criativos será utilizada aqui para fazer referência aos múltiplos serviços para cuja elaboração se demandem talento e criatividade, como a confecção de logotipos, serviços de escrita, dublagem, programação, entre outros, sem a pretensão de adentrar a discussão em torno de quais setores integram a chamada indústria criativa[43].

1.7.6.1. *Workana*

É uma plataforma que permite contratar *freelancers* para trabalhos remotos. Surgiu na Argentina, em 2012 e possui escritórios no Brasil, Colômbia e México e, em 2019, expandiu-se também para o Sudeste Asiático (WIKIPÉDIA, [s.d.]).

(43) De acordo com o relatório sobre a economia criativa da Unesco (2013, p. 20), o termo foi popularizado, em 2001, por John Howkins, que o relacionou com 15 setores que vão desde as artes até mesmo ciência e tecnologia, alcançando também brinquedo, jogos e atividades ligadas à pesquisa e desenvolvimento, de modo que não se limita a bens e serviços culturais. Segundo Howkins, em nível mundial, a economia criativa valia U$ 2,2 trilhões em 2000 com crescimento anual estimado em 5%.

De acordo com informações disponibilizadas no *site* da plataforma (WORKANA, [s.d.]), atualmente a *Workana* conecta mais de 600 mil empreendedores com mais de 3 milhões de *freelancers*, que desenvolvem criação de *sites*, logotipos, programação de aplicativos, escrevem artigos, entre outros.

O *freelancer* faz seu cadastro, procura clientes e encontra um projeto que lhe interessa, de forma gratuita. Se houver a contratação, o *freelancer* precisa pagar à plataforma um "custo do serviço", que representa 4,5% do valor total do serviço. Além desse custo, o *freelancer* deverá pagar uma comissão que é escalonada de acordo com a relação que ele tenha com o cliente. Ao iniciar o relacionamento, a comissão será de 20%, e, quando o cliente tiver pago mais de US$300 ao *freelancer*, a comissão será de 10%; e, quando valor pago for superar US$3.000, a comissão será apenas de 5%. A *Workana* ([s.d.]) dá acesso a projetos por hora ou com preço fixo por trabalho finalizado, cujo valor é determinado pelo *freelancer.*

Os *freelancers* são avaliados pelos clientes em um sistema de 5 estrelas e recebem uma pontuação da plataforma de acordo com as avaliações, bem como "conquistas" na própria plataforma (completar o perfil, passar no teste, fazer mais testes de certificação — são quatro) e "sobem de nível" (são seis, na sequência: *iron, bronze, silver, gold, platinum e hero*). Quanto maior o nível, maior é a quantidade de propostas que o *freelancer* recebe. O sistema de níveis da *Workana* é dinâmico, ou seja, se o *freelancer* não atender aos requisitos para um determinado nível, poderá descer de nível.

Há um plano *premium* (pago), e, caso o *freelancer* o tenha, ele conta com o suporte de oito horas por dia para tirar dúvidas, recebe propostas diferenciadas. Essa condição é visualizada pelos clientes que acessam o perfil dele (demonstra que o *freelancer* investiu para trabalhar pela plataforma).

1.7.6.2. *Vinte Conto*

É uma plataforma brasileira que oferece milhares de serviços (*logos*, *marketing* digital, edição de vídeos, serviços criativos, escrita e tradução, *websites* e tecnologia, consultoria e cursos) por preço fixo: R$ 20 reais.

Não é necessário pagar para se registrar. Ao encontrar o serviço desejado, o usuário escolhe a opção "comprar" e paga somente pelo serviço entregue (VINTECONTO, 2015). O pagamento é feito por meio da plataforma, a qual cobra uma tarifa de 20% sobre o valor total da venda de cada vendedor e o valor mínimo para retirada é de R$ 30 reais.

Nos termos de serviço da plataforma (VINTECONTO, 2015), após a realização da venda, compradores e vendedores devem inserir uma qualificação informando sobre a concretização ou não da negociação e acrescentando um comentário que fundamente e/ou justifique o tipo de qualificação inserida (positiva, neutra ou negativa). Na página de cada *freelancer*, há todas as avaliações recebidas de cada cliente, na qual o trabalho entregue pelo *freelancer* pode ser conferido.

1.7.6.3. *Vintepila*

Plataforma que funciona da mesma forma que a anterior (*Vinte Conto*), oferecendo milhares de serviços digitais (serviços criativos, *marketing* digital, escrita e tradução, edição de vídeos, diversão, estilo de vida, *website*, tecnologia), por preço fixo: R$ 20 reais. Porém, também são oferecidas tarefas mais complexas, que demandam mais tempo, por valores adicionais ou pedidos personalizados.

O cadastro do prestador de serviços é feito gratuitamente e o pagamento pelos serviços é feito pela plataforma, que cobra uma taxa de 20% sobre o valor do serviço.

As contas podem ser desativadas, suspensas ou bloqueadas, caso o *freelancer* ofereça forma de pagamento por fora da plataforma, atrase o serviço por mais de 48 horas sem dar um parecer ao cliente, não responda às perguntas dos clientes ou os deixe sem respostas no *chat* da transação, burle o sistema de entregas ou ainda caso tenha termômetro de indicador no nível amarelo ou inferior.

1.7.6.4. *Fiverr*

Criada em 2010, é uma plataforma *on-line* de serviços que conecta *freelancers* que oferecem serviços como criação de *sites*, serviços de narração, locução e dublagem, *design* de cartão de visita e logos, para qualquer país do mundo.

O serviço oferecido no *Fiverr* é chamado de *gig*, com um preço mínimo de US$ 5,00 (REMESSA ONLINE, 2019). O *Fiverr* cobra 20% de taxa sobre o valor do *gig* ou serviço que o *freelancer* fechar, além de uma taxa de 10% cobrada do cliente que compra o serviço. O pagamento do serviço prestado para o exterior é feito por meio do *PayPal* (o valor é liberado entre 15 e 20 dias após o pagamento) ou convertido em crédito para usar dentro da própria plataforma.

Os vendedores (*freelancers*) são classificados pela plataforma em um sistema de níveis de reputação: novos vendedores (estar 30 dias ativo na plataforma, registrar baixa taxa de cancelamento, concluir ao menos dez pedidos individuais, manter avaliação acima de 4 estrelas); vendedores nível 1 (completar ao menos 50 pedidos individuais em dois meses consecutivos, manter avaliação média acima de 4.5 estrelas, registrar baixa taxa de cancelamento); vendedores nível 2 (pontuação acima de 5 estrelas, excepcional atendimento ao cliente, registro de uma taxa baixa de cancelamento, liderança de comunidade, participação no Fórum e volume de vendas).

1.7.6.5. *99freelas*

Plataforma com mais de 773.000 *freelancers* cadastrados, os quais oferecem serviços como desenvolvimento de *websites*, criação de logotipos, elaboração de um artigo, edição de vídeo, escrita de conteúdo digital, melhorar o SEO(44).

O cadastro também é gratuito e a plataforma fica de 5% a 20% (R$10,00, no mínimo) do valor da oferta do *freelancer* (a taxa é sobre o valor final), e o valor do projeto será repassado ao *freelancer* apenas quando o trabalho for concluído (FREELAS, [s.d.]). O pagamento é feito pela plataforma e pode ser feito por débito *on-line*, boleto bancário ou cartão de crédito, podendo ser parcelado em até 12 vezes (com juros).

Nos termos de uso da *99Freelas* ([s.d.]), consta que a plataforma é destinada a serviços autônomos.

1.7.7. *Plataforma de serviços de limpeza e montagem:* **Crafty** *— nova versão do* **Diaríssima e Parafuzo**

A *Crafty* é um aplicativo que permite a contratação, sem intermediários, de pelo menos 30 profissões autônomas nas categorias beleza e moda, casa e serviços gerais, construção e reformas, festas e eventos e serviços domésticos. É a nova versão do *Diaríssima* e, em 2018, quando foi criada a nova versão, contava com mais de 40 mil usuários cadastrados.

O *Crafty* ([s.d.], [s.p]) "[...] facilita encontros felizes entre contratantes e prestadores de serviços autônomos e conservação de ambientes". Conforme os termos e condições gerais de uso, a plataforma não é fornecedora de quaisquer produtos ou serviços veiculados por meio de seus canais, apenas presta um serviço de oferta que possibilita o anúncio de mão de obra por parte do anunciante ao contratante. Também de acordo com os termos de uso, "[...] os anunciantes não são contratados, empregados ou de qualquer forma vinculados ao *Crafty*, que não se responsabiliza pela prestação de serviços".

O cadastro e acesso ao *Crafty* é gratuito. O valor do serviço é definido pelo próprio profissional e a plataforma não cobra taxa nem do prestador nem do contratante. E, caso a experiência não tenha sido satisfatória, cabe ao contratante avaliar o profissional na plataforma, pois "[...] cada profissional no *Crafty* é empresário de si mesmo e se ele busca sucesso e oportunidades de trabalho melhores, ele usará sua crítica para reavaliar os seus serviços" (CRAFTY, [s.d.], [s.p]).

A plataforma *Parafuzo* é brasileira e foi fundada em 2014 e está disponível em 17 estados e no Distrito Federal, sendo mais de 100 cidades atendidas e, conforme informações disponibilizadas em seu *site*, conta mais de 2 mil diaristas credenciados, os quais realizam serviços de faxinas para residências e empresas, além de serviços de montagem.

---

(44) A sigla SEO é a abreviatura da expressão *"Search Engine Optimization"*, que pode ser traduzida como otimização para mecanismos de busca, para melhorar o posicionamento de um *site* ou de uma marca.

Ao realizar o cadastro, o prestador terá um CNPJ próprio e precisará pagar uma taxa de R$ 59,90 mensais, por meio de um boleto gerado no Portal do Empreendedor(45).

O valor da limpeza é calculado pela plataforma, de acordo com o tipo de serviço (limpeza comum, limpeza pesada rotina, pré-mudança, pós-obra) e horas de trabalho. Os pagamentos são efetuados pela plataforma, por meio de cartão de crédito, e 72 horas antes do serviço a *Parafuzo* faz uma pré-autorização do valor integral do serviço no cartão, mas a cobrança somente é efetivada após 48 horas da realização do serviço. Não há a possibilidade de pagar em dinheiro diretamente ao profissional.

É possível pagar pela faxina avulsa ou realizar uma assinatura, para atendimento recorrente nos dias e horários escolhidos pelo usuário, sendo menor o valor do serviço. O assinante também pode selecionar seu diarista preferencial.

Segundo os termos de uso da *Parafuzo* (2017), o profissional, que é chamado de parceiro, pode assinar um plano mensal, no valor de R$ 28,00 reais para profissionais que oferecem serviços de limpeza e R$ 15,00 reais para profissionais que oferecem exclusivamente serviços de montagem. O plano de assinatura oferece um extrato detalhado de avaliações, uma lista de serviços disponíveis que é atualizada a cada 15 minutos, além de possibilitar a avaliação de clientes de forma mais detalhada, com comentários.

De acordo com a matéria publicada na página *Pequenas Empresas, Grandes Negócios* (DUARTE, 2017), a plataforma fica com 15% do valor pago pelo usuário enquanto a diarista fica com os outros 85%, sendo o valor médio de uma faxina de limpeza comum R$ 130,00.

Após cada faxina concluída, os usuários devem avaliar o serviço prestado em uma escala de 1 a 5 estrelas e podem deixar um comentário sobre o serviço. Os profissionais que não conseguirem manter uma nota mínima de aprovação são desconectados da plataforma. Já os profissionais com notas altas recebem mais ofertas de diárias e são priorizados dentro da plataforma.

1.7.8. Plataformas de prestação de serviços gerais: GetNinjas

Fundada em 2011, é uma plataforma brasileira de contratação de serviços em diversas áreas: assistência técnica, aulas, autos, consultoria, *design* e tecnologia, eventos, moda e beleza, reformas, saúde, serviços domésticos. Em 2022 alcançou a marca de 2 milhões de profissionais cadastrados, tornando-se a maior plataforma de contratação de serviços da América Latina (GETNINJAS, 2022).

Ao se cadastrar, o prestador não paga nada, envia foto do documento de identidade, aguarda a verificação e o selo do *site*. O prestador compra um pacote de créditos

(45) De acordo com o *site*: <https://blu365.com.br/blog/parafuzo-cadastro/>. Acesso em: 13 jun. 2022.

com preços entre R$ 49,00 (300 créditos) e R$ 499,00 reais (3.300 créditos) e, quando um cliente solicita um serviço, a plataforma direciona o pedido para os prestadores com o perfil desejado. Quem tiver interesse pode utilizar os créditos para "comprar" o pedido, e, daí em diante, são disponibilizados ao prestador os contatos do cliente, e a negociação passa a ser entre ambas as partes (FERREIRA, 2017). O prestador pode visualizar todos os pedidos de serviços gratuitamente, porém só investe nos que lhe interessar e fica com 100% do valor do serviço (GETNINJAS, 2022).

De acordo com os termos de uso, após a realização do serviço, os prestadores são submetidos a um sistema de qualificação adotado pela plataforma, a qual poderá cancelar, excluir ou suspender, por tempo indeterminado, os cadastros que apresentarem qualificações negativas de forma reiterada. A plataforma não se responsabiliza pela entrega dos serviços anunciados pelos prestadores.

1.7.9. Plataformas de ensino

As plataformas destinadas a ensino também têm diferentes peculiaridades. Enquanto algumas servem apenas como terreno para o encontro entre o professor e o aluno que busca uma aula particular, outras atuam como intermediadoras de trabalho, interligando o professor à instituição de ensino e gerando polêmica a respeito da precarização da carreira desses profissionais que passam a ser contratados sem reconhecimento de vínculo empregatício.

1.7.9.1. *Superprof*

Criada em 2013, em Biarritz, na França, é uma plataforma de registro e difusão *on-line* de anúncios, com o objetivo de estabelecer contato entre professores e alunos. Atualmente conta uma comunidade de mais de 19 milhões de professores de diferentes matérias (línguas, *personal trainer*, canto, reforço escolar, violão, fotografia...), em 39 países e 18 línguas (SUPERPROF, 2022). A *Superprof* chegou ao Brasil, em 2016 e hoje está disponível nas cidades de Belo Horizonte, Fortaleza, Guarulhos, Santo André, Curitiba, São Paulo, Brasília, Goiânia, Manaus, João Pessoa, Maceió, Porto Alegre, Salvador, Campo Grande, Belém, Campinas, Natal, São Bernardo do Campo, São Luís, Nova Iguaçu, Rio de Janeiro, Duque de Caxias, Recife e São Gonçalo.

As aulas são realizadas *on-line*, via *webcam*. De acordo com a política de privacidade da plataforma (SUPERPROF, 2022), o aluno pode estabelecer contato com quantos professores desejar, pagar uma assinatura mensal de R$ 69,00 (*Passe Aluno*) por meio de boleto bancário, cartão (crédito ou débito) ou *PayPal*. Quanto aos valores das aulas, são estabelecidos pelos professores, os quais também podem propor um preço especial para aulas em grupo (dois amigos, um casal ou dois irmãos, por exemplo) (SUPERPROF, 2020). As aulas são pagas diretamente ao professor.

Já os professores publicam seus anúncios de forma gratuita, porém aqueles que desejam podem inscrever-se no Plano Profissional, que permite que o seu anúncio se destaque por um ano, pelo valor de R$ 269,00 (SUPERPROF, 2022).

1.7.9.2. *Profes*

É uma plataforma brasileira de aulas particulares, fundada em 2012. Segundo informações disponibilizadas no *site* da *Profes*, há mais de 45 mil professores cadastrados e as aulas estão disponíveis *on-line* ou presenciais nas cidades de São Paulo, Campinas, Osasco, Ribeirão Preto, Sorocaba, Jundiaí, Santos, Guarulhos, Santo André, São Bernardo do Campo, São José dos Campos, Barueri, Brasília, Porto Alegre, Fortaleza, Recife, Goiânia, Florianópolis, Rio de Janeiro, Niterói, Curitiba, Belo Horizonte, Uberlândia e Contagem.

De acordo com os termos de uso da plataforma, a *Profes* ([s.d.]) não é fornecedora nem prestadora de serviços educacionais, tampouco funciona como instituição de ensino, e todos os serviços educacionais são prestados por autônomos.

Para o professor o cadastro é gratuito e, ainda conforme os termos de uso da plataforma, caso opte por pagar tarifas adicionais, poderá oferecer parcelamento do preço de oferta pelo conteúdo e receber o valor à vista, bem como antecipar o direito de saque de valores acumulados em suas contas.

As aulas têm duração-padrão de uma hora cujos valores são definidos pelos professores. Há três tipos de planos para os alunos: básico, contato e aulas. O plano básico é gratuito, para quem quer conhecer a plataforma, porém tal plano não dá acesso ao *WhatsApp* do professor nem ao atendimento por *e-mail*, tampouco ao sistema de agendamento. Existe o plano contato, no valor mensal de R$ 49,90, no qual o aluno pode buscar e contatar os professores que quiser, tirar até cinco dúvidas por mês, ter acesso ao *WhatsApp* do professor, ser atendido por *e-mail* e *WhatsApp* e ter reembolso caso não encontre professores, mas não tem acesso ao sistema de agendamento. Já o plano aulas, no valor de R$ 55,90 por mês, além de todos os recursos do plano anterior, dá a indicação dos melhores professores, não limita as dúvidas e permite acesso completo ao sistema de agendamento.

A plataforma oferece não só aulas particulares referentes às disciplinas escolares, mas também de violão, edição de fotos, fotografia e forró.

Os planos, aulas, tarefas e cursos são pagos por meio da plataforma, via cartão de crédito ou boleto bancário (PROFES, [s.d.]). Os professores efetuam saques dos valores acumulados em suas contas, e o valor estará disponível no prazo mínimo de dez dias e somente será permitido se for suficiente para a retenção da tarifa de saque.

1.7.9.3. *Prof-e*

Diferentemente das duas plataformas já citadas (*Superfprof* e *Profes*), em que o aluno e o professor utilizam a plataforma como um local que une o aluno e o profissional desejado para a realização de aulas particulares, a plataforma *Prof-e* diferencia-se porque, além das figuras dos alunos, dos professores e da plataforma, conta com a participação das instituições de ensino e atua como uma intermediária que fornece os prestadores de ensino para a realização de atividades docentes em prol da escola que necessitar desse serviço.

É o modelo mais parecido com os dos aplicativos de transporte, porque o trabalhador é um professor, sem o qual a instituição de ensino não tem como realizar a sua atividade-fim, que é prestar serviços educacionais.

De acordo com o *site* da plataforma a empresa é uma *Startup*, que foi desenvolvida pelo Serviço Brasileiro de Apoio às Micro e Pequenas Empresas (SEBRAE SP), nasceu em São José do Rio Preto, em dezembro de 2017, cuja finalidade é conectar as escolas que precisam de professores substitutos a esses professores especialistas em determinadas disciplinas para fazerem a substituição.

De acordo com notícia veiculada no *site Extra Classe* (2020), os professores que desejarem se cadastrar na plataforma pagarão uma taxa de inscrição de R$ 20,00 a R$ 40,00, conforme o tipo de inscrição, que vai desde o ensino fundamental até o superior.

O referido *site* apresentou o modelo de funcionamento da plataforma como "contratação uberizada de professores" e citou uma nota da plataforma, na qual refuta a ideia de precarização do trabalho dos docentes nos seguintes termos: "[...] informamos que a *EdTech Prof-e* atua somente quando não há professor. A *Prof-e* não precariza o trabalho do professor, mas a ausência do professor precariza o processo de ensino/aprendizagem dos alunos".

A utilização de aplicativos para substituir professores nas instituições de ensino públicas e privadas tem causado bastante polêmica. Em 2017, por exemplo, quando foi noticiado que a prefeitura de Ribeirão Preto pretendia utilizar esse sistema de contratação, surgiram discussões a respeito tanto da precarização do trabalho quanto da qualidade do ensino nesse formato (SÃO PAULO, 2020).

1.7.10. Plataformas de serviços médicos: Docway e Doutor123

A plataforma *Docway* foi criada em 2015 e permite agendar consultas médicas (orientação por telefone, vídeo e atendimento em domicílio), coleta de exames e solicitação de vacinas, aliando novas tecnologias e resgatando o atendimento humanizado.

Para trabalhar, o médico envia documentos pessoais e profissionais e passa por uma análise criteriosa realizada pela plataforma. Após a liberação, o médico recebe treinamento para melhor atender o paciente.

Há atendimento por áudio para questões relacionadas a dúvidas sobre preparo de exames, dosagens ou reações adversas de medicamento, cuidados básicos dos filhos, informações sobre doenças crônicas e a especialidade médica procurar. Há também atendimento por vídeo para sintomas leves de baixa complexidade, pacientes acamados ou com dificuldade de locomoção, segunda opinião médica e dúvidas médicas durante viagens. Por fim, há o atendimento médico domiciliar.

Os valores de cada consulta são determinados pelos próprios médicos, de acordo com a sua especialização e disponibilidade, e o pagamento é feito por meio do aplicativo, via cartão de crédito. Segundo matéria veiculada no *site UOL*, o aplicativo fica com 15% do valor de cada consulta (SOBRINHO, 2018).

Em 2017, a *Docway* ganhou o prêmio "Líderes da Saúde", que reconhece os destaques no setor da saúde, plataforma promove a medicina humanizada (SAÚDE BUSINESS, 2019). Atualmente a ferramenta está presente em todas as regiões do país, em mais de 340 cidades e conta mais de 4 mil médicos cadastrados.

Vale ressaltar que o Conselho Federal de Medicina, por meio da Resolução Conselho Federal de Medicina (CFM) n. 2.178/2017 (BRASIL, 2018), regulamentou e declarou ser ético o uso de aplicativos que oferecem consulta médica em domicílio.

Do mesmo modo, a *Doutor123* é uma plataforma de agendamento *on-line* de consultas, exames e vacinas, mas tem como foco as pessoas que não têm plano de saúde.

Em 2018, o *site UOL* noticiou (SOBRINHO, 2018) que, diferentemente do *Docway*, a principal função do *Doctor123* é encontrar clínicas populares e laboratórios de exames que ofereçam descontos. Para os consultórios populares, a vantagem é manter cheia a sala de espera, visto que as ausências chegam à média de 30% e, com o aplicativo, esse índice chega a zero, porque a consulta já foi paga.

De acordo com informações disponibilizadas no *site* da plataforma (DOUTOR 123, 2020), há a opção de um plano família (para o titular e mais até três familiares*)*, a partir de R$ 22,90 por mês. No plano, o assinante tem consultas e exames a preços acessíveis, descontos de até 70% em medicamentos, parcelamento de exames e vacinas em até 10 vezes, seguro de vida e auxílio funeral, além de sorteios abertos mensais de capitalização. Há também um plano empresas para pequenos comércios (padarias, lojas de roupas...), fábricas (materiais de construção, peças), profissionais independentes (costureiras, empregadas domésticas, *freelancers*), com os mesmos benefícios do plano-família.

1.7.11. Plataformas diversificadas

Conforme já exposto, o modelo de negócios das plataformas digitais expandiu-se por diversos segmentos econômicos, alcançando diversos tipos de atividades, algumas das quais foram reunidas aqui, sem a pretensão de esgotar a ampla variedade existente, e sim demonstrar que, para elaborar uma regulamentação, é necessário observar as suas peculiaridades.

1.7.11.1. *Fretebrás*

Plataforma para a divulgação de fretes, veículos, produtos e serviços do setor de transporte rodoviário de cargas, a qual conecta motoristas autônomos, frotistas, transportadoras e embarcadores. São mais de 420 mil caminhoneiros cadastrados, abarcando tanto veículos pesados (rodotrem, bitrem, carreta...) quanto carrocerias (apenas cavalo, baú, baú frigorífico, gaiola...) (FRETE BRAS, [s.d.]).

O motorista informa a localização de seu veículo, o transportador visualiza as cargas ao redor, o veículo recebe a oferta da carga; o embarcador anuncia o frete, visualiza os veículos compatíveis próximos ao carregamento e entra em contato; o transportador visualiza o frete e entra em contato; embarcador e transportador negociam diretamente o frete. Há planos (mensal, trimestral, semestral ou anual) para as empresas que desejem publicar as cargas na plataforma, e não há limites de cargas para publicação.

1.7.11.2. *Dog Hero*

É uma plataforma que conta com serviços de hospedagem de cachorros (anfitriões), creche (para passar o dia, sem pernoite), *pet sitter* (visitas em sua casa) e passeios (realizados nas cidades de São Paulo capital, ABC Paulista, Osasco, Campinas, Rio de Janeiro, Belo Horizonte, Curitiba, Brasília e Porto Alegre), além de veterinários em domicílio.

Os valores dos serviços são determinados pelos prestadores (heróis), mas a plataforma aconselha que as hospedagens se iniciem com o valor de R$ 45,00, e o valor mínimo que a plataforma permite cobrar é de R$ 15,00. Com relação ao serviço de creche, é indicado pela plataforma que inicie com R$ 30,00, sendo o mínimo aceito de R$ 15,00. Quanto aos passeios, o *Dog Hero* ([s.d.]) recomenda que comece com o valor de R$ 35,00, sendo o preço mínimo estabelecido de R$ 15,00.

O pagamento é feito exclusivamente pela plataforma, por meio de cartão de crédito ou boleto bancário, não sendo autorizado o pagamento direto ao anfitrião, e a plataforma cobra uma taxa (*Taxa Dog Hero*) de 25% sobre o valor de cada serviço efetivamente prestado pelo anfitrião.

A plataforma possui uma garantia veterinária de até R$ 5.000,00 para acidentes/ emergências durante os serviços.

Há um "painel de performance" com três pontuações: Pontuação de Reserva: tempo de resposta, taxa de resposta e taxa de reserva; pontuação de qualidade: média de avaliações, taxa de avaliações recebidas e taxa de avaliações 5 estrelas; pontuação de retenção: total de clientes, clientes fiéis e reservas de clientes fiéis. O painel fica visível para o usuário. Caso feche reservas por fora da plataforma, o anfitrião pode ser suspenso permanentemente.

1.7.11.3. *Camera Prive*

O *Camera Prive* é um *site* com conteúdo erótico, que foi lançado no Brasil em 2013 e conta mais de oito milhões de clientes cadastrados (MACHADO, 2019).

De acordo com as informações disponibilizadas no *site*, trata-se do maior *site* de *camming*[(46)(47)] da América Latina e recebe mais de 50 milhões de visitantes por mês.

Segundo as cláusulas 2.1 e 2.2 do Contrato de Prestação de Serviços (CAMERA PRIVÊ, 2020), o *site* oferece um serviço de locação de espaço virtual onde será feito o armazenamento de dados, textos, imagens, vídeos, páginas eletrônicas, sistema de transmissão e coleta de informações para que as pessoas chamadas de contratantes apresentem o seu perfil, permitindo-lhes:

> [...] (i) a locação do espaço para criação e hospedagem de seu Perfil e Sala Virtual; (ii) a transmissão de apresentações ao vivo via Internet; (iii) publicações de fotos, vídeos, áudios e textos; e (iv) a conexão com seu Cliente para prestação de seus serviços por meio da tecnologia oferecida pelo *Site*.

Desse modo, o profissional que se inscrever no *site* "terá direito de oferecer apresentações interativas ao vivo e publicações de fotos, vídeos, áudios e textos aos seus Clientes que acessarem o *Site*" mediante cadastro e compra de créditos prévios.

Para utilizar a plataforma, o contratante precisa inscrever-se no *site* e solicitar a criação de uma conta no endereço: <https://models.cameraprive.com/br/register>, sendo necessário informar seus dados pessoais e anexar um documento de identificação com foto, além de escolher um apelido, nome de usuário e senha.

São requisitos para se inscrever no *site*: a idade mínima de 18 anos, se for brasileiro; e, se for de outra nacionalidade, ser considerado civilmente capaz de acordo com a legislação do respectivo país, ser civilmente capaz e "ter o corpo e a mente sãos". Além disso, deve possuir uma *webcam*, computador e conexão de internet com alta velocidade, devendo aceitar as regras de utilização do *site*.

A remuneração da proprietária da plataforma digital pela prestação de serviços de processamento, armazenamento ou hospedagem de dados no *site* equivale a 50% do valor que o usuário da plataforma (cliente) gastar com a profissional, e, para o cliente

---

(46) De acordo com a reportagem da *Globo News*, corresponde ao "verbo inglês criado para classificar o ato de usar *web* câmeras".

(47) Segundo o *Blog* do *OX*, que é um *site* voltado para a segurança dos usuários desse serviço, o *camming* "[...] é uma gíria usada para descrever uma forma de trabalho em que modelos (homens e/ou mulheres) se exibem pela webcam em salas de *chat* ao vivo através da internet. Chamadas de *'camgirls'* (mulheres) ou *'camboys'* (homens), esta prática cresceu muito nos últimos anos, se tornando uma fonte de complemento de renda para algumas pessoas e também o trabalho principal para algumas delas" (OXNAR, 2018, [s.p].).

acessar o *site*, ele adquire previamente os créditos para gastar na plataforma, na proporção de R$ 1,00 cada crédito. Do valor dos créditos que o cliente utilizar com "[...] as apresentações interativas, mensagens privadas, fotos pagas, vídeos pagos, *chat* simples, *chat voyeur*, *chat* privado, *chat* exclusivo, *chat* PriveToy, *chat PriveCall*, *Story Premium* e presentes [...]", a plataforma retém 50% e repassa o restante para o profissional por intermédio de depósito numa conta bancária, cujo valor mínimo para saque é de R$ 100,00 (CAMERA PRIVÊ, 2020).

Quando os clientes adquirem créditos por meio de moeda estrangeira, como dólar americano ou euro, cada unidade de medida corresponde a três créditos.

Ao acessar o *site*, o cliente pode optar por se comunicar com o profissional pelo *chat* simples, privado ou exclusivo, de acordo com os serviços definidos pelo profissional em seu perfil.

Se a conta não for utilizada pelo profissional por um período de seis meses, a plataforma a considerará como inativa.

O contrato de prestação de serviços e outras avenças também dispõe expressamente que não se formará nenhum vínculo de emprego ou relação de trabalho entre a plataforma digital e o profissional cadastrado, devendo cada um ser responsável pelo cumprimento de obrigações trabalhistas, previdenciárias ou tributárias eventualmente existentes.

2. O Contexto, as Ambiguidades e o Dilema Regulatório do Trabalho Intermediado por Plataformas Digitais

Sempre que surgem novos formatos de trabalho, em razão do advento de tecnologias inovadoras, vêm à tona os questionamentos sobre a adequação da legislação trabalhista para regular as relações jurídicas aí engendradas. Não raro, relacionam-se os custos que decorrem da formalização do trabalho aos entraves para o desenvolvimento econômico e, nesse cenário, surgem as vozes que defendem a modernização da legislação trabalhista.

Interessante, porém, é o fato que modernizar está sempre atrelado ao ato de flexibilizar ou eliminar direitos. Dificilmente se constatam iniciativas como as de *WorkerTech*[48], que propõem a utilização das novas técnicas em prol dos direitos sociais do trabalhador.

As plataformas digitais que facilitam a representação coletiva, a contração de seguros para situações de incapacidade temporária, de serviços financeiros e de gestão de reputação ainda são pouco conhecidas.

O trabalho por meio de plataformas digitais, assim como outros, apresenta ambiguidades e as suas características ambivalentes desafiam a capacidade de os *stakeholders* construírem uma regulação que seja capaz de captar as necessidades de uma classe fragmentada que clama por regulamentação.

Das Acevedo (2016, p. 14) destaca a importância de regular o trabalho por meio de plataformas digitais, afirmando que "[...] a regulamentação do trabalho e emprego se destina a proteger valores ou bens públicos que o mercado nem sempre pode proteger por si mesmo"[49].

---

(48) De acordo com informações disponibilizadas no *site Inline*, a expressão *WorkerTech* é utilizada para representar as "[...] ofertas de serviço digital que aproveitam o poder e a comodidade da tecnologia para fornecer aos trabalhadores autônomos e flexíveis benefícios personalizados e maior acesso a proteções e direitos".

(49) Tradução livre do original: "Labor and Employment regulation is meant to protect values or public goods that the market can't always protect by itself".

A autora afirma que três respostas podem ser dadas à economia colaborativa, quais sejam, não cogitar a regulação, não regular de modo algum ou aguardar para ver. Segundo ela, o melhor é tentar para ver, e não esperar para ver, o que significa dizer que os modelos regulatórios deveriam começar a ser desenvolvidos.

Delimitado o contexto das plataformas digitais de trabalho e feito o recorte das plataformas que são objeto deste estudo, neste capítulo serão analisadas e comparadas criticamente as propostas regulatórias, a partir das quais é possível conceder uma proteção jurídico-laboral aos trabalhadores sob demanda em plataformas digitais, adequada à realidade brasileira.

2.1. O trabalho intermediado por plataformas digitais e as formas não tradicionais de emprego (NSE[(50)])

As relações de trabalho intermediadas por plataformas digitais possuem peculiaridades que as distinguem de outras anteriores, marcadas pela presença de mais de uma organização empresarial, tais como ocorre nos contratos com empresas de trabalho temporário, empresas terceirizadas ou subcontratadas e, nos contratos de franquias, por exemplo.

Entretanto, elas fazem parte de uma proposta inacabada de reestruturação empresarial que foi implementada nas últimas décadas em direção a uma organização mais enxuta.

De acordo com David Weil (2017, p. 7), o local de trabalho foi fissurado nas últimas três décadas, de modo que "[...] o emprego não é mais uma relação clara entre um empregador bem definido e um trabalhador [...]" como era antigamente. Weil exemplifica que, em 1960, a maioria dos empregados de um hotel trabalhava para a marca que aparecia na sua entrada, enquanto hoje mais de 80% trabalham para uma empresa franqueada e são supervisionados por uma terceira empresa que só faz o gerenciamento e não tem relação alguma com a marca do hotel onde trabalham. Do mesmo modo, enquanto 20 anos atrás o trabalho dentro de um centro de distribuição de um fabricante ou grande varejista podia ser contratado, supervisionado, avaliado e pago pela mesma empresa, hoje em dia é possível que o salário seja pago pela empresa fornecedora de mão de obra, o gerenciamento seja feito pela equipe de uma empresa de logística, enquanto o padrão operacional do trabalho é determinado por outra empresa, seja a varejista conhecida nacionalmente, seja a detentora da marca atendida naquele local.

---

(50) NSE é a sigla, em inglês, que significa "non-standard employment", utilizada no estudo "Non-standard employment around the world: Understanding challenges, shaping prospects" da OIT para se referir aos trabalhadores que trabalham em formatos contratuais que fogem do padrão da relação sob vínculo empregatício, o que significa dizer do trabalho em tempo integral, sem determinação de prazo, como parte de uma relação de emprego bilateral e com subordinação (OIT, 2016, p. 7).

Ao visitar a sede da *Upwork*, que, segundo Louis Hyman (2018, p. 292), é a maior plataforma digital de trabalho do mundo, ele informa que a CEO da companhia, Sra. Stephane Kasriel, lhe disse na ocasião: "[...] não há nada de novo aqui. Empresas têm subcontratado para outras empresas por décadas". E ele concluiu que, embora as plataformas digitais de trabalho compartilhem a mesma estrutura, com trabalhadores autônomos, intermediadores do serviço *on-line* e trabalhadores sem segurança, "[...] a internet não causou essa mudança, mas a tornou mais visível".

Hyman (2018) afirma também que a flexibilidade da mão de obra nas empresas vem crescendo há 40 anos, mas os computadores e outras tecnologias reforçaram essas mudanças, de modo que, embora alguns no Vale do Silício pensem que a *gig econmoy* apareceu do nada, após a grande recessão de 2008, e se tornou inevitável por causa das novas tecnologias, na verdade os aplicativos apenas aceleraram um processo que começou em 1948, quando um dos proprietários da Manpower Inc., Sr. Elmer Winter, teve a ideia de fundar uma empresa de trabalho temporário, porque precisou de uma secretária por um período provisório e não encontrou nas agências de emprego tradicionais, que só ofereciam trabalhadores para vagas permanentes.

Hyman (2018, p. 9-10) faz uma interessante comparação entre o momento atual e aquele que precedeu a revolução industrial do século XIX, que alguns historiadores chamam de revolução industriosa, a qual "[...] reorganizou pessoas e não máquinas". Ele diz:

> Antes da revolução laboriosa do século XVIII, as pessoas trabalhavam onde moravam, seja uma fazenda ou uma loja. A fabricação anterior, como os têxteis produzidos pela indústria caseira, contava com redes de agricultores que fiavam fibras e teciam tecidos. Eles trabalhavam por conta própria; eles não eram empregados. Na revolução industriosa, os fabricantes reuniram trabalhadores sob o mesmo teto, onde eles podiam ser divididos e supervisionados. Pela primeira vez, casa e trabalho foram separados em grande escala. Os trabalhadores não mais controlavam o modo como eles trabalhavam, recebendo um salário em vez do lucro pelos seus esforços. A revolução industrial do século XIX consolidou esses novos relacionamentos com as tecnologias, mas aquelas tecnologias somente foram possíveis porque o relacionamento das pessoas com o trabalho já havia mudado. A ruptura social causou inovação tecnológica, e não contrário.[51]

(51) Tradução livre do original: "Before the industrious revolution of the eighteenth century, people worked where they lived whether a farm or a shop. Earlier manufacturing, like textiles produced through cottage industry, relied on networks of farmers who spun fibers and wove cloth. They worked on their own; they were not employees. In the industrious revolution, manufactures gathered workers under one roof, where their work could be divided and supervised. For the first time, home and work were separeted on a massive scale. Workers no longer controlled how they worked, receiving a wage instead of the profits of their efforts. The industrial Revolution of the nineteenth century consolidated these new relationships with new Technologies, but those technologies were only possible because people's relationship to work had already changed. Social disruption caused technological innovation, not, usually, the other way around".

Quanto aos dias atuais, Hyman (2018, p. 10) afirma que, assim como ocorreu no século XVIII, a reorganização das pessoas é tão importante senão mais do que as novas tecnologias que deslumbram, tais como os computadores, a inteligência artificial, a realidade virtual e coisas do gênero que são análogas à máquina a vapor, mas deveriam ser vistas como a segunda revolução industriosa, e não como a segunda era da máquina, como dizem alguns especialistas. Para ele, "[...] todo tipo de tecnologias empolgantes reforçará essa revolução laboriosa, mas não é a tecnologia que merece nossa atenção. A inovação tecnológica só resolve disrupções sociais".

Hyman (2018, p. 10, 290) afirma que, "[...] assim como o trabalho da era moderna e as corporações burocráticas emergiram do capitalismo industrial, novas formas de trabalho e capital emergiram desse período inicial de nossa economia digital", que nasceu com o *site Craigslist*(52).

O autor afirma que 84% dos trabalhadores americanos ainda confiam nos empregos tradicionais como sua principal fonte de renda, mas destaca que não é nesse campo que a economia está crescendo, pois, de acordo com a pesquisa realizada por Lawerence Katz e Allan Krueger, 94% dos trabalhos que surgiram nos últimos dez anos estão fora do emprego tradicional (HYMAN, 2018, p. 10).

Nesse sentido, é importante destacar que vários estudos(53) têm sido realizados a respeito do aumento das formas não tradicionais de emprego, assim consideradas aquelas estabelecidas com um único empregador, com duração indeterminada e localização específica, geralmente nas dependências do empregador.

A exemplo disso, o estudo produzido pela OIT em 2016, *Non-standard employment around the world: Understanding challenges, shaping prospects*, sobre quatro formas de ajustes de trabalho que fogem do modelo de emprego padrão, assim considerado "[...] o trabalho em tempo integral e indefinido, mediante uma relação de subordinação entre empregado e empregador", as quais se "[...] tornaram uma característica contemporânea dos mercados de trabalho do mundo todo [...]" (OIT, 2016, [s.p]), a saber: trabalho temporário; trabalho a tempo parcial; trabalho envolvendo várias partes; e relações de emprego disfarçadas e autônomos dependentes.

---

(52) A Craigslist é uma rede de comunidades *on-line* centralizadas que disponibiliza anúncios gratuitos aos usuários. São anúncios de diversos tipos, desde ofertas de empregos até conteúdo erótico. O *site* da Craigslist também possui fóruns sobre diversos assuntos. O serviço foi fundado em 1995 por Craig Newmark, em São Francisco, na Califórnia, e expandiu-se para outras nove cidades no ano 2000, mais quatro em 2001, mais quatro também em 2002 e mais quatorze em 2003. Em setembro de 2007, a Craigslist já se fazia presente em aproximadamente 450 cidades ao redor do planeta.

(53) Por exemplo, o relatório produzido pela OIT em 2016, "Non-standard employment around the world", que reconheceu quatro formas de ajustes de trabalho que fogem do modelo de emprego padrão; o estudo da Eurofound de 2015, "New forms of employment", que identificou nove formas de trabalho novas e a pesquisa "Independent work: choice, necessity and the gig economy", de outubro de 2016 do Instituto Global McKinsey.

Em 2015, a EUROFOUND publicou um estudo denominado *New forms of employment*, o qual identificou nove formas de trabalho novas ou de grande importância desde 2000: i) compartilhamento de empregados (o trabalhador é contratado conjuntamente por um grupo de empregadores para atender às necessidades de RH dessas empresas, resultando em emprego permanente em tempo integral para o trabalhador); ii) compartilhamento de trabalho (um empregador contrata dois ou mais trabalhadores para atuarem em conjunto num trabalho específico, combinando dois ou mais empregos de meio período em uma vaga de tempo integral); iii) gerenciamento interino (especialistas altamente qualificados são contratados temporariamente para um projeto específico ou para momentos de dificuldade econômica, utilizando forças externas de gerenciamento na organização do trabalho; iv) trabalho casual (o trabalhador é chamado sob demanda, mas sem a garantia de que isso seja regularmente); v) trabalho móvel baseado em tecnologias da informação e comunicação (o trabalhador pode fazer seu trabalho de qualquer lugar e a qualquer momento, com suporte das novas tecnologias); vi) trabalho baseado em *voucher* (o contratante adquire um *voucher* de uma terceira empresa, que lhe envia o trabalhador, que também é pago com *voucher*, e não com dinheiro que abrange a remuneração e as coberturas previdenciárias, que são parcialmente subsidiadas pelo governo; vii) trabalho de portfólio (é mais praticado entre trabalhadores criativos, como jornalistas, tradutores e profissionais da indústria de mídia, em que o trabalhador é feito por um autônomo, *freelancer* ou microempresa em pequena escala para um grande número de clientes; viii) trabalho da multidão (uma plataforma *on-line* liga empregadores e trabalhadores, geralmente com tarefas maiores sendo divididas em pequenas tarefas atribuídas a uma "nuvem virtual" de trabalhadores disponíveis *on-line*); ix) trabalho colaborativo (são formas específicas de colaboração, tais como por meio de empresas guarda-chuva, *cooworking* ou cooperativas, em que *freelancers*, autônomos ou microempresas cooperam entre si para superar as limitações que lhes são impostas em razão da sua menor escala econômica.

Em 2018, quando o referido estudo foi atualizado, a modalidade do trabalho da multidão (*crowd employment*) foi substituída pelo trabalho de plataformas (*plataform work*), que é "[...] uma forma de emprego que usa uma plataforma on-line para permitir que organizações ou indivíduos acessem outras organizações ou indivíduos para resolver problemas específicos ou fornecer serviços específicos em troca de pagamento"(54) (EUROFOUND, 2018, p. 15).

Para a EUROFOUND (2018), as características que definem o trabalho em plataformas digitais, são as seguintes: i) organização do trabalho remunerado por intermédio de uma plataforma; ii) envolvimento de três partes: a plataforma, o trabalhador e o cliente;

(54) Tradução livre do original: "[...] is a form of employment that uses an online platform to enable organizations or individuals to access other organizations or individuals to solve specific problems or to provide specific service in exchange for payment".

iii) realização de tarefas específicas; iv) operação sob forma de terceirização ou contratação externa; v) subdivisão do trabalho em tarefas; e vi) fornecimento dos serviços que ocorre sob demanda.

A pesquisa realizada pelo Instituto Global McKinsey, *Independent work: choice, necessity and the gig economy*, que envolveu seis países (Estados Unidos, Reino Unido, França, Alemanha, Espanha e Suécia), constatou que 15% dos trabalhadores autônomos usam esse mercado *on-line* de plataformas digitais para prestar serviços. A referida pesquisa abordou a dimensão do trabalho autônomo e sua relação com as plataformas digitais. Ela apontou o efeito transformador das plataformas digitais de trabalho no trabalho autônomo, pois elas criam mercados para a prestação de serviços e colaboram para a redução de custos que decorrem das transações realizadas fora da empresa, por intermédio da internet, diferentemente do que ocorria décadas atrás, quando "Ronald Coase observou que as empresas reuniam muitas funções dentro de uma organização porque era muito pesado e caro coordenar todas as transações por meio de um mercado externo"[(55)] (MANYIKA *et al.*, 2016, p. 17).

Segundo essa pesquisa, os mercados para o trabalhador autônomo podem ser transformados de várias maneiras: i) a ampla escala das plataformas cria mercados transparentes formados por uma rede de usuários que conectam os interesses de vendedores e compradores, com apenas um clique; essa escala passa a ser global quando os serviços não são presenciais, em razão da onipresença dos dispositivos digitais inteligentes e conectados à internet; ii) as informações em tempo real, incluindo o tempo e a localização das partes com os mecanismos de busca dos algoritmos, facilitam a combinação de interesses que cada uma das partes envolvidas na relação busca, agilizando a transação; iii) as informações sobre os serviços já realizados são compartilhadas no perfil tanto do cliente quanto do trabalhador, o que aumenta confiança dos futuros usuários; ademais, existe uma infraestrutura e protocolo para pagamento que são requisitos para a utilização dos serviços e minimizam os riscos da transação; iv) os custos marginais são insignificantes para adicionar participantes nas plataformas e quase não há restrições para se cadastrar, sendo necessário apenas a criação de um perfil (MANYIKA *et al.*, 2016).

A Revista *Time* também publicou uma pesquisa que revelou que "[...] 22% dos americanos adultos ou 45 milhões de pessoas já ofereceram algum tipo de bem ou serviço nessa economia"[(56)] (STEINMETZ, 2016).

O documento *El mercado laboral digital a debate* (CAÑIGUERAL BAGÓ, 2019) adota a expressão plataformização do trabalho para referir-se ao trabalho intermediado

(55) Tradução livre do original: "Ronald Coase noted that companies gather many functions within one organization because it was too cumbersome and costly to coordinate all transactions through na external marketplace".

(56) Tradução livre do original: "[...] 22% of American adults, or 45 million people, have already offered some kind of good or service in this economy".

pelas plataformas digitais e prevê que no futuro parte significativa da renda da população virá por intermédio das plataformas digitais.

Katz e Krueger (2016) apontam que 0,5% dos trabalhadores nos Estados Unidos estava trabalhando por meio de um intermediário *on-line*, como *Uber* ou *Task Rabbit*, no fim de 2015.

Na Europa, de acordo com a pesquisa (PESOLE *et al.*, 2018), realizada em junho de 2017, os trabalhadores que obtêm cerca de 50% ou mais de sua renda por meio das plataformas, ou que nelas se ativam por tempo superior a 20 horas por semana, representam 2% da população adulta, apesar de que uma média de 10% dessa população já utilizou as plataformas digitais para prestar algum tipo de trabalho, menos de 8% o fazem com alguma frequência e menos de 6% se dedicam, de forma significativa, às plataformas digitais de trabalho, o que significa pelo menos dez horas por semana ou com percepção de pelo menos 25% da sua renda total.

Segundo ressalta Hyman (2018, p. 9), "[...] o boom tecnológico de hoje pode criar valor de mercado, mas não criou muitos empregos, especialmente se comparado aos grandes setores do pós-guerra". Para ele, socialmente, o *iPhone* foi tão disruptivo quanto o carro, mas "[...] a *Apple* não emprega como a *General Motors*".

No Brasil, não há dados oficiais a respeito da quantidade de pessoas que trabalham por meio das plataformas digitais, mas, nesse cenário de insegurança econômica e índices consideráveis de desemprego (12,8 milhões de desempregados, segundo o Instituto Brasileiro de Geografia e Estatística (IBGE), elas se proliferaram e ganharam adeptos, pois apareceram como alternativa de subsistência e/ou incremento de renda, e não alternativa a um trabalho formalizado por meio de registro em Carteira de Trabalho e Previdência Social (CTPS) e integração à previdência social.

Um relatório da OIT (2019d, p. 6) apontou que, "[...] no geral, cerca de 2 bilhões de trabalhadores estão em empregos informais, respondendo por três em cada cinco (61%) trabalhadores do mundo".

Especificamente em relação ao tamanho da força de trabalho envolvida em plataformas virtuais, o relatório *Digital labour platforms and the future of work: towards decente work in the online world* reúne dados que demonstram crescimento de 25,5% do mercado de trabalho entre julho de 2017 e junho de 2017 (OIT, 2018).

Em muitos casos, as pessoas ingressam na economia colaborativa porque perderam o emprego recentemente e juntam os rendimentos de vários bicos de meio período para substituí-lo e em outros, porque tais valores se tornaram mais vantajosos, o que demonstra que, nesse modelo de negócio, a questão central não é a confiança, e sim o dinheiro e, em alguns casos, o desespero (ROOSE, 2014).

Apenas no período de março a junho de 2020, a empresa *Ifood* recebeu 480 mil cadastros de trabalhadores que pretendiam trabalhar como entregadores do aplicativo, mas não conseguiu absorver todos, o que gerou uma fila de espera, já que o número de entregadores da plataforma no mês anterior era de 131 mil(57).

Reportagens veiculadas em julho de 2020, quando houve um movimento de entregadores por melhores condições de trabalho, conhecido como "breque dos *apps*", divulgaram a situações de vários trabalhadores que rumaram para o trabalho com aplicativos depois que perderam seus trabalhos formais e não obtiveram novo emprego(58)(59).

Os números citados confirmam a tendência de crescimento das plataformas digitais de trabalho e chamam a atenção para a informalização da relação de trabalho, pois, diante da necessidade, os trabalhadores acabam fazendo dessa atividade laboral a sua principal fonte de renda.

A informalização decorre do fato de as plataformas, em sua maioria, não considerarem o trabalhador empregado, tornando incerta a qualificação do trabalhador, quando "[...] bem se sabe que, no Direito do Trabalho, saber a sua qualificação — se subordinado, autônomo, eventual, avulso, voluntário, etc. — pode ser a pedra de toque para reconhecer-lhes todos ou nenhum direito" (FELICIANO, 2013, p. 13).

Evidentemente o trabalho por meio de plataformas digitais não esgota as modalidades de trabalho que fogem do modelo tradicional de trabalho, assim entendido aquele formalizado com anotação em CTPS e os direitos daí decorrentes. Em realidade, ele vem somar com outras formas de trabalho que já eram objeto de preocupação da Organização Internacional do Trabalho e outras instituições, empenhadas em construir uma proteção jurídico-laboral que seja desvinculada da configuração de uma relação de emprego.

No entanto, esse ecossistema que se formou em torno dessas relações de trabalho intermediadas por plataformas de prestação de serviços pode ser considerado paradoxal, pois, se, por um lado, ele abre novas possibilidades para um nicho de trabalhadores, por outro, traduz-se num método de trabalho instável no que se refere à sua renda e segurança no trabalho, o que pode levar à configuração da precariedade do trabalho.

A precariedade no trabalho, por sua vez, embora geralmente seja ligada a ganhos insuficientes, insegurança a respeito da continuidade do emprego, riscos de saúde e segurança e desproteção em relação a direitos e normas coletivas, não pode ser vista como

(57) Os dados foram disponibilizados pela reportagem do Correio Brasiliense.

(58) Reportagem de Bárbara Muniz Vieira noticiou que esse foi o caso de Tiago Camargo Bonini, que há um ano trabalha como entregador, pois perdeu o emprego como mecânico automotivo.

(59) O entregador Paulo Lima, conhecido como Galo, atuante no movimento por melhores condições de trabalho dos entregadores, também faz parte dos trabalhadores que perderam o emprego formal. Reportagem de Ana Luiza Basilio informou que ele trabalhava com registro em CTPS desde 2012, mas foi dispensado em 2017, quando passou a trabalhar com aplicativos, porque a filha iria nascer.

uma característica exclusiva dos trabalhadores que não possuem vínculo de emprego, pois, muitas vezes, mesmo os que estão numa relação contratual formalizada, suportam condições de trabalho que são marcadas pela precariedade. Por essa razão, o estudo realizado pela OIT a respeito dos formatos não tradicionais de trabalho, em vez de focar a precariedade do trabalho, defende que o melhor caminho para os trabalhadores que se ativam por meio de modalidades contratuais atípicas é apontar as áreas de insegurança identificadas nessas relações, para que se analise quais são os défices de trabalho decente encontrados. Essas áreas de potencial insegurança são as seguintes: insegurança no emprego, insegurança nos ganhos, quantidade de horas, saúde e segurança no trabalho, treinamento e representação coletiva e outros princípios e direitos fundamentais no trabalho (OIT, 2016, p. 18-19).

Considerando essas áreas de insegurança identificadas pela OIT, este trabalho pretende identificar as possibilidades regulatórias por meio das quais pode ser concedido um estatuto mínimo de direitos para os trabalhadores sob demanda que se ativam por intermédio de plataformas digitais.

2.2. As ambiguidades do trabalho intermediado por plataformas digitais

A quantidade ascendente de usuários que se cadastram nas plataformas digitais de trabalho, mencionadas no tópico anterior, demonstram que esse formato de trabalho é uma realidade presente tanto no Brasil quanto em muitos países desenvolvidos ou em desenvolvimento.

Não se pretende, aqui, fazer juízos depreciativos como se fossem uma conspiração criada pelo sistema econômico produtivo atual. Todavia, é inegável que, num país com elevado índice de desemprego e pouca formação educacional[60], o acesso fácil e rápido a uma fonte de renda quase imediata, para quem não possui outros meios de prover a sua subsistência e de sua família, é um atrativo que leva milhares de pessoas a se submeterem às condições unilaterais de trabalho impostas pelas empresas-plataformas, apesar de muitas delas não serem justas nem transparentes[61].

A assimetria de poder que se verifica na relação de trabalho que se estabelece entre o prestador de serviços e a plataforma digital evidencia a vulnerabilidade do trabalhador, cuja liberdade se limita a definir o melhor horário de trabalho e, muitas vezes, nem isso, já que a plataforma pode manipular essa disponibilidade de acordo com seus interesses

(60) De acordo com os dados divulgados pelo IBGE, resultado da Carteira de Trabalho e Previdência Social (PNAD) contínua de 2019, divulgados em 15.07.2019, 51,2% dos adultos (69,5 milhões de pessoas) não concluíram o ensino médio.

(61) Note-se, por exemplo, que o *site* da empresa *Parafuzo*, citada no item anterior, estipula que seja cobrada uma taxa de R$ 25,00 do trabalhador, caso o serviço seja considerado mal realizado e seja necessário um segundo serviço corretivo. Contudo, dificilmente o trabalhador saberá qual o critério que a plataforma utilizará para julgar se uma faxina foi bem realizada ou não, até porque a satisfação com o serviço vai depender do grau de exigência de cada cliente.

em razão da demanda, com o simples aumento do valor da tarifa que é definido e alterado unilateralmente por ela, como forma de atrair os trabalhadores para os horários e dias que lhes convêm.

Os economistas costumam apontar alguns aspectos positivos dessas novas modalidades de trabalho, tais como "[...] melhoria da qualidade dos produtos, a redução do custo e do tempo de produção, a inclusão do trabalho feminino e de pessoas com deficiência, a extinção de tarefas penosas para o trabalhador" (CAVALCANTE, 2018, p. 9).

Por outro lado, aparecem também aspectos negativos, como "[...] a intensificação do ritmo de trabalho, as novas patologias e o desemprego tecnológico" (CAVALCANTE, 2018, p. 9) e ainda, no âmbito das relações coletivas de trabalho, "[...] as dispensas coletivas de trabalhadores e a fragmentação sindical" (CAVALCANTE, 2018, p. 9).

O relatório da Organização Internacional do Trabalho *Platform Work in Europe* (2018, p. 5) afirma que as implicações do trabalho por plataformas digitais são ambivalentes, pois reduzem as barreiras para o ingresso no mercado de trabalho, facilitam tanto a participação no trabalho por causa do procedimentos para buscar o serviço quanto as condições de trabalho para certos grupos de trabalhadores, como os portadores de deficiência, jovens ou mais velhos, pessoas com baixa qualificação (incluindo educação ou treinamento), desempregados há muito tempo, ou mesmo aqueles que têm muitas responsabilidades familiares. De outro modo, contam com trabalhadores autônomos, cujas condições de trabalho, representação e proteção social são pouco claras ou são claramente desfavoráveis.

Castells (2003, p. 81) sustenta que "[...] a forma interconectada dos negócios, o ritmo acelerado da economia global e a capacidade tecnológica para trabalhar *on-line*, para indivíduos e firmas, levam a um padrão flexível de emprego".

Telles Jr. (2016) observa que, como ainda estão em desenvolvimento, é cedo para fazer um julgamento definitivo sobre os benefícios que esses novos modelos de negócios proporcionam aos consumidores, trabalhadores e à economia em geral, mas menciona alguns que já identificou: i) os preços fornecidos aos consumidores são mais baixos, devido à redução dos custos de transação e à transferência de custos indiretos para o prestador de serviços; ii) propiciam aos prestadores de serviços uma flexibilidade de horários para trabalhar e um acréscimo de renda; iii) tornam úteis os bens subutilizados; iv) aumentam o consumo de mercados inexplorados; v) melhoram a experiência (o bem-estar) do consumidor; vi) criam um mecanismo de confiança entre os consumidores e prestadores de serviços. Por outro lado, reconhece que também há desvantagens decorrentes do surgimento dessas empresas, tais como: i) instabilidade de renda para os prestadores de serviço, seja pela não garantia de fornecimento de trabalho, seja pela oscilação do preço que é fixado pela plataforma; ii) menos benefícios e proteção para os prestadores de serviços que, além de correrem risco, caso o cliente atrase ou renegue o serviço, geralmente são classificados como autônomos e, consequentemente, não têm acesso a direitos, como salário mínimo, horas suplementares, seguro-saúde, planos de aposentadoria e licença-saúde; iii) o treinamento para a realização do serviço fica a critério do próprio prestador de serviços; iv) o capital de investimento e os custos de manutenção são do prestador de serviços, dos quais as empresas dependem para manter os próprios ativos; v) a privacidade e segurança do consumidor e do prestador de serviços ficam vulneráveis diante da incerteza quanto ao acesso e manuseio dos dados coletados pelas empresas; e vi) a dificuldade de acesso às plataformas, seja por faltar conhecimento, seja por não possuir internet ou um *smatphone*.

Quanto à regulamentação legal das atividades, Telles Jr. (2016) aponta as controvérsias em torno de diversas questões, tais como: definição da natureza da relação de trabalho; tributação e cumprimento de regulamentos; acessibilidade para pessoas com deficiência; e segurança do consumidor diante da inexistência de certificados de inspeção.

No Brasil, um dos obstáculos ao acesso das normas protetivas do Direito do Trabalho é a controvérsia existente a respeito da natureza do trabalho intermediado por plataformas digitais, uma vez que é o trabalhador quem define o seu horário de trabalho e a jornada que realizará, o que, para alguns(62), é um motivo suficiente para afastar o reconhecimento do vínculo empregatício, porque tal liberdade não seria compatível com o requisito da subordinação, necessária à formação do vínculo empregatício.

Essa posição, porém, não parece ser a mais acertada, já que há outros trabalhadores que também têm liberdade de horário e trabalham por resultado, e nem por isso deixam de ser empregados, como ocorre com os trabalhadores externos (art. 62 da CLT) ou intermitentes (art. 443 da CLT), que podem até mesmo recusar o trabalho, de modo que somente a realidade fática de cada caso dirá se há, ou não, a relação de emprego, a depender do preenchimento concomitante de todos os requisitos exigidos por lei para tanto.

Nas relações de trabalho intermediadas por plataformas digitais, o princípio da primazia da realidade sobre a forma converte-se no princípio da primazia da realidade virtual sobre a vontade formal das partes, em que tem prevalência a gestão oriunda da inteligência artificial por meio de seus sistemas, *softwares*, aplicativo ou algoritmo, os quais compõem o código fonte que servirá de substrato para a incidência do ordenamento jurídico (CHAVES JÚNIOR, 2017).

O objetivo deste trabalho não é discutir a natureza empregatícia ou não dessa relação de trabalho, e sim quais são as possibilidades regulatórias a partir das quais é possível conceder uma proteção jurídica adequada a um nicho de pessoas que, independentemente de serem empregados ou não, são trabalhadores e, como tais, merecem ter

(62) Exemplo disso foi a primeira sentença brasileira que analisou o pedido de reconhecimento de vínculo empregatício em face da empresa *Uber*, proferida em 30 de janeiro de 2017, a qual não reconheceu vínculo empregatício entre as partes (Processo n. 0011863-62.2016.5.03.0137) sob fundamento de que não havia o elemento fático da subordinação.

acesso a direitos mínimos como condição para obter um trabalho digno e decente, que é direito de todos, conforme se extrai do objetivo do desenvolvimento sustentável n. 8 da Agenda 2030 da Organização das Nações Unidas (ONU).

Todavia, a questão da proteção jurídico-laboral perpassa necessariamente pelo enquadramento jurídico do trabalhador, que definirá a *vis attractiva* ou não do Direito do Trabalho e sua medida, porque, em muitas situações, a relação de trabalho se apresenta sob um sistema de trabalho híbrido e a linha divisória entre a autonomia e a subordinação é tênue.

Nesse sentido, o relatório da OIT e Organização para a Cooperação e Desenvolvimento Econômico (OCDE) (2020, p. 11) aponta que o enquadramento equivocado do trabalhador como falso autônomo pode ser facilmente identificado pelos tribunais por meio dos testes e critérios disponíveis, porém casos há em que a clareza não é evidente e pode remanescer uma genuína ambiguidade, tanto que as inúmeras ações em face das plataformas de trabalho não serviram para esclarecer a condição de empregado ou não dos trabalhadores, resultando em sentenças em ambos sentidos(63).

O documento (OCDE, 2020) indica a existência de uma zona cinzenta de trabalhadores que se situam entre os que são autônomos e os que possuem vínculo de emprego, pois tanto possuem características de empregado, tais como o fato de eles não poderem definir o valor do pagamento ou terem de usar uniforme, ou ainda terem de cumprir metas como condições para garantias de recebimento valores mínimos, quanto compartilham características de autonomia, como a liberdade de escolher quando e por quanto tempo trabalhar, arcar com algumas despesas e usar equipamento próprio.

Acresça-se a isso o fato de que, no trabalho intermediado pelas plataformas digitais, o trabalhador pode definir não só o horário que vai trabalhar como também a quantidade de horas e a frequência da atividade, mas, por outro, muitas das vezes, não pode escolher os clientes, o local de trabalho, participar da definição do preço do serviço ou receber diretamente por ele, além de depender da logística operacional da plataforma e de seu aplicativo, para prestar o serviço e captar o usuário que faz opção pela marca da plataforma, e não em razão do profissional que prestará o serviço.

No Brasil, assim como se observa em vários países, a dificuldade em construir a proteção adequada a esses trabalhadores repousa no fato de que, via de regra, apenas os trabalhadores com vínculo empregatício estão sob a proteção integral do Direito do Trabalho. Logo, a realidade é que aqueles que se ativam por meio das plataformas digitais hoje ficam submetidos à insegurança jurídica, pois, se, por um lado, há quem defenda que

(63) No Brasil, têm-se verificado também entendimentos em sentidos opostos para casos semelhantes, como ocorreu nas duas primeiras sentenças brasileiras que apreciaram o pedido de reconhecimento de vínculo empregatício com a empresa *Uber*. (Conflito de competência n. 164.544 – MG (2019/0079952-0), *DJE* 04.09.2019 e Conflito de Competência n. 174798 – PB (2020/0236719-6), de 15.10.2020).

não possuem direitos trabalhistas porque não se enquadram na condição de empregados, lado outro não é aceitável que sejam regidos pelo Direito Civil, cuja principal premissa de incidência repousa na condição de igualdade entre as partes, que, nesse caso, inexiste.

Esse dilema não é novo no Direito do Trabalho. Cada vez que se identificam novas modalidades de trabalho, apartadas da tradicional relação de emprego, erguem-se vozes em defesa da modernização das leis trabalhistas e da tentativa de incluir outros tipos de trabalhadores não subordinados no manto protetivo desse ramo do Direito.

Exemplo disso ocorreu no fim do século passado, quando se iniciou na Europa um movimento no intuito de ampliar o âmbito subjetivo do Direito do Trabalho, desvinculando a sua incidência da existência do vínculo empregatício e enfatizando o critério de dependência do trabalhador para com o prestador de serviços.

Esse movimento ganhou força em vários países e agora vem novamente à tona, como se verá a seguir.

2.3. O movimento rumo à proteção do trabalhador autônomo

No âmbito da União Europeia em 1997, foi constituída uma comissão de pesquisadores, coordenados por Alain Supiot, para analisar os novos formatos de trabalho. Esse estudo culminou no propalado Relatório Supiot, de junho de 1998, denominado "Transformações do Trabalho e o Futuro do Direito do Trabalho na Europa".

Puebla (2012) relembra que o Relatório Supiot foi um dos primeiros no âmbito da comunidade europeia a indicar a necessidade de regular tanto o trabalho autônomo como o economicamente dependente, definindo uma categoria intermediária entre o trabalhador assalariado e o empresário, para construir um estatuto profissional coerente, mediante as experiências já existentes na Alemanha e Itália, aperfeiçoando-as. Desse modo, seria possível incluir outros tipos de contratos no âmbito de um Direito do Trabalho comum, cujos ramos se adaptariam às realidades de cada tipo de trabalho, seja o tradicional subordinado, seja parassubordinado ou economicamente dependente (posição 1105).

O autor acrescenta que as propostas do Relatório Supiot tiveram continuidade com o Livro Verde, elaborado pela comissão europeia sobre a modernização do Direito do Trabalho, com o fito de abrir um debate público sobre essa modernização e colaborar para o crescimento sustentável com mais e melhores empregos.

O Livro Verde "Modernizar o direito do trabalho para enfrentar os desafios do século XXI" foi lançado em 2006 e propôs a adoção da questionável "[...] flexibilidade com a necessidade de maximizar a segurança para todos diante das mudanças nas relações de trabalho" (COMISSÃO DAS COMUNIDADES EUROPEIAS, 2006, p. 3).

O item 4.b do Livro Verde reconhece expressamente a existência de um *tertium genus* entre o trabalhador subordinado e o trabalhador autônomo, apresentando o seguinte conceito e características para essa figura:

> O conceito de trabalho economicamente dependente abrange situações que se situam entre as duas noções já consagradas de emprego por conta de outrem e emprego por conta própria. Esta categoria de trabalhadores não possui um contrato de trabalho. Não podem ser abrangidos pelo direito do trabalho, pois fazem parte da «zona cinzenta» entre o direito do trabalho e o direito comercial. Embora formalmente sejam «trabalhadores por conta própria», continuam a ser economicamente dependentes de um só comitente ou cliente/empregador quanto à origem dos seus rendimentos (COMISSÃO DAS CO MUNIDADES EUROPEIAS, 2006, p. 12).

Puebla (2012, p. 1.116) relembra que, depois de ter relatado as experiências já conhecidas sobre esse fenômeno no Reino Unido, Alemanha e Itália, o Livro Verde aponta a necessidade de

> [...] reconhecer um 'conjunto de direitos mínimos' ou condições mínimas de trabalho para todos que prestam um trabalho de caráter pessoal, independentemente da natureza de sua relação contratual e do impacto de tais obrigações mínimas na criação de empregos e na proteção dos trabalhadores.

Em 2003, foi realizado um estudo por Adalberto Perulli (2003), segundo o qual os países Itália, Alemanha e Grã-Bretanha definiam a figura do trabalhador economicamente dependente, enquanto a Áustria, Dinamarca, Finlândia, França, Grécia, Irlanda, Noruega, Países Baixos e Portugal não o faziam, mas debatiam a possibilidade de editar medidas legislativas a respeito desses trabalhadores. Já em relação a Luxemburgo, Espanha e Suécia, não havia definição dessa figura nem debate político significativo sobre o assunto.

Em 2010, Puebla (2010) afirmou que "[...] o conceito do trabalho autônomo economicamente dependente ainda é um conceito aberto que só está definido parcialmente e que, portanto, necessita de um esforço maior de identificação e tipificação"[(64)]. Ele afirmou que, embora alguns países no âmbito da União Europeia, como a Itália, Alemanha, Reino Unido e Espanha, já apresentassem uma definição a esse respeito, outros ainda não o faziam, mas já debatiam a conveniência de sua regulação (como era o caso da Áustria, França, Portugal e outros), enquanto os demais ainda não discutiam o assunto.

---

(64) Tradução livre do original: "[...] el concepto de trabajo autónomo económicamente dependiente es aún un concepto abierto que está definido sólo en parte y que necesita por tanto de un mayor esfuerzo de identificación y tipificación".

Em agosto de 2013, a pedido do parlamento europeu, foi publicado um novo estudo[65] sobre o direito à proteção social dos trabalhadores autônomos economicamente dependentes, em razão do papel cada vez mais importante que esses trabalhadores ocupam no mercado de trabalho, como parte integrante de uma tendência geral de aumentar a sua flexibilização.

A receptividade a essa alternativa de regulamentação, que intenta incluir no âmbito de aplicação do Direito do Trabalho trabalhadores autônomos economicamente dependentes, também tem sido indicada por alguns autores[66], para abrigar os trabalhadores em plataformas digitais.

Em contrapartida, essa possibilidade também divide opiniões[67], pois, além do risco de canalizar trabalhadores formais para uma hipótese de regulação de menor custo, aumentando as classificações falsas, levanta a dificuldade de definir critérios claros para identificar esses trabalhadores, o que significaria apenas deslocar o foco da discussão de um lugar para outro.

No Brasil, salvo algumas exceções de contratos regidos por lei específica, como é o caso do representante comercial (Lei n. 4.886/65) ou dos contratos de parceria em salões de beleza (Lei n. 12.592/12, alterada pela Lei n. 13.352/16), pode-se dizer que a proteção jurídico-trabalhista no caso dos trabalhadores autônomos é praticamente inexistente, pois parte-se da premissa de que foi pensada apenas para as hipóteses de trabalho subordinado, com exceção dos trabalhadores avulsos por equiparação constitucional (art. 7º, XXXIV, da Constituição Federal[68]).

Homero Batista Mateus e Silva (2017, p. 67) critica o fato de o Direito do Trabalho ter um campo de atuação tão restrito, que exclui elevado número de trabalhadores que atuam no mercado informal de trabalho e, portanto, ficam à margem da legislação, fiscalização e judicialização. O autor defende uma reestruturação que inclua todos os trabalhadores, independentemente do regime contratual adotado. Para ele, "a construção de um ramo jurídico destinado ao estudo e à pesquisa sobre relações assimétricas de trabalho não poderia ser tão reducionista a ponto de eleger apenas um grupo de trabalhadores".

---

(65) IZA Research Report n. 54: Social Protection Rights of Economically Dependent Self-employed Workers.

(66) MERCADER UGUINA (2018) defende que os trabalhadores em plataformas digitais podem ser classificados como TRADE, adaptando-se à exigência de percepção de 75% de um único cliente, prevista no art. 1.2 da Lei n. 20/2007, para 50%, exatamente como ocorre na Alemanha. Do mesmo modo, a decisão proferida pelo Julgado Social de Madrid n. 39 rejeitou o reconhecimento da condição de empregado do autor, reconhecendo-o como TRADE (Processo 1.353/2017).

(67) Por exemplo, Mirian Cherry e Antonio Aloisi (2018, p. 17).

(68) Diz o inciso XXXIV do art. 7º da CF: "igualdade de direitos entre o trabalhador com vínculo empregatício permanente e o trabalhador avulso".

Pinto e Silva (2004, p. 95), referindo-se aos centros urbanos brasileiros, afirma que há várias modalidades de trabalho autônomo lícitas, as quais não param de crescer(69) "[...] até mesmo como alternativa de subsistência em face do desemprego".

Para combater a economia informal e também a exclusão social, o autor defende a revisão do modelo brasileiro de relações de trabalho, segundo ele, "[...] dentro de uma perspectiva de valorização do trabalho como uma maneira de assegurar aos cidadãos o acesso aos direitos humanos fundamentais" (SILVA, 2004, p. 141).

Diante da ausência de regulação a respeito desses novos formatos de relações de trabalho engendrados no âmbito da *gig economy*, também no Brasil começaram a ser proferidas as primeiras decisões judiciais(70) que enfrentaram, com centralidade, a questão da subordinação ou autonomia que permeia tais relações, para delimitar se tais trabalhadores fazem jus a algum tipo de proteção jurídico-trabalhista.

Nesse cenário, reascendeu-se antigo debate em torno da necessidade de ampliação do âmbito subjetivo do Direito do Trabalho e de uma regulação para os atuais formatos de trabalho a qual inclusive foi mencionada pelo ministro Alexandre Ramos do Tribunal Superior do Trabalho, o qual, ao apreciar e julgar essa questão, disse que "[...] as novas formas de trabalho devem ser reguladas por lei própria e, enquanto o legislador não a edita, não pode o julgador aplicar indiscriminadamente o padrão da relação de emprego" (BRASIL, 2020, p. 10).

Entre os juristas brasileiros, Delgado foi um que entendeu ser possível imaginar a construção de um processo extensivo de direitos fundamentais trabalhistas para trabalhadores eventuais e certa fração hipossuficiente dos autônomos, de acordo com as especificidades dessas relações de trabalho. O autor fala em "[...] um patamar jurídico essencial que lhes assegurasse um direito fundamental ao trabalho digno" (DELGADO, 2006, p. 666).

Romita (2012, p. 57) já havia se posicionado contrariamente à possibilidade de ampliação:

> [...] reafirma-se, quase sem receio de erro, a inanidade, além da inviabilidade prática, da tese de extensão do direito do trabalho aos trabalhadores

(69) O autor cita uma pesquisa denominada "Mapa do Trabalho Informal na Cidade de São Paulo", realizada em 1998, a qual apurou que a população economicamente ativa na cidade de São Paulo corresponde a 8,7 milhões de pessoas, sendo 81,8% ocupadas e 18,2% desempregadas, sendo 48,2% dos trabalhadores ocupados, ou seja, 2,5 milhões de pessoas desempenhavam atividades informais.

(70) As duas primeiras sentenças brasileiras que apreciaram pedido de reconhecimento de vínculo empregatício com a empresa *Uber* são do Tribunal Regional do Trabalho (TRT) da 3ª Região (Minas Gerais) e foram proferidas na mesma época, tendo a primeira delas sido proferida em 30 de janeiro de 2017, que não reconheceu vínculo empregatício entre as partes (Processo n. 0011863-62.2016.5.03.0137). A segunda, proferida em 13 de fevereiro de 2017, acolheu o pedido do autor no sentido de que era empregado (Processo n. 0011359-34.2016.5.03.0112).

parassubordinados e autônomos (para nada dizer a respeito dos integrados no setor informal), qualquer que seja o ângulo pelo qual a questão venha a ser examinada.

Souto Maior (2007, p. 55) também não acredita que esse caminho seja a solução e afirma que "não se trata, portanto, de ser contra a expansão do direito do trabalho para outras relações de trabalho. O que se deve fazer, no entanto, é integrar essas relações ao conceito de relação de emprego, para que se mantenha uma coerência sistêmica normativa e principiológica que é essencial para a eficácia do direito do trabalho".

Para o autor, a iniciativa sugerida por Delgado é louvável, mas o caminho é inadequado (SOUTO MAIOR, 2007, p. 74). De acordo com ele:

> [...] o avanço real da proteção social para estes trabalhadores se dará, propriamente, com o implemento de uma política econômica para que se possa alçá-los, pela mudança concreta da realidade, à condição de empregados. Este não é sequer o papel do direito do trabalho e, por conseguinte, da Justiça do Trabalho (SOUTO MAIOR, 2007, p. 75).

Do mesmo modo, Porto (2009, p. 122) também afirma que,

> [...] frente ao trabalho informal ou a outras formas de fuga do Direito do Trabalho, a solução não é reconhecê-los juridicamente, institucionalizá-los e legitimá-los, concedendo-lhes alguns poucos direitos; ao contrário, deve-se lutar contra essas formas de fraude à legislação trabalhista, para que esta seja aplicada em sua integralidade a todas as situações por ela abrangidas. Com efeito, o reconhecimento legal dessas formas atípicas, que implicam a supressão ou redução de direitos trabalhistas, favorece irremediavelmente o seu desenvolvimento e proliferação.

Uriarte e Alvarez (2001) afirmaram que a proposta de extensão de tutela laboral a todo e qualquer trabalho humano é atrativa, mas requer uma análise mais detida, diante da falta de clareza quanto à forma de implementá-la, destacando ainda a inexistência de vontade política para tanto.

Vê-se, pois, que a controvérsia é antiga e agora ganha relevo diante do avanço dos novos formatos de trabalho proporcionados pelo desenvolvimento da tecnologia de informação e comunicação e da internet.

Demais disso, é importante destacar que, embora haja empresas que se escondem por trás da capa da economia colaborativa para disfarçar autênticas relações de emprego, não se pode presumir a fraude, pois a realidade demonstra que há situações em que a linha divisória entre o emprego e autonomia é muito tênue, senão invisível, e, independentemente da constatação do vínculo empregatício, o fato é que o trabalhador cria uma dependência econômica das plataformas ou trabalha em condições precárias. E é para essa realidade que esse trabalho se propõe a voltar os olhos.

Nesse sentido, Gaia (2019, p. 202) destaca que

> [...] a preocupação do direito, em nível global, passou a ser a de tutelar esse novo trabalhador que, individualmente considerado mantém relação de dependência econômica com o tomador de serviços, mas ao mesmo tempo tem ampla liberdade de organização e gestão do seu trabalho.

Ciente da complexidade do tema, que desafia seja desvendado o mundo dos dados que a inteligência artificial oculta e maneja com habilidade inacessível para as mãos humanas, buscou-se, com amparo na previsão constitucional contida no art. 7º, que apregoa a proteção do trabalhador em face da automação, a pesquisa por saídas regulatórias que tragam o trabalhador sob demanda em plataformas digitais para dentro do conceito do trabalho digno, decente e sustentável.

Ademais, mesmo que as possibilidades regulatórias que a literatura do tema apontou não sejam plenamente satisfatórias ou adequadas integralmente à realidade brasileira, elas serviram para demonstrar que a inquietação em torno da necessidade de construção de uma proteção jurídico-laboral para esses trabalhadores ultrapassa as fronteiras nacionais e, mesmo que não sejam uma solução definitiva para essa realidade que se encontra em fase embrionária, constituem pequenos passos na tentativa de alcançar um estatuto mínimo de direitos para esses trabalhadores.

2.4. Possibilidades regulatórias do trabalho sob demanda em plataformas digitais

O trabalho por meio de plataformas digitais originou-se nos Estados Unidos, onde se situam as principais empresas de tecnologia e as mais valiosas do planeta[(71)], mas se alastrou rapidamente para vários países e apresenta um ponto em comum, qual seja, a dificuldade de regulamentar relações jurídicas que são constituídas no meio digital, desafiando os modelos regulatórios até então existentes nas diversas áreas do Direito.

Nesse contexto, a pesquisa realizada deparou com várias propostas regulatórias das relações de trabalho intermediadas por plataformas digitais, seja mediante a perspectiva dos modelos legais já existentes, seja mediante novas propostas legislativas específicas para tais trabalhadores.

(71) De acordo com notícia veiculada no *site* da revista *Forbes*.

É certo que tais propostas levam em conta o ordenamento jurídico vigente em cada país, de modo que se torna inviável importar completamente um modelo alienígena, sem considerar a realidade nacional, aí incluída a conjuntura econômica, social, política e cultural do Brasil.

Contudo, é importante conhecer as experiências estrangeiras para avaliar se, de alguma forma, podem contribuir ou servir de inspiração para a adoção de uma proteção jurídico-laboral adequada à realidade brasileira, especialmente sob a ótica dos próprios trabalhadores, em conformidade com as suas reivindicações.

Para tanto, inicialmente serão apresentadas as propostas regulatórias comparando-as e, depois, fazendo eventuais críticas a cada uma delas, no intuito de encontrar as soluções que poderiam ser adotadas no Brasil, ainda que em caráter inicial, como ponto de partida rumo à proteção dos trabalhadores que se ativam por intermédio de plataformas digitais, independentemente de estarem submetidos a um vínculo empregatício ou não.

2.4.1. Propostas regulatórias na perspectiva dos modelos legais existentes

A regulação do trabalho sob demanda em plataformas digitais na perspectiva dos modelos legais existente é defendida por uma boa parte da doutrina que classifica o trabalhador em uma das categorias de trabalhadores previstas no ordenamento jurídico, a saber: empregado, autônomo, autônomo dependente ou categoria intermediária, intermitente ou cooperado.

Essa possibilidade permite uma solução mais rápida das controvérsias em torno da natureza da relação de trabalho e da normativa aplicável, no entanto tem gerado decisões judiciais conflitantes, uma vez que é tênue a linha divisória que separa uma figura da outra.

A seguir serão expostos os fundamentos pesquisados a respeito para embasar a utilização de cada uma dessas categorizações.

2.4.1.1. Classificação do trabalhador como empregado

Ainda que a legislação trabalhista brasileira tenha sido forjada com base na realidade do século XX, há uma parte da doutrina que defende que uma interpretação acurada do direito vigente é suficiente para regular as relações de trabalho estabelecidas no século XXI.

Reis e Corassa (2017, p. 158) afirmam que "[...] a tecnologia endereçada aos aplicativos de serviços não revela efetivo rompimento do emprego, mas tão somente novo revestimento da subordinação". Os autores afirmam que da análise do conteúdo da relação de trabalho emergem os elementos de subordinação e dependência, os quais se manifestam por um sistema de controle feito por meio de algoritmos.

Diante do desaparecimento de alguns elementos tradicionais presentes na subordinação clássica, a dependência econômica voltou a ter destaque, pois seu conceito indeterminado permite interpretações de teorias novas a respeito da subordinação e da dependência (CHAVES JÚNIOR; MENDES; OLIVEIRA, 2017).

Os autores entendem que a subordinação jurídica tradicional se encontra corroída e ocultada pelo capitalismo tecnológico, razão pela qual defendem as ideias de "subordinação reticular"(72) e de dependência econômica e sugerem que sejam alterados os critérios que definem o conceito de empregado ante a alienidade (CHAVES JÚNIOR; MENDES; OLIVEIRA, 2017, p. 179).

Nesse sentido também foi a conclusão do relatório do grupo de estudos "*GE Uber*", o qual foi instituído pelo Ministério Público do Trabalho, no âmbito da sua Coordenadoria Nacional de Combate às Fraudes nas Relações de Trabalho (CONAFRET, 2016, p. 40), pela Portaria PGT n. 681, de 10 de novembro de 2016, segundo o qual:

> [...] em respeito à vedação do retrocesso social, conclui-se este estudo afirmando-se que as novas relações que vêm ocorrendo através das empresas de intermediação por aplicativos, apesar de peculiares, atraem a plena aplicabilidade das normas de proteção ao trabalho subordinado, autorizando o reconhecimento de vínculos empregatícios entre os trabalhadores e as empresas intermediadoras(73).

Para Benjamin Sachs (2015, [s.p]), os motoristas que trabalham para a empresa *Uber* "[...] encaixam-se na definição legal de empregado", sob a justificativa de que, entre outros fatores, a empresa controla o acesso à plataforma, define padrões que podem levar à não contratação ou exclusão do aplicativo e estipula o valor das corridas, limitando a tomada de decisões dos motoristas.

Na mesma linha, é o entendimento de Ross Eisenbrey e Lawrence Mishel (2016), os quais acreditam que os motoristas da empresa *Uber* são empregados, não só porque não definem a tarifa nem podem escolher os clientes conforme sua conveniência, mas também porque o desempenho deles é medido e controlado pela empresa e a atividade de dirigir é essencial para os negócios da *Uber*. Os autores destacam que "[...] a realidade econômica é que eles não são operadores autônomos, mas pequenas engrenagens no poderoso negócio multinacional da *Uber*"(74).

---

(72) Os autores sustentam que, na análise do vínculo econômico entre as partes, o mais adequado é quantificar o grau da alienidade, de forma que a subordinação se apresente como um coefeito, e não como a causa configuradora desse vínculo. E afirmam que "[...] parece melhor adjetivá-la como *reticular*, não por qualquer tipo de veleidade terminológica, mas como forma de marcar a evolução do conceito nesta atual transição imbricada entre a produção da disciplina foucaultiana para a nova produção do controle deleuzeano" (CHAVES JUNIOR, MENDES, & OLIVEIRA, 2017, p. 174-175).

(73) Ministério Público da União. Grupo de estudo "GE Uber" – Relatório conclusivo. CONAFRET, p. 40.

(74) Tradução livre do original: "[...] they are not independent businesses but small cogs in Uber's powerful multinational business".

Na sentença proferida nos autos do Processo 0011359-34.2016.5.03.0112, em 13 de fevereiro de 2017, na qual o autor se ativou como motorista para a empresa *Uber*, de 20 de fevereiro de 2015 a 18 de dezembro de 2015, o entendimento do magistrado de primeiro grau foi no sentido de que restaram configurados todos os requisitos para a caraterização do vínculo de emprego, sob o fundamento de que a empresa submetia o trabalhador a controles contínuos, ordens quanto à forma de prestar os serviços e a treinamento, além de lhe aplicar sanções disciplinares em caso de descumprimento de regras ou não atendimento de comportamento imposto por ela, configurando-se a subordinação clássica.

No mesmo sentido também foi proferida decisão[75] pela Comissão do Trabalho do estado Califórnia (Case No. CGC-15-546378), a qual considerou que a motorista Barbara Berwick foi classificada erroneamente pela empresa *Uber* como autônoma, considerando-a como empregada e, em consequência, condenou a empresa ao pagamento de indenização de aproximadamente quatro mil dólares a título de horas extras.

Na Espanha, em junho de 2015, o jornal *El País* noticiou que o órgão de inspeção do trabalho da Catalunha reconheceu a condição de empregados de motoristas da empresa *Uber*. E, em 1º de junho de 2018, no mesmo país, também foi proferida a Sentença 244/2018 pelo Tribunal Social de Valência, a qual reconheceu o vínculo de emprego entre um entregador de comidas e a empresa proprietária do aplicativo *Deliveroo*, sob fundamento de que estão presentes "[...] as notas de dependência e alienidade que caracterizam a relação de emprego, de acordo com as disposições dos arts. 1.1 e 8.1 da Lei do Estatuto dos Trabalhadores, uma vez que o trabalho do autor é incluído na organização e gestão da empresa demandada"[76]. A sentença determinou a readmissão do trabalhador ou pagamento de indenização substitutiva.

Em 27 de junho de 2019, também em face da empresa *Roodfood Spain SL*, titular da plataforma digital *Deliveroo*, foi proferida uma decisão coletiva[77], que beneficiou 97 trabalhadores. Trata-se de sentença proferida pelo Tribunal Social n. 5 de Valência, a qual confirmou a constatação feita pela inspeção judicial, no sentido de que os entregadores devem ser classificados como empregados. De acordo com o entendimento da magistrada,

> [...] os verdadeiros meios de produção desta atividade não são a bicicleta e o celular que os entregadores de comida usam, mas sim a plataforma digital, de propriedade da empresa, que

---

(75) Houve recurso da decisão, a qual até a data da consulta em 27 jun. 2019 ainda estava pendente de julgamento.

(76) Tradução livre do original: "[...] las notas de dependencia y ajenidad que caracterizan la relación laboral, de conformidad con lo establecido en los artículos 1.1 y 8.1 de la Ley del Estatuto de los Trabajadores, dado que el trabajo del demandante se incardina dentro del ámbito de organización y dirección de la empresa demandada".

(77) Espanha, 2019.

conecta oferta e demanda, na qual os restaurantes, consumidores e entregadores devem estar cadastrados e sem a qual não é viável a prestação de serviço.[78]

Em 28 de novembro de 2018, foi proferido julgamento pela Câmara Social do Tribunal de Cassação francês, n. 1737 (17-20.079), desta feita envolvendo o aplicativo de entrega de comidas *Take it Easy*, que, conforme nota explicativa da Corte de Cassação, decidiu, pela primeira vez, sobre a qualificação do contrato que vincula um entregador a uma plataforma digital, considerando-o empregado.

A decisão do Tribunal de Apelação considerou que houve violação do art. L.8221-6, II, do Código do Trabalho e reconheceu a presença de subordinação sob o fundamento de que tal vínculo "[...] é caracterizado pela execução de um trabalho sob a autoridade de um empregador que tem o poder de emitir ordens e diretrizes, supervisionar sua execução e punir as faltas de seu subordinado"[79]. Os elementos fáticos nos quais a decisão se baseou para reconhecer o liame de subordinação foram o fato de "[...] o aplicativo possuir um sistema de geolocalização que permite saber a posição do entregador em tempo real e a quantidade de quilômetros percorridos, além da empresa dispor de poder sancionatório em relação ao mesmo"[80].

Em junho de 2019, foram proferidas mais duas decisões no mesmo sentido pela Justiça do Trabalho francesa, reconhecendo que os entregadores da plataforma digital *Take it Easy* são empregados, e não autônomos, da plataforma digital com quem possuem um elo de subordinação (LE DIRECT, 2019).

Recentemente, o mais alto tribunal da Suíça também decidiu que os motoristas da *Uber* devem ser considerados empregados e não autônomos, proibindo a empresa de prosseguir com suas atividades em Genebra, a partir de 4 de junho de 2022, enquanto elas não estiverem em conformidade com a lei (SUÍÇA, 2022).

A decisão causou grande repercussão pois segundo Mielot (2022) aproximadamente mil e duzentos motoristas perderam sua fonte de renda repentinamente.

É importante dizer que várias plataformas digitais enquadram seus trabalhadores em regime de vínculo empregatício, como ocorre com *HelloAlfred*, *Munchery*, *BlueCrew*, *Shyp* e *HomeHero*.

---

(78) Tradução livre do original: "[...] los verdaderos medios de producción en esta actividad no son la bicicleta y el móvil que el repartidor o 'rider' usa, sino la plataforma digital de emparejamieto de oferta y demanda propiedad de la empresa, en la que deben darse de alta restaurantes, consumidores y repartidores o 'riders', y al margen de la cual no es factible la prestación del servicio".

(79) Tradução livre do original: "Le lien de subordination est caractérisé par l'exécution d'un travail sous l'autorité d'un employeur qui a le pouvoir de donner des ordres et des directives, d'en contrôler l'exécution et de sanctionner les manquements de son subordonné".

(80) Tradução livre do original: "[...] l'application était dotée d'un système de géo-localisation permettant le suivi en temps réel par la société de la position du coursier et la comptabilisation du nombre total de kilomètres parcourus par celui-ci et que la société disposait d'un pouvoir de sanction à l'égard du coursier".

No Brasil, a 3ª Turma do Tribunal Superior do Trabalho, proferiu uma decisão inédita ao reconhecer o vínculo empregatício de um motorista com a empresa *Uber*, em abril de 2022.(81)

E como há outras decisões turmárias em sentido oposto, possivelmente, a questão será levada à Seção Especializada em Dissídios Individuais, do Tribunal Superior do Trabalho, para uniformização da jurisprudência.

A proposta de reconhecimento de vínculo empregatício entre os trabalhadores e as plataformas digitais por intermédio das quais eles atuam serviria para incorporar um exército de pessoas que atualmente se encontram à margem do sistema protetivo do Direito do Trabalho. Essa condição os deslocaria da informalidade para os registros formais, unindo-os àqueles que conseguem comprovar renda, auferir benefícios da previdência social, adquirindo as garantias mínimas de subsistência que esse vínculo lhe confere, como, entre outros, uma renda mínima mensal assegurada, um acréscimo remuneratório ao final do ano, um período de descanso remunerado anual, limite de jornada e também um fundo que lhe assegura a manutenção por um tempo, caso a relação contratual seja extinta.

Fato é, porém, que, se há aqueles que trabalham diariamente, inserindo-se na organização da empresa e seguindo as suas diretrizes, muitas vezes sujeitos a penalidades, lado outro, certo é que existem também os que não se ativam com a regularidade, nunca sofreram penalidades e consideram a atividade apenas como um complemento de renda, um verdadeiro "bico". E, nesse caso, o reconhecimento de vínculo empregatício não seria condizente com a realidade fática.

Exemplifica-se: Um arquiteto é contratado por uma construtora para a realização de projetos. Se ele tem o próprio *notebook* e *software* e trabalha fora das dependências da empresa, mas apresenta projetos com frequência determinada (semanalmente, por exemplo), elaborados conforme diretrizes traçadas pela empresa, cujas obras seguem um padrão, recebendo um valor estipulado para tanto, e a atividade ocorre de forma continuada e perpetua por um longo período, o fato de o trabalhador ter escolhido os dias e os horários para a execução do trabalho ou de ser o proprietário do equipamento necessário para a atividade não impedirá a caracterização do vínculo empregatício.

Se esse trabalhador e a empresa firmarem contrato empregatício, serão as circunstâncias fáticas que envolverão essa relação. Por exemplo, no caso citado, se o arquiteto tiver uma empresa constituída, contar com a colaboração de empregados auxiliares que ele contratou e prestar serviços para diversas construtoras, sem a ingerência destas (ainda que façam solicitações técnicas), não parece ser o caso de reconhecimento de vínculo empregatício, e sim de um contrato cível entre empresas, regido pelo Direito Civil.

---

(81) Processo RR 100353-02.2017.5.01.0066, rel. Mauricio Godinho Delgado, *DJE* 11.04.2022.

Sendo assim, é pertinente a doutrina de Piñero-Royo (2017), para quem o reconhecimento da natureza empregatícia de forma indiscriminada no trabalho em plataformas pode ser inadequado e inapropriado em muitos casos em que, diante da dicotomia empregado/autônomo, muitos trabalhadores não se enquadrariam nesse binômio[(82)].

No caso do aplicativo inDriver, de transporte privado de passageiros, que foi estudado no item 1.7.1.3, por exemplo, dificilmente será possível se caracterizar o vínculo empregatício, pois ele permite ao motorista escolher o cliente e negociar o preço, diferentemente do que ocorre com os aplicativos da *Uber* e *Cabify*.

2.4.1.2. Classificação do trabalhador como autônomo

Em linha diametralmente oposta, há quem defenda que os trabalhadores que se ativam por meio das plataformas digitais devem ser considerados autônomos.

A título de exemplo, cita-se o entendimento da juíza Ana Fischer (2020, [s.p]), para quem "[...] é impróprio enxergar emprego" nesse tipo de relação de trabalho, em que a figura do empregador "desaparece" e o trabalhador "torna-se dono de si".

No mesmo sentido, foram proferidas diversas decisões judiciais que reconheceram que os trabalhadores em plataformas virtuais são autônomos.

A primeira sentença[(83)] brasileira em que se tem notícia de ter apreciado essa questão, por exemplo, rejeitou o pedido de vínculo empregatício de um motorista que trabalhou para a empresa *Uber* entre junho e novembro de 2016, sob o fundamento de que não houve subordinação, estrutural ou clássica, mas meras obrigações contratuais entre as partes, comuns em todo tipo de contrato.

O magistrado entendeu que a empresa não dava ordens ou determinações ao trabalhador, mas apenas recomendações, e também não haveria punição se o motorista não se adequasse ao padrão da empresa. No entanto, o magistrado não se manifestou sobre o trecho do depoimento de uma testemunha que afirmou que o trabalhador seria retirado do aplicativo por alguns minutos se recusasse mais de três corridas por um período de uma hora. A conclusão do magistrado foi no sentido de que a atividade desempenhada pela reclamada não consiste no fornecimento de serviços de transporte, e sim trata de uma plataforma digital de economia compartilhada, cujo objetivo é conectar motoristas e passageiros.

A primeira decisão que foi proferida pela mais alta corte da Justiça do Trabalho no Brasil, da lavra do ministro Breno Medeiros, reformou a decisão do Tribunal Regional do

(82) Diz o autor: "La laboralización generalizada e indiscriminada del trabajo en plataformas no es una respuesta adecuada, ante la gran variedad de supuestos que podemos encontrarnos, para algunos de los cuales ésta resultaría del todo improcedente. Si mantenemos la dicotomía constituyente del Derecho del Trabajo, muchas de estas personas quedarían en los espacios del autónomo, no en los del assalariado".

(83) MINAS GERAIS, 2017.

Trabalho da 2ª Região, que tinha reconhecido o vínculo empregatício entre o motorista e a empresa *Uber*, o qual havia sido negado na decisão de primeiro grau (sob o argumento de que inexistia pessoalidade e subordinação), sob o fundamento de que "[...] os elementos constantes dos autos revelam a inexistência do vínculo empregatício, tendo em vista a autonomia no desempenho das atividades do autor, a descaracterizar a subordinação" (BRASIL, 2020). A decisão também se escora no fato de o reclamante daqueles autos ter admitido que podia "[...] ficar *off-line,* sem delimitação de tempo", o que demonstra "[...] a ampla flexibilidade do autor em determinar sua rotina, seus horários de trabalho, locais [em] que deseja atuar e quantidade de clientes que pretende atender por dia". Para o relator, "[...] tal autodeterminação é incompatível com o reconhecimento da relação de emprego que tem por pressuposto básico a subordinação, elemento no qual se funda a distinção com o trabalho autônomo". A decisão também citou o fato de o percentual de 75% a 80% do valor da corrida remanescer com o motorista, percentual que, segundo a decisão, supera ao que a corte vem admitindo como suficiente para caracterizar uma relação de parceria, pois "[...] o rateio do valor do serviço em alto percentual a uma das partes evidencia vantagem remuneratória não condizente com o liame de emprego" (BRASIL, 2020, [s.p]).

Posteriormente outras decisões do Tribunal Superior do Trabalho foram no mesmo sentido da inexistência de vínculo empregatício entre o trabalhador e as plataformas digitais de transporte(84).

O Superior Tribunal de Justiça, ao analisar um conflito negativo de competência material suscitado pelo Juízo da 1ª Vara do Trabalho de Poços de Caldas-MG e o Juízo do Juizado Especial Cível da mesma cidade, o relator ministro Moura Ribeiro (2019, p. 5-6) afirmou que os motoristas de aplicativos "[...] não mantêm relação hierárquica com a empresa *Uber* porque seus serviços são prestados de forma eventual, sem horários pré-estabelecidos [sic] e não recebem salário fixo, o que descaracteriza o vínculo empregatício entre as partes [...]" e concluiu que, "[...] afastada a relação de emprego, tem-se que o sistema de transporte privado individual, a partir de provedores de rede de compartilhamento, detém natureza de cunho civil" (BRASIL, 2019, [s.p]).

O mesmo relator, ministro Moura Ribeiro, decidiu também o conflito de competência suscitado pelo MM. Juiz do Trabalho (Conflito de competência 174798 – PB (20200236719-6)) da 5ª Vara do Trabalho de Campina Grande-PB, na qual o pedido do trabalhador versava sobre reparação patrimonial e extrapatrimonial e decidiu que "[...] a causa de pedir e o pedido deduzidos na inicial não se referem à existência de relação de trabalho entre as partes, configurando-se em litígio que deriva de relação jurídica de

(84) A exemplo dos processos n. TST-AIRR-10575-49.2019.5.03.0113, relª. Minª. Dora Maria da Costa, *DJE* 13.05.2020, N. TST-AIRR-10575-88.2019.5.03.0003, rel. Alexandre Luiz Ramos, *DJE* 10.09.2020, TST-AIRR-1001821-40.2019.5.02.0401, rel. Breno Medeiros, maio/2021 e processo TST Ag-AIRR- 101036-14.2017.01.0042, rel. Alexandre Ramos, *DJE* 16.112021.

cunho eminentemente civil [...]" (BRASIL, 2020, [s.p]), razão pela qual a competência para apreciar e julgar o feito é da Justiça Estadual. O eminente ministro indicou os seguintes fundamentos para assim decidir: "[...] os motoristas de aplicativo não mantêm relação hierárquica com a empresa *'99'* porque seus serviços são prestados de forma eventual, sem horários pré-estabelecidos [*sic*] e não recebem salário fixo, o que descaracteriza o vínculo empregatício entre as partes" (BRASIL, 2020, [s.p]).

As decisões judiciais divergentes verificam-se também em outros países: por exemplo, na França, três decisões(85) da Corte de Apelação de Paris decidiram que os trabalhadores são autônomos enquanto a Sentença n. 374, de março de 2020, pelo Tribunal de Cassação, reconheceu a existência de um contrato de trabalho entre as partes.

Recentemente, em abril de 2022, a Corte de Cassação da França, no Recurso n. 20-14.870, alterou uma decisão da Corte de Apelação, proferida em janeiro de 2020, para negar a existência de relação de emprego entre uma empresa de aplicativo e o motorista.

Nos Estados Unidos, o conselheiro geral da NLRB (Conselho Nacional de Relações Trabalhistas), Peter B. Robb, indicado pelo presidente Donald Trump, emitiu um memorando, Case Number 13-CA-163062 (EUA, 2015), no sentido de que os motoristas da empresa *Uber* são trabalhadores autônomos, e não empregados.

No mesmo sentido, na Itália tramita um projeto de lei (Disegno de legge 2934, XVII, de 5 de outubro de 2017) que pretende regulamentar o trabalho por meio de plataformas, o qual, em suas considerações, é expresso em afirmar que essa modalidade de trabalho não se compatibiliza com os contornos do trabalho subordinado, em que há um contratante, do qual a dependência é preponderante. Tal projeto de lei, que se encontra sem movimentação, define o trabalhador em plataformas digitais como autônomo.

Posteriormente, no entanto, na Itália, foi promulgada a Lei n. 128/2019, que criou a figura do trabalhador hetero-organizado (alterando o art. 2º, n. 1, do Decreto n. 81/2015) e também disciplinou o trabalho dos *riders,* assim considerados os entregadores de mercadorias por meio de bicicletas ou veículos motorizados, em zonas urbanas, tornando a regulamentação dos trabalhadores em plataforma digitais ainda mais confusa, visto que não deixou claro se eles serão classificados como parassubordinados, empregados ou autônomos.

O reconhecimento irrestrito dos trabalhadores na condição de autônomos em plataformas digitais suscita grandes problemas pelo fato tanto de inexistir um rol de direitos específicos para essa categoria de trabalhador quanto de nem sequer haver uma definição dessa figura no Direito brasileiro, diferentemente do que ocorre, por exemplo, no Direito italiano, que o faz no art. 2.222 do seu Código Civil.

---

(85) Decisão n. 17/00511, de 20.04.2017, Decisão n. 17/03088, de 12.10.2017 e Decisão n. 16/12875, de 09.11.2017.

Encontram-se na legislação as seguintes modalidades de relações de trabalho *lato sensu*, as quais, pela inexistência de subordinação e, algumas vezes, de habitualidade, se enquadram como relação de trabalho autônomo: i) o contrato de prestação de serviços, regido pelos arts. 1.216 a 1.236 e também 593 a 609 do Código Civil; ii) a empreitada, prevista nos arts. 1.237 a 1.247 e 610 a 626 do Código Civil; iii) o contrato de representação comercial, regido pela Lei n. 4.886/65 e/ou de agência e distribuição, previsto nos arts. 710 a 721 do Código Civil; e o contrato de colaborador jornalístico, regido pelo Decreto-lei n. 972/69, c/c Lei n. 6.612/78 e Decreto n. 83.284/79.

A Lei n. 13.467/2007 introduziu na CLT o art. 442-B, segundo o qual "a contratação do autônomo, cumpridas por este todas as formalidades legais, com ou sem exclusividade, de forma contínua ou não, afasta a qualidade de empregado prevista no art. 3º desta Consolidação.

O artigo não traz nenhuma novidade, mas merece atenção, uma vez que pode ser interpretado como se houvesse uma presunção absoluta de que basta a assinatura de um contrato para que o trabalhador seja considerado autônomo, quando, na verdade, o que define a natureza jurídica de um instituto é a percepção da realidade, a essência do relacionamento e a lógica dos fatos (SILVA, 2017).

Autonomia, em sua acepção gramatical, significa "faculdade de governar a si próprio" (FERREIRA, 2011, p. 120), o que, na seara trabalhista, vai ao encontro da autodireção da atividade objeto do negócio jurídico sob análise.

Destaca-se aqui a lição de Souto Maior (2007, p. 73), para quem, a relação de trabalho autônomo "[...] baseia-se numa lógica do direito civil, pois não se insere no contexto de uma produção capitalista, na qual o trabalho alheio é utilizado como fonte de enriquecimento dentro do contexto de uma atividade empresarial".

Um traço distintivo do trabalho autônomo em relação ao subordinado diz respeito à assunção dos riscos que são suportados pelo primeiro, a quem incumbe negociar no mercado a atividade ou produto oferecido (PORTO, 2009). Tem-se, pois, que, no trabalho autônomo, a direção, organização e controle da atividade que é objeto do contrato pertencem ao próprio prestador dos serviços, assim como os lucros decorrentes do serviço realizado.

No caso do trabalho realizado via plataformas digitais, portanto, dificilmente todos esses traços estão presentes, porque, para a sua realização, há a dependência do *software* da plataforma, muitas vezes da marca, da sugestão (ou determinação do valor do serviço), de modo que também aqui somente as circunstâncias de cada caso poderão definir se o trabalhador é, de fato, autônomo. O trabalhador também não é o organizador da atividade.

Não há dúvidas, porém, que o elemento de distinção de maior relevo entre o trabalho autônomo e o trabalho subordinado é a subordinação jurídica, por isso não é correto sugerir que todos trabalhadores que se ativam em plataformas digitais são autônomos, assim como a defesa de que são sempre empregados pode, muitas vezes, ser inadequada à realidade fática verificada em cada caso.

Diferentemente do que se passa com outros trabalhadores, pequenos detalhes do dia a dia podem facilmente transformar uma relação de trabalho prestada com autonomia, numa relação de emprego. Exemplo disso é o que ocorre com os profissionais de salão de beleza, os quais, de acordo com a Lei n. 13.352/2016, podem ser contratados na condição de parceiros e, portanto, sem o reconhecimento de vínculo empregatício, mas não ficarão impedidos de pleitear o reconhecimento da natureza empregatícia dessa relação se as funções desempenhadas forem diferentes das descritas no contrato, conforme prevê o art. 1º-C[86].

No Brasil, os trabalhadores autônomos são segurados obrigatórios da previdência social, na condição de contribuintes individuais (art. 11, V, "*h*", da Lei n. 8.213/91), devendo recolher contribuição previdenciária com alíquota de 20%.

Desde 2006, no entanto, houve a edição da Lei Complementar n. 123, que criou a figura do microempreendedor individual (MEI), que se trata de um microempresário individual que trabalha por conta própria e, se preenchidos os requisitos do art. 18-A da lei, poderá ter a alíquota de contribuição previdenciária reduzida para 5%, com base no art. 30, II, da Lei n. 8.212/91.

Tais trabalhadores, como dito, não fazem jus aos direitos previstos na Consolidação das Leis do Trabalho, mas podem usufruir os benefícios previdenciários previstos na Lei n. 8.213/91.

Outro fator de preocupação quanto ao reconhecimento da condição de autônomos aos trabalhadores em plataformas digitais é o fato de que as relações jurídicas firmadas por essa categoria estão sujeitas à incidência do Código Civil, cuja premissa é a igualdade entre as partes, que, em regra, não se faz presente nas relações entre os trabalhadores e as plataformas, sujeitando o trabalhador que é a parte débil do contrato a uma condição de vulnerabilidade, diante da assimetria de poder que se configura.

2.4.1.3. Classificação do trabalhador como autônomo dependente

Conforme foi exposto no item 2.3, desde o século passado já se defendia a ideia de alargar o âmbito pessoal de aplicação do Direito do Trabalho, para nele incluir os trabalhadores que, apesar de autônomos, apresentavam dependência econômica do contratante à semelhança do que, no mais das vezes, ocorre com o trabalhador subordinado.

---

(86) Diz o art. 1º-C: "Art. 1º-C Configurar-se-á vínculo empregatício entre a pessoa jurídica do salão-parceiro e o profissional-parceiro quando: I – não existir contrato de parceria formalizado na forma descrita nesta Lei; e II – o profissional-parceiro desempenhar funções diferentes das descritas no contrato de parceria".

Em meados do século passado, já se identificavam referências legais à figura de um trabalhador "assemelhado ao empregado", como o (*Arbeitsnehmer änhliche Pernonem*) da Alemanha (1974) ou o parassubordinado do Direito italiano (1973), que recebiam alguma proteção jurídico-laboral, embora não fossem considerados empregados, e sim autônomos.

Com o surgimento das plataformas digitais de trabalho, essas categorias intermediárias entre o trabalhador subordinado e o trabalhador autônomo, previstas em alguns países, voltaram a ter destaque, pois, em consequência da dicotomia dos modelos de proteção jurídico-laboral, que, em muitos países, aparta os protegidos (empregados) dos desprotegidos ou menos protegidos (autônomos), passaram a ser vistas como uma alternativa de regulamentação para conferir proteção a esses trabalhadores, ainda que em menor grau.

Essa possibilidade ganhou ainda mais destaque após a decisão proferida pelo *London Employment Tribunals* no Reino Unido (*CASE n. 2202550Q/2015, Mr. Y Aslam; Mr. J Farrar v. Uber B. V; Uber London Ltd.; Uber Britannia Ltd.*), que teve grande repercussão e é citada frequentemente na bibliografia pesquisada, a qual reconheceu que os motoristas da empresa citada não são trabalhadores autônomos, e sim *workers*, que constituem uma categoria intermediária entre o empregado e o autônomo.

A ideia de situar os trabalhadores em plataformas digitais, numa posição intermediária entre os autônomos e os empregados, decorre do fato de essa relação de trabalho apresentar condições ambíguas, pois, se, por um lado, não escolhem o cliente, não definem valores de tarifas e são monitorados pelo aplicativo (que também pode excluí-los), o que é característico do regime de emprego, por outro possuem uma autonomia incompatível com esse regime, pois detêm liberdade para definir se trabalhar ou não, quando e por quanto tempo. Essas características são mais compatíveis com o trabalho autônomo.

Antes de expor as propostas regulatórias existentes nesse sentido para os trabalhadores em plataformas digitais, mister se faz uma pequena digressão para saber como ocorre a proteção jurídico-laboral dessa categoria em outros países, a fim de extrair daí a pertinência de adotar, ou não, essa via como proteção jurídico-laboral adequada para os trabalhadores que laboram por intermédio de aplicativos.

Nesse desiderato, porém, convém ressaltar que, conforme os estudos mencionados no item 2.3 deste trabalho, diversos países(87) passaram a contemplar a figura de um trabalhador autônomo economicamente dependente, sendo certo que seria impossível esgotar o assunto e analisar a legislação de todos eles. Logo, optou-se por analisar tão somente a legislação referente a essa categoria de trabalhadores nos países da União Europeia que foram citados no Livro Verde, quais sejam, Itália, Alemanha, Reino Unido

(87) No Canadá e Coreia do Sul, por exemplo, também foi criada uma figura intermediária entre o empregado e o trabalhador autônomo, tendo tal experiência sido analisada por Mirian Cherry e Antonio Aloisi (2018, p. 17).

e Espanha, porque foram esses os pioneiros a positivar uma definição para essa categoria, além de Portugal, não só pelo fato de o país possuir uma regulamentação específica significativa para os trabalhadores que se ativam por intermédio de plataformas de transporte individual privado, que é *sui generis*, mas também pelas raízes históricas comuns, proximidade cultural e pela integridade principiológica que o ordenamento português guarda com a visão constitucional brasileira.

2.4.1.3.1. Trabalhador parassubordinado — Itália

O trabalho parassubordinado tem origem no Direito italiano e foi regulamentado em 1973, quando a Lei n. 533, de 11 de agosto desse ano, alterou o art. 409, n. 3, do Código de Processo Civil e inseriu na competência da jurisdição trabalhista os conflitos referentes às relações que envolvem prestação de serviços que se operam de forma continuativa e coordenada, mesmo que sem subordinação. Tais relações já eram previstas no art. 2º da Lei n. 741/1959 (FERREIRA L. M., 2017, p. 94).

Assim, no Livro II do Código de Processo Civil italiano, que trata do processo de conhecimento, aparece o Título IV, que regula os conflitos em matéria laboral e no qual o art. 409, destinado aos conflitos individuais, prevê que as disposições ali dispostas se aplicam, entre outras, "[...] às relações de agência, representação comercial e outras relações de colaboração que tomam a forma de um trabalho contínuo e coordenado, principalmente pessoal, mesmo que não subordinado" (ITALIA, 1940, [s.p]).

A justificativa para a criação da figura do trabalhador parassubordinado foi assegurar um mínimo de direitos para trabalhadores que, apesar de não serem subordinados, eram economicamente dependentes do tomador de serviços, fato notado ainda no século XX, em decorrência de novas modalidades de trabalho que despontaram na época (PORTO, 2009).

Porto (2009) esclarece que há duas vertentes em relação à categorização do trabalhador autônomo dependente socioeconomicamente do tomador de serviços, sendo a primeira formada por aqueles que os classificam como uma categoria intermediária entre o autônomo e o subordinado, como um *tertium genus*, e outros que os consideram como espécie de trabalhador autônomo.

A autora também cita a definição de parassubordinação extraída da legislação tributária, a qual prevê incidência de imposto de renda sobre tais relações de trabalho assim descritas:

> [...] relações de colaboração que têm por objeto a prestação de atividades desenvolvidas sem vínculo de subordinação em favor de um determinado sujeito no âmbito de uma relação unitária e continuada sem emprego de meios organizativos e com retribuição periódica pré-estabelecida (PORTO, 2009, p. 119).

Silva (2004, p. 102) apresenta o seguinte conceito de parassubordinação:

> São relações de trabalho de natureza contínua, nas quais os trabalhadores desenvolvem atividades que se enquadram nas necessidades organizacionais dos tomadores de seus serviços, tudo conforme estipulado em contrato, visando a colaborar para os fins do empreendimento.

Denota-se, portanto, que são pressupostos para a configuração de uma relação de trabalho parassubordinado: trabalho prevalentemente pessoal, continuidade, coordenação e colaboração.

Entende-se como pessoal o trabalho realizado pela pessoa física, e o auxílio de familiares ou ajudantes não descaracteriza esse formato de trabalho.

A continuidade refere-se à prestação de serviços que não pode ser ocasional ou decorrente de um episódio isolado, sendo necessária uma permanência, ainda que haja alguma interrupção.

Em relação à coordenação, Passarelli (2015, p. 5) esclarece:

> O requisito de coordenação destaca o perfil organizacional da relação laboral, na medida em que indica o vínculo funcional entre a atividade do prestador de serviço e a do contratante e postula que o primeiro é realizado em conexão com o segundo para a realização do objetivo visado pelo contratante.[88]

O autor aduz que, enquanto o vínculo empregatício se realiza por meio do poder diretivo do empregador, que pode exercer um "poder de conformação com o desempenho devido", determinando a maneira como o trabalho pode ser realizado no local de trabalho, no trabalho parassubordinado, "[...] esta conexão coordenada é realizada somente por meio do exercício do poder de conformação do devido desempenho ou no pedido de adimplemento da prestação única estipulada no contrato"[89] (PASSARELLI, 2015, p. 5-6).

Denota-se, portanto, que, no trabalho parassubordinado, há um grau de organização das atividades do prestador de serviços, as quais são coordenadas com as necessidades do tomador de serviços, mas sem a ingerência deste no modo em que se realiza a atividade.

(88) Tradução livre do original: "Il requisito della coordinazione mette in evidenza il profilo organizzativo del rapporto di lavoro, nel senso che indica il collegamento funzionale tra l'attività del prestatore d'opera e quella del committente13 e postula che la prima sia svolta in connessione con la seconda per il raggiungimento della finalità alla quale mira il committente".

(89) Tradução livre do original: "[...] nel lavoro coordinato tale collegamento si realizza soltanto attraverso l'esercizio del potere di conformazione della prestazione dovuta o nella richiesta di adempimento dell'unica prestazione dedotta in contrato".

De acordo com Passareli (1979, p. 66-67),

> [...] entende-se uma coligação funcional entre a prestação laboral e a atividade desempenhada pelo destinatário do trabalho, sem excluir a possibilidade do parassubordinado determinar, autonomamente ou em comum acordo com o tomador, o tempo, o lugar e a modalidade de cumprimento da obrigação. Reside entre a subordinação e a autonomia, constituindo o principal ponto de distinção e de identificação do trabalho parassubordinado.

No tocante ao requisito coordenação, no trabalho parassubordinado é importante ressaltar que ela se refere à atividade do trabalhador no aspecto funcional e não estrutural da empresa tomadora de serviços, como ocorre nas relações de emprego (GALANTINO, 1996).

Galantino (1996, p. 95) esclarece, em relação aos contratos de emprego, que "parece correto dizer que a essência da subordinação consiste em colaboração na empresa". Para a autora, trata-se de "[...] uma inserção orgânica — isto é, estável, contínua e original — da atividade do trabalhador na organização da empresa do outro para atingir seu objetivo produtivo".

Já no caso do trabalhador parassubordinado, a autora elucida:

> [...] o trabalho desempenhado pelo trabalhador autônomo deve ser coordenado com a atividade do cliente do ponto de vista 'funcional', no sentido de que um contribui para a realização do outro. Isso pode exigir, por exemplo, que o trabalhador autônomo exerça suas atividades nas instalações do cliente ou dentro de prazos especificados ou, em qualquer caso, tenha contato com o cliente sobre as modalidades de execução do trabalho. Este último pode então ser contínuo, no sentido de que não tem um caráter ocasional, mas se estende no tempo. Normalmente, a extensão do serviço ao longo do tempo requer coordenação com as necessidades organizacionais do cliente. Isso explica porque o art. 409, n. 3, do CPC fala sobre o desempenho de trabalho 'contínuo e coordenado' (GALANTINO, 1996, p. 95).[90]

(90) Tradução livre do original: "[...] la prestazione del lavoratore autonomo deve essere coordinata con l'attività del committente sotto il profilo "funzionale", nel senso che l'una concorre alla realizzazione dell'altra. Ciò può cichiedere, ad esempio, che il lavoratore autonomo presti la sua attività presso il committente o entro determinai limiti di tempo o avendo comunque contatti col committente circa le modalità di esecuzione della prestazione. Quest'ultima poi può essere continuativa, nel senso che non abbia carattere occasionale, ma si protragga di fatto nem tempo. Di solito, anzi l'estensione della prestazione nel tempo richiede il coordinamento con le esigenze organizzative del committente. Ciò spiega perché l'articulo 409, n. 3, CPC parli di prestazione d'opera "continuativa e coordinata".

São exemplos de trabalhadores parassubordinados assim reconhecidos pela jurisprudência italiana: entregadores e transportadores de produtos; trabalhadores intelectuais, como os médicos, professores, jornalistas, advogados e biólogos, telefonistas, operadores de *telemarketing*, animadores de centro turístico, administradores de condomínio, gestores de postos de gasolina, cobradores de boletos; entre outros (PORTO, 2009).

Outro exemplo de trabalhador que se enquadraria nessa modalidade de trabalho é o do artesão, que trabalha com pessoalidade e de forma continuada, cujos produtos são destinados para uma empresa comercializar (SILVA, 2004).

Os trabalhadores que desempenham atividades artísticas e os profissionais geralmente envolvidos nessas atividades também podem ser incluídos nessa categoria, pela margem de liberdade concedida a eles quanto ao modo de desempenhar o trabalho, que tem caráter de infungibilidade e continuidade, com coordenação das atividades do trabalhador e do contratante para atingir os interesses deste (BARROS, 2005).

O trabalhador parassubordinado, além de poder se valer do procedimento judicial trabalhista, tem direito a juros e correção monetária semelhantes aos dos créditos trabalhistas e ao regime fiscal do trabalho subordinado. Ele também possui direito a um seguro obrigatório contra acidentes de trabalho e doenças profissionais, direito de greve e de liberdade sindical, além de fazerem jus aos benefícios previdenciários de aposentadoria e maternidade e auxílios às famílias de baixa renda (PORTO, 2009).

Nota-se, pois, que o rol de direitos que lhes são garantidos é assaz reduzido, não contemplando os direitos trabalhistas como aqueles que são previstos no art. 7º da Constituição Federal do Brasil, mas apenas previdenciários.

Vale ressaltar que houve um projeto de lei intitulado Lei Smuraglia, o qual previa a extensão de vários direitos para o trabalhador atípico, como a aplicação do Estatuto dos Trabalhadores (Lei n. 300/1970), proibição de imposição de horário, direito à informação, normas de segurança e higiene do trabalho, não discriminação, questões de negociação coletiva, indenização ao término do contrato, entre outros. Todavia, o projeto da Lei Smuraglia não foi convertido em lei, pois, enquanto ainda tramitava na Câmara italiana, veio a lume a Reforma Biagi (Lei n. 30/2003 e Decreto Legislativo n. 276/2003), que, seguindo a onda flexibilizadora das leis trabalhistas, instituiu o contrato a projeto, que substituiu grande parte do trabalho subordinado (GASPAR, 2016).

Para Moreira (2010), a criação do contrato a projeto tinha duas finalidades: dificultar as fraudes, por meio de novos requisitos para a formação do contrato, e assegurar uma tutela mínima para os trabalhadores, especialmente nos casos de gravidez, doenças e acidentes.

A diferença instituída com a criação do contrato a projeto é que este previa, além do requisito de colaboração coordenada continuada, que já era necessário à configuração do trabalho parassubordinado, um quarto elemento, qual seja, a existência de um projeto ou programa de trabalho, conforme a previsão do art. 61 do Decreto italiano n. 276, de 10 de setembro de 2003[91].

A inexistência do projeto, programa de trabalho ou uma fase deste, transformava o contrato numa relação de trabalho subordinado, por prazo indeterminado desde a data de início da relação, com base no art. 69, n. 1[92], do mesmo decreto.

Nesse caso, ressalta-se que, desde a edição da Portaria 01 de 2004, do Ministério do Trabalho[93], a presunção da existência de uma relação de trabalho subordinado não era mais *jures et jure*, na forma trazida pelo Decreto n. 276/2003, e sim *juris tantum*, de modo que se admitia prova em sentido contrário, no sentido de o trabalho ser autônomo (GASPAR, 2016).

De acordo com art. 62 do Decreto n. 276/2003, a forma do contrato *co.co.pro* deveria ser escrita e nele deveriam ser especificados os seguintes elementos: a) indicação da duração, determinada ou determinável, do trabalho realizado; b) indicação do projeto ou programa de trabalho, ou fases dele, identificados em seu conteúdo caracterizador, que é deduzido no contrato; c) a consideração e os critérios para sua determinação, bem como os prazos e métodos de pagamento e as regras de reembolso de despesas; d) as formas de coordenação do trabalhador a projeto com o tomador do serviço quanto à execução, mesmo temporal, do desempenho do trabalho, que, em qualquer caso, não pode prejudicar a autonomia na execução da obrigação de trabalho; e) quaisquer medidas

---

(91) Diz o art. 61 do mencionado decreto: Definição e campo de aplicação. 1. Sem prejuízo das regras aplicáveis aos agentes comerciais e representantes de vendas, as relações de colaboração coordenada e contínua, principalmente pessoal e sem subordinação, conforme art. 409, n. 3, do Código de Processo Civil, devem ser imputáveis a um ou mais projetos específicos ou programas de trabalho ou fases determinadas pelo cliente e gerenciadas independentemente pelo colaborador em função do resultado, em conformidade com a coordenação e a organização do cliente e independentemente do tempo empregado para a execução da atividade de trabalho. Tradução livre do original: "Definizione e campo di applicazione. 1. Ferma restando la disciplina per gli agenti e i rappresentanti di commercio, i rapporti di collaborazione coordinata e continuativa, prevalentemente personale e senza vincolo di subordinazione, di cui all'articolo 409, n. 3, del codice di procedura civile devono essere riconducibili a uno o più progetti specifici o programmi di lavoro o fasi di esso determinati dal committente e gestiti autonomamente dal collaboratore in funzione del risultato, nel rispetto del coordinamento con la organizzazione del committente e indipendentemente dal tempo impiegato per l'esecuzione della attività lavorativa".

(92) Diz o art. 69, n. 1: "1. As relações de colaboração coordenada e contínua estabelecidas sem a identificação de um projeto específico, programa de trabalho ou fase de execução, nos termos do n. 1 do art. 61, são relações de trabalho subordinadas de duração indeterminada a partir da data de estabelecimento da relação". Tradução livre do original: "1. I rapporti di collaborazione coordinata e continuativa instaurati senza l'individuazionep di uno specifico progetto, programma di lavoro o fase di esso ai sensi dell'articolo 61, comma 1, sono considerati rapporti di lavoro subordinato a tempo indeterminato sin dalla data di costituzione del rapporto".

(93) Lorena Vasconcelos Porto afirma que a portaria referida passou a possibilitar que o projeto esteja ligado à atividade principal ou acessória da empresa.

para proteger a saúde e a segurança do trabalhador a projeto, sem prejuízo do disposto no art. 66, § 4º[(94)].

Havia a possibilidade de prorrogação do contrato a projeto em número indefinido, conforme a Portaria Interministerial 01/2004 (GASPAR, 2016).

Quanto à remuneração, o art. 63 do Decreto n. 276/2003 estabelecia que ela deveria ser proporcional à quantidade e à qualidade do trabalho executado e deveria levar em conta a remuneração normalmente paga por serviços autônomos semelhantes no local onde o relacionamento é executado.

Nesse aspecto, Gaspar (216) chamou a atenção para a possibilidade de, num mesmo local, coexistirem trabalhadores a projeto e trabalhadores subordinados com padrão salarial diferenciado, em total afronta ao princípio da isonomia, já que os últimos não poderiam servir como paradigma para fins remuneratórios.

Todavia, de acordo com Moreira (2010), a Circular Ministerial 8/2004 excluía a possibilidade de equiparação salarial entre o colaborador e o empregado subordinado, mas essa realidade foi alterada pela Lei Orçamentária n. 247/2007, que, de forma inovadora, passou a prever o contrário.

O art. 64 do Decreto n. 276/2003 tratava da obrigação de confidencialidade e permitia ao trabalhador ativar-se para mais de um tomador de serviços, desde que não fizesse concorrência com nenhum dos tomadores nem divulgasse informações referentes aos programas que prejudicassem a realização deles.

Gaspar (2016) recorda que, nesse aspecto, o Direito italiano assegura ao trabalhador, no contrato de trabalho subordinado que contém cláusula de exclusividade, uma vantagem salarial, com base no art. 2.125[(95)] do Código Civil, a qual não se estende aos contratos parassubordinados.

---

(94) Tradução livre do original: "a) indicazione della durata, determinata o determinabile, della prestazione di lavoro; b) indicazione del progetto o programma di lavoro, o fasi di esso, individuata nel suo contenuto caratterizzante, che viene dedotto in contratto; c) il corrispettivo e i criteri per la sua determinazione, nonche' i tempi e le modalità di pagamento e la disciplina dei rimborsi spese; d) le forme di coordinamento del lavoratore a progetto al committente sulla esecuzione, anche temporale, della prestazione lavorativa, che in ogni caso non possono essere tali da pregiudicarne l'autonomia nella esecuzione dell'obbligazione lavorativa; e) le eventuali misure per la tutela della salute e sicurezza del collaboratore a progetto, fermo restando quanto disposto dall'articolo 66, comma 4".

(95) Diz o art. 2.125 do Código Civil italiano: "O pacto no qual se limita o desenvolvimento do trabalho do trabalhador, pelo tempo após a rescisão do contrato, será nulo se não resultar de um documento escrito (2725), se uma consideração não for acordada em favor do empregado e se a restrição não estiver contida dentro de certos limites de objeto, tempo e lugar. A duração do vínculo não pode exceder cinco anos, no caso dos gerentes, e três anos nos demais casos. Se uma duração mais longa for acordada, ela será reduzida na medida indicada acima". Tradução livre do original: "Articolo 2125. Il patto con il quale si limita lo svolgimento dell'attività del prestatore di lavoro, per il tempo successivo alla cessazione del contratto, è nullo se non risulta da atto scritto (2725), se non è pattuito un corrispettivo a favore del prestatore di lavoro e se il vincolo non è contenuto entro determinati limiti di oggetto, di tempo e di luogo. La durata del vincolo non può essere superiore a cinque anni, se si tratta di dirigenti, e a tre anni negli altri casi. Se è pattuita una durata maggiore, essa si riduce nella misura suindicata".

Enquanto o art. 65 do Decreto n. 276/2003 assegurava ao trabalhador o direito de ser reconhecido como inventor durante o contrato, o art. 66, que fazia menção a "outros direitos do trabalhador", especificava as normas que aplicáveis em relação à segurança e higiene no local de trabalho e também de proteção contra acidentes de trabalho e doenças do trabalho. Para além disso, apontava as consequências da interrupção contratual em razão de afastamentos por gravidez ou incapacidade decorrentes de doença ou acidente. De acordo com os itens de 1 a 3 desse artigo, a gravidez, doença e acidente do trabalhador a projeto não poderiam ser considerados causas para extinção da relação contratual, que permaneceria suspensa, sem pagamento da retribuição. Se a suspensão fosse motivada por doença e acidente, não haveria prorrogação da duração do contrato, que expiraria no vencimento. Haveria, ainda, a possibilidade de o cliente desistir do contrato se a suspensão durasse um período superior a um sexto da duração estabelecida no contrato, quando era determinado ou superior a 30 dias para contratos de duração determinável. No caso de gravidez, a duração da relação era prorrogada por um período de 180 dias, a menos que o contrato individual fosse mais favorável.

Finalmente, o art. 65 do Decreto n. 276/2003 tratava da extinção do contrato a projeto, a qual poderia ocorrer pelo seu cumprimento ou por rescisão antecipada, por justa causa ou sem motivo, hipótese em que seria devido o aviso prévio.

Quanto à extinção imotivada, Gaspar (2016) observa que nem mesmo os contratos cíveis ou os contratos de trabalho subordinado admitem a extinção sem motivo claro, diferentemente do que ocorre no contrato de colaboração coordenada continuada e a projeto.

Para o autor, tanto o contrato parassubordinado como o contrato de trabalho a projeto tiveram seu objetivo desvirtuado, servindo como forma fraudulenta de dissimular verdadeiro trabalho subordinado. Tanto que o legislador italiano tentou desestimular tal modalidade, igualando os custos do contrato subordinado e parassubordinado, por meio da Lei Orçamentária de 2007 (GASPAR, 2016).

Fato é que, em 15 de junho de 2015, foi editado o Decreto Legislativo n. 81, que passou a vigorar em 1º de janeiro de 2016, o qual, por meio do seu art. 52[96], revogou os arts. 61 a 69 do Decreto n. 276/2003, que criaram o contrato a projeto.

---

(96) Diz o art. 52 do Decreto n. 81/2015: "Art. 52. Ultrapassando o contrato de projeto

1. As disposições referidas nos arts. 61 a 69-segundo do decreto legislativo n. 276 de 2003 são revogadas e continuam a ser aplicadas exclusivamente para a regulamentação de contratos já em vigor na data de entrada em vigor do presente decreto.

2. É sem prejuízo do disposto no art. 409 do Código de Processo Civil"

Tradução livre do original: "Art. 52. Superamento del contratto a progetto

1. Le disposizioni di cui agli articoli da 61 a 69-bis del decreto legislativo n. 276 del 2003 sono abrogate e continuano ad applicarsi esclusivamente per la regolazione dei contratti già in atto alla data di entrata in vigore del presente decreto.

2. Resta salvo quanto disposto dall'articolo 409 del codice di procedura civile".

Com a intenção aparente de evitar o uso indevido dos contratos de colaboração, coordenada e continuada, o art. 2º, item 1, do Decreto n. 81/2015 também restringiu a amplitude da liberdade de ingerência do contratante nesse tipo de contrato, alertando que, em tais contratos, será aplicado "[...] o regulamento da relação de trabalho subordinado também às relações de colaboração concretizadas em performances de trabalho exclusivamente pessoal, contínuo e cujos métodos de execução são organizados pelo cliente também com referência ao tempo e local de trabalho" (ITALIA, 2015, [s.p])(97), salvo nas modalidades excepcionais previstas no art. 2º, item 2, quais sejam: a) as colaborações para as quais as convenções coletivas nacionais estipuladas pelas associações sindicais comparativamente mais representativas sobre o plano as regras nacionais preveem disciplinas específicas relativas ao tratamento econômico e regulamentares, devido aos requisitos específicos de produção e organização do setor relativo; b) as colaborações fornecidas no exercício de profissões intelectuais para as quais é necessário o registro em registros profissionais apropriados; c) as atividades desempenhadas no desempenho de suas funções pelos membros dos órgãos de direção e controle das empresas e dos participantes faculdades e comissões; e d) as colaborações feitas para fins institucionais em favor de associações e clubes desportivos amadores afiliados a federações desportivas nacionais, disciplinas esportivas associadas e órgãos de promoção esportiva reconhecidos C.O.N.I.(98).

Para Porto (2009), o contrato de trabalho parassubordinado não atingiu o objetivo pretendido por seus idealizadores, no sentido de ampliar o âmbito pessoal de aplicação do Direito do Trabalho, e sim o contrário, pois, esvaziando o elemento subordinação, enquadrou trabalhadores que poderiam ser considerados empregados típicos, como parassubordinados e, portanto, sem proteção.

O art. 52 do Decreto Legislativo n. 81, de 15 de junho de 2015, extinguiu o contrato parassubordinado a projeto, pois revogou os arts. 61 a 69 do Decreto n. 276/2003,

---

(97) Tradução livre retirada da redação original do art. 2, item 1, que diz: "1. A far data dal 1º gennaio 2016, si applica la disciplina del rapporto di lavoro subordinato anche ai rapporti di collaborazione che si concretano in prestazioni di lavoro esclusivamente personali, continuative e le cui modalità di esecuzione sono organizzate dal committente anche con riferimento ai tempi e al luogo di lavoro".

(98) Tradução livre retirada da redação original do art. 2, item 2, que diz: "2. La disposizione di cui al comma 1 non trova applicazione con riferimento:

a) alle collaborazioni per le quali gli accordi collettivi nazionali stipulati da associazioni sindacali comparativamente più rappresentative sul piano nazionale prevedono discipline specifiche riguardanti il trattamento economico e normativo, in ragione delle particolari esigenze produttive ed organizzative del relativo settore;

b) alle collaborazioni prestate nell'esercizio di professioni intellettuali per le quali è necessaria l'iscrizione in appositi albi professionali;

c) alle attività prestate nell'esercizio della loro funzione dai componenti degli organi di amministrazione e controllo delle società e dai partecipanti a collegi e commissioni;

d) alle collaborazioni rese a fini istituzionali in favore delle associazioni e società sportive dilettantistiche affiliate alle federazioni sportive nazionali, alle discipline sportive associate e agli enti di promozione sportiva riconosciuti dal C.O.N.I".

conforme mencionado, mas excetuou o disposto no art. 409 do Código Civil, que trata do trabalho parasssubordinado.

Desse modo, permanece existindo o trabalho parassubordinado nos moldes previstos pelo art. 409, n. 3, do Código de Processo Civil italiano. No entanto, esse dispositivo foi modificado recentemente, por meio do art. 15 da Lei n. 81, de 22 de maio de 2017, que acrescentou ao seu final que "[...] a colaboração é entendida como coordenada quando, em conformidade com os métodos de coordenação estabelecidos em comum acordo entre as partes, o colaborador organiza de forma autônoma a atividade de trabalho"(99) (ITÁLIA, 2017, [s.p.]).

Além de alterar a questão da colaboração, o Decreto n. 81/2015, também criou um dispositivo que trata da categoria de trabalho "hétero-organizado", que gerou bastante discussão doutrinária (PERULLI, 220, p. 9). Trata-se do art. 2º, n. 1, que assim estabelecia na sua redação original:

> A partir de 1 de janeiro de 2016, aplica-se a disciplina do contrato de trabalho subordinado também às relações de colaboração concretizadas em forma de trabalho exclusivamente pessoal, contínua e cujos métodos de execução são organizados pelo cliente, também com relação ao tempo e local de trabalho.(100)

Cavallini (2020) afirma que surgiram três posições doutrinárias a respeito da sua interpretação: a primeira no sentido de que se trata de um "padrão de disciplina" que não se enquadra nem no conceito de trabalho subordinado, previsto no art. 2.094, nem no conceito de trabalho autônomo, que consta no art. 2.222, ambos do Código Civil italiano, sendo apenas a hipótese de aplicar as disposições concernentes ao contrato de trabalho subordinado aos trabalhadores que não deixam de ser autônomos, mas que, diante de sua fragilidade, merecem algum grau de proteção; a segunda entende que houve um alargamento da subordinação para incluir no art. 2.094 do Código Civil italiano, além dos empregados que são heterodirigidos, os trabalhadores hetero-organizados; e a terceira, no sentido que o dispositivo é apenas uma norma aparente, desprovido de eficácia normativa.

---

(99) Tradução livre do original: "La collaborazione si intende coordinata quando, nel rispetto delle modalità di coordinamento stabilite di comune accordo dalle parti, il collaboratore organizza autonomamente l'attività lavorativa".

(100) Tradução livre do original: "A far data dal 1º gennaio 2016, si applica la disciplina del rapporto di lavoro subordinato anche ai rapporti di collaborazione che si concretano in prestazioni di lavoro esclusivamente personali, continuative e le cui modalita' di esecuzione sono organizzate dal committente anche con riferimento ai tempi e al luogo di lavoro".

Nota-se, portanto, que as categorias de trabalhadores na Itália se tornaram ainda mais controvertidas, com a criação da figura do trabalho hetero-organizado, a qual inclusive foi modificada recentemente pela Lei n. 128/2019 para incluir os trabalhadores de plataformas digitais em seu âmbito de aplicação.

A título de exemplo sobre a controvérsia que se instalou, Perulli (2020) cita a recente decisão da Corte de Apelação de Turim, ao apreciar a qualificação dos trabalhadores da Fodora (Sentença 26/19, publicada em 04 de fevereiro de 2019), na qual o tribunal afirmou que o intérprete deve distinguir o trabalho subordinado, previsto no art. 2.094 do Código Civil italiano, que é marcado pela heterodireção permitida ao empregador, da hipótese prevista no art. 409 do Código de Processo Civil, que trata da parassubordinação, hipótese em que existe uma coordenação exercida conjuntamente pelo trabalhador e pelo contratante. Para o tribunal o trabalho hétero-organizado não deixa de ser autônomo.

Nota-se, portanto, que há uma preocupação do legislador italiano em distinguir o trabalho autônomo do subordinado, para evitar que haja utilização indevida da figura do parassubordinado, para dissimular verdadeiras relações de emprego, especialmente porque a Lei n. 81/2017 trata de medidas voltadas para a proteção do trabalho autônomo que não seja empresarial, como também estabelece "[...] medidas visando a favorecer a articulação flexível nos tempos e lugares do trabalho subordinado"(101) (ITÁLIA, 2017, [s.p]).

No entanto, a pacificação da classificação dos trabalhadores italianos parece estar longe de um consenso, especialmente agora que, além do subordinado, do autônomo e do parassubordinado, existe o trabalhador hetero-organizado.

2.4.1.3.2. Arbeitsnehmer änhliche Personen — Assemelhados ao empregado na Alemanha

Na Alemanha, também há uma categoria de trabalhadores situada entre o empregado e o trabalhador autônomo, os quais possuem independência pessoal, mas são dependentes da empresa do ponto de vista econômico (SILVA, 1981).

Tais trabalhadores são designados como "assemelhados ao empregado" — *Arbeitsnehmer änhliche Personen.*

De acordo com Porto (2009, p. 105), a referência à pessoa semelhante ao trabalhador subordinado, definida no parágrafo 12 da lei sobre contratação coletiva (TGV), em que foi inserida em 1974, aparece nos seguintes termos:

> [...] pessoas, que são economicamente dependentes e comparáveis a um trabalhador subordinado necessitado de tutela (pessoas semelhantes aos

(101) Tradução livre do objetivo que consta na Lei n. 81/2017, que diz: "Misure per la tutela del lavoro autonomo non imprenditoriale e misure volte a favorire l'articolazione flessibile nei tempi e nei luoghi del lavoro subordinato".

> trabalhadores subordinados), quando com base em um contrato de obra ou de serviço trabalhem para outras pessoas, forneçam as prestações devidas pessoalmente e essencialmente sem a colaboração de outros trabalhadores dependentes e a) são ocupados prevalentemente junto a uma pessoa ou b) recebem de uma pessoa em média mais da metade da retribuição total obtida em sua atividade remunerada.

A primeira vez que a figura apareceu na legislação alemã foi em 1926, quando houve a criação da jurisdição estatal unitária do trabalho, por meio da lei sobre os Tribunais do Trabalho, que incluíam tanto trabalhadores subordinados quanto os semelhantes a eles que não possuem autonomia econômica e os trabalhadores em domicílio que não são considerados subordinados (KEMPEN; KRETZSCHMAR, 2011).

No campo do direito material, somente após 1945 passaram a ter direito às férias (§ 2º da Lei sobre Férias — BUrlG) e atualmente contam também com as normas de segurança no trabalho, proteção ao trabalho infantil e contra o assédio sexual. Por outro lado, não tem regulação quanto ao horário de trabalho, não possuem proteção da maternidade nem são protegidos contra dispensas (KEMPEN; KRETZSCHMAR, 2011).

De acordo com o documento da OIT *Non-standard employment around the world: Understanding challenges, shaping prospects* (NSE, OIT, 2016), as pessoas semelhantes a empregados têm, além das férias, proteções que geralmente são concedidas aos empregados, tais como o acesso aos tribunais trabalhistas, proteção contra discriminação e negociação coletiva. Lado outro, não fazem jus à proteção contra o despedimento sem justa causa, embora lhes sejam aplicáveis as disposições do Código Civil que regulamentam a cessação do serviço.

De acordo com o item 3 do TGV (lei sobre contratação coletiva), são incluídos na proteção do art. 12, 1 e 2, os artistas, escritores e jornalistas e os colabores técnicos dessa atividade, mesmo que recebam um terço do salário que auferem e não a metade da remuneração, como previsto no item 1, 1, "b". Já o item 4 exclui expressamente dessa categorização o representante comercial (FERREIRA, 2017).

Os trabalhadores alemães autônomos economicamente dependentes não são contribuintes obrigatórios da previdência social, pois sempre houve consenso de que tinham condições econômicas suficientes para se resguardarem em caso de doença, invalidez ou velhice (KEMPEN; KRETZSCHMAR, 2011), mas, desde janeiro de 1999, aqueles que não contam auxílio de empregados e se dedicam apenas a um tomador devem recolher obrigatoriamente as contribuições previdenciárias (na base de 19,5% da remuneração) e fazem jus somente a um único benefício, que é a aposentadoria por velhice. Diferentemente do que ocorre com os empregados, não recebem, por exemplo, auxílio-doença, auxílio-acidente e seguro-desemprego, e não há a participação da cota parte do empregador (PORTO, 2009).

No campo do direito sindical, o § 12 da Lei de Contratação Coletiva (TGV), teoricamente admite que os trabalhadores semiautônomos sejam admitidos em organizações sindicais e celebrem negociações coletivas, porém, na prática, não foi o que ocorreu, visto que os sindicatos mostram pouco interesse em relação à categoria (KEMPEN; KRETZSCHMAR, 2011).

Os autores ressaltam que os sindicatos alemães não foram receptivos aos trabalhadores que chamam de "novos autônomos", revelando que há estatutos sindicais que nem sequer admitem a filiação desses trabalhadores, pois dão preferência às relações de trabalho "normais". Isso se deve ao fato de tais trabalhadores apresentarem condições de trabalho heterogêneas, não serem detentores de estabilidade e estarem mais suscetíveis a penalidades, como a redução de tarefas, o que deixa evidente a falta de força para pressionar, negociar e concluir contratos coletivos (KEMPEN; KRETZSCHMAR, 2011).

2.4.1.3.3. *Worker* do Reino Unido

Na Inglaterra, cujo sistema jurídico se insere na família jurídica de *common law*, há também uma figura intermediária entre o trabalhador que é empregado (*employee*) e aquele que é autônomo (*self-employed*): trata-se do *worker*.

Davies (2009) esclarece que a divisão dos trabalhadores entre empregados e autônomos, nos últimos anos, tornou-se problemática, em razão do aumento da quantidade de trabalhadores atípicos, assim considerados aqueles que não se encaixam na definição legal de empregado nem podem ser considerados genuinamente autônomos.

Referindo-se à tal categoria de trabalhadores, a legislação inglesa começou a utilizar o conceito de *woker* em 1997, sendo certo que tais trabalhadores não têm a mesma proteção trabalhista que os empregados, mas são mais protegidos do que o trabalhador autônomo (DAVIES, 2009).

A questão de uma aplicação mais vasta de direitos trabalhistas ganhou notoriedade quando a definição mais ampla do *worker* foi adotada pelo governo na Lei de Divulgação de Interesse Público (Public Interest Disclosure Act) em 1998, na Lei do Salário Mínimo Nacional (National Minimum Age Act) em 1998 e nas regulações sobre o tempo de trabalho e trabalhadores a tempo parcial. O objetivo foi fazer com que a proteção legal não se restringisse mais apenas aos empregados e alcançasse também as pessoas que mais precisam de proteção e geralmente se enquadram na categoria intermediária dos trabalhadores atípicos (SMITH; BAKER; WARNOCK, 2017).

De acordo com Davies (2009), há duas vertentes de pensamentos a respeito dos direitos trabalhistas: sob a perspectiva econômica neoclássica, eles são vistos como um fardo para os negócios, sendo certo que, para compensá-los, o empregador vai aumentar seus custos ou cortar o salário dos trabalhadores; já para os economistas institucionais, tais direitos tornam os trabalhadores mais produtivos, por se sentirem mais seguros e valorizados pelo empregador, de modo que os direitos deveriam ser extensivos a todos.

As definições dos termos "*employee*" e "*worker*" encontram-se no *Employment Rights Act*, 1996, Seção 230 (1) e (3), nos seguintes termos: considera-se empregado "um indivíduo que tenha firmado ou trabalhado sob um contrato de emprego[(102)]" (REINO UNIDO, 1996, [s.p]) e *worker* um indivíduo que tenha firmado ou trabalhado sob

> (b) qualquer outro contrato, seja expresso ou implícito e (se for expresso) oral ou por escrito, por meio do qual o sujeito se compromete a realizar ou executar pessoalmente qualquer trabalho ou serviços para outra parte do contrato cujo status não seja de um usuário ou cliente da atividade profissional ou comercial realizada pelo trabalhador.[(103)]

Davies (2009) apresenta as seguintes características dos trabalhadores típicos: trabalho para um único empregador; contrato por prazo indeterminado; trabalho nas dependências do empregador; trabalha regularmente para esse empregador, independentemente de a empresa ter ou não atividade[(104)]. Para a autora, o empregado atípico difere do empregado comum em uma das características citadas, sendo difícil diferir em todas.

Na página oficial do governo do Reino Unido na internet, constam as seguintes características do *worker*:

> Uma pessoa é geralmente classificada como '*worker*' se: eles têm um contrato ou outro acordo para fazer trabalho ou serviços pessoalmente por uma recompensa (seu contrato não precisa ser escrito); sua recompensa é por dinheiro ou um benefício em espécie, por exemplo, a promessa de um contrato ou trabalho futuro; o direito de enviar outra pessoa para fazer o trabalho (subcontrato) é limitado; eles tem que estar disponíveis para o trabalho mesmo que não queiram; seu empregador tem que ter trabalho para eles, enquanto o contrato ou acordo durar; eles não fazem o trabalho como parte da própria empresa limitada em um ajuste em que o 'empregador' é na verdade um usuário ou cliente (REINO UNIDO, [s.d.], [s.p]).[(105)]

Em relação aos direitos trabalhistas propriamente ditos, o mesmo *site* dispõe que os *workers* têm certos direitos, a saber: salário mínimo nacional; proteção contra descontos

---

(102) Tradução livre de: "-'[...] employee' means an individual who has entered into or works under (or, where the employment has ceased, worked under) a contract of employment".

(103) Tradução livre do original: "(b) any other contract, whether express or implied and (if it is express) whether oral or in writing, whereby the individual undertakes to do or perform personally any work or services for another party to the contract whose status is not by virtue of the contract that of a client or customer of any profession or business undertaking carried on by the individual".

(104) Tradução livre do original: "for a single employer; on an indefinite contract; at the employer's premises; regularly for that employer wheter or not the firm is busy".

(105) Tradução livre do original: "A person is generally classed as a 'worker' if: they have a contract or other arrangement to do work or services personally for a reward (your contract doesn't have to be written); their reward is for money or a benefit in kind, for example the promise of a contract or future work; they only have a limited right to send someone else to do the work (subcontract); they have to turn up for work even if they don't want to; their employer has to have work for them to do as long as the contract or arrangement lasts; they aren't doing the work as part of their own limited company in an arrangement where the 'employer' is actually a customer or client".

ilegais nos salários; regulamento de férias anuais; regulamento de intervalos para descanso; limite médio de 48 horas semanais; proteção contra a discriminação ilegal; proteção contra denúncias de irregularidades no local de trabalho; proibição de tratamento menos favorável do que o concedido ao trabalhador a tempo parcial(106). Eles também podem ter direito aos seguintes pagamentos: por doença, maternidade, paternidade, adoção e parental compartilhado.

Por outro lado, os *workers* geralmente não fazem jus aos seguintes direitos: aviso prévio quanto ao término do contrato; proteção contra a dispensa imotivada; direito à flexibilidade de horário; direito de ausentar-se em situações emergenciais de seus dependentes; e indenização no caso de despedimento(107).

Nota-se, pois, que, entre todas as categorias de trabalhadores intermediários entre autônomos e empregados típicos, os *workers* são os que possuem mais direitos no campo material, em comparação com o Direito italiano, alemão, português e espanhol.

Entretanto, o enquadramento do trabalhador nessa categoria é de difícil constatação, uma vez que os requisitos legais que definem esse trabalhador e o empregado típico não são previstos taxativamente em lei e são analisados, caso a caso, pelos tribunais, mormente em razão do sistema de precedentes que prevalece no Direito inglês.

A pesquisa apontou que essa categoria ganhou destaque com a decisão proferida pelo *Employment Tribunals,* na Inglaterra (CASE *n. 2202550Q/2015, Mr. Y Aslam; Mr. J Farrar v. Uber B. V; Uber London Ltd; Uber Britannia Ltd.*), a qual reconheceu o enquadramento dos motoristas da *Uber* na condição de *"workers"*, tornando-se conhecida mundialmente(108).

A decisão deixa claro, no item 90, que os termos contratuais adotados pela empresa *Uber* não correspondem à realidade, sendo ridícula a sua tentativa de fazer crer que a *Uber* em Londres é um mosaico formado por 30 mil pequenos negociantes interligados por uma plataforma comum. E prossegue aduzindo que, ao contrário do que a empresa afirma, ela não ajuda os motoristas a ampliar seus negócios, o que significaria tão somente passar mais horas ao volante, pois são pessoas que buscam ganhar a vida dirigindo(109).

(106) Tradução livre do original: "Workers are entitled to certain employment rights, including: getting the National Minimum Wage; protection against unlawful deductions from wages; the statutory minimum level of paid holiday; the statutory minimum length of rest breaks; to not work more than 48 hours on average per week or to opt out of this right if they choose; protection against unlawful discrimination; protection for 'whistleblowing' — reporting wrongdoing in the workplace; to not be treated less avourably if they work part-time".

(107) Tradução livre do original: "[...] minimum notice periods if their employment will be ending, for example if an employer is dismissing them; protection against unfair dismissal; the right to request flexible working time off for emergencies Statutory Redundancy Pay".

(108) Referida decisão foi confirmada pela Suprema Corte inglesa no dia 19.02.2021.

(109) REINO UNIDO, London Employment Tribunal. CASE n. 2202550Q/2015, Mr. Y Aslam; Mr. J Farrar v. Uber B.V; Uber London Ltd; Uber Britannia Ltd.

É importante notar que a mencionada decisão foi objeto de recurso, ao qual não foi dado provimento, sendo mantida a sentença conforme acórdão proferido pela Corte de Apelação em 19 de dezembro de 2018, cuja decisão também foi confirmada pela Suprema Corte do Reino Unido em fevereiro de 2021.

2.4.1.3.4. Trade da Espanha

Em 12 de outubro de 2007, entrou em vigor, na Espanha, a Lei n. 20/2007, conhecida como estatuto do trabalhador autônomo ou LETA doravante, a qual passou por algumas alterações com a Lei n. 31, de 09 de setembro de 2015, e, recentemente, por meio do Decreto-lei n. 6, de março de 2019, que versa sobre medidas urgentes para a garantia de igualdade de tratamento e oportunidades para mulheres e homens no emprego e na ocupação.

O preâmbulo da LETA funda-se nos dispositivos constitucionais que, segundo a lei, ao se referirem às políticas relacionadas ao trabalho, não especificam como seus destinatários apenas os trabalhadores por conta alheia, e afirma que "[...] a Constituição, sem fazer referência expressa ao trabalho por conta própria, inclui em alguns dos seus preceitos direitos aplicáveis aos trabalhadores autônomos"(110). Prossegue, exemplificando com os seguintes artigos: o art. 35, que, em seu item 1, reconhece para todos os espanhóis o dever de trabalhar e o direito ao trabalho, a livre escolha da profissão ou ofício, a promoção através do trabalho a uma remuneração suficiente para satisfazer suas necessidades e de sua família, sem que, em nenhum caso, se faça discriminação em razão do sexo; o art. 41, que, no item 2, estabelece que os poderes públicos fomentarão uma política que garanta a formação e readaptação profissional, velarão pela seguridade e higiene no trabalho e garantirão o descanso necessário mediante a limitação da jornada, férias periódicas remuneradas e promoção de centros adequados, e o art. 41, que atribui aos poderes públicos a manutenção de um regime público de seguridade social para todos os cidadãos que garanta a assistência e prestações sociais suficientes nas situações de necessidade.

O objetivo mencionado na lei é regulamentar, de forma sistemática e unitária, o trabalho autônomo como um marco no ordenamento jurídico espanhol e da União Europeia, onde, até então, as disposições referentes a tais trabalhadores se encontravam em leis esparsas.

Informações a respeito do número de autônomos filiados à seguridade social (3.315.707, em 30 de junho de 2006) também foram citadas pela lei como supedâneo para a promulgação do estatuto do trabalhador autônomo, com destaque para aqueles que não contam com a ajuda de nenhum empregado ou contam com apenas um como justificativa para a proteção social semelhante à dos trabalhadores por conta alheia.

---

(110) Tradução livre do original: "[...] la Constituición, sin hacer uma referencia expressa al trabajo por cuenta propia, recoge en algunos de sus preceptos derechos aplicables a los trabajadores autónomos". Preambulo da Lei n. 20/2007.

O preâmbulo da lei menciona que houve um incremento de 33% no número de empresários sem empregados que trabalham para uma única empresa ou cliente, desde 2001 até 2004, quando, de acordo com o Instituto Nacional de Estatística, subiu para 285.600 o número de pessoas trabalhando como autônomos que, apesar de sua autonomia funcional, desenvolvem sua atividade com forte e quase exclusiva dependência econômica do empresário que os contrata.

Apesar de a lei ter entrado em vigor há 14 anos, de forma introdutória, destaca a diferença entre o trabalhador autônomo do século passado e o da atualidade, enfatizando a presença da tecnologia nas relações de trabalho. O preâmbulo diz:

> Do ponto de vista econômico e social, não se pode dizer que a figura do trabalhador autônomo atual coincida com a de algumas décadas atrás. Ao longo do último século, o trabalho era, por definição, dependente e assalariado, alheio aos frutos e aos riscos de qualquer atividade empreendedora. Nessa perspectiva, o autoemprego ou trabalho autônomo tinha um caráter circunscrito, em muitos casos, para atividades de baixa rentabilidade, de pequeno porte e que não exigiam um forte investimento financeiro, como agricultura, artesanato ou pequenos negócios. Atualmente, a situação é diferente, pois o trabalho autônomo prolifera em países com elevado nível de renda, em atividades com alto valor agregado, como consequência dos novos desenvolvimentos organizacionais e a difusão da informática e das telecomunicações, e constitui uma livre escolha para muitas pessoas que valorizam sua autodeterminação e sua capacidade de não depender de ninguém (ESPANHA, 2007, s.p]).[111]

Nesse contexto, a Lei n. 20/2007, que conta 29 artigos divididos em cinco títulos, mais 19 disposições adicionais, três transitórias, uma derrogatória e seis finais, dedicou um capítulo inteiro, qual seja, o capítulo III, para tratar desta figura que batizou de trabalhador autônomo economicamente dependente.

É interessante que a própria lei reconhece a necessidade de prevenir utilização indevida dessa figura, haja vista a inexistência de uma linha precisa entre as três categorias

---

(111) Tradução livre do original: "Desde el punto de vista económico y social no puede decirse que la figura del trabajador autónomo actual coincida con la de hace algunas décadas. A lo largo del siglo pasado el trabajo era, por definición, el dependiente y asalariado, ajeno a los frutos y a los riesgos de cualquier actividad emprendedora. Desde esa perspectiva, el autoempleo o trabajo autónomo tenía un carácter circunscrito, en muchas ocasiones, a actividades de escasa rentabilidad, de reducida dimensión y que no precisaban de una fuerte inversión financiera, como por ejemplo la agricultura, la artesanía o el pequeño comercio. En la actualidad la situación es diferente, pues el trabajo autónomo prolifera en países de elevado nivel de renta, en actividades de alto valor añadido, como consecuencia de los nuevos desarrollos organizativos y la difusión de la informática y las telecomunicaciones, y constituye una libre elección para muchas personas que valoran su autodeterminación y su capacidad para no depender de nadie".

de trabalhadores: o autônomo clássico, o autônomo economicamente dependente e o empregado.

Nesse desiderato, em conformidade com o preâmbulo da lei, esta busca eliminar as zonas fronteiriças entre as três figuras de trabalhadores por meio de definição restritiva do Trabalhador Autônomo Economicamente Dependente (TRADE), delimitando com critérios objetivos as condições em que a atividade é realizada fora do âmbito de organização e direção do cliente que contrata o autônomo.

Para Palacio (2007), a regulamentação do TRADE compreende um regime jurídico singular ou *tertium genus* entre o trabalhador autônomo e o trabalhador subordinado. A autora afirma que,

> [...] apesar de se tratar de uma nova amostra de permeabilidade nas fronteiras do direito do trabalho e do trabalho autônomo, a própria fronteira não foi afetada porque a proteção do trabalho autônomo economicamente dependente não se dá pela integração deste trabalho no ordenamento laboral, mesmo por meio de especialidades — como, por exemplo, mediante a criação de uma relação de trabalho especial —, mas por meio de um texto jurídico normativo específico para o trabalhador autônomo (PALACIO, 2007, p. 241).(112)

A definição do trabalhador autônomo economicamente dependente encontra-se no art. 11 da Lei n. 20/2007, da Espanha, que assim dispõe:

> Os trabalhadores autônomos economicamente dependentes, referidos no art. 1.2.d) desta lei, são aqueles que exercem uma atividade econômica ou profissional de forma lucrativa e habitual, pessoal, direta e predominantemente para uma pessoa física ou jurídica, denominada cliente, de quem dependem economicamente por receber dela, no mínimo, 75% de sua renda proveniente dos rendimentos do trabalho e de atividades econômicas ou profissionais.(113)

Da redação do artigo se extraem, portanto, os elementos que se devem fazer presentes para o enquadramento do trabalhador como um autônomo economicamente dependente.

---

(112) Tradução livre do original: "[...] siendo una nuvea muestra de la permeabilidad en las fronteras del derecho del trabajo y el trabajo por conta propia, la frotera en sí no se ha visto afectada porque la protección del trabajo por conta própia dependiente económicamente no viene por la vía da la integración de este trabajo en el ordenamiento laboral siquiera fuera con especialidades — mediante, por ejemplo, la creación de una relación laboral especial —, sino mediante un texto jurídico normativo específico para el trabajador por cuenta propia".

(113) Tradução livre do original: "Los trabajadores autónomos económicamente dependientes a los que se refiere el artículo 1.2.d) de la presente Ley son aquéllos que realizan una actividad económica o profesional a título lucrativo y de forma habitual, personal, directa y predominante para una persona física o jurídica, denominada cliente, del que dependen económicamente por percibir de él, al menos, el 75 por ciento de sus ingresos por rendimientos de trabajo y de actividades económicas o profesionales".

O primeiro elemento que se destaca é o fato de que se trata de um trabalhador autônomo a quem não se aplica, portanto, o estatuto dos trabalhadores da Espanha, ainda que com este possa ter alguns pontos de contato. Para Joaquín Perez Rey (2016, p. 15), trata-se de um trabalhador autônomo, pessoa física, que realiza um trabalho livre, pessoal, direto, habitual, retribuído, por conta própria e com independência organizativa e funcional.

A atividade realizada pelo TRADE, portanto, assim como ocorre com o trabalhador subordinado, regulamentados pelo estatuto dos trabalhadores da Espanha, deve ter em mira uma finalidade econômica, como "[...] reflexo do caráter sinalagmático da prestação de serviços" e "tal produto econômico constitui a causa do negócio jurídico", nos termos do art. 1.264[(114)] do Código Civil espanhol (PALACIO, 2007, p. 242).

Fala-se em atividade pessoal e direta porque, diferentemente do que ocorre com o autônomo típico, o TRADE não pode subcontratar a atividade ou contar com a ajuda de empregados para prestar o serviço, senão nas hipóteses elencadas no item 2 do art. 11 da LETA, que serão mencionadas adiante, inseridas pela Lei n. 31/2015.

Outro elemento decisivo para a identificação do trabalhador autônomo economicamente dependente é o fato de que ele se ativa de forma preponderante para um único cliente, de quem percebe pelo menos 75% do montante de seus rendimentos econômicos e profissionais. Nesse aspecto, a lei silencia sobre o modo de obter o cálculo do que se levará a efeito para fins de apurar o montante dos rendimentos.

A dependência econômica é o fator determinante para enquadrar o trabalhador como autônomo dependente e distingui-lo do autônomo ordinário, sem que se confunda com o trabalhador por conta alheia, pois neste a dependência existente é jurídica, e não econômica (PEREZ REY, 2016).

Palacio (2007) destaca que a definição do trabalhador autônomo economicamente dependente se faz em oposição à do trabalhador por conta alheia, que é tutelado pelo Direito do Trabalho, de modo que é necessário delimitar a figura deste, que, no Brasil, corresponde ao trabalhador empregado para, por exclusão, definir se o trabalho é realizado, ou não, por conta própria. A autora chama a atenção para o fato de que o TRADE não abrange os "falsos autônomos", cujo trabalho possui características do trabalhador por conta alheia, como subordinação e alienidade, mas a contratação é feita sob o rótulo de um regime de autonomia para escapar da relação de emprego (PALACIO, 2007, p. 226).

---

(114) Art. 1264 do Código Civil espanhol: "Nos contratos onerosos se entende como causa, para cada parte contratante, a prestação ou promessa de uma coisa ou serviço pela outra parte; nos remuneratórios, o serviço ou benefício que se remunera; e, naqueles de pura beneficência, a mera liberalidade do benfeitor".

Tradução livre do orginal: "En el contratos onerosos se entiente por causa, para cada parte contratante, la prestación o promesa de una cosa o servicio por la otra parte; en los remuneratorios, el servicio o beneficio que se remunera, y en los de pura beneficencia, la mera liberalidad del bienhechor".

Acredita-se, assim como leciona Perez Rey (2016, p. 18-19), que, no intuito de delimitar a figura do TRADE para distanciá-lo do trabalhador subordinado, o legislador incluiu na LETA, além da dependência econômica, alguns requisitos adicionais, "[...] com a finalidade de evitar o uso desviado da figura do trabalhador autônomo economicamente dependente". Tais requisitos encontram-se dispostos no item 2 do art. 11 da Lei n. 20/2007, letras *"a"* a *"e"*, e devem ser fazer presentes de forma simultânea. O primeiro requisito adicional é

> [...] *a)* não ter empregados sob suas ordens ou contratar ou subcontratar no todo ou em parte a atividade com terceiros, tanto em relação à atividade contratada com o cliente da qual dependem economicamente, quanto às atividades que poderiam contratar com outros clientes.(115)

Mediante a publicação da Lei n. 31, de 09 de setembro de 2015, que passou a vigorar em 12 de outubro do mesmo ano, foram inseridas no art. 11.2 a) da LETA cinco hipóteses em que se excepciona a possibilidade o trabalhador autônomo economicamente dependente contratar terceiros, quais sejam: a) em caso de risco durante a gravidez e a amamentação de uma criança com menos de nove meses; b) em períodos de pausa em decorrência de nascimento, adoção, guarda com fins de adoção e acolhimento familiar; c) em situações que demandem o cuidado de crianças menores de sete anos sob sua dependência; d) em caso de possuir um parente, por consanguinidade ou afinidade até o segundo grau inclusive, sob sua dependência, devidamente comprovada; e) na hipótese de ter, sob sua dependência, um familiar, por consanguinidade ou afinidade até o segundo grau inclusive, com deficiência igual ou superior a 33%, devidamente comprovada(116).

Em tais hipóteses, pois, o trabalhador autônomo economicamente dependente poderá fazer-se substituir por um empregado, contratado nos moldes do art. 15.1 c) do Estatuto dos Trabalhadores e, nos casos de substituição em decorrência dos itens "c", "d" ou "e", o contrato de emprego observará a jornada equivalente à redução da atividade efetuada pelo trabalhador autônomo, não sendo permitido ultrapassar 75% da jornada de um trabalhador por tempo completo(117), numa base anual.

---

(115) Tradução livre do original: "No tener a su cargo trabajadores por cuenta ajena ni contratar o subcontratar parte o toda la actividad con terceros, tanto respecto de la actividad contratada con el cliente del que depende económicamente como de las actividades que pudiera contratar con otros clientes".

(116) Tradução livre do original: "a) Supuestos de riesgo durante el embarazo y riesgo durante la lactancia natural de un menor de nueve meses; b) Períodos de descanso por nacimiento, adopción, guarda con fines de adopción y acogimiento familiar; c) Por cuidado de menores de siete años que tengan a su cargo; d) Por tener a su cargo un familiar, por consanguinidad o afinidad hasta el segundo grado inclusive, en situación de dependencia, debidamente acreditada e e) Por tener a su cargo un familiar, por consanguinidad o afinidad hasta el segundo grado inclusive, con una discapacidad igual o superior al 33 por ciento, debidamente acreditada".

(117) De acordo com o art. 12.1 do Estatuto dos Trabalhadores, considera-se trabalhador a tempo completo: "o trabalhador a tempo inteiro da mesma empresa e centro de trabalho, com o mesmo tipo de contrato de trabalho que exerça um trabalho idêntico ou similar. Se não houver trabalhador a tempo inteiro comparável

A duração do contrato de emprego dependerá do período de afastamento do TRADE pelos cuidados necessários com o menor de 7 anos ou o familiar sob sua dependência, limitado ao prazo máximo de 12 meses. Nesses casos, é permitida uma nova contratação somente após o período de 12 meses, limitação que não ocorre quando o afastamento do TRADE se justifica pelos motivos previstos nas letras *"a"* e *"b"*.

Se o trabalhador empregado pelo TRADE tiver o seu contrato de trabalho suspenso por motivos de incapacidade temporária, nascimento, adoção ou guarda com fins de adoção ou acolhimento familiar, risco durante a gravidez ou amamentação natural, ou no caso de proteção da mulher, vítima de violência de gênero, assim como no caso de extinção do contrato por tais motivos, o trabalhador autônomo economicamente dependente poderá contratar outro trabalhador ou trabalhadora para substituir a pessoa inicialmente contratada, desde que ambas não se ativem simultaneamente e o período máximo de duração do contrato previsto nesta seção não seja ultrapassado.

O segundo requisito adicional para o trabalhador ser reconhecido como autônomo economicamente dependente é este: b) não executar sua atividade de forma similar aos trabalhadores que prestam serviços sob qualquer tipo de contrato de trabalho em nome do cliente(118).

De acordo com Palacio (2007), esse requisito é mais a título de cautela do que de definição do trabalho prestado, com o escopo de evitar que relações de emprego sejam mascaradas com o enquadramento do trabalhador como TRADE e o que a doutrina chama de "falsos autônomos".

Nesse aspecto, Perez Rey (2016) chama a atenção para o fato de, ao se incorporar à estrutura empresarial do contratante, é quase inevitável que o TRADE tenha de coordenar suas atividades com as dos demais trabalhadores empregados que se ativam no local, assim como ocorre com a prevenção dos riscos laborais. No entanto, a lei veda a realização de atividades idênticas para estabelecer uma fronteira clara entre o trabalhador autônomo dependente e o empregado, pois seria difícil justificar que os primeiros não têm dependência jurídica do contratante, enquanto os segundos estão subordinados ao poder diretivo empresarial. Tal restrição se dá independentemente do tipo da relação empregatícia que os demais trabalhadores possuam com o contratante, mas não se aplica a outros trabalhadores autônomos que eventualmente se ativem no mesmo ambiente de trabalho.

---

na empresa, se considera a tempo completo a jornada estipulada na norma coletiva aplicável ou, na sua falta, a jornada máxima legal".

Tradução livre do original: "[...] se entenderá por trabajador a tiempo completo comparable, a un trabajador a tiempo completo de la misma empresa y centro de trabajo, con el mismo tipo de contrato de trabajo y que realice un trabajo idéntico o similar. Si en la empresa no hubiera ningún trabajador comparable a tiempo completo, se considerará la jornada a tiempo completo prevista en el convenio colectivo de aplicación o, en su defecto, la jornada máxima legal".

(118) Tradução livre do original: "b) No ejecutar su actividad de manera indiferenciada con los trabajadores que presten servicios bajo cualquier modalidad de contratación laboral por cuenta del cliente".

Ressalta-se também que tal requisito não se aplica ao TRADE, cujo serviço pertence ao setor de transporte ante a especialidade dessa relação, nos termos da 11ª Disposição Adicional da LETA.

O terceiro requisito adicional para a aquisição da condição do TRADE é este: c) "[...] ter sua própria infraestrutura produtiva e material, necessária para o exercício da atividade e independente da do seu cliente, quando na referida atividade são economicamente relevantes" (PEREZ REY, 2016, p. 35)(119).

Esse requisito constitui importante nota distintiva em relação ao trabalhador subordinado, por se tratar de uma característica peculiar dos contratos de emprego. E aqui Palacio (2007, p. 255) lembra que a alienidade pode ser compreendida em relação tanto aos riscos da atividade empresarial quanto à titularidade da organização produtiva e seus meios de produção. Segundo a autora, "[...] o TRADE é um empresário — mesmo sem possuir empregados; — deve contar com a mínima infraestrutura produtiva e material exigida para o desenvolvimento de sua atividade profissional, a qual deve ser independente da do seu cliente".

A infraestrutura mencionada não se restringe aos bens corpóreos, podendo abranger bens imateriais, assim compreendidos os ligados à expertise do profissional, e guardar relevância econômica para a realização da atividade.

Perez Rey (2016) cita decisão judicial que considerou irrelevante o fato de o trabalhador possuir um veículo e uma caixa de ferramenta para, com base nisso, considerá-lo trabalhador como TRADE, num caso em que o trabalho foi prestado com exclusividade dentro das dependências de uma empresa. Contudo, para a realização do trabalho, também foram necessárias ferramentas maiores e complementares que a empresa disponibilizava para todos os empregados, evidenciando que a propriedade desses bens não podia ser qualificada como uma infraestrutura produtiva independente daquela da empresa contratante.

Por outro lado, o fato de o empresário fornecer algum material para o desenvolvimento do trabalho, por si só, também não é suficiente para afastar a caracterização do TRADE, como exemplifica Palacio (2007), ao afirmar que o oferecimento pelo cliente de equipamentos e programas informáticos de baixo custo não seria suficiente para excluir a qualificação do trabalhador como TRADE, diferentemente da hipótese em que tal equipamento, pelo seu volume, especialidade e precisão, tivesse um valor econômico significativo.

(119) Tradução livre do original: "Disponer de infraestructura productiva y material propios, necesarios para el ejercicio de la actividad e independientes de los de su cliente, cuando en dicha actividad sean relevantes economicamente".

O quarto requisito adicional para a configuração do TRADE é o seguinte: d) desenvolver sua atividade segundo critérios organizacionais próprios, sem prejuízo das indicações técnicas que possa receber de seu cliente(120).

Esse requisito liga-se diretamente ao elemento dependência, que é o fator decisivo para separar o trabalhador autônomo economicamente dependente, ou não, do trabalhador subordinado, ou por conta alheia.

Enquanto, no trabalho subordinado, o empregado está submetido ao poder de direção, vigilância e controle do empresário, bem como ao seu poder disciplinar, no caso do contrato com o TRADE nada disso é possível, e o cliente não pode individualizar nem especificar, a todo o momento, o objeto contratual, o conteúdo da prestação, nem muito menos adotar qualquer medida disciplinar contra ele (PEREZ REY, 2016).

Palacio (2007) adverte que, enquanto a dependência que caracteriza a relação de emprego se apresenta em três vertentes, quais sejam, jurídica, econômica e técnica, para o TRADE não há a dependência jurídica, no sentido de "submissão do trabalhador ao poder de direção e organização do empresário". Tampouco será imprescindível a dependência técnica, sendo indispensável tão somente a dependência econômica, de forma que o trabalhador autônomo economicamente dependente somente será submetido às consequências do que tiver sido registrado no contrato.

Lado outro, no contrato de emprego, apesar de a dependência técnica e econômica nem sempre se fazer presente, haverá sempre a dependência jurídica, como forma de expressão do poder diretivo do empregador, incluindo um poder de controle e disciplinar que não se verifica no caso do TRADE.

O quinto requisito adicional para a caracterização do TRADE consiste em: e) receber uma contraprestação econômica em função do resultado de sua atividade, de acordo com o pactuado com o cliente, por sua conta e risco(121).

A ênfase desse requisito adicional situa-se na inexistência de alienidade como elemento de identificação do trabalhador autônomo economicamente dependente, em relação tanto aos riscos do negócio, que devem ser suportados pelo próprio trabalhador, quanto ao fruto do trabalho que também lhe pertence.

Palacio (2007) ressalta que, na relação de emprego, esse fruto pertence originariamente ao empresário, desde o momento do processo produtivo. A autora destaca que, além da questão da alienidade, este requisito está ligado à causa do contrato que, no caso dos contratos remuneratórios, repousa no serviço ou benefício que se remuneram, de acordo com o art. 1.274 do Código Civil espanhol.

---

(120) Tradução livre do original: "d) Desarrollar su actividad con criterios organizativos propios, sin perjuicio de las indicaciones técnicas que pudiese recibir de su cliente".

(121) Tradução livre do original: e) "percibir una contraprestación econômica en función del resultado de sua actividad de acuerdo con lo pactado con el cliente y asumiendo riesgo y ventura de aquélla".

É certo que, nos contratos em que o serviço contratado é uma atividade, e não uma obra determinada, será mais difícil a análise da exclusão da alienidade, como condição para a identificação do TRADE. No entanto, com os demais elementos caracterizadores da natureza da relação formulada, será necessária a análise pormenorizada deles, caso a caso.

É importante notar que o requisito da não existência de alienidade não é exigido no caso de dois tipos especiais de TRADE, que são os agentes comerciais (DA 19ª da LETA) e os trabalhadores do setor de transporte (DA 1ª do RD 197/2009).

O art. 11, item 3 LETA, exclui expressamente do conceito de TRADE de dois tipos de profissionais: a) os proprietários de estabelecimentos abertos ao público; b) os profissionais que atuem em regime societário, sob qualquer modalidade admitida em Direito.

No primeiro caso, torna-se difícil caracterizar o TRADE, já que sua configuração condiciona que haja dependência econômica de um único cliente, o que se torna indefensável quando há uma coletividade indeterminada que contrata com o estabelecimento.

Em relação à possibilidade de o profissional possuir perfil societário, por outro lado, a exclusão da condição de TRADE parece ser viável diante do caso concreto, desde que presentes os demais requisitos legais necessários à configuração do trabalhador autônomo economicamente dependente. Isso porque nada obsta a que o TRADE mantenha outro vínculo profissional com outra sociedade ou cliente distinto daquele principal, do qual se declarou economicamente dependente (art. 12, item 3, LETA).

De acordo com o art. 12 da LETA, o contrato do trabalhador autônomo dependente deverá ser formalizado por escrito e registrado no órgão público competente e não terá caráter público. Todavia, não é demais ressaltar que não se trata de um requisito indispensável à validade do ato, de natureza declaratória e não constitutiva. De acordo com Perez Rey (2016), a ausência da forma escrita, assim como acontece na legislação trabalhista, gera a presunção relativa de que o contrato foi celebrado por prazo indeterminado, conforme o art. 8.2 do Estatuto dos Trabalhadores, admitindo, portanto, prova em sentido contrário.

O Real Decreto n. 197, de 23 de fevereiro de 2009, prevê, em seu art. 3º, que a duração do contrato será aquela acordada pelas partes, cujo término pode ser previsto em função de uma data ou da conclusão de determinado serviço e, na ausência de previsão, será considerado firmado por prazo indeterminado, a não ser que se prove o contrário.

Além dos elementos substanciais e adicionais previstos no art. 11 da LETA, os quais devem ser consignados no contrato de trabalho, o decreto disciplina também seu conteúdo, dividindo-o em obrigatório e facultativo.

De acordo com o art. 4.2 do Real Decreto n. 197/2009, devem constar obrigatoriamente no contrato: a) a identificação das partes que o firmam; b) a especificação dos elementos que configuram a condição do TRADE em relação ao cliente contratante; c) o objeto e a causa do contrato, precisando o conteúdo da prestação do trabalhador, que assumirá o risco da atividade e a especificação da contraprestação assumida pelo cliente em função do resultado, incluída a periodicidade e modo de ambas as prestações; d) o regime de interrupção anual, semanal e dias festivos, assim como a duração máxima da jornada, inclusive sua distribuição semanal, se ela for estipulada por mês ou ano; e) o acordo de interesse profissional aplicável.

Releva notar a especificidade da lei no que se refere às mulheres vítimas de violência de gênero, hipótese em que deve constar no contrato com o TRADE que, nos termos do art. 14 da LETA e do acordo de interesse profissional aplicável, será necessário constar a distribuição semanal e a adaptação do horário da atividade, a fim de tornar efetivos a sua proteção e o direito à assistência social integral.

Já o art. 4.3 do mesmo decreto traz os elementos que podem constar no contrato do TRADE de forma facultativa, com o seguinte rol exemplificativo: a) data de início e duração da vigência do contrato e respectivas prestações; b) duração do aviso prévio para o caso de extinção contratual por uma das partes; c) valor da indenização a que o TRADE ou o cliente farão jus em razão da extinção do contrato, previsto no art. 15 LETA, salvo quando tal valor vier determinado no acordo de interesse profissional aplicável; d) a forma como as partes melhorarão a eficácia da prevenção dos riscos laborais, para além do direito do trabalhador autônomo economicamente dependente à sua integridade física e à proteção adequada da sua saúde e segurança no trabalho, bem como à formação preventiva em conformidade com no art. 8º LETA; e) as condições contratuais aplicáveis em caso de o TRADE deixar de cumprir com o requisito dependência econômica.

Caso existam representantes dos trabalhadores, o decreto prevê também, em seu art. 7º, que, no prazo não superior a dez dias, o cliente deverá informá-los sobre a realização da contratação do TRADE, mediante notificação que deverá dar ciência dos seguintes dados do contrato: a) identidade do trabalhador autônomo; b) objeto do contrato; c) lugar de execução; e d) data de início e duração do contrato. Não será permitida, porém, a divulgação de dados pessoais dos trabalhadores ou informações referentes a sigilo profissional que impliquem desrespeito à intimidade do trabalhador.

O art. 13 da LETA faz remissão aos Acordos de Interesse Profissional (AIP) que podem ser celebrados entre as associações ou sindicatos que representem os trabalhadores economicamente dependentes e as empresas, servindo como fonte para o conteúdo dos contratos, assim como a autonomia individual da vontade. Por meio desses acordos, pode-se especificar o modo, tempo e lugar de execução das atividades.

Neste particular, Perez Rey (2016, p. 99) assevera que essa negociação coletiva que a LETA incorpora ao regime dos TRADE não é uma manifestação do direito de negociação coletiva previsto no art. 37 da Constituição espanhola e se rege por normas próprias alheias ao Direito do Trabalho, assentando-se no Código Civil, uma vez que se trata de negociações mercantis. Para o autor, o âmbito de incidência de tais acordos limita-se à empresa participante, ainda que alguns doutrinadores considerem a possibilidade de acordos de âmbitos supraempesariais (PEREZ REY, 2016).

No que concerne à duração da jornada do trabalhador autônomo economicamente dependente, apesar de a LETA não indicar um limite máximo a ser cumprido pelo trabalhador, ela traz dois aspectos relevantes e bem à frente da legislação brasileira: o art. 14.4 prevê que o horário da atividade deverá ser adaptado para efeitos de poder conciliar a vida pessoal, familiar e profissional do trabalhador economicamente dependente. E o art. 14.5 volta-se à trabalhadora vítima de violência de gênero, assegurando-lhe a adaptação do horário de sua atividade, de modo a lhe assegurar proteção efetiva ou seu direito à assistência social integral.

O art. 14.1 menciona o direito a uma interrupção anual mínima de 18 dias úteis, sem prejuízo de prazo mais benéfico negociado pelas partes ou pelo acordo de interesse profissional, sem especificar, todavia, a existência de contraprestação durante esse período. No item 2, o art. 14 determina que as partes fixem o regime de descanso semanal e de dias festivos, além da jornada máxima da atividade, e, se for ajustado que a jornada será anual, deverão também especificar sua distribuição mensal ou semanal.

É permitida a realização de horas extras, as quais, entretanto, não poderão exceder a tolerância máxima ajustada contratualmente ou por meio do acordo de interesse profissional. Na ausência deste, o acréscimo não poderá ultrapassar 30% do tempo ordinário previsto no contrato.

No art. 15 da LETA, estão relacionadas as hipóteses de extinção contratual, as quais, segundo Joaquín Perez Rey (2016, p. 87), revelam a intenção de o legislador atingir um equilíbrio entre as regras gerais relacionadas à extinção das obrigações no direito comum e certo grau de proteção que reveste a figura do TRADE. São causas de extinção: a) mútuo acordo entre as partes; b) causas validamente consignadas no contrato; c) morte ou aposentadoria incompatível com a atividade profissional; d) desistência por parte do trabalhador, mediante aviso prévio; e) por iniciativa do trabalhador em decorrência de descumprimento contratual grave da parte contrária; f) por iniciativa do cliente por causa justificada, mediante aviso prévio; g) por qualquer outra causa legalmente estabelecida. A extinção do contrato também poderá ocorrer por decisão da trabalhadora em decorrência de ser vítima de violência de gênero. Tais hipóteses não ensejarão a extinção do contrato, caso o TRADE contrate um empregado para substituí-lo.

Quando o contrato for extinto em decorrência do descumprimento da obrigação da parte contrária, aquela que der causa à extinção do contrato poderá ser responsabilizada pelos danos e prejuízos causados à parte contrária. O mesmo ocorre quando o cliente decide extinguir o contrato sem uma causa justificada.

Já no caso de a extinção se operar pela desistência do trabalhador, sem prejuízo do pré-aviso, o cliente poderá ser indenizado se tal desistência lhe ocasionar um prejuízo importante que paralise ou perturbe o desenvolvimento normal de sua atividade.

Ainda nos termos do art. 15, de acordo com o item 4, quando a parte com direito à indenização for o TRADE, o montante da indenização será o fixado no contrato individual ou no acordo de interesse profissional. Caso não exista tal regulamentação, serão considerados os seguintes fatores para fins de determinação do montante devido: o tempo restante de duração do contrato, a gravidade do inadimplemento do cliente, os investimentos e as despesas antecipadas pelo trabalhador, a data em que ocorreu o pré-aviso de término, entre outros fatores.

No art. 16, encontram-se as hipóteses em que a interrupção das atividades é justificada, a saber: a) acordo mútuo entre as partes; b) necessidade de atender a responsabilidades familiares urgentes, inesperadas e imprevisíveis; c) existência de risco grave e iminente para a vida ou a saúde do trabalhador autônomo, nos termos dos arts. 7º e 8º da LETA; d) incapacidade temporária, nascimento, adoção, custódia para adoção ou assistência social; e) risco durante a gravidez e risco durante a amamentação de uma criança com menos de 9 meses; e f) por força maior.

Aqui também, uma vez mais, o legislador se mostra sensível às causas das mulheres vítimas de violência de gênero e também considera justificada a interrupção do contrato nesta hipótese, se necessária, para que a trabalhadora autônoma economicamente dependente torne efetiva sua proteção ou seu direito à assistência social integral.

Apesar de a relação jurídica firmada pelo trabalhador autônomo economicamente dependente não ser regulada pelo Estatuto dos Trabalhadores, sendo considerada uma relação mercantil, de acordo com o art. 17 da LETA, são os órgãos da jurisdição social os competentes para conhecer as pretensões derivadas desse contrato, bem como para reconhecer a condição de TRADE ou outras questões referentes à aplicação e interpretação dos acordos de interesse profissional.

Assim como ocorre no processo laboral, é pré-requisito para o ajuizamento de ação judicial a tentativa de conciliação ou mediação perante o órgão administrativo competente, bem como o procedimento arbitral, nos termos do art. 18 da LETA.

2.4.1.3.5. Situações equiparadas em Portugal

Em Portugal, o art. 4º, 1, "c", da Lei n. 7/2009, que alterou o Código do Trabalho de 2003, faz referência ao que chama de "situações equiparadas", no art. 10, assim dispondo:

> As normas legais respeitantes a direitos da personalidade, igualdade e não discriminação e segurança e saúde no trabalho são aplicáveis a situações em que ocorra prestação de trabalho

por uma pessoa a outra sem subordinação jurídica, sempre que o prestador do trabalho deva considerar-se na dependência económica do beneficiário da atividade.

Esse dispositivo corresponde ao art. 13 do Código do Trabalho de 2003, aprovado pela Lei n. 99/2003, e teve como fonte o art. 2º da revogada LTC, que tratava do trabalho em domicílio (MARTINEZ, 2017, p. 120).

Dizia o art. 2º da LCT:

> Ficam sujeitos aos princípios definidos neste diploma, embora com regulamentação em legislação especial, os contratos que tenham por objeto a prestação de trabalho realizado no domicílio ou em estabelecimento do trabalhador, bem como os contratos em que este compre as matérias-primas e forneça por preço certo ao vendedor delas o produto acabado, sempre que num ou noutro caso o trabalhador deva considerar-se na dependência económica daquele (CORDEIRO, 2018, p. 259).

Cordeiro (2108) explica que, diante da redação do art. 2º da LCT, a doutrina portuguesa da época formou duas teorias: i) a teoria do Direito comum, que previa que até a edição da legislação especial os contratos equiparados seriam regidos pelo direito comum, pois se tratava de uma norma programática; ii) a teoria da equiparação efetiva, segundo a qual, na ausência da legislação especial, as lacunas seriam integradas pelo direito laboral, pois era necessário dar um sentido à expressão "princípios".

Ramalho (2012, p. 79) aponta uma solução intermediária, que chama de "equiparação limitada", propondo a aplicação apenas das normas laborais que não tenham a subordinação jurídica como pressuposto, como as referentes ao poder de direção, segurança e higiene no local de trabalho e tutela acidentária. Seriam inaplicáveis as normas que decorrem do poder disciplinar, tais como o tempo de trabalho, faltas, férias ou cessação do contrato.

O regime de trabalho do trabalhador em domicílio era previsto, inicialmente, no art. 2º da LCT de 1969, a qual era regulamentada pelo Decreto-lei n. 440/1991.

Com base na edição do Código do Trabalho de 2003, que trazia essa figura, sob a denominação "contratos equiparados" no seu art. 13, o regime de trabalho foi remetido à Regulamentação do Código do Trabalho de 2004 (RCT, arts. 14 a 26), a qual revogou o Decreto n. 440/91. Posteriormente, em 08 de setembro de 2009, foi instituído o regime jurídico do trabalho em domicílio por meio da Lei n. 101/2009, a qual revogou a RCT 2004, nesta matéria, que era prevista nos seus arts. 14 a 26.

Dizia o art. 13 do Código do Trabalho de 2003:

> Ficam sujeitos aos princípios definidos neste Código, nomeadamente quanto à direitos de personalidade, igualdade e não discriminação e segurança, higiene e saúde no trabalho, sem prejuízo de regulamentação em legislação

> especial, os contratos que tenham por objeto a prestação de trabalho sem subordinação jurídica, sempre que o trabalhador deva considerar-se na dependência econômica do beneficiário da atividade (CORDEIRO, 2018, p. 462).

Portanto, atualmente, o regime de trabalho em domicílio é regulado pela Lei n. 101/2009, de 8 de setembro, cujo art. 1º, n. 1, prescreve:

> A presente lei regula a prestação de atividade, sem subordinação jurídica, no domicílio ou em instalação do trabalhador, bem como a que ocorre para, após comprar a matéria-prima, fornecer o produto acabado por certo preço ao vendedor dela, desde que em qualquer caso o trabalhador esteja na dependência econômica do beneficiário da atividade (MARTINEZ, 2017, p. 122).

Para Martinez (2017, p. 121), a alteração feita com a revisão de 2009 aponta três diferenças importantes: a primeira, que ele vê de maneira positiva, trata da substituição da referência feita aos princípios por normas legais; a segunda significa uma restrição à matéria aplicável ao equiparado, pois agora o rol é taxativo, e não mais exemplificativo; e a terceira e última refere-se ao fato de não mais fazer alusão à previsão em regimes especiais, pois não menciona mais o lugar (domicílio ou estabelecimento do trabalhador) nem à necessidade de intervenção do trabalhador no processo produtivo, como constava no art. 2º da CLT.

Por outro lado, Cordeiro (2018, p. 463) não vê as alterações de forma positiva pelos seguintes motivos: i) entende que a referência à expressão contratos era importante, em razão da lógica dessas relações expressarem sua natureza voluntária; ii) não é viável aplicar as normas legais fora da empresa, enquanto os princípios poderiam sê-lo; iii) princípios importantes como o autonomia da vontade coletiva não constam no código de 2009, mas poderiam ser invocados pelo de 2003; iv) ao não invocar a remissão ao próprio código, teria dado um salto no escuro, ao permitir a invocação de normas inaplicáveis.

Porém, evidencia-se que o âmbito de aplicação da legislação trabalhista foi alargado para abranger todo contrato de prestação de trabalho em que haja uma dependência econômica (QUINTAS; QUINTAS, 2016).

Conforme destaca Ramalho (2012), não há mais qualquer ressalva em relação às atividades manuais, como se dava no Decreto n. 440/91, de modo que as situações equiparadas podem atingir tanto atividades laborativas materiais quanto intelectuais.

Em relação à dependência econômica, também chamada de subordinação econômica, segundo Marecos (2017), para que ela seja reconhecida, não basta que o trabalhador retire seu sustento dos valores que auferir, sendo necessária a sua integração no processo empresarial, o que ocorrerá ará quando houver continuidade do exercício da atividade ou da vinculação para prestar a atividade.

Marecos (2017) ressalta que, além do art. 10 do Código do Trabalho, que seria de maior amplitude, o art. 4º, n. 1, alínea "c", da Lei n. 7/2009, de 12 de fevereiro, também prevê que o regime relativo a acidentes de trabalho e doenças profissionais, previsto nos arts. 283 e 284 do Código do Trabalho, se aplica, com algumas adaptações, ao prestador de trabalho que desenvolve suas atividades com dependência econômica, mas sem subordinação jurídica.

São asseguradas também aos trabalhadores equiparados as normas previstas nos arts. 4º (questões voltadas à privacidade e descanso do trabalhador), 5º (segurança e medicina do trabalho), 6º (formação profissional), 7º, 8º e 9º (questões remuneratórias), 10 (cessação do contrato) e 12 (registro da quantidade de trabalhadores em domicílio) da Lei n. 101/2009.

Tais dispositivos demonstram um avanço da legislação portuguesa em relação ao da brasileira, por exemplo, que deixa a regulamentação de trabalhadores sem subordinação, inteiramente sob a regência do Direito Civil e este não conta com preceitos protetivos voltados à tutela do trabalhador economicamente dependente e, portanto, parte vulnerável dessa relação contratual.

2.4.1.4. Classificação dos trabalhadores como categoria intermediária

A proposta que ganhou notoriedade neste sentido veio a lume com um estudo publicado em dezembro de 2015, nos Estados Unidos, por Krueger e Harris (2015), chamado "Uma proposta de modernização das leis trabalhistas para o trabalho do século XXI: o trabalhador independente".

Para os autores, as relações de trabalho que emergem na *gig economy* não se encaixam nas definições legais já existentes de empregado ou de autônomo, razão pela qual propõem um meio termo entre ambos, com apenas alguns direitos assegurados a eles, como liberdade sindical, direito à negociação coletiva e retenção de descontos fiscais. Por outro lado, entendem que, em razão da possibilidade de se ativarem simultaneamente para mais de uma plataforma e optarem por quando e quanto trabalhar, é impossível mensurar as horas dedicadas a cada uma delas, razão por que seriam indevidos benefícios baseados em hora, como horas extras ou garantia de um valor mínimo horário, e também não fariam jus ao seguro desemprego (KRUEGER; HARRIS, 2015).

No Brasil, André Gonçalves Zipperer (2018) também entende que o trabalho *crowdwork* possui singularidades que não o identificam com o ordenamento atual. Para o autor, o trabalho por meio de plataformas aproxima-se mais do conceito de trabalho coordenado do Direito italiano do que do de trabalho subordinado, pois é "[...] caracterizado pela mera interferência do contratante na atividade do trabalhador, a fim de vincular e adaptar à sua organização e contexto produtivo, sem, no entanto, caracterizar subordinação" (ZIPPERER, 2018, p. 167).

Consequentemente, o autor também defende a ampliação subjetiva do Direito do Trabalho pela via "[...] legislativa da criação de uma terceira figura protegida não equiparada à do empregado". O autor não delimita, porém, quais seriam os direitos a que fariam jus tais trabalhadores (ZIPPERER, 2018, p. 179).

Bensusán (2017) também defende que seja incluída na legislação da América Latina o reconhecimento das situações intermediárias que existem em outras legislações como a da Itália (parassubordinados) e Espanha (autônomos dependentes), pois, não o fazendo, nada obsta a que essa figura aumente e, o que é pior, sem a atribuição de responsabilidade alguma por parte de quem se beneficia desse trabalho.

Para Mercader Uguina (2018, p. 117), na atualidade é possível verificar uma "[...] clara mutação na morfologia do conceito clássico de trabalhador [...]", em que os elementos autonomia e coordenação aparecem como traços distintivos em comparação à dependência e subordinação existentes na relação de emprego, e defende que os trabalhadores em plataformas digitais podem encaixar-se na figura do TRADE, adaptando-se a exigência de percepção de 75% de um único cliente, prevista no art. 1.2 da Lei n. 20/2007, para 50%, exatamente como ocorre na Alemanha.

O autor cita a decisão proferida pelo Julgado Social de Madrid n. 39, a qual rejeitou o reconhecimento da condição de empregado do autor, reconhecendo-o como TRADE (Processo 1.353/2017). Neste caso, o autor celebrou dois contratos com a empresa Glovo, sendo o primeiro deles como trabalhador autônomo e o segundo como autônomo economicamente dependente. Ao final, inconformado com a rescisão contratual, o autor pleiteou que fosse reconhecida a sua condição de empregado, mas o pedido foi rejeitado pela MM. Juíza que decidiu, no item sexto, que a relação foi marcada pelas características que definem o contrato de autônomo economicamente dependente (ESPANHA, 2018).

Cherry e Aloisi (2018, p. 17), depois de analisarem as experiências do Canadá, Espanha, Itália, Alemanha e Coreia do Sul, que instituíram uma categoria de trabalhadores que, em nível de direitos materiais, se situam entre o autônomo e o empregado, criticam a proposta de Harris e Krueger, sob o fundamento de que a existência de "[...] três categorias abrem mais espaço para confusão do que duas"[(122)].

Os autores sustentam que a criação de uma terceira categoria tem de ser vista com cuidado e apresentam a crítica em relação à proposta de Seth Harris e Alan Krueger, sob diversos fundamentos, a saber: a possibilidade de os empregados serem rebaixados para uma categoria com menos direitos; o fato de a proposta excluir o direito a horas extras e o salário mínimo não contemplaria a reivindicação constante de esses trabalhadores terem um valor de hora mínimo e suficiente para sua mantença; a ausência de justificativa para conceder tratamento diferenciado às plataformas pelo fato de lidarem com

(122) Tradução livre do original: "[...] three categories create more room for mischief than two".

tecnologia e da dificuldade de eleger alguns direitos que seriam exigíveis, excluindo-se outros. De forma alternativa, propõem que prevaleça, como regra geral, a presunção de que, mediante certa quantidade de horas, o trabalhador seja reconhecido como (CHERRY; ALOISI, 2018).

É fato que a tentativa dos países citados no Livro Verde, no sentido de estabelecerem direitos mínimos para trabalhadores que, apesar de autônomos, possuem dependência econômica do contratante, é uma atitude louvável e de vanguarda, pois já anteviam as mudanças nos formatos de trabalho, como consequência da chegada da tecnologia e alteração da estrutura organizacional das empresas.

Todavia, saltam aos olhos as dificuldades práticas de delimitar, com precisão, a linha divisória tênue que existe entre o trabalhador autônomo e o empregado e entre o autônomo e o autônomo economicamente dependente, especialmente ao considerar que tal classificação implicará uma regulamentação que será mais onerosa para as empresas contratantes do que a atual.

Além disso, apesar de ser pensada para espécies de relações contratuais em que há margem de autonomia para o trabalhador, os modelos dos países estudados não acolhem, de forma integralmente satisfatória, a relação de trabalho por intermédio de plataformas digitais, pelos motivos que se seguem.

Inicialmente, diferentemente do que ocorre no trabalho parassubordinado, a coordenação existente entre o trabalho prestado pelo prestador de serviços e a descrição do serviço oferecida pela plataforma extrapola o "[...] exercício do poder de conformação do devido desempenho ou no pedido de adimplemento da prestação única estipulada no contrato" (PASSARELI, 2015, p. 56), pois não raro há ingerência direta da plataforma em relação à maneira como o trabalho é prestado, já que sugerem vestimentas, comportamento e formas de agradar o cliente. Não se verifica a bilateralidade na coordenação do trabalho, como ocorre com o trabalho parassubordinado, pois toda a organização da atividade é feita pela plataforma, restando ao trabalhador apenas aderir às disposições contratuais mediante aceite, ao clicar no "li e aceito".

Assim, pode-se dizer que a coordenação no trabalho por meio de plataformas digitais não se limita ao aspecto funcional, mas liga-se, sim, ao aspecto estrutural da empresa, à semelhança do que ocorre nos contratos de emprego ou naqueles hetero-organizados previstos no art. 2º, n. 1, do Decreto n. 81/2015, com redação alterada pela Lei n. 128/2019.

No caso do TRADE, a questão do desenvolvimento das atividades, segundo critérios organizacionais próprios, torna-se complexa, porque ao mesmo tempo que ele não está submetido ao poder diretivo do contratante, ao se inserir na estrutura organizacional do cliente e aderir ao processo produtivo deste com os empregados, torna-se difícil separar a coordenação da atividade ou as simples orientações técnicas, das determinações do contratante, para que o processo atinja determinado resultado, especialmente quando o trabalho contratado foca mais a atividade em si do que o resultado.

Quanto à questão da dependência econômica, exigida pelas legislações alemã e espanhola, é de difícil definição, pois é comum o trabalhador ativar-se para mais de uma plataforma digital, o que dificulta a determinação da preponderância em relação a uma delas, no que diz respeito ao montante da renda auferida, como ocorre na Alemanha, em que pelo menos metade da renda tem de vir de uma única fonte, ou da Espanha, em que esse percentual tem de ser de 75% no mínimo.

Em relação à propriedade das ferramentas de trabalho, do mesmo modo, no caso dos trabalhadores em plataformas digitais, o fato de o trabalhador ser detentor de algumas delas, como a bicicleta, o carro ou o aparelho celular, seu valor material, a depender da atividade, será pouco significativo diante da estrutura imaterial que compõe a empresa. Exemplo disso são os entregadores cujo instrumento de trabalho é a bicicleta ou mesmo a motocicleta, que são artigos de valores irrisórios, se comparados aos *softwares* das empresas, indispensáveis e decisivos para a realização de suas finalidades empresariais.

No caso do *worker*, do mesmo modo seria difícil importar essa categoria para o Brasil, sem que, para tanto, seja feita a predefinição de seus requisitos, como ocorre no sistema brasileiro de *civil law*, pois, conforme dito, no caso do Direito inglês, somente a situação concreta, com base nos precedentes anteriores, definirá se se trata de um *worker* ou não, solução que parece ser incompatível com o ordenamento jurídico brasileiro.

No Reino Unido, inclusive a classificação dos trabalhadores em umas das três categorias lá existentes também não é uma matéria pacífica. No documento feito por solicitação do primeiro ministro do Reino Unido, a fim de desenvolver uma proposta para a melhoria da vida dos cidadãos, chamado *Taylor Review* (2017), sugeriu-se a revisão da nomenclatura do *worker* para "*dependent contractor*", que pode ser entendido como trabalhador dependente, pois se reconheceu a dificuldade de distinguir entre os três tipos de trabalhadores lá existentes (autônomos, empregados e *workers*). A proposta foi no sentido de que a legislação seja clarificada para essa definição não ser suscetível a distintas interpretações, como ocorre atualmente, nem ser tão ambígua a ponto de as pessoas comuns ou empregadores não entenderem esse *status*, cujos princípios básicos são conhecidos apenas pelos tribunais.

Ainda que essa solução tenha sido pensada para trabalhadores que merecem proteção, por dependerem economicamente de seus contratantes, ela ainda foi concebida para as realidades do século passado, quando ainda não se imaginava que o controle e gerenciamento de uma relação laboral pudessem ser feitos por um algoritmo.

Assim, não parece que a melhor solução para o Brasil seja criar mais uma categoria de trabalhadores, e sim pensar em formas de proteção que contemplem todos aqueles que trabalham, com direitos mínimos abaixo dos quais não se pode falar em um bom trabalho ou em um trabalho decente, independentemente de serem empregados ou não.

2.4.1.5. Classificação do trabalhador como intermitente

Em 13 de novembro de 2017, no Brasil entrou em vigor a Lei n. 13.467, conhecida como lei da reforma trabalhista, a qual alterou centenas de artigos da Consolidação das Leis do Trabalho de uma só vez.

Um dos pontos mais polêmicos dessa lei certamente foi a figura do contrato de trabalho intermitente, disciplinado no art. 452-A e definido pelo parágrafo terceiro do art. 443 da CLT, que preceitua:

> Considera-se como intermitente o contrato de trabalho no qual a prestação de serviços, com subordinação, não é contínua, ocorrendo com alternância de períodos de prestação de serviços e de inatividade, determinados em horas, dias ou meses, independentemente do tipo de atividade do empregado e do empregador, exceto para os aeronautas, regidos por legislação própria.

O trabalhador intermitente, portanto, apesar de ter a possibilidade de trabalhar de forma eventual, nem por isso deixa de ser considerado empregado, o que causa no mínimo estranheza, já que um dos pressupostos para a caracterização do empregado, de acordo com o art. 3º da CLT, é exatamente a “não eventualidade”.

De todo modo, ao que parece, quis o legislador definir como empregado esse trabalhador que trabalha de forma subordinada, ainda que os tempos de atividade e inatividade, curtos ou por duração prolongada, sejam alternados.

Para Castelo ([s.d.], [s.p]), a relação de serviços uberizada passou a ter *status* de relação de emprego intermitente, visto que a atividade dos que se ativam por intermédio das plataformas digitais “[...] é uma prestação de serviços por conta alheia, não por conta própria, já que a clientela é da empresa, que define qual prestador será ativado, em que momento o cliente será atendido e qual quantia será paga”. O autor também argumenta que o trabalhador não tem autonomia para estipular o valor do seu trabalho, podendo receber metas e ter de trabalhar com exclusividade para um cliente por determinado período.

Nesse sentido também foi o entendimento do Juiz Eduardo Queiroz Gonçalves, da 1ª Vara do Trabalho de Sete Lagoas, que reconheceu que a relação existente entre o motorista e a empresa *Uber* era de emprego, na modalidade de contrato intermitente, sob fundamento de que o trabalhador poderia escolher o horário que ligaria o aplicativo para trabalhar(123).

Do mesmo modo, nos autos do Processo ATSum 0000527-58.2021.5.07.0013, da 13ª Vara do Trabalho de Fortaleza, o juiz de primeiro grau, declarou a “nulidade do contrato de parceria /prestação de serviços havido entre a reclamada *Uber* e o reclamante motorista para reconhecer o vínculo de emprego entre as partes, na modalidade contrato

(123) Processo n. 0010272-92.2021.5.03.0039, do Tribunal Regional do Trabalho da 3ª Região.

intermitente", determinando que sejam feitas as anotações na Carteira de Trabalho do trabalhador.[(124)]

O projeto de Lei n. 1.603, de 2021, de autoria da senadora Rose de Freitas, acrescenta o art. 452-B à Consolidação das Leis do Trabalho para definir como intermitente os contratos firmados entre empregados e empresas que utilizam aplicativos para a intermediação de serviços de transporte de pessoas ou entrega de mercadorias.

Sem adentrar a questão da adequação da lei, ao não restringir as hipóteses de atividades empresarias compatíveis com o contrato de trabalho intermitente, a dinâmica imposta pelo legislador no contrato de trabalho intermitente parece não casar com o formato de trabalho por meio dos plataformas de trabalho sob demanda, cuja necessidade de mão de obra disponível para a realização da atividade não é programada, de forma que não comporta, por exemplo, o cumprimento do prazo de três dias de antecedência para convocar o empregado, conforme o § 1º do art. 452-A, ou mesmo o de um dia útil para que o trabalhador aceite ou recuse o trabalho, nos termos do § 2º do art. 452-A.

Do mesmo modo, enquanto, no contrato de trabalho intermitente, é necessário que a empresa contratante convoque o trabalhador especificando a jornada a ser cumprida nos termos do § 1º do art. 452-A, no trabalho em plataformas digitais, quem define a jornada e o horário é o trabalhador.

Como o trabalho em plataformas digitais pode ser fracionado em horas ou até mesmo em minutos, também seria necessário adaptar a redação do § 6º do art. 452-A para contemplar os trabalhadores de plataformas digitais, pois não parece ser possível creditar imediatamente os valores das corridas nas contas dos milhares de trabalhadores, logo após o término de cada módulo de trabalho.

Ainda que tais dificuldades fossem superadas e juridicamente defensáveis, o reconhecimento da condição de intermitente serviria apenas para trabalhadores que desempenhassem a atividade de forma intercalada com períodos de inatividade, remanescendo controvertidas as hipóteses em que os trabalhadores se ativam diariamente, em jornadas semelhantes às dos empregados, que são aqueles em decorrência dos quais as polêmicas em torno da classificação jurídica têm ocorrido.

2.4.1.6. O cooperativismo de plataforma

Em direção oposta à propalada economia colaborativa, surge um movimento contrário a esse modelo, que propõe a democratização da economia *on-line* por meio da criação de plataformas digitais, cujo controle e exploração seriam feitos pelos próprios usuários. Trata-se do cooperativismo de plataforma que, de acordo com Trebor Scholz (2017, p. 47), seria "[...] um chamado para colocar o povo no centro dos corredores virtuais de contratação e direcionar os lucros em benefícios sociais".

---

(124) Processo n. ATSum 0000527-58.2021.5.07.0013, do Tribunal Regional do Trabalho da 7ª Região.

Scholz (2017) explica que o conceito de cooperativismo de plataformas tem três partes: i) utiliza a tecnologia, mas sugere uma mudança estrutural em que o trabalho seja considerado como uma propriedade em benefício de todos, e não de poucos; ii) parte da ideia de solidariedade admite várias formas de propriedade e gestão, como plataformas operadas por cidades ou sindicatos, plataformas multissetoriais, plataformas de propriedade dos trabalhadores e plataformas dos próprios produtores usuários; iii) os conceitos de inovação e eficiência são empregados em benefício de todos, e não como direcionamento de lucro para poucos.

Com base nos problemas atuais enfrentados pela economia digital, Scholz (2017, p. 79) propõe a adoção de dez princípios para o cooperativismo de plataforma: i) a propriedade das plataformas é coletiva e pertence às próprias pessoas que nelas geram valor; ii) pagamentos decentes e seguridade de renda; iii) transparência e portabilidade de dados, envolvendo tanto a parte operacional e financeira da cooperativa quanto todo processo de coleta, análise e estudos dos dados; iv) apreciação e reconhecimento dos proprietários e operadores da plataforma para que haja um bom ambiente de trabalho com comunicação permanente entre esses agentes; v) trabalho codeterminado que envolva os trabalhadores desde a programação dos algoritmos da plataforma até a sua utilização; vi) assistência jurídica para manejar o ordenamento jurídico e implementar ações em consonância com a legislação vigente; vii) proteções trabalhistas portáveis e benefícios aplicáveis a todo tipo de trabalhador, independentemente de ser autônomo ou empregado; o autor sugere a criação de uma conta individual para cada trabalhador, que geraria a cobrança de uma taxa a cada trabalho realizado, como forma de financiar benefícios previdenciários e assistenciais; viii) proteção contra comportamento arbitrário da plataforma, no caso de punições, bem como portabilidade das avaliações armazenadas; ix) rejeição de vigilância excessiva do ambiente de trabalho como forma de preservar a dignidade do trabalhador; e x) direito à desconexão como forma de assegurar o descanso, aprendizado e também trabalhos políticos voluntários e, até mesmo a própria organização profissional (SCHOLZ, 2017).

O *site Democracy Collaborative*, ao anunciar um evento sobre o cooperativismo de plataforma, afirma que atualmente a internet "é dominada por uma economia de monopólio, extração e vigilância".

Carneiro (2019, [s.p]) explica a ideia central do cooperativismo de plataforma:

> [...] trata-se de um modelo de negócio alternativo que, baseado nos fundamentos cooperativistas, articula-se [*sic*] em torno de uma plataforma digital, cuja intenção primordial é possibilitar que os próprios provedores de serviços interligados sob a aquela marca assumam a coordenação da sua prestação de trabalho e da repartição de ganhos e benefícios, com parâmetros democráticos e colaborativos.

Ele cita várias cooperativas de plataforma, como *Midata*, *Stocksy United*, *Fairmondo*, *Green Taxi Cooperative*, *Up&Go*, *Resonate.is*, *The RChainCooperative*, *FAirbnb*, *Loconomics*, e informa que todas elas estão reunidas numa rede internacional (*Platform Coop*) voltada à construção de "[...] um futuro mais justo para o trabalho" em contraposição ao modelo "extrativista e uberizado".

No *site* da *Platform Coop* (<www.platform.coop>), encontram-se cooperativas de plataforma que atuam em diversos segmentos, como a *Up & Go*, nos Estados Unidos, que oferece serviços domésticos e, diferentemente das plataformas tradicionais que cobram taxa de até 30% dos trabalhadores, retém apenas 5% do valor do serviço, para manter a plataforma; e as cooperativas de serviços de transporte, como a *Cotabo* (Bolonha, Itália), *ATX Coop Taxi* (Texas, Estados Unidos), *Green Taxi Cooperative* (Colorado, Estados Unidos), *The People's Ride* (Minessota, Estados Unidos), *Yellow Cab Cooperative* (Califórnia, Estados Unidos), que, segundo o *site*, asseguram aos seus trabalhadores proprietários um salário decente.

Na Bélgica, um estudo de caso realizado no período de 2016 a 2018 constatou que, em fevereiro de 2017, cerca de 90% dos entregadores do aplicativo de entrega de comida, *Deliveroo*, eram contratados por intermédio da cooperativa *SMart*, mas esse modelo durou apenas até outubro de 2017, quando a *Deliveroo* decidiu encerrar a parceria com a SMart e os entregadores passaram a trabalhar como autônomos (DRAHOKOUPIL; PLASNA, 2019).

Sholz (2017) sugere vários tipos de formatos para as plataformas cooperativas, tais como: plataformas cooperativas controladas por cidades; plataformas de propriedade dos produsuários (referindo-se aos usuários que também são produtores); plataformas de trabalho mantidas por sindicatos; e cooperativas de dentro (as quais seriam formadas utilizando a estrutura técnica dos aplicativos privados).

No Brasil, ainda que não seja sob a forma de cooperativismo, cita-se o exemplo da plataforma *Ubra* (União da Brasilândia), a qual foi criada pelos moradores do bairro da Brasilândia, que fica na periferia de São Paulo e não era atendido pelo serviço da empresa *Uber*, sob a justificativa de tratar-se de local com "desafio de segurança pública" (SOUZA, 2017, [s.p]).

Outro exemplo que merece destaque por ter sido criado por iniciativa do poder público é o aplicativo *Taxi.Rio*, criado pela prefeitura do Rio de Janeiro e em funcionamento desde 1º de novembro de 2017 (G1, 2017).

Em algumas cidades brasileiras, também tem sido adotada essa medida, como é o caso da *ITECoop*, cooperativa de transporte de passageiro que foi fundada recentemente em Vitória, ou o aplicativo de transportes *VouBem*, criado, em 2018, pela *Cooper Dinâmica*, que é uma cooperativa de motoristas de aplicativos em Maringá.

No Brasil, recentemente foi divulgada a tentativa de alguns trabalhadores de plataformas de entregas de comida de se juntarem com esse propósito e adaptarem o aplicativo da *CoopCycle*[(125)] para operar no Brasil, mas alguns problemas foram identificados, como o fato de somente aceitarem o uso de bicicletas, em razão da sustentabilidade e também a dificuldade em adotar um sistema de pagamento que opere no Brasil.

Surgiram outras tentativas de união de esforços por parte dos trabalhadores que se juntaram e criaram outro formato coletivo de trabalho, como é o caso dos *Despatronados*[(126)], que consiste num modelo de autogestão, com a prestação de serviços de entregas para os até então 36 trabalhadores cadastrados, com solicitação por intermédio do *WhatsApp*.

Outro exemplo é o *Señoritas Courier*, que reúne mulheres e LGBTS que fazem entrega de bicicleta em São Paulo.

Além das iniciativas citadas, coletivos de trabalhadores organizados sob forma de autogestão foram encontrados, tais como: *Pedal Express*, formada por ciclistas em Porto Alegre; *Ciclo Courier*, que surgiu em 2012 e também reúne entregadores de bicicleta no Rio de Janeiro; *Pedivento*, que reúne entregadores de bicicleta em Florianópolis; *Feme Express*, constituída por mulheres motociclistas em São Paulo; e *Buscar Express*, que é uma cooperativa de motoqueiros de Porto Alegre, fundada em 1999 (DIGILABOUR, 2020).

Não se acredita que o cooperativismo de plataforma seja capaz de retirar do mercado as gigantes empresas-plataformas, que, sob o rótulo de integrantes da economia colaborativa, transformaram-se em monopólios transnacionais que tiram proveito dos custos reduzidos decorrentes da utilização de uma mão de obra informal e não organizada. Todavia, não deixa de ser um alento a tentativa empreendida por várias iniciativas que, de alguma forma, buscam condições de trabalho mais justas e mais dignas para essa nova classe trabalhadora.

Evidentemente o cooperativismo poderia ser uma alternativa a contribuir para a melhoria da condição social dos trabalhadores por meio de plataformas digitais. No entanto, são muitas as dificuldades práticas, conforme esclarece a reportagem de Schreiber (2020), que aponta obstáculos, como a concorrência com empresas transnacionais que atuam com forte poder econômico e em escala global, o custo muito elevado para criação de um aplicativo e a preferência dos entregadores por se inscreverem como MEI, para ter um regime fiscal mais benéfico.

---

(125) Segundo a reportagem de Mariana Schreiber, a *CoopCycle*, é uma federação sediada na França, que reúne 30 cooperativas do tipo, sendo 28 na Europa e duas no Canadá, a qual compartilha seu *software* e aplicativo com outras cooperativas de diversos locais, para reduzir os custos.

(126) De acordo com as informações do *site*, a *Despatronados* representa um coletivo de entregadores que se organizaram para cuidar do próprio trabalho, como "uma alternativa de trabalho mais justa", sem a utilização dos aplicativos, mediante encomendas de entregas agendadas com um dia de antecedência.

Nota-se, portanto, que há uma grande dificuldade em pacificar a natureza jurídica da relação de trabalho intermediada de plataformas digitais, mediante a natureza da relação de trabalho. Por isso, há doutrinadores que defendem a necessidade de estabelecer uma proteção jurídico-trabalhista, pela via legislativa, conforme já ocorreu em alguns países, com legislação específica para os trabalhadores em plataformas digitais ou não.

Aqui também é importante esclarecer que a pesquisa se limitou às leis que contemplaram de alguma forma os trabalhadores em plataformas digitais, tomando-se por base a bibliografia consultada, uma vez que certamente seria impossível fazer uma pesquisa de nível global que tentasse esgotar o assunto. De todo modo, merecem destaque as leis a esse respeito, editadas recentemente em Portugal, Itália e Estados Unidos: a primeira traz elemento distintivo que se assemelha a uma quarteirização, ao introduzir mais uma pessoa jurídica na relação triangular já existente entre o trabalhador, a plataforma digital e o consumidor; a segunda, por ter sido destinada especificamente aos trabalhadores em plataformas digitais e ser oriunda de um país em que existe uma categoria intermediária de trabalhador entre o autônomo e o subordinado, mas, mesmo assim, optou-se por não enquadrá-lo na regulamentação já existente para nenhuma delas; e a terceira e última, por ser oriunda justamente do estado da Califórnia, que é o berço das plataformas digitais de trabalho, mas onde não foi aceita a tese das empresas de que os trabalhadores devem ser considerados autônomos apenas porque as contratantes são empresas de tecnologia ou adotam modelo de operação disruptivo.

2.4.2. Propostas regulatórias com base em novas medidas legislativas específicas

Alguns países optaram pela adoção de medidas legislativas específicas para os trabalhadores sob demanda em plataformas digitais. Nesse aspecto, é interessante ressaltar que tal fato ocorreu inclusive em países onde já existia uma terceira categoria de trabalhador que não se confunde com a de autônomo ou de empregado, como foi o caso da Itália e Portugal.

A seguir serão analisadas algumas propostas legislativas aprovadas ou em trâmite não só em outros países, mas também no Brasil, onde há dezenas de iniciativas legislativas que visam regular essa modalidade de trabalho.

2.4.2.1. A inserção de uma empresa interposta entre o trabalhador e a plataforma digital — Quarteirização — Portugal

Não há notícias de disputas judiciais envolvendo discussão sobre a natureza jurídica da relação de trabalho por meio de plataformas digitais em Portugal.

De todo modo, em 10 de agosto de 2018, foi publicada a Lei n. 45, que trata do "[...] regime jurídico da atividade de transporte individual e remunerado de passageiros em veículos descaracterizados a partir de plataforma eletrônica [...]", a qual passou a vigorar em 1º de novembro de 2018. É objeto de regulação da lei somente a prestação de serviços de plataformas que ofereçam transporte individual de passageiros, restando expressamente excluídas pelo art. 1º, ns. 3 e 4, aquelas que agregam serviços, mas não definem os termos e condições do negócio, e as de compartilhamento de veículos sem fins lucrativos (*carpooling*) ou destinadas a aluguel de veículo sem condutor com curta duração e com características de partilha (*carsharing*).

A grande novidade introduzida pela lei portuguesa e não identificada em nenhum outro país reside no fato de o motorista não poder relacionar-se diretamente com a plataforma para prestar o serviço, sendo obrigatória a presença de uma pessoa jurídica, que a lei chamou de "operador de transporte individual e remunerado de passageiros em veículos descaracterizados (TVDE)", para intermediar a relação entre o motorista e a plataforma proprietária do aplicativo.

Referindo-se ao acesso à atividade, diz o art. 2º, n. 3, da lei:

> A prestação de um serviço de TVDE inicia-se com a aceitação, por um motorista ao serviço de um operador, de um pedido de transporte entre dois pontos submetido por um ou mais utilizadores numa plataforma eletrônica e termina com o abandono pelo utilizador desse veículo, depois de realizado o transporte para o destino selecionado, ou por qualquer outra causa que implique a cessação de fruição do veículo pelo utilizador.

Lovato Neto (2018) explica que o passageiro solicita a corrida por meio da plataforma virtual, a qual transmite o pedido ao operador de TVDE, que é quem aciona o motorista para prestar o serviço.

O operador de TVDE deve obter licenciamento do Instituto da Mobilidade e dos Transportes, I. P. (IMT, I. P.) como condição para iniciar as suas atividades, nos termos do art. 3º, n. 1. Além disso, o art. 9º da lei estabelece uma série de requisitos não só em relação aos veículos, mas também referentes aos motoristas, os quais devem ser observados pelo operador de TVDE.

Demais disso, o art. 4º, ns. 1 e 2, preocupou-se com a idoneidade do operador de transporte em veículo descaracterizado a partir de plataforma eletrônica, a qual é aferida por meio da análise dos antecedentes criminais dos titulares de órgãos de administração, direção ou gerência e também pela não ocorrência das seguintes situações: proibição legal para o exercício do comércio; condenação, com trânsito em julgado, por infrações de natureza criminal às normas relativas ao regime das prestações de natureza retributiva, ou às condições de higiene e segurança no trabalho, à proteção do ambiente e à responsabilidade profissional; e inibição do exercício do comércio por ter sido declarada a falência ou insolvência, enquanto não for levantada a inibição ou a reabilitação do falido.

De acordo com o art. 12, n. 2, o operador de TVDE não poderá possuir veículos de TVDE nem financiar ou participar de negócio realizado para aquisição, aluguel ou outra forma de utilização deles.

Segundo Abrunhosa e Sousa (2019), ao inserir a figura do operador de TVDE como intermediador da relação jurídica entre plataforma e motorista, o legislador português subverteu o modelo de negócios das plataformas que passam a atuar como um terceiro e, assim, antecipou a resolução do problema referente à discussão da existência de vínculo empregatício entre eles.

Lado outro, em relação ao liame existente entre o motorista e o operador de TVDE, de acordo com o art. 10, ns. 10 e 12, este pode ser de natureza empregatícia ou não, mas o art. 10, n. 2, "e", exige que seja celebrado um contrato escrito entre as partes, clarificando o tipo de relação jurídica entabulada por elas.

Em todo caso, se o contrato celebrado entre o motorista e o operador de TVDE for de natureza empregatícia, caberá a este a responsabilidade pelo fornecimento dos instrumentos necessários ao exercício da atividade, devendo a pessoa jurídica do operador ressarcir o trabalhador pelo uso do seu veículo (SOUSA, 2019).

No tocante à duração da jornada, apesar de a lei estabelecer regulamentos distintos para os motoristas independentes (Decreto-lei n. 117/2012, de 5 de junho) e os que são empregados (Decreto-lei n. 237/2007, de 19 de junho), os limites de duração são idênticos, quais sejam, 60 horas semanais ou 48 horas, em média, no interregno de quatro meses, já incluídas as horas extraordinárias.

No que se refere às avaliações dos passageiros, destoando do regime comum adotado pelas plataformas, o art. 19, n. 5, proíbe qualquer tipo de avaliação da pessoa do cliente, seja pelos motoristas, seja pelas plataformas.

Ademais, quanto às obrigações assumidas perante o passageiro, o art. 20, n. 1, prevê que tanto a plataforma virtual quanto a empresa que atua como operadora de TVDE são solidariamente responsáveis no caso de descumprimento.

O mesmo não é certo, porém, em relação à solidariedade entre a plataforma e o operador de TVDE no tocante aos direitos do motorista. Nesse aspecto, Sousa (2019) ressalta que, uma vez que a plataforma cobra 25% do valor da corrida, poderia ser considerada contratante para os fins de solidariedade previstos no art. 551, n. 4, do Código do Trabalho de Portugal, mas, neste caso, a circunstância se restringiria apenas às hipóteses de multas por infrações às leis trabalhistas, e não por créditos devidos aos condutores de veículos.

2.4.2.2. Um nível mínimo de proteção para os entregadores na Itália

A legislação italiana atual não foi capaz de trazer uma solução definitiva para os trabalhadores que se ativam por meio de plataformas digitais, mas não deixa de representar um avanço em direção à concessão de uma tutela trabalhista mínima para um segmento de trabalhadores que, em muitos casos, se encontra em condição de vulnerabilidade.

Sem adentrar as discussões doutrinárias a respeito da distinção que a doutrina faz entre o trabalhador subordinado (art. 2094 do Código Civil), o trabalhador autônomo (art. 2222 do Código Civil), o trabalhador parassubordinado (art. 409, n. 3, do Código de Processo Civil) e o trabalhador hetero-organizado (art. 2º, n. 1, do Decreto n. 81/2015, com alterações feitas pela Lei n. 128/2019), é importante mencionar que o Decreto-lei n. 101/2019, convertido na Lei n. 128/2019, disciplinou o trabalho dos *riders*, assim considerados os entregadores de mercadorias por meio de bicicletas ou veículos motorizados, em zonas urbanas.

O Decreto n. 101/2019, convertido na Lei n. 128/2019, inseriu uma nova seção (V-segundo) no Decreto n. 81/2015, composta por sete artigos (do 47-segundo ao 47-oitavo).

De acordo com o art. 47-segundo, a norma tem por finalidade promover um trabalho seguro e digno aos trabalhadores não subordinados, mediante concessão de níveis mínimos de proteção para os entregadores.

No art. 47-segundo, n. 2, consta que, para fins de aplicação dessa regra, são considerados como plataformas digitais

> [...] os programas e procedimentos informáticos utilizados pelo cliente que, independentemente do local de estabelecimento, sejam instrumentais para a atividade de entrega da mercadoria, fixando a remuneração e determinando as modalidades de execução do serviço.[127]

No art. 47-terceiro, n. 1, a norma estabelece que o contrato deve ter forma escrita e apresenta importantes disposições em relação ao direito à informação, assegurando ao trabalhador a proteção de seus interesses, direitos e segurança, em relação a todos os dados relevantes, sob pena de indenização de até um ano da remuneração obtida no ano anterior.

Note-se que atualmente, em algumas plataformas, os trabalhadores nem sequer têm acesso às avaliações de seu trabalho, aos critérios de fixação de preço, à estimativa de gastos indispensáveis com o trabalho e até mesmo à ciência dos locais para os quais serão enviados, o que os deixa numa situação de incerteza.

O art. 47-quarto traz critérios para a fixação da remuneração e incentiva a participação das entidades sindicais para a definição dos parâmetros remuneratórios, pois, somente por meio dos contratos coletivos, é possível manter o formato atual de pagamento na base da quantidade de entregas realizadas, o que não será permitido se não for por essa via, hipótese em que os trabalhadores fazem jus a um valor mínimo por hora,

(127) Tradução livre do original: "[...] i programmi e le procedure informatiche utilizzati dal committente che, indipendentemente dal luogo di stabilimento, sono strumentali alle attivita' di consegna di beni, fissandone il compenso e determinando le modalita' di esecuzione della prestazione".

em conformidade com as tabelas mínimas previstas nos contratos coletivos nacionais de setores semelhantes.

Esse artigo prevê, ainda, no seu n. 3, que os trabalhadores fazem jus a um adicional não inferior a 10%, pelo trabalho realizado à noite, em feriados ou em condições meteorológicas desfavoráveis, o que, sem dúvida, representa um avanço, em termos de remuneração para o trabalho exercido em horários atípicos ou destinados ao descanso, bem como para aquele exercido em condições mais difíceis.

A entrada em vigor desse dispositivo ocorre em novembro de 2020.

No art. 47-quinto, a lei assegura ao trabalhador em plataformas digitais a aplicação da disciplina de antidiscriminação e proteção da liberdade e dignidade que são aplicáveis ao trabalhador subordinado, proibindo, ainda, no item 2, a aplicação de penalidades como desligamento da plataforma ou não oportunização de trabalho em virtude de ter recusado alguma corrida, como ocorre atualmente em algumas plataformas.

O art. 47-sexto contém dispositivo referente à proteção de dados pessoais do trabalhador, os quais devem observar as disposições do Regulamento (UE) 2016/679 do Parlamento Europeu e do Conselho, de 27 de abril de 2016, e do código referido no Decreto Legislativo n. 196, de 30 de junho de 2003.

O decreto prevê, ainda, no art. 47-sétimo, que o trabalhador faz jus a um seguro obrigatório para o caso de acidente de trabalho e doenças profissionais e traz importante dispositivo no item 3, ao estabelecer que as empresas que utilizam as plataformas também são obrigadas a observar a consolidação sobre saúde e segurança no local de trabalho (Decreto Legislativo n. 81, de 9 de abril de 2008, o que certamente servirá como incentivo para que a intermediação do trabalho por meio de plataformas tome precauções mínimas para resguardar a integridade física e mental dos trabalhadores, especialmente nesse momento de pandemia em que tais cuidados devem ser redobrados.

2.4.2.3. A repercussão da Lei AB 5 da Califórnia

O Vale do Silício é o berço das plataformas digitais e abriga as empresas detentoras das marcas mais valiosas do mundo, quais sejam, *Google*, *Apple*, *Microsoft*, *Amazon* e *Facebook*(128).

Portanto, não é demais dizer que as decisões tomadas no estado da Califórnia envolvendo as empresas de tecnologia atraem atenção de olhares de todo o mundo, pois, com base nos modelos das organizações empresariais ali adotados, com os seus reflexos no mundo do trabalho, espraiou-se o trabalho intermediado por plataformas digitais em nível global, como ocorreu com a empresa *Uber*, que hoje opera em mais de 85 países (WORLD POPULATION REVIEW, 2020).

(128) A constatação foi feita por pesquisa realizada pela revista *Forbes*, que avaliou 200 marcas globais.

Em setembro de 2019, o estado da Califórnia aprovou a Lei AB 5, a qual se originou dos critérios adotados no julgamento do caso *Dynamex* (Dynamex Operations West, Inc. v. Superior Tribunal de Los Angeles, 2018, 4 Cal.5th 903).

A *Dynamex* tem, nos serviços de entrega, o núcleo de seu negócio e, até 2003, considerava os entregadores como empregados, tendo-os convertido para a condição de autônomos a partir de 2004, visando reduzir custos (KIM, 2018).

O caso iniciou-se após um trabalhador (Charles Lee) que trabalhou por três meses em 2005 ter alegado, com outros motoristas, que a classificação deles como autônomos violou não só o Dispositivo n. 9 da ordem salarial da Comissão de Bem-Estar Industrial da Califórnia mas também outras seções do Código do Trabalho, que inclusive caracterizariam "práticas comerciais desleais e ilegais" em cotejo com a Seção 17.200 do Código de Negócios e Profissões (KIM, 2018).

A lei alterou a Seção 3.351, introduziu a Seção 2750.3 ao Código do Trabalho e alterou as Seções 606.5 e 621 do Código de Seguro Desemprego. O ponto central da lei concentra-se na presunção criada por ela da condição de empregado, para fins de aplicação do Código do Trabalho, do Código do Seguro Desemprego e para as questões salariais emanadas da Comissão de Bem-Estar Industrial, pois toda "[...] pessoa que presta mão de obra ou serviços remunerados deve ser considerada um empregado" (CALIFORNIA STATE, 2018, p. 5).

De acordo com a Seção 2750.3, essa presunção pode ser elidida pela empresa contratante, desde que ela demonstre três condições satisfeitas: a) não haver controle ou direção da empresa em relação à execução do trabalho, seja no campo contratual, seja no plano fático; b) a atividade realizada pelo trabalhador não se encontrar dentro do curso normal dos negócios da empresa contratante; e c) o trabalhador estar habitualmente envolvido em um comércio, ocupação ou negócio da mesma natureza daquele envolvido no trabalho executado.

A decisão proferida no caso *Dynamex* (CALIFORNIA, 2018) esclareceu que a falha da empresa contratante em provar qualquer uma das três condições acima é suficiente para que seja mantida a presunção de que o trabalhador é empregado e afirmou que essa interpretação a respeito do que se considera "sofrer ou permitir trabalho"

> [...] é fiel à sua história e ao propósito fundamental das ordens salariais e proporcionará maior clareza e consistência, e menos oportunidade de manipulação, do que um teste ou padrão que invariavelmente exige a consideração e ponderação de um número significativo de fatores díspares analisados caso a caso (CALIFORNIA SUPREME COURT, 2018, [s.p])(129).

---

(129) Tradução livre do original: "[...] this interpretation of the suffer or permit to work standard is faithful to its history and to the fundamental purpose of the wage orders and will provide greater clarity and consistency, and less opportunity for manipulation, than a test or standard that invariably requires the consideration and weighing of a significant number of disparate factors on a case-by-case basis".

É importante frisar que a referida lei não se aplica especificamente aos trabalhadores que se ativam por meio de plataformas digitais, e sim aos trabalhadores em geral, observadas as exceções mencionadas em relação a algumas profissões, como corretores de seguro, alguns profissionais de saúde, consultores de investimentos, entre outros.

A edição da Lei AB 5 tem causado bastante discussão nos Estados Unidos, e as tentativas das empresas de evitar a sua aplicação para as empresas detentoras de plataformas digitais de trabalho não cessam.

No caso Califórnia v. *Uber Technologies, Inc.* CGC-20-584402, os procuradores gerais da Califórnia, Los Angeles, São Diego e São Francisco alegaram que as empresas estão classificando erroneamente esses trabalhadores como autônomos, e não como motoristas, infringindo a lei mencionada.

E o juiz Ethan P. Schulman do Tribunal Superior da Califórnia deferiu liminar, em 10 de agosto de 2020, nos seguintes termos: enquanto durar o processo, *Uber* e *Lyft* estão proibidas de classificar seus motoristas como autônomos e violar quaisquer disposições do Código do Trabalho, regras do Seguro Desemprego e sobre questões salariais estabelecidas pela Comissão do Bem-estar social da Califórnia. Ademais, o juiz esclareceu que são considerados motoristas todos aqueles contratados em nome próprio ou fictício, que desempenhem a atividade no estado da Califórnia pagos diretamente ou por subsidiárias das empresas envolvidas.

A decisão deveria ser cumprida no prazo de dez dias e ficaria mantida até o julgamento da matéria ou outra determinação do próprio tribunal, uma vez poderia ser modificada por recurso.

No entanto, poucos dias depois, a *Lyft* anunciou que encerraria suas operações na Califórnia e o Tribunal de Apelações da Califórnia suspendeu a decisão em 20 de agosto de 2020, até o julgamento do recurso (DICHKEY, 2020).

Em 20 de outubro de 2020, o recurso foi julgado pela Corte de Apelações do Primeiro Distrito da Califórnia, a qual confirmou a decisão anterior, no sentido de que os motoristas da *Uber* e da *Lyft* devem ser classificados como empregados e a suspensão concedida em 20 de agosto expirará no prazo de 30 dias.

Paralelamente aos recursos apresentados, as empresas proprietárias das plataformas digitais investiram significativamente numa campanha para aprovar uma proposta (Proposta 22), a qual foi votada na Califórnia, em 3 de novembro e visa revogar a Lei AB 5 e conceder alguns benefícios aos trabalhadores, porém sem o reconhecimento da condição de empregados (CALIFORNIA, 2020).

As ações das empresas com o propósito de aprovar essa proposta também geraram litígios, pois trabalhadores ajuizaram ação em face da *Uber* sob a alegação de que eram coagidos por meio de repetidas mensagens a respeito das consequências da aprovação da

Proposta 22, sendo obrigados a clicar na tela do celular respondendo "sim à proposta 22" como uma condição para prosseguirem no aplicativo (SIDDIQUI; ALBERGOTTI, 2020).

Um dos benefícios da proposta seria a garantia do recebimento de percentual equivalente a 120% do salário mínimo.

No entanto, segundo Ken Jacobs e Michael Reich, nessa conta não estão incluídas as horas de espera por clientes, pausas, despesas para adquirir e manter o veículo e os impostos que os trabalhadores teriam de pagar, de modo que, ao final, em vez de os trabalhadores receberem o valor hora de US$ 15.60, que representaria 120% do valor do salário mínimo da Califórnia em 2021 (de US$ 13.00), receberiam apenas US$ 5.64 (2020, p. 1-6).

Apesar da Proposta 22 ter sido aprovada com 58,63% dos votos, no dia 20 de agosto de 2021 a Corte Superior da Califórnia (Case n. RG 21088725) declarou que a mesma é inconstitucional "porque limita o poder de uma legislatura futura de definir que os motoristas de aplicativos são trabalhadores sujeitos à legislação trabalhista".

As empresas atingidas, que estão tentando aprovar uma proposta semelhante em Massachusetts, já declararam que pretendem recorrer da decisão, mas enquanto isso, a proposta 22 segue em vigor (CONGER, 2021).

2.4.2.4. Lei dos Riders — Espanha

A discussão em torno da classificação dos trabalhadores como empregados ou autônomos, bem como sobre a necessidade de transparência dos algoritmos também tem sido palco de várias discussões na Espanha, onde, em maio de 2021, foi aprovada a chamada Lei dos *Riders*.

O texto legal contém apenas dois dispositivos, mas representa uma vitória dos trabalhadores rumo à concessão de uma proteção laboral.

O primeiro artigo introduziu a alínea "d" no art. 64.4 do Estatuto dos Trabalhadores, que trata dos direitos de informação e consulta dos trabalhadores e preceitua que o empresário tem o dever de informar ao conselho de empresas todas as questões que possam afetá-los. Assim, além de informações como a situação econômica da empresa, estatísticas relacionadas ao meio ambiente de trabalho, alterações no quadro societário e modelo dos contratos de trabalho utilizados pela empresa, agora o empregador também terá que informar ao conselho de empresas, quais são os parâmetros, regras e instruções nas quais os algoritmos ou sistemas de inteligência artificial se baseiam e que podem influenciar na tomada de decisões que afetem as condições de trabalho, acesso e manutenção do emprego e definição de perfis.

Já o segundo artigo, trouxe maiores consequências em relação à classificação dos trabalhadores, pois acrescentou no Estatuto do Trabalhador a disposição adicional vigésima terceira, para deixar claro que a presunção de laboralidade contida no art. 8.1 do mesmo diploma legal se aplica também aos trabalhadores de plataformas digitais.

Segundo a nova disposição, "presume-se que se inclui no âmbito desta lei a atividade das pessoas que prestam serviços remunerados consistentes na entrega de qualquer produto ou mercadoria de consumo em prol de empregadores que exerçam atividades empresariais de organização, gestão e controle, de forma direta, indireta ou implícita, mediante gestão algorítmica do serviço ou das condições de trabalho, por meio de uma plataforma digital".

Desse modo, os entregadores que se ativam por meio dos aplicativos presumem-se empregados, exceto nas hipóteses descritas no item 1.3 do Estatuto dos Trabalhadores.

As consequências dessa lei, que entrou em vigor em agosto de 2021, ainda são desconhecidas e as estratégias das empresas proprietárias dos aplicativos para se adaptarem à nova realidade foram variadas. Enquanto a *Deliveroo* declarou sua intenção de encerrar suas atividades na Espanha (GUTIÉRREZ, 2021), a *Glovo* vai flexibilizar as condições de trabalho para que os trabalhadores possam seguir como autônomos, a *Uber Eats* pretende subcontratar empresas de entregas. Já a *Just Eat*, que classifica seus entregadores como *workers*, pretende formalizar a primeira norma coletiva do setor, na Espanha, destinada a uma parte de seus motoristas, já que a maioria são empregados das empresas de logística ou dos restaurantes (LARA, 2021).

A iniciativa espanhola serve de exemplo para o mundo, pois foi alcançada após meses de negociação entre os sindicatos dos trabalhadores (UGT e CC OO), empregadores (CEOE e Cepyme) e o Governo (PÉREZ, 2021) e comprova que, somente com o engajamento dos principais interessados e da sociedade, é possível avançar em termos de proteção social voltada aos novos formatos de trabalho que destoam do modelo clássico existente.

2.4.2.5. Projetos de Lei na América do Sul

A questão regulatória em torno do trabalho sob demanda em plataformas digitais tem sido enfrentada também em outros países da América do Sul.

No México, foi apresentado um projeto de decreto, em abril de 2019, pela deputada María Alemán Muñoz Castillo, por meio do qual se propõe seja adicionado um segundo parágrafo no art. 123 da Constituição mexicana, para constar que "[...] é vedado às empresas ou estabelecimentos devidamente constituídos no nosso país gerar, por qualquer meio e contrato, trabalho que não seja digno, nos termos indicados pela lei correspondente"(130) e propõe ainda a alteração dos artigos (MEXICO, 2019, [s.p])"

A exposição de motivos destaca a necessidade de retomar a discussão internacional para reconhecer esses trabalhadores como subordinados e cria a figura do trabalhador de ocupação transitória ou sob demanda para se referir aos trabalhadores cuja atividade seja organizada pelo uso de plataformas digitais e propõe a alteração dos arts. 2º, 10, 20, 21, 25, 42, 43, 49, 69, 73, 77, 82, 87, 126, 127, 147, 256, 263, 277 y 504 da Lei Federal do Trabalho.

No caso do Chile, em 13 de maio de 2020, foi apresentado um projeto de lei (CHILE, 2020), que estabelece garantias básicas às pessoas que prestam serviços por meio de plataformas digitais, sob fundamento de que a dignidade humana deve ser protegida e toda pessoa que trabalha merece receber direitos trabalhistas.

O projeto de lei tem seis artigos. Um ponto interessante desse projeto é que o art. 2º entende que se considera pessoa que presta serviços não só as pessoas naturais que se ofereçam para prestar serviços, mas também aqueles que ofereçam bens em uma plataforma, para que ela coordene a contratação com pessoas interessadas em consumi-los ou em contratar os serviços.

Estabelece também um piso para o valor remuneratório que não poderá ser inferior ao valor hora da renda mínima mensal, considerado o divisor de 180 horas mensais, estipulando a periodicidade semanal dos pagamentos.

As plataformas digitais deverão contratar e financiar os seguintes benefícios em favor dos prestadores de serviços: seguro de acidentes e doenças ocupacionais; seguro de invalidez e sobrevivência; seguro de responsabilidade civil assegurando o prestador de serviços; contribuições para o seguro-desemprego, que condiciona sua percepção ao tempo de trabalho de pelo menos 40 semanas nos últimos 12 meses; fornecimento de capacete de proteção, joelheiras e cotoveleiras para os prestadores de serviços que utilizam bicicleta ou motocicleta; e fornecimento de todo o treinamento e instrução necessários à correta prestação do serviço.

O projeto prevê ainda a necessidade de comunicação prévia com pelo menos 30 dias de antecedência no caso de desligamento do trabalhador que tenha trabalhado ao menos por seis meses contínuos para plataforma, assegurando ainda a reintegração do trabalhado caso a dispensa seja arbitrária e sem justificativa.

Na Colômbia, tramitam aproximadamente dez(131) projetos de lei com vistas a regular o trabalho intermediado por plataforma digitais, definindo questões como a natureza da relação e as contribuições para a seguridade social.

---

(130) Tradução livre do original: "Queda prohibido que empresas o establecimientos debidamente constituidos en nuestro país generen por cualquier medio y contrato trabajo que no sea digno, en los términos que señale la ley correspondiente".

(131) Conforme informações constantes no *site Dinero.*

As iniciativas legislativas citadas mostram as incertezas regulatórias em torno do tema, cuja necessidade se tornou ainda mais evidente após o início da pandemia, que deu visibilidade aos milhares de trabalhadores que atuam nesse segmento e à margem do sistema protetivo laboral.

No Brasil, também existem alguns projetos de lei relacionados ao trabalho intermediado por plataformas digitais, como se verá a seguir.

2.4.2.6. Projetos de Lei no Brasil

Em 2018, pelo menos duas propostas legislativas foram apresentadas no Congresso Nacional para regulamentar a concessão de direitos aos trabalhadores intermediados por plataformas digitais. Esse número aumentou no ano seguinte, com a apresentação de 26 projetos nesse sentido[(132)].

Já em 2020, foram apresentadas mais de 36 propostas legislativas, o que certamente se relaciona com a visibilidade que a pandemia deu especialmente aos entregadores de comida que trabalham por meio de plataformas digitais, durante o isolamento social.

O PL n. 2.884/2019[(133)] foi apresentado pelo deputado Celso Russomano em 14 de maio de 2019 e apenas define o trabalho por meio de plataformas digitais, pacificando a questão em torno da competência da Justiça do Trabalho para processos que envolvam tais relações de trabalho. Trata-se de um projeto com apenas um artigo, que estabelece:

> Art. 1º Compete à Justiça do Trabalho conhecer, processar, conciliar, julgar e executar as ações referentes ao trabalho individual via plataformas digitais.
>
> Parágrafo único. Define-se por trabalho individual via plataformas digitais o que se desenvolve por prestador pessoa natural, de modo contínuo e com objetivos econômicos, conforme demanda, por meio de plataformas digitais que promovam a aproximação entre cliente e trabalhador digital.

Dos projetos citados, pelo menos dois que regulamentam as relações de trabalho intermediadas por plataformas digitais merecem destaque: o primeiro é o PL n. 3.748/2020 de autoria da deputada Tabata do Amaral, que trata do regime de trabalho sob demanda de modo geral, e o segundo é o PL n. 4.172/2020, apresentado pelo deputado Henrique Fontana, que é mais específico e abrange tão somente aquelas relações por meio de plataformas de transporte individual privado ou de entrega de mercadorias. Ambos serão analisados a seguir.

---

(132) Informações noticiadas no *site* do Departamento Intersindical de Assessoria Parlamentar (DIAP).

(133) O PL n. 2.884/2019 foi apensado ao PL n. 775/2019 e atualmente se encontra na Comissão de Constituição e Justiça em que foi recebido em 10 de setembro de 2019, conforme informações disponíveis no *site* da Câmara dos Deputados.

2.4.2.6.1. Projeto de Lei n. 3.748/2020

Em 10 de julho de 2020, a deputada Tabata Amaral (PDT/SP) apresentou o Projeto de Lei n. 3748/2020[(134)], que "[...] institui e dispõe sobre o regime de trabalho sob demanda".

O art. 2º do referido projeto apresenta um conceito para o trabalho sob demanda, nos seguintes termos: "[...] é aquele em que os clientes contratam a prestação de serviços diretamente com a plataforma de serviços sob demanda, que, por sua vez, apresenta proposta para execução dos serviços para um ou mais trabalhadores".

Ainda de acordo com o art. 2º, a lei será aplicável mesmo que a prestação de serviços ocorra de forma eventual ou se faça substituir por outrem, eventualmente e mesmo que o trabalhador seja empresário individual.

De acordo com o parágrafo quarto desse artigo, o regime de trabalho sob demanda não exclui a possibilidade de reconhecimento de vínculo empregatício entre o trabalhador e a plataforma caso sejam preenchidos os requisitos legais para tanto. No entanto, no parágrafo nono, ele exclui de seu âmbito de atuação as hipóteses em que os clientes tenham acesso às propostas de vários trabalhadores, os clientes negociem diretamente com o trabalhador, o cadastramento seja aberto a qualquer trabalhador e também quando a definição dos valores e das características dos serviços sejam definidos pelos trabalhadores.

O art. 3º dispõe a respeito da liberdade do trabalhador para aceitar, ou não, a proposta de prestar o serviço, vedando a aplicação de penalidade, caso o trabalhador a recuse, e, do mesmo modo, proíbe que a concessão de benefícios seja condicionada à quantidade de propostas aceitas ou ao tempo de permanência à disposição da plataforma.

Todavia, de forma contraditória, menciona que o fato de a plataforma oferecer um valor elevado para que o trabalhador realize o serviço não descaracteriza a liberdade do trabalhador.

A descaracterização da liberdade do trabalhador em relação ao aceite das propostas, ou exigência de tempo mínimo ou de exclusividade, atrai a aplicação da CLT.

Segundo o art. 4º, é permitido à plataforma determinar o modo de execução do trabalho e ainda realizar treinamentos, impor regras de conduta ou exigir padrões de qualidade e monitorar o trabalho, o que não descaracteriza o regime de trabalho sob demanda, desde que observadas as disposições sobre a liberdade do trabalhador, previstas no art. 3º.

---

(134) O PL n. 3.748/2020 foi apensado ao PL n. 6.015/2019 em 9 de dezembro de 2020 e este, por sua vez foi apensado ao PL n. 5.069/2019, que atualmente se encontra aguardando parecer do relator na Comissão de Desenvolvimento Econômico, Indústria, Comércio e Serviços (CDEICS), conforme informações do *site* da Câmara dos Deputados.

O projeto de lei assegura, em seu art. 5º, o recebimento do valor mínimo de hora, que deverá corresponder ao piso profissional, piso da categoria ou, se inexistentes, garantir o salário mínimo/hora, acrescido de décimo terceiro, férias com um terço, repouso semanal remunerado e também do percentual de 30% a título de tempo de espera, pois considera como tempo efetivo de trabalho apenas o período desde o início do deslocamento do trabalhador para prestar o serviço até o término da execução. Assegura ainda ao trabalhador, fiscais e sindicatos o acesso ao demonstrativo de pagamento que comprove que os valores atendem aos parâmetros fixados. Os pagamentos devem ser efetuados até uma semana após a prestação do serviço.

No art. 6º, o projeto de lei apresenta algumas regras em relação à transparência no que concerne às regras que fixam o valor pago, o extrato discriminando cada serviço realizado, o tempo efetivo de prestação de serviço, o valor cobrado do cliente, indicando eventuais descontos ou promoções aplicadas e o valor efetivamente pago ao trabalhador, os quais deverão ser disponibilizados ao trabalhador e aos órgãos de fiscalização.

Nesse artigo, além do detalhamento de questões referentes à remuneração, aí inclusos a determinação de repasse integral de gorjetas, compensação de tempo referente à execução de serviços que foram cancelados antes da conclusão e pagamento em caso de não pagamento por parte do cliente, consta que o trabalhador não será responsabilizado por danos causados aos clientes, exceto se agir com dolo ou culpa, e a plataforma pode aplicar penalidades caso o trabalhador descumpra normas que assegurem a qualidade do serviço, as quais deverão ser proporcionais às infrações e assegurar ao trabalhador direito ao contraditório.

Em relação aos instrumentos de trabalho, o projeto de lei prevê que fica a cargo da plataforma indenizar o trabalhador caso este se valha de instrumentos próprios para realizar os serviços, aí inclusos custos com insumos, manutenção e depreciação de forma proporcional à utilização, a qual poderá ser fixada por meio de negociação coletiva ou acordo individual, que estipulará um valor médio.

O art. 9º traz regras referentes à transparência em relação às políticas de cadastramento, descadastramento e avaliação dos trabalhadores, os quais devem ser acessíveis a eles e também aos órgãos de fiscalização, sindicatos e entidades associativas.

Segundo esse artigo, as plataformas não poderão mais se recusar a fornecer os dados do trabalhador que se encontram em seu poder, como o motivo de ter sido descadastrado ou mal avaliado, ainda que as decisões tenham sido tomadas de forma automatizada. Ademais, assegura ao trabalhador solicitar a revisão de decisões quanto às suas avaliações ou descadastramento e veda a prática de atos discriminatórios, os quais incluem o direito à associação ou atuação com entidades que congregam trabalhadores. Por outro lado, permite que as plataformas utilizem a avaliação do trabalhador como critério para aumentar ou reduzir o número de serviços, vedando reduções arbitrárias ou injustificadas.

A plataforma deverá operacionalizar a portabilidade dos dados referentes às avaliações do trabalhador, que poderá solicitar o aproveitamento por plataformas do mesmo segmento.

No que se refere às condições de trabalho, o projeto de lei prevê, em seu art. 10, que todos os métodos que criam regras e incentivos para os trabalhadores deverão ser estabelecidos, de modo a prevenir "[...] o trabalho em condições de fadiga, repercussões negativas na saúde e segurança dos trabalhadores; o descumprimento de normas pelos trabalhadores; consequências sociais ou ambientais negativas".

De acordo com o art. 11, a plataforma deve adotar medidas para reduzir os riscos à saúde e à segurança do trabalhador, capacitando e informando-o e sobre os riscos inerentes à prestação de serviços. Também deve fornecer equipamentos de proteção individual ou coletiva necessários à prestação dos serviços aos seus trabalhadores ou indenizar as despesas com sua aquisição. Deverá também manter um efetivo canal de comunicação efetivo com o trabalhador, com comunicação em tempo real para situações de urgência.

Do mesmo modo, a plataforma deve adotar medidas para a prevenção de assédio, violência e discriminação contra os trabalhadores e clientes, além de adotar medidas de acessibilidade, para permitir que trabalhadores com deficiência executem os serviços por ela oferecidos.

Os arts. 15 a 21 tratam da proteção social dos trabalhadores sob demanda em plataformas digitais, assegurando-lhes o direito à percepção do seguro-desemprego, sua filiação ao Regime Geral de Previdência Social — RGPS na qualidade de segurado empregado, pagamento do terceiro ao décimo quinto dia de afastamento, por motivo de saúde, além de salário-família e salário-maternidade.

Um ponto positivo do projeto de lei é a definição de que compete à Justiça do Trabalho dirimir os litígios entre as plataformas e os trabalhadores em regime de trabalho sob demanda.

Por outro lado, o projeto adota alguns critérios que podem confundir ao invés de esclarecer as hipóteses de caracterização do torno do vínculo empregatício, por exemplo, quando menciona as exceções do § 9º do art. 2º ou quando afirma que o oferecimento de tarifas elevadas não significa retirar a liberdade do trabalhador, o que não corresponde à realidade, pois o gerenciamento por algoritmo pode conduzir os trabalhadores de acordo com seus interesses, o que deverá ser analisado caso a caso.

De todo modo, certo é que o projeto de lei não contempla todas as reinvindicações dos trabalhadores nem atende a todos os interesses empresariais, todavia não deixa de ser um primeiro passo rumo a uma regulamentação que deve ter em mira o trabalho humano proporcionado pelas plataformas, e não somente um mercado de serviços.

Dificilmente haverá uma só solução perfeita para contemplar todas as necessidades desses trabalhadores, especialmente por se tratar de um modelo de trabalho novo e simultaneamente propenso a rápidas mudanças que acompanham a tecnologia. Contudo, certamente é necessário avançar, ainda que timidamente, rumo à concessão de uma proteção mínima para esses trabalhadores, a qual deve ser centrada no trabalho humano e não apenas nas relações de trabalho subordinado.

2.4.2.6.2. Projeto de Lei n. 4.172/2020

Outro projeto de lei que diz respeito aos trabalhadores em plataformas digitais também foi apresentado à Câmara dos Deputados em 12 de agosto de 2020.

Trata-se do PL n. 4.172/2020[135], de autoria do deputado Henrique Fontana, o qual tem aplicação mais restritiva, pois não abrange todo e qualquer trabalho sob demanda por meio de plataformas digitais, mas apenas aquelas de transporte individual privado ou de entrega de mercadorias.

O projeto de lei que conta 32 artigos dispõe sobre a criação de um novo contrato de trabalho em plataformas digitais, o qual, de acordo com o art. 2º, se considera formado no momento da aceitação do cadastro do trabalhador pela plataforma, com vigência por prazo indeterminado.

Podem ser objeto do contrato de trabalho apenas o transporte individual privado ou a entrega de mercadorias, e serão asseguradas aos trabalhadores, consoante se extrai do art. 1º, cinco garantias: remuneração justa, administração justa, cláusulas justas, representação justa e condições justas.

O adjetivo "justas" utilizado nas expressões supramencionadas deixa margem a interpretações divergentes, uma vez que depende de uma análise subjetiva.

O art. 3º distribui, em seis parágrafos, as condições gerais do contrato de trabalho, as quais devem ser divulgadas no *site* da empresa, devendo conter o endereço, as formas de contato e especialmente os critérios de fixação do valor pago pelo serviço, que devem ser claros e transparentes. Os termos de serviço não podem ser alterados sem aviso prévio e devem ser comunicados diretamente aos contratados.

Uma observação que certamente criará polêmica é a previsão de que, em nenhuma hipótese, serão permitidas alterações em desfavor do trabalho, o que parece incompatível com as técnicas de gerenciamento algorítmico utilizadas pelas empresas, baseadas na oscilação da demanda pelos serviços.

Entre as condições gerais, estão a obrigação de a plataforma comunicar ao trabalhador o destino da corrida, a distância a percorrer e o valor líquido a ser pago, bem como

(135) Do mesmo modo, o PL n. 4.172/2020 foi apensado ao PL n. 3.797/2020, que foi apensado ao PL n. 6.015/2019, que, por sua vez, também foi apensado ao PL n. 5.069/2019, unificando a discussão em torno do tema.

a proibição de aplicar qualquer tipo de penalidade, caso a chamada seja recusada ou caso esse se deixe de se conectar ao aplicativo quando lhe aprouver. As penalidades devem ser comunicadas previamente ao trabalhador, a quem deve ser assegurado o direito ao contraditório antes de sua aplicação.

Os códigos e algoritmos utilizados pelas plataformas deverão ser submetidos à auditoria para fins de inspeção do trabalho pelos órgãos públicos competentes, observando-se o que couber à Lei Geral de Proteção de Dados.

Além disso, as empresas deverão fornecer extrato mensal individual de todas as atividades realizadas pelo trabalhador, com indicação dos valores recebidos, descontados, avaliações e jornada, os quais deverão ser armazenados pelas empresas por cinco anos, devendo ser assegurada ao trabalhador a revisão humana de todas as decisões automatizadas relativas à sua remuneração.

O art. 5º elenca as hipóteses de rescisão contratual tanto por parte do trabalhador, a qual será sem ônus para ele, como por parte da plataforma, que poderá ser por justo motivo e, neste caso, sem ônus ou imotivada, hipótese em que a plataforma arcará com a indenização correspondente à média dos últimos 12 meses trabalhados ou todos os meses, quando o prazo trabalhado for inferior a esse período.

Os pagamentos, nunca inferiores ao valor do salário mínimo/hora, serão realizados até 72 horas úteis após a prestação do serviço, especificando detalhadamente os valores pagos e sua origem, e a remuneração será acrescida de 15% quando realizada no período noturno. O valor da tarifa não poderá ser reduzido caso a plataforma ofereça desconto promocional, e o valor deve ser pago ao trabalhador mesmo no caso de a viagem ou a entrega serem frustradas por ato de terceiros.

No caso do serviço de transporte de passageiros, a plataforma não poderá reter mais que 20% do valor percebido pelo trabalhador.

Demais disso, serão acrescidos ao valor básico 1/12 a título de 13º salário e 1/12 de férias com 1/36, as quais terão a duração de 20 dias após cada ano trabalhado.

O projeto de lei considera como tempo efetivo de trabalho todo o tempo em que o trabalhador esteja logado no aplicativo, apesar de não estar realizando entregas ou viagens, e prevê que sobre as horas que extrapolarem o limite constitucional de 8 horas diárias e 44 semanais, incidirá o adicional de horas extras, previsto no art. 7º, XVI, da Constituição Federal.

O projeto de lei também prevê que o trabalhador faz jus ao direito de redução dos riscos inerentes ao trabalho, devendo ser editadas normas de saúde, higiene e segurança do trabalho, sendo assegurado ainda o direito de greve e à negociação coletiva.

A questão do reconhecimento de vínculo empregatício também é abordada no projeto que prevê tal possibilidade, se presentes os seus requisitos, arrolando, no art. 13, condutas hábeis a configurar a subordinação necessária para tanto.

Assim como os demais projetos citados, esse também atribui competência à Justiça do Trabalho para apreciar e julgar os conflitos decorrentes dessas relações de trabalho.

Do art. 15 em diante, o projeto de lei traz questões que regulam as relações jurídicas previdenciárias e outras disposições, estendendo aos trabalhadores o benefício do seguro-desemprego, possibilidade de a empresa aderir ao Programa de Amparo ao Trabalhador (PAT), além de instituir a Contribuição de Intervenção no Domínio Econômico — CIDE, no âmbito de competência da União, no valor de 5% para fins de custear os benefícios previdenciários e outras ações e um órgão consultivo do governo federal, chamado de Conselho Nacional do Trabalho em Plataformas Digitais e Economia Colaborativa.

2.4.2.6.3. Lei n. 14.297, de 6 de janeiro de 2022

Em meio à mais de uma centena de projetos de leis voltados aos trabalhadores que se ativam por meio de plataformas digitais, apenas um deles foi levado à votação até o momento: trata-se do PL 1665/2020, que foi aprovado e promulgado como Lei n. 14.297/2022, em 06 de janeiro de 2022.

A maior crítica que se faz a essa lei é o seu caráter temporário.

A redação original do projeto de lei foi alterada, de forma que, no lugar de constar que a vigência da lei se daria "durante o estado de calamidade pública", constou, no *caput* do art. 1º, que as medidas de proteção por ela asseguradas, serão aplicáveis "durante a vigência, no território nacional, da emergência de saúde pública decorrente do Coronavírus responsável pela Covid-19".

E para dirimir dúvidas que possam surgir quanto ao alcance temporal do que se deve considerar como período de emergência de saúde pública, o parágrafo único do mesmo artigo esclareceu que as medidas previstas na lei "devem ser asseguradas até que seja declarado o término da Emergência em Saúde Pública de Importância Nacional (Espin) em decorrência da infecção humana pelo Coronavírus Sars-CoV-2".

Ocorre que a Espin (Emergência em Saúde Pública de Importância Nacional), que havia sido declarada pela Portaria n. 188, de 03 de fevereiro de 2020, foi encerrada em 22 de maio de 2022, com a publicação da Portaria n. 913 do Ministério da Saúde, de 22 de abril de 2022.

Assim, diante de uma interpretação literal da norma, tem-se que o período de efetividade da lei se limitará ao interregno compreendido entre 06 de janeiro de 2022 e 22 de maio de 2022, ou seja, pouco mais de quatro meses, tempo bem inferior àquele gasto com a tramitação do Projeto de Lei, apresentado em 07 de abril de 2020, que foi de um ano e nove meses.

Demais disso, a lei deixou a desejar não só pelo seu caráter temporário, mas também pelo fato do seu alcance ter se limitado aos entregadores de produtos e serviços, quando o que se nota é que há inúmeros segmentos que contratam trabalhadores por meio de aplicativos, como se viu no item 1.7.

Outro aspecto que chama a atenção é que a regulação trazida pela lei é muito tímida e deixa claro que o parlamento brasileiro perdeu uma boa oportunidade de tratar de questões sensíveis para esses trabalhadores, como a transparência dos critérios remuneratórios e das demais cláusulas contratuais, limites de jornada, critérios de remuneração e outras, indispensáveis para atender às necessidades desses trabalhadores, que clamam pela concessão de direitos mínimos e da sociedade, que há anos espera uma solução legislativa diante da insegurança jurídica em torno do tema.

Quanto às empresas proprietárias dos aplicativos que estão sujeitas às obrigações previstas nesta lei, certamente também surgirão dúvidas sobre quais delas estão abrangidas pela definição contida no artigo segundo, I, conforme o qual considera-se como empresa de aplicativo de entrega aquela que "possui como principal atividade a intermediação, por meio de plataforma eletrônica, entre o fornecedor de produtos e serviços de entrega e o seu consumidor". Isso porque nem sempre a atividade principal da empresa está definida de forma clara em seu objeto social.

Exemplo disso é a empresa *Uber*, que não admite que presta serviços de transporte, o qual sequer consta em seu objeto social ou CNAE. Na sua versão, o seu serviço é de tecnologia, relacionado à economia de compartilhamento, conforme descrito em seu CNPJ, no qual consta como atividade principal da empresa o "Desenvolvimento e licenciamento de programas de computador customizáveis" (MISKULIN, 2019).

Finalmente, em relação às medidas de proteção previstas na Lei n. 14.297/22, nos arts. 3º ao 8º, note-se que elas se resumem a cinco itens, quais sejam: seguro contra acidentes de trabalho (art. 3º), assistência financeira em caso de contaminação pelo Coronavírus (art. 4º), informação sobre os riscos do Coronavírus e fornecimento de máscara e álcool-gel (art. 5º), fornecimento de água potável e banheiro (art. 6º), forma de pagamento (art. 7º) e transparência quanto às hipóteses de bloqueio, de suspensão ou de exclusão da conta do entregador da plataforma eletrônica.

Analisando-se as medidas apresentadas, nota-se que apenas duas delas guardam relação direta com a pandemia causada pelo Coronavírus, a saber: assistência financeira pelo prazo de 15 dias, prorrogável por duas vezes, em caso de contaminação pelo Coronavírus e as medidas preventivas, previstas no art. 5º, que se dividem em duas partes, sendo a primeira referente ao direito à informação do trabalhador, sobre os riscos do Coronavírus e os cuidados necessários para se prevenir do contágio e evitar a disseminação da doença, e a segunda consistente na obrigação de disponibilização de máscara e álcool-gel ou outro material higienizante aos entregadores, para proteção pessoal durante as entregas.

A assistência financeira para o trabalhador contaminado pelo Coronavírus é um alento para aqueles que tem nesse trabalho sua única fonte de renda. No entanto, em se tratando de um contrato que pode ser rescindido unilateralmente pela empresa, supõe-se que algumas incertezas devem afligir os entregadores, como, por exemplo: a) as empresas proprietárias dos aplicativos pagarão 15 dias de afastamento mediante simples apresentação do exame RT-PCR com resultado positivo? Ou aplica-se a possibilidade prevista no item 2.6.2 da portaria interministerial MTP/MS n. 14, de 20 de janeiro de 2022, no sentido de que o afastamento dos trabalhadores pode ser reduzido para sete dias, se a partir do quinto dia de contato o teste for negativo? Será que haverá o pagamento de até 45 dias de afastamento, quando nem para empregadores há essa obrigação, já que afastamentos por doença somente exigem que o empregador arque com o pagamento dos 15 primeiros dias? Como será calculada a média do valor que será pago nos casos em que o período de trabalho for inferior a três meses?

Todas essas questões não ficaram suficientemente claras e apenas o tempo é que demonstrará o grau de eficácia da medida de proteção criada pelo legislador.

As demais medidas, por outro lado, não guardam relação alguma com a pandemia. Nem mesmo a previsão contida no art. 7º da lei, que determina que as empresas deverão adotar, prioritariamente, forma de pagamento por meio de internet, pode ser considerada inédita, pois, apesar de ser evidente que tal procedimento evita o contato físico entre as pessoas e colabora para o distanciamento social, é fato notório que tal forma de pagamento já é um costume incorporado pelos aplicativos muito antes do surgimento da pandemia.

Do mesmo modo, a determinação prevista no art. 6º para que a empresa fornecedora do produto ou serviço permita que o entregador utilize as instalações sanitárias de seu estabelecimento, bem como tenha acesso à água potável, em nada se relaciona com a pandemia, mas sim com a lamentável constatação de que nem o estabelecimento, nem o aplicativo, tinham a menor preocupação com a situação degradante desses trabalhadores que não apenas ficavam sem água e sem lugar para fazer suas necessidades fisiológicas, mas também não possuem um local adequado para descansar ou aguardar o próximo chamado. Consequentemente, não raro, noticiam-se cenas deprimentes de trabalhadores deitados em calçadas ou até mesmo dormindo nas ruas enquanto aguardam o próximo chamado (MACHADO, 2019).

Essa realidade nada mais é do que a triste constatação de que os contratantes não são parceiros, não estão em igualdade de condições, não desempenham um trabalho eventual (salvo raras exceções) e de que, em se tratando de um relação trilateral, formada entre os trabalhadores, donos de aplicativos e estabelecimentos, os dois últimos não se sentem responsáveis por assegurar um mínimo de dignidade aos primeiros, exatamente por se aproveitarem da justificativa de que não possuem nenhuma obrigação trabalhista para com os mesmos.

Em relação ao seguro de vida dos entregadores, a medida é muito bem vinda e vai ao encontro de uma atividade cujo risco parece notório, tanto que enseja o pagamento de adicional de periculosidade para empregados que a exercem, nos termos do art. 193, parágrafo quarto, da CLT.

Trata-se de um pleito antigo da categoria e que, inclusive, é objeto de um projeto de lei, de autoria do deputado Celso Russomanno (PRB-SP), protocolado há mais de quinze anos e que obriga as empresas que utilizam serviço de motoboy — próprio ou terceirizado — a contratarem seguro de vida e de invalidez permanente por acidente para os motociclistas.

Segundo o art. 3º da Lei n. 14.297/22, as empresas de aplicativo serão obrigadas a contratarem o seguro, sem franquia, para cobrir acidentes pessoais, invalidez permanente ou temporária e morte, restringindo, porém, o benefício somente para o período compreendido entre a retirada do produto ou serviço e a sua entrega.

Esta limitação contraria as disposições previstas nos artigos o art. 21, IV, *"d"*, da Lei n. 8.213/1991, segundo a qual, se equipara ao acidente do trabalho, para fins previdenciários, aquele que tiver ocorrido "no percurso da residência para o local de trabalho ou deste para aquela, qualquer que seja o meio de locomoção, inclusive veículo de propriedade do segurado".

Um outro ponto que ensejará discussão é a hipótese prevista no parágrafo único do art. 3º da Lei n. 14.297/22, que dispõe que quando o entregador se ativar para mais de uma empresa a indenização será paga pelo seguro da empresa para a qual o entregador estiver prestando o serviço no momento do acidente. Isso porque situações haverá em que o entregador poderá, por exemplo, sair com produtos de mais de uma empresa para entregar.

Finalmente, uma das medidas mais importantes previstas pela Lei n. 14.297/22, diz respeito à obrigação da empresa de aplicativo de entrega de constar expressamente no contrato quais são as hipóteses que ensejam o bloqueio, a suspensão ou a exclusão da conta do entregador da plataforma, sendo que, para a exclusão é necessário fazer a comunicação prévia do trabalhador, com antecedência mínima de três dias, na qual deverá constar, de forma fundamentada, os motivos do desligamento.

A medida é salutar, uma vez que, não raro, trabalhadores de aplicativos questionam por meio de ações judiciais o motivo da exclusão da conta e as empresas limitam-se a afirmar que foram "infringidas as diretrizes da plataforma"[136].

(136) Nesse sentido foi a versão dada pela trabalhadora nos autos 0020882-91.2021.5.04.0201, do TRT da 4ª Região, cuja sentença, mantida em segundo grau, reconheceu que a empresa *99 Tecnologia Ltda.* não se desincumbiu do ônus de demonstrar que as condutas da autora justificassem a sua exclusão da plataforma.

Não é demais ressaltar que o art. 20 da Lei Geral de Proteção de Dados assegura ao titular dos dados "o direito de solicitar a revisão de decisões tomadas unicamente com base em tratamento automatizado de dados pessoais que afetem seus interesses, incluídas as decisões destinadas a definir o seu perfil pessoal, profissional, de consumo e de crédito ou os aspectos de sua personalidade".

Assim, cabe à empresa proprietária do aplicativo o ônus de demonstrar os critérios considerados para justificar o término abrupto da relação de trabalho.

Nesse sentido, foi a decisão proferida pela juíza Adriana Seelig Goncalves, da 1ª Vara do Trabalho de Canoas, em 31 de março de 2022, mantida pelo Tribunal Regional do Trabalho da 4ª Região:

> O que se nota é a falta de transparência no bloqueio da reclamante da plataforma da ré, ausente qualquer prova nos autos, pois a matéria é analisada com base apenas no cotejo das alegações das partes. Friso que à reclamada incumbia o ônus de provar que o bloqueio da reclamante da plataforma não decorreu de gerenciamento algorítmico, ou seja, realizado a partir de parâmetros fixados pela empresa, em face da sua natural aptidão para a prova nesse aspecto, conquanto gestora da plataforma digital. Na medida em que essa prova não é apresentada, resta evidente a violação do art. 20 da Lei Geral de Proteção de Dados Pessoais (LGPD), com redação dada pela Lei n. 13.853/19.

Como se vê, o avanço legislativo não foi significativo. Esperava-se mais do Poder Legislativo, principalmente porque não são poucos os projetos de lei que tramitam com esse objeto, o que demonstra a necessidade de regulação do tema. Fato é que não é fácil para o Direito acompanhar as mudanças de comportamento da sociedade e são muitos os desafios que as relações de trabalho intermediadas por plataformas digitais enfrentam. No entanto, é urgente que se lance um olhar para esses trabalhadores que, à mingua de uma lei específica, sofrem com a falta de uma proteção jurídica que lhes assegure senão todos, ao menos os direitos mínimos indispensáveis para que tenham um trabalho digno.

2.4.3. Outras propostas regulatórias

Signes (2017, p. 53) afirma que o fato de o trabalhador em plataformas digitais ter liberdade de horário e de jornada, visto que pode escolher quando e quanto trabalhar, e também o fato de possuir alguma autonomia em relação ao modo de prestar seus serviços, "[...] não parece encaixar na definição tradicional de trabalhador".

Em consequência, o autor acolhe a ideia de que a normativa laboral deve ser aplicada a todo tipo de trabalho, independentemente da sua forma jurídica. Ademais, em relação aos novos trabalhadores das plataformas virtuais, ele afirma que "[...] sejam eles legalmente dependentes ou independentes — são tão dignos de proteção quanto os trabalhadores subordinados à maneira tradicional"[(137)] (SIGNES, 2017, p. 73).

Entretanto, para Signes (2017), o novo trabalhador em plataformas virtuais possui riscos diferentes daqueles sofridos pelo trabalhador comum, razão pela qual a relação especial de trabalho deve conter algumas peculiaridades que ele exemplifica: i) o trabalhador deveria ter independência técnica, de modo que a empresa plataforma somente poderia dar instruções imprescindíveis para a execução do trabalho; ii) o trabalhador teria liberdade de fixar seus horários e sua jornada, mas a regulação deveria estipular um limite máximo, somando o trabalho prestado para todas as plataformas; iii) o trabalhador teria liberdade para trabalhar em várias plataformas; iv) diante da falta de subordinação, os trabalhadores responderiam pelos danos causados aos clientes ou à marca ou reputação da plataforma; v) as empresas-plataformas não teriam que assegurar o pagamento do valor do salário mínimo/hora, mas teriam de retribuir o tempo de espera; vi) a norma deveria prever a possibilidade de as empresas exigirem que os trabalhadores forneçam os bens não consumíveis, mas deveriam custear os bens consumíveis necessários à execução do trabalho; vii) haveria subsidiariedade do Estatuto dos Trabalhadores.

No Brasil, Kalil (2019) também defende a criação de um contrato especial de trabalho para regulamentar os trabalhadores em plataformas digitais. Para ele, a regulamentação ocorreria por meio de uma lei específica, que reconheceria três categorias distintas: autônomo, dependente ou subordinado.

O autor defende que, em relação ao trabalhador considerado autônomo, seguindo a linha de ampliação do âmbito subjetivo do direito do trabalho, este fará jus à portabilidade e contraditório em relação às avaliações feitas sobre ele; transparência quanto ao preço, ofertas de trabalho e peso do sistema de avaliações; liberdade sindical; direito à negociação coletiva, proibição de trabalho escravo e infantil e de discriminação (KALIL, 2019).

Para o autor, os trabalhadores são considerados dependentes quando a "[...] atividade é desenvolvida em um quadro de dependência e de assimetria de poderes, uma vez que se sujeita aos meios ou à vontade do tomador de serviços e o trabalhador se encontra em situação de vulnerabilidade" (KALIL, 2019, p. 302). O autor afirma que "[...] uma das notas distintivas que conforma as relações de trabalho sob essa categoria e modula a sua regulação é a capacidade de o trabalhador definir a sua própria jornada de trabalho" (KALIL, 2019, p. 302). Em razão da liberdade de definir como, quando e quanto trabalhar, tais trabalhadores não fariam jus a alguns direitos, como adicional noturno, e não haveria "[...] reponsabilidade *a priori* dos empregadores por situações que decorrem da liberdade na definição dos horários de trabalho" (KALIL, 2019, p. 302). No entanto, além

(137) Tradução livre do original: "[...] sean dependientes jurídicamente o independientes — son igual de merecedores de protección que aquellos trabajadores subordinados a la manera tradicional".

dos direitos reconhecidos aos autônomos, fariam jus aos seguintes: escolha de como, quando e quanto trabalhar; salário mínimo ou piso salarial proporcional à carga horária mensal; periodicidade máxima mensal para a remuneração do trabalho; 13º e férias proporcionais ou integrais; Fundo de Garantia do Tempo de Serviço (FGTS); regramento sobre extinção do contrato e salário utilidade.

Orly Lobel (2016) também propõe uma reforma sistemática, mas combina várias propostas. A autora afirma que o aumento das plataformas se deve ao declínio do emprego em tempo integral e ao elevado índice de desemprego, mas também representa a preferência de muitas pessoas que entram no mercado de trabalho em relação à flexibilidade e controle de seu horário de trabalho.

Para Lobel (2016), o modelo de trabalho contingente da *gig economy* é muito mais antigo e difundido do que o trabalho *on demand* por meio de plataformas digitais, de modo que o foco não deve ser a comparação entre o trabalho de antigamente (duradouro, em período integral e com salários altos) e o trabalho atual, e sim as condições cada vez mais precárias que são enfrentadas por trabalhadores tanto em plataformas quanto *off-line*.

Nessa linha, a autora propõe uma reforma sistemática por meio de quatro caminhos: i) a simplificação do teste para classificar o trabalhador como empregado; ii) a expansão de certa proteção a todos os trabalhadores, independentemente de serem empregados ou não; iii) a criação de regras especiais para categorias intermediárias; iv) a desvinculação do bem-estar social da condição de empregado (LOBEL, 2016).

A relação de trabalho por meio de plataformas vai além do binômio empregado-empregador, pois, além de a plataforma delegar aos consumidores a avaliação do desempenho do trabalhador, ao trabalhador é concedida uma margem maior de autonomia da execução do serviço.

Além disso, o trabalhador pode ativar-se para mais de um aplicativo ao longo de uma mesma jornada, o que justificou o enfoque dado por Jeremias Prassl à pessoa do empregador, e não à do empregado.

Para definir as responsabilidades nas relações de trabalho por meio de plataformas, o autor propõe um conceito funcional de empregador, considerando-se cinco fatores: i) a possibilidade de determinar o início e o término da relação de trabalho; ii) a questão da percepção dos recebimentos do trabalho e dos frutos dele advindos; iii) a questão de proporcionar o trabalho e a contraprestação pelas atividades desenvolvidas; iv) a gestão da empresa em relação ao seu mercado interno, o que inclui controle, fatores de produção e decisão do que realizar e de que forma fazê-lo; v) a gestão da empresa em relação ao mercado externo, visando ao desenvolvimento da atividade econômica pelo empregador (PRASSL, 2018).

Diante das mudanças da natureza do trabalho, Goldman e Weil (2020) propõem uma estrutura de círculo concêntrico para melhorar o acesso dos trabalhadores aos direitos civis e trabalhistas na era moderna. O círculo central é aquele que concede certos benefícios e proteções essenciais a todas as pessoas que trabalham, independentemente da configuração da relação de emprego, o que inclui o pagamento de um salário mínimo e compensação pelo trabalho, estar livre de discriminação e retaliação, ter acesso a um meio ambiente de trabalho seguro e o direito à associação e engajamento. Verifica-se o círculo médio quando o reconhecimento da relação de emprego é condição de acesso aos direitos trabalhistas, hipótese em que a existência dessa relação é presumida, situando melhor o risco e reconhecendo o aumento de assimetrias de informação e de poder das pessoas que se beneficiam do trabalho em detrimento daquelas que trabalham.

Sugerem também seja adotado o teste ABC para a verificação da existência do vínculo empregatício, acrescido de elementos-chave para a análise da realidade econômica. Já o círculo externo sugere adoção de mecanismos adicionais para que os trabalhadores tenham acesso e as empresas sejam incentivadas a conceder benefícios no local de trabalho que promovam a mobilidade e o bem-estar social.

Freitas Jr. (2020, p. 113) afirma que são aceitáveis as técnicas utilizadas pela gestão algorítmica, mas "[...] o que não parece juridicamente defensável é que tais balizamentos algorítmicos restem infensos a qualquer aferição pública e correção judicial".

Para o autor, esse mercado de trabalho não pode ser o único isento ao controle dos poderes públicos e de regulação, ficando relegado "[...] à lógica cínica de balanças mercantis" (2020, p. 116-117).

Para definir as dimensões e estratégias de regulação, ele afirma que alguns fatores, tais como a "diversidade de atividades e profissões", a "heterogeneidade dos arranjos na forma de intermediação" e a imensa "(re)mercantilização e precarização do trabalho humano", devem ser levados em conta, quando ele propõe uma agenda de objetivos regulatórios para o trabalho sob demanda em plataformas digitais, assim especificados: levar em conta a diversidade de atividades e profissões; limitar a quantidade de trabalho; estipular o valor do salário mínimo no equivalente hora, cobertura previdenciária, em caso de acidente de trabalho, bem como fixação de normas de segurança e de higiene para o trabalho, respeito à idade mínima para o trabalho, limites do exercício do poder diretivo: autorregulamentação associada à transparência e obrigatoriedade da negociação coletiva do trabalho (FREITAS JR., 2020, p. 116-121).

Vê-se, pois, que não há consenso sobre a regulamentação adequada para essa nova realidade do trabalho intermediado por plataformas digitais, no entanto, independentemente da fórmula sugerida, prepondera, na literatura pesquisada, o reconhecimento da necessidade de estabelecer preceitos que assegurem algum grau de proteção para os trabalhadores engajados nessa atividade.

No próximo capítulo, discorrer-se-á sobre as reivindicações dos trabalhadores em plataformas digitais e os fundamentos fáticos e jurídicos diante do ordenamento jurídico brasileiro vigente, capazes de dar sustentação a uma proteção jurídico-laboral que lhes assegure um núcleo mínimo de direitos, sem os quais não se pode falar em dignidade da pessoa humana do trabalhador e em trabalho decente.

3. Proteção Jurídico-Laboral do Trabalhador sob Demanda em Plataformas Digitais

O objetivo deste trabalho é identificar quais são as possibilidades regulatórias mediante as quais é possível conceder uma proteção jurídico-laboral aos trabalhadores sob demanda que se ativam por meio de plataformas digitais.

Para atingir esse propósito, é necessário conhecer a realidade dos trabalhadores e refletir sobre algumas questões, tais como: Por que proteger? Quais os embasamentos para proteger? E quais direitos estariam incluídos nessa proteção?

Para responder a tais questões, neste capítulo serão abordados os sentidos da proteção jurídico-laboral ante a perspectiva adotada pela Agenda 2030 da ONU e pela OIT, por meio da Comissão Mundial para o Futuro do Trabalho, que defendem o direito a um trabalho decente para todos os trabalhadores, e não apenas para os que são empregados.

Parte-se da premissa de que a atividade dos trabalhadores sob demanda constitui um trabalho e, como tal, um direito humano fundamental, assegurado constitucionalmente, sendo defensável a sua proteção mediante os mecanismos legais existentes.

3.1. O sentido da proteção jurídica

Falar em proteção jurídica numa relação contratual significa limitar a liberdade de agir de uma das partes em prol do exercício dessa mesma liberdade da outra.

No seio da relação de trabalho (*lato sensu*), que é um contrato sinalagmático, a proteção jurídica pode ser considerada uma convergência do exercício das liberdades de cada um dos seus sujeitos, acentuando-se, porém, o seu grau maior de incidência em relação à pessoa do trabalhador.

Isso ocorre em decorrência da sujeição especial em que se encontra o trabalhador como sujeito de um contrato de trabalho, que, diferentemente de outros que giram em torno de coisa, bens ou patrimônio, envolve uma pessoa que fica sob a dependência de outra (GOMES; GOTTSCHALK, 2007).

Certo é que, para a formação do contrato de trabalho celebrado voluntariamente, é indispensável o consentimento das partes, a vontade de contratar, mas o mesmo não ocorre em relação ao seu conteúdo (GOMES; GOTTSCHALK, 2007), cujo delineamento por uma das partes "[...] não pode exceder a proteção de seu interesse"[(138)] (CARNELUTTI, 1935, p. 35).

Para Carnelutti (1935, p. 35), "[...] quando a liberdade não existe, a predisposição unilateral da regulação pode, na verdade, resultar em uma imposição que o outro contratado sofre, ao invés de em uma proposta aceita"[(139)]. A respeito da distinção entre a liberdade e a vontade quanto ao conteúdo dos contratos, ele explica:

> Normalmente, se a pessoa que contrata um relacionamento concorda em regulá-lo de uma determinada maneira, isso significa que é assim que lhe convém. Mas este princípio é válido enquanto houver liberdade para contratá-lo ou não. Se falta liberdade, a regulação pode ser aceita pela força, mesmo que não seja conveniente. Neste caso, não é a vontade que falta, mas a liberdade (CARNELUTTI, 1935, p. 35).[(140)]

A restrição à liberdade de contratar, referindo-se ao conteúdo do pacto, ocorreu porque, sob o dogma da igualdade formal, se praticavam abusos e, em decorrência da desigualdade real entre os homens, motivada pela discrepância da situação econômica entre eles, havia a opressão do fraco pelo forte, forçando o Estado a intervir nessas relações (GOMES; GOTTSCHALK, 2007). Nesse contexto, o Direito do Trabalho desvencilhou-se do Direito Civil.

De acordo com Feliciano (2002, p. 85), o papel do Direito do Trabalho revela-se nas suas funções sociais de distribuição de riqueza e de tutela da dignidade humana. Segundo o autor, ele "[...] surge no horizonte histórico como instrumento jurídico de salvaguarda mínima dos interesses econômicos e psicossomáticos do trabalhador, desaguando na dicção doutrinal do princípio da proteção" (FELICIANO, 2002, p. 85-86).

Canaris (1989) afirma que o princípio da tutela dos trabalhadores que está por trás do direito de proteção tem uma função constitutiva para o Direito do Trabalho.

Embora constitutivo do Direito do Trabalho, fato é que a proteção jurídica acentuada em relação a uma das partes do contrato se revela presente em outros tipos de relações jurídicas, como ocorre com aquelas regidas pelo direito do consumidor ou pela lei do

---

(138) Tradução livre do original: "[...] il contratente che predispone il regolamento non può eccedere nella tutela del suo interesse".

(139) Tradução livre do original: "[...] quando la libertá non c'è, la predisposiozione unilaterale del regolamento può in realtà risolversi in una imposizione che l'altro contraente subisce, anzichè in una proposta de accetta".

(140) Tradução livre do original: "Normalmente, se chi contrae un rapporto accetta di regolarlo in un dato modo, vuol dire che cosi gli conviene. Ma questo principio vale fino a tanto che v'è libertá di contrarlo o di non contrarlo. Se la libertá manca, il regolamento può essere accettato per forza, anche se non conviene. In questo caso, non è la volontá che fa difetto, ma la libertá".

inquilinato (Lei n. 8.245/91), nas quais, devido a alguma condição especial, os contratantes são considerados débeis.

No caso da trabalhadora e trabalhador brasileiros, porém, a proteção trabalhista integral, salvo pouquíssimas exceções, somente se aplica àqueles que estão vinculados a um contratante por meio de um contrato de emprego, apesar de serem inúmeras as modalidades de prestação de trabalho nas quais a debilidade do trabalhador é notória.

Apenas em situações excepcionais, o legislador brasileiro reconheceu a referida debilidade e concedeu direitos trabalhistas a não empregados, como é o caso do representante comercial que faz jus à especificação por escrito das suas condições de trabalho, tais como prazo, área de atuação, periodicidade do pagamento e uma indenização pela rescisão do contrato, nos moldes do art. 27, *"j"*, da Lei n. 4.886/65, além de um aviso prévio com antecedência mínima de 30 dias, no caso de denúncia do contrato de representação, a qual pode ser substituída por uma indenização de um terço das comissões pagas no trimestre anterior, conforme o art. 34 da referida lei.

O mesmo acontece com os profissionais que trabalham em salões de beleza sob o contrato de parceria, que também fazem jus a um aviso prévio de no mínimo 30 dias (art. 1º-A, § 10º, V) e a condições adequadas de trabalho em relação às normas de saúde e segurança em relação às normas sanitárias (1º-B, c/c art. 4º), além do direito à assistência sindical (art. 1º-A, § 9º).

Dray (2015) relembra que o Direito sempre se preocupou com a parte mais fraca, como forma de promover a liberdade negativa e a liberdade positiva, no intuito de assumir o controle de sua vida e realizar seus propósitos fundamentais com autonomia, inclusive negocial. Para tanto, é necessária a presença do Direito para retirar os particulares de situações de fragilidade ou debilidade negocial.

Ao apresentar os fundamentos morais da proteção do trabalhador como finalidade do Direito do Trabalho, Freitas Junior (2020) explica que é preciso pensar em três concepções que integram o manto da proteção trabalhista — o que é proteger, como proteger e até onde proteger —, as quais se apresentam em dois momentos distintos: o primeiro é o do protecionismo de primeira geração, que vai até a metade do século passado, quando o trabalhador era visto como um indivíduo hipossuficiente, que era dependente técnico e econômico e se inclinava para uma regulação vertical e estatal de regulação do trabalho; o segundo foi o do protecionismo jurídico de segunda geração, no qual o trabalhador era visto como pertencente a uma classe ou grupo social, com predileção pela regulação por meio da autonomia privada coletiva.

Para o autor, em ambos os momentos, requer-se uma regulação heterônoma do mercado de trabalho que seja

> [...] 1) moralmente ancorada no imperativo político de interferir na relação de emprego por sua coessencial assimetria; 2) politicamente justificada na

necessidade de pactuação de uma sociedade em que estejam contempladas economia de mercado e 'cidadania profissional' (na conhecida acepção de Marshall); e 3) funcionalmente direcionada para conferir legitimidade para uma relação de mando juridicamente assentida (FREITAS JR., 2020, p. 72).

No caso do trabalho por meio de plataformas digitais, a pesquisa mostrou que esse modelo de trabalho, apesar de ainda não ser expressivo, vem crescendo significativamente[141] e o que marca essa modalidade laboral é a classificação dos trabalhadores como autônomos, embora exista forte ingerência das plataformas digitais na maneira como o trabalho é realizado, havendo monitoramento remoto e controle de vários aspectos da atividade que interferem na sua autonomia e mais se assemelham às características de uma relação de emprego do que uma prestação de serviços regida pelo Código Civil.

Assim, diante da classificação dos trabalhadores em plataformas digitais de trabalho como autônomos, essas pessoas que, muitas vezes, fazem dessa atividade a sua principal fonte de renda não recebem nenhum tipo de proteção jurídico-laboral, porque inexiste regulamentação legal nesse sentido.

Por conseguinte, no Brasil, em tais relações, constata-se um défice quanto ao que se considera trabalho decente, contrariando a Agenda 2030 da ONU, que propugna pela adoção do trabalho decente para todos, independentemente da caracterização de uma relação de trabalho-padrão, assim entendida como aquela com um empregador único, por tempo indeterminado e geralmente nas dependências do empregador, num local fixo.

Sendo assim, em contraposição à regulação não estatal desse mercado de trabalho, a proteção jurídico-laboral heterônoma se faz imprescindível por se tratar de uma relação jurídica assimétrica, cujo objeto é o trabalho produtivo, direito humano fundamental e indispensável à dignidade humana assegurada constitucionalmente.

A desproteção vai na direção oposta ao que tem sido recomendado pela Organização Internacional do Trabalho, no intuito de assegurar uma garantia universal para os trabalhadores, independentemente da existência ou não de uma relação de emprego, conforme recomendado pela Comissão Mundial para o Futuro do Trabalho em seu relatório: Trabalhar para um futuro melhor (OIT, 2019a).

A proteção jurídica do trabalhador não empregado é um tema pouco explorado no Brasil, apesar do papel de centralidade que a dignidade da pessoa humana ocupa na

(141) De acordo com Rebecca Smith e Sarah Leberstein (2016, p. 1), a quantidade de 160 mil motoristas da empresa *Uber* em âmbito internacional, em 2015. Em 2017, uma reportagem da Folha de São Paulo informou que a empresa *Uber* divulgou ter superado 50 mil "parceiros" somente no Brasil. Atualmente, de acordo com informações disponibilizadas pela empresa em seu *site*, ela atua em mais de 500 cidades do Brasil, em mais de 10 mil cidades do mundo e conta 5 milhões de "motoristas/entregadores parceiros" no mundo.

Constituição brasileira e da existência de dispositivos constitucionais e infraconstitucionais suficientes no propósito de assegurar direitos ao empregado e a todo e qualquer trabalhador.

Nesse sentido, é necessário buscar respaldo na literatura consultada e nas legislações nacional e internacional vigentes, para apontar um caminho em direção a uma proteção trabalhista que alcance também os trabalhadores sob demanda em plataformas digitais, independentemente da caracterização ou não do vínculo empregatício.

3.2. O caminho a ser percorrido em direção à proteção jurídico-laboral

Neste momento histórico, da chegada irreversível das empresas-plataformas e das crescentes possibilidades de formalização de relações de trabalho por meios virtuais, quiçá até mesmo sem a participação humana para a formalização do contrato de trabalho, a pesquisa demonstrou que a maioria das empresas-plataformas costuma classificar os trabalhadores cadastrados em suas bases de dados como autônomos.

No Brasil, nenhuma das plataformas digitais de trabalho que foram pesquisadas no capítulo 1 reconheceu aos trabalhadores cadastrados em suas bases a condição de empregados. Todas elas os consideraram autônomos e, consequentemente, sem acesso ao manto protetor do Direito do Trabalho.

O dilema em torno da regulamentação do trabalho por meio de plataformas digitais de trabalho reside no fato do trabalhador ter liberdade para trabalhar quando e o quanto quiser, mas, ao mesmo tempo, sofrer forte ingerência da plataforma não só em relação ao modo como o trabalho é prestado, mas também em relação à pessoa do trabalhador, pois algumas plataformas adotam incentivos financeiros ou emocionais sedutores que o induz a permanecer logado no aplicativo.

As empresas utilizam técnicas de gestão, conhecidas como gerenciamento por métricas, as quais são capazes de influenciar a suposta liberdade de escolha dos trabalhadores, conduzindo-os para dias e horários que são mais convenientes às plataformas. Tais técnicas também podem ditar o comportamento dos consumidores.

A esse respeito, Scheiber (2017, [s.p]) explica que a empresa *Uber* "[...] empreendeu uma experiência extraordinária em ciências comportamentais para atrair sutilmente uma força de trabalho independente para maximizar seu crescimento". O autor informa que são utilizados incentivos psicológicos e técnicas das ciências sociais e ciências de dados para influenciar não só os locais, os momentos, mas também o tempo em que os motoristas trabalham, tudo para implementar um sistema que equilibre a oferta e demanda do serviço com menor custo para o consumidor.

Para tanto, Scheiber (2017) ressalta que a empresa experimentou técnicas de videogame, gráficos e recompensas não monetárias e adotou a mesma estratégia da *Netflix*, que consiste em iniciar o próximo episódio de forma automática, para manter o expectador ativo, o que, no caso da empresa *Uber*, significa direcionar chamadas dos próximos clientes aos motoristas antes mesmo de estes terminarem uma corrida.

Rosemblat e Calo (2017) noticiam práticas utilizadas por empresas proprietárias de plataformas digitais, como é o caso da *Uber*, cujo tratamento dos dados coletados desafiam também questões éticas em relação aos motoristas e ao consumidor. Por exemplo, quando o passageiro abre o aplicativo e aciona o motorista, aparece na tela o ícone do carro que está se dirigindo até o local do embarque, mas, antes de o carro ser solicitado, são exibidos na tela vários ícones que simbolizam os carros disponíveis nas redondezas, que podem ser "carros fantasma" com finalidade de levar o passageiro a acreditar que tem vários motoristas disponíveis, o que obviamente significa pouco tempo de espera, como um método para induzir o passageiro a dar preferência ao aplicativo da *Uber*, e não de uma de suas concorrentes. Neste caso, os autores informaram também que a empresa reconheceu que isso acontece, mas justificou que, embora pareça enganoso, essas imagens não retratam o número exato de carros disponíveis, mas apenas mostram que há motoristas procurando corridas, embora o consumidor não tenha como distinguir a imagem real daquela fabricada.

Rosemblat e Calo (2017) também informam que os cientistas de dados da empresa revelaram, por meio de um estudo detalhado, em quais momentos os passageiros tendem a aceitar preços mais altos e descobriram que um desses momentos ocorre quando a bateria dos aparelhos está acabando, o que põe em dúvida quais são as informações dos passageiros que são acessadas e quais são os verdadeiros critérios para a precificação das corridas. E citaram também que uma pesquisa realizada por dois engenheiros de computação constatou a oferta de tarifas diferentes para clientes de uma mesma região, a qual pode estar relacionada com o índice de satisfação, mas que a *Uber* justificou como um *bug* do sistema.

A respeito dos motoristas, Rosemblat e Calo (2017) afirmam que os contratos possuem cláusulas complexas e nada impede que sejam apagadas ou alteradas sem que o motorista tenha como comprovar quais eram as cláusulas vigentes durante o lapso temporal de duração da sua relação contratual.

Exemplos como o caso da oscilação de preço, que incita os motoristas a se deslocarem para uma região em que supostamente há maior demanda e prêmio, mas nada garante que, ao chegarem lá, a tarifa esteja realmente maior, o que evidencia a assimetria de poder das plataformas e impede os motoristas de fazer escolhas com base em informações confiáveis. Do mesmo modo, não existe mais o pagamento da hora garantida, que, segundo a *Uber* informou em maio de 2017, assegurava, até 2016, um valor/hora garantido para locais e turnos determinados para alguns motoristas, mas a *Uber* não revela quais são os critérios usados para escolher os motoristas que serão contemplados, os quais geralmente exigem o preenchimento de condições como

> [...] aceitar noventa por cento dos pedidos de viagem; completar duas viagens por hora; trabalhar entre os horários prescritos, como 12h00-3h00; ficar

online por cinquenta minutos a cada hora; manter uma alta classificação média de passageiros, como 4,7 de cinco estrelas; e aceitar viagens de dentro de um raio circunscrito (ROSEMBLAT; CALO, 2017, p. 1664).

Nesse caso, os autores informam (ROSEMBLAT; CALO, 2017) que motoristas se queixaram do não recebimento da hora garantida porque não satisfizeram o índice de aceitação, como também informam que, em vez de a chamada ficar na tela pelo tempo-padrão de 15 segundos, pisca rápido e desaparece, inviabilizando que o motorista aceite, ou pode ocorrer também de a empresa alegar que aceitaram menos corridas que o percentual estipulado, mesmo que isso não tenha acontecido e o motorista não tenha como comprovar o contrário. O mesmo ocorre quanto à taxa de cancelamento, quando o passageiro demora mais de cinco minutos e o motorista espera seis ou sete, mas a *Uber* diz que não esperou nem cinco e o motorista não tem acesso às informações para saber se o tempo que esperou foi realmente contabilizado.

Fato é que as plataformas digitais apresentam alto nível de adaptabilidade e vão criando mecanismos tecnológicos voltados à descaracterização dos elementos fáticos da relação de emprego, como se observa com essa alteração que ocorreu em relação à hora garantida.

Outro exemplo é o caso da plataforma *inDriver*, que conecta motoristas e passageiros e, quando estes solicitam uma corrida, ela apenas sugere o preço, mas, quando o algoritmo localiza vários condutores próximos, deixa a critério deles decidir se aceitam, ou não, percorrer o trajeto pelo preço sugerido, concedendo oportunidade para que os vários motoristas disponíveis façam uma contraproposta de valor, que é definido mediante ajuste direto entre o condutor e o passageiro. O pagamento também não passa pela plataforma, pois o motorista recebe diretamente em dinheiro logo após o término da corrida.

Certo é que o trabalho apresenta características ambivalentes quanto à natureza jurídica DA relação, pois se fazem presentes alguns aspectos, como dependência econômica, alteridade ou ingerência da plataforma no trabalho, os quais são inerentes ao trabalho subordinado, mas simultaneamente há outras características que são típicas do trabalho autônomo, como liberdade para acessar a plataforma de trabalho quando e por quanto tempo quiser, podendo ausentar-se em períodos que lhe forem convenientes.

Consequentemente, há grande controvérsia em torno da possibilidade de conceder algum grau de proteção jurídico-laboral para tais trabalhadores, em face da porção considerável de flexibilidade que o modelo de trabalho apresenta.

A falta de consenso em torno das possibilidades de regulamentação aventadas, cujas correntes doutrinárias foram apresentadas no capítulo anterior, é retratada pelas inúmeras disputas judiciais que têm sido travadas ao redor do mundo e evidenciam quanto é difícil alcançar uma solução para o tema da proteção jurídico-laboral desses trabalhadores.

No Brasil, a jurisprudência predominante é no sentido de que os trabalhadores que se ativam em plataformas digitais, especialmente de transporte de passageiros e de entrega de comidas, são autônomos.

Gabriela de Aquino e Olívia Pasqualeto (2019, p. 78), com base em dados estatísticos obtidos até 24 de setembro de 2018, afirmam que "[...] há uma tendência jurisprudencial ao não reconhecimento de vínculo empregatício entre o motorista e a *Uber* pela Justiça do Trabalho no Brasil". As autoras demonstram que, de 26 sentenças que negaram o reconhecimento de vínculo empregatício com a empresa e nas quais houve recurso da parte reclamante, 21 foram mantidas pelos Tribunais Regionais do Trabalho.

As três decisões proferidas até o momento pela mais alta corte da Justiça do Trabalho brasileira que apreciou a questão seguiram no mesmo sentido do não reconhecimento do vínculo empregatício(142).

Vê-se, portanto, que, apesar dos esforços doutrinários para atribuir proteção jurídico-laboral a esses trabalhadores pela via da definição da natureza jurídica da relação de trabalho, as condições fáticas de cada caso vão definir se haverá, ou não, o reconhecimento do vínculo empregatício, nos termos do art. 3º da CLT. A relação pode assumir as duas formas (PIÑERO-ROYO, 2018).

> A diversidade dentro de suas necessidades e padrões de trabalho sugere a nuance com a qual devemos abordar a reforma de nossas leis tradicionais de emprego e trabalho para melhor atender às realidades contemporâneas (LOBEL, 2016, p. 6).(143)

Depois de terem sido analisadas as vertentes que se apegam aos modelos legais existentes, classificando os trabalhadores como empregado, autônomo, autônomo dependente, intermitente ou cooperado, notou-se, pelas críticas a cada um deles, que nenhum é capaz de açambarcar integralmente a heterogeneidade de formatos de trabalho constatados nas diferentes plataformas, razão pela qual não se mostra adequada a

---

(142) BRASIL. Tribunal Superior do Trabalho. Processo n. TST-AIRR-10575-88.2019.5.03.0003. Relator: Ministro Alexandre Luiz Ramos.

BRASIL. Tribunal Superior do Trabalho. Processo n. TST-RR-1000123-89.2017.5.02.0038. Relator: Ministro Breno Medeiros.

BRASIL. Tribunal Superior do Trabalho. Processo n. TST-AIRR-10575-49.2019.5.03.0113. Relatora: Ministra Dora Maria da Costa.

(143) Tradução livre do original: "The diversity within their needs and work patterns suggests the nuance with which we should approach reforming our traditional employment and labor laws to better serve contemporary realities".

padronização da classificação de toda a coletividade de trabalhadores mediante a adoção generalizada de um desses formatos se as situações hipotéticas são individualizadas e, sendo assim, podem ter elementos fático-jurídicos variáveis.

Assim, como as modalidades de trabalho por meio de plataformas são muito heterogêneas e os modelos de negócios viáveis por meio de plataformas parecem ser infinitos, é preciso analisar cada situação caso a caso.

O fato de as empresas que operam por meio de algoritmos contarem com alta dose de tecnologia para a realização de sua atividade-fim não é suficiente para permitir que recebam tratamento jurídico-trabalhista diferenciado, especialmente porque se espera que tais recursos avancem também para outras modalidades empresariais.

Não se justifica que um novo modelo de negócios tenha tratamento diferenciado e seja excepcionado da exigência de cumprimento das leis trabalhistas apenas por lidar com tecnologia (CHERRY; ALOISI, 2017).

Orly Lobel (2016) relembra que a disseminação de trabalhos eventuais precede o aumento das plataformas virtuais, de modo que o caminho certo não é a comparação entre o trabalho contingente *on-line* e um trabalho de alta remuneração, em tempo integral e de longo prazo, *off-line*, mas, sim, deve focar a realidade cada vez mais precária que os trabalhadores enfrentam tanto *on-line* quanto *off-line*.

Partindo dessa premissa, do aumento da precariedade das relações laborais, pretende-se elaborar uma proposta para regulamentar os trabalhadores em plataformas digitais, não por merecerem tratamento diferenciado, mas por terem apresentado peculiaridades até então não difundidas no mundo do trabalho.

Antes, porém, é preciso fazer uma breve digressão sobre o caminho percorrido pelo Direito do Trabalho no Brasil. O Direito do Trabalho foi constituído com base na realidade social da época, em que era impensável a possibilidade de trabalhar longe da base do empregador, sem estar sob seu comando direto e pessoal, já que ele era o detentor do controle da obrigação de fazer assumida pelo empregado, em troca de uma remuneração para sua subsistência, ou pode-se dizer que havia "[...] troca de obediência por um estatuto de direitos" (LINHART, 2017, [s.p]).

Não havia um transporte rápido que permitisse ao trabalhador se deslocar rapidamente de um local para o outro, durante o intervalo intrajornada. Veículos eram artigos de luxo, não acessíveis a qualquer trabalhador e, no Brasil, nem sequer havia metrô, pois o primeiro foi inaugurado na década de 1960. E não é só: a comunicação mais moderna que existia ocorria por contato telefônico, porém os custos para adquirir e manter uma linha telefônica eram bastante elevados, de modo que o uso desse aparato de comunicação também era bastante restrito.

Pouco a pouco, essa realidade foi mudando, e os grandes centros urbanos começaram a se desenvolver em torno das fábricas, por meio do êxodo rural e da chegada dos imigrantes que, com a intensificação do industrialismo, rumaram às cidades, em busca de uma vida melhor.

A ideia de uma vida melhor, portanto, era indissociável da expectativa de obter uma vaga de trabalho, tendo como ápice um emprego fixo e estável. Ser bem-sucedido era ter um emprego com perspectiva de longa duração e segurança, o que só podia ser alçado pelas mãos dos proprietários dos meios de produção, que apenas migraram do campo para as fábricas.

A elite que compunha a classe industrial era, em boa parte, a dominante de ex-senhores de escravos, e o processo de industrialização utilizou muito do capital acumulado na exploração do trabalho escravo na produção agrícola (SOUTO MAIOR, 2017).

Com o passar do tempo, as mudanças no sistema produtivo capitalista continuaram a ser implementadas, e a ideia de empresa fordista dos anos 1990, com gigantismo, concentração e um núcleo localizável, foi substituída por cosmopolitismo, agilidade e especialização, "[...] mediante operações conceituais concernentes ao poder de controle acionário e ao domínio tecnológico" (FREITAS JR., 2014, p. 84).

Arun Sundararajan (2016, p. 2) afirma que "[...] coisas apropriadas para uso pessoal, instituições de tijolo e argamassa, moeda forte e empregos assalariados, permanentes e em local fixo foram substituídos por acesso compartilhado, troca virtual, dinheiro digital e trabalho sob demanda"(144).

A chegada da quarta revolução industrial e do desenvolvimento da internet das coisas e da tecnologia de informação trouxe profundas alterações no modo de vida da sociedade como um todo, modificando também o processo produtivo, mas nada mudou em relação ao proprietário e ao não proprietário, sendo o primeiro o detentor dos meios de produção, ainda que imateriais, e o segundo aquele que depende do primeiro para obter seu ganho e manter a subsistência própria e da família.

Nesse contexto, surgiram as empresas-plataformas, as quais se valem do discurso amável da economia colaborativa e tiram proveito dos novos hábitos digitais da população para, somando à falta de oportunidades no mercado de trabalho mais sua forte política de *marketing*, convencerem os trabalhadores de que foram convertidos em empreendedores, em trabalhadores *freelancers,* donos do próprio destino, embora na realidade o destino esteja nas mãos de grandes corporações transnacionais que capitalizam o valor do trabalho (ÂNGULO; RODRÍGUES; DIAS, 2018).

---

(144) Tradução livre do original: "[...] stuff owned for ones's personal use, brick-and-mortar instituitions, hard currency, and on-site, salaried, permanent jobs were on their way out, and shared access, virtual exchange, ditital money, and flexible on-demand labor were in".

Neste trabalho, defende-se que, se o desenvolvimento social e tecnológico provocou mudanças na sociedade, no modo de vida de as pessoas se relacionarem tanto pessoal como profissionalmente, o Direito do Trabalho tem de ser aplicado à luz dessa nova realidade, levando-se em conta os novos mecanismos empregados pelos trabalhadores e empregadores durante a relação de trabalho.

Por isso, Miguel Reale (2002, p. 65) afirma que "[...] os elementos fato, valor e norma não existem separados uns dos outros, mas coexistem numa unidade concreta".

Davidov (2017, p. 7) também relembra que não se pode perder de vista que há um objetivo geral por trás da legislação trabalhista. Ele salienta:

> Podemos explicar a necessidade de leis trabalhistas em termos dos valores gerais que elas promovem, como igualdade, democracia no local de trabalho, justiça distributiva, autonomia, eficiência (mais controversa), capacidade de não dominação ou maximização. Em outro nível, podemos dizer que as leis trabalhistas são necessárias para corrigir as falhas do mercado ou (mais comumente) abordar a desigualdade de poder de negociação entre empregador e empregado. Além disso, podemos explicar as leis trabalhistas como um meio de abordar as vulnerabilidades que caracterizam as relações de emprego, que, em minha opinião, são défices democráticos (ou subordinação, amplamente concebida) e dependência.[145]

A dignidade da pessoa humana continua tendo um papel de centralidade na constituição brasileira, e o Direito do Trabalho constitui "[...] uma legislação de proteção aos economicamente débeis" (GOMES; GOTTSCHALK, 2007, p. 33).

Nesse contexto de valorização do trabalho humano como meio de subsistência, não mais se sustenta a restrição do campo de incidência do Direito do Trabalho apenas aos trabalhadores com vínculo empregatício.

Não importa, portanto, o rótulo atribuído à relação jurídica entre trabalhadores e detentores do capital, ou aos sujeitos que a compõem. O fato é que os novos formatos de trabalho requerem que seja formulada uma política de proteção voltada àqueles que dele retiram o seu meio de subsistência, ou seja, o trabalhador de modo geral. Se a realidade aponta o crescimento do trabalho informal, precário e inseguro, é para tais fatos que os poderes públicos têm que voltar seus olhares.

---

(145) Tradução livre do original: "We can explain the need for labour laws in terms of the general values that they advance, such as equality, workplace democracy, distributive justice, autonomy, efficiency (more controversial), non-domination or maximizing capabilities. At another level, we can say that labour laws are needed to correct market failures or (most common) to address the inequality of bargaining power between employer and employee. Also, we can explain labour laws as addressing the vulnerabilities characterizing employment relations, which in my view are democratic deficits (or subordination, broadly conceived) and Dependency".

> Os fatos sociais dinamizam e modificam o Direito como é claro que as relações laborais provocam e impulsionam modificações no Direito do Trabalho (MORAIS, 2019, p. 50).

A tecnologia não pode servir como meio de acesso a condições de subsistência indignas, tampouco como veículo de exclusão, e sim deve nortear as ações de formação e informação do trabalhador para que se qualifique e encontre lugar no mercado de trabalho.

Ao reconhecer os desafios desencadeados pelos avanços tecnológicos que transformaram o mundo do trabalho, a Comissão Mundial para o Futuro do Trabalho, constituída no âmbito da Organização Internacional do Trabalho (2019, p. 12), publicou, no ano de seu centenário, o relatório "Trabalhar para um futuro melhor", o qual apresentou uma agenda centrada no ser humano, sedimentada em três pilares de ação: i) aumentar o investimento na capacidade das pessoas; ii) aumentar o investimento nas instituições do trabalho; e iii) aumentar o investimento no trabalho digno e sustentável.

Na mesma toada, a Agenda 2030, que apresenta 17 objetivos para um desenvolvimento sustentável, dedica o seu oitavo objetivo à questão do trabalho decente e crescimento econômico e visa "[...] promover o crescimento econômico sustentado, inclusivo e sustentável, o emprego pleno e produtivo e o trabalho decente para todos" (ONU, [s.p.]).

Rebecca Smith e Sarah Leberstein (2015) ressaltam que não só para os trabalhadores da *gig economy,* mas para qualquer outra seção do mercado do trabalho, é necessária a concessão de alguma proteção que seja considerada universal, independentemente de se caracterizar a relação de emprego.

Em âmbito nacional, o relatório sobre o futuro do trabalho no Brasil: perspectivas e diálogos tripartites, entre outros pontos, que suscitam maior desafio no âmbito laboral, evidenciou a questão da flexibilização das formas de trabalho e de contratação, principalmente por meio da substituição do emprego formal por formas atípicas de trabalho, revestidas de autonomia ou por meio de pejotização, o que dificulta a representação e negociação coletiva dos trabalhadores (OIT, 2019a).

Nesse cenário, o relatório destacou a necessidade de se criarem novos mecanismos de proteção para os trabalhadores sem vínculo empregatício ou autônomos e para o fortalecimento da conexão entre os órgãos responsáveis pela garantia dos direitos do trabalho, especialmente a Justiça do Trabalho, Secretaria de Inspeção do Trabalho e Ministério Público do Trabalho (OIT, 2019a).

Em artigo apresentado no mesmo relatório, Coutinho (2018, p. 84) aponta que uma das questões que demandam solução é o que ela chama de "[...] tentativa de desconstrução do assalariamento [...]", a qual dificulta o bom desempenho do direito diante da flexibilização e de processos de fragmentação estimulados por novos modos de organização produtiva, sejam pós-fordistas, sejam aqueles introduzidos pelas plataformas eletrônicas e tecnologias disruptivas. Sobre a necessidade de ampliar o âmbito protetivo do Direito do Trabalho, distinguindo diversas possibilidades, ela salienta:

> A partir do reconhecimento das relações atípicas, coloca-se o relevante problema de como classificar o que são novas formas de contratação, o que são formas inaceitáveis de apropriação da mão de obra, ou as permanentes fraudes à relação de emprego. A expansão das fronteiras da proteção jurídica para qualquer trabalho é um aspecto desta questão, cujo nó górdio reside em fazê-lo sem rebaixar o padrão protetivo e estabilizador do direito laboral (COUTINHO, 2018, p. 84).

Oliveira (2012, p. 221) afirma que "[...] foram criadas novas formatações de não emprego para a prática de trabalho assalariado [...]" e, por isso, aponta a necessidade de reavaliar a eficácia do critério da subordinação jurídica como nota distintiva do Direito Individual do Trabalho. O autor propõe a utilização do critério da dependência econômica para definir o conceito de empregado. Ele destaca:

> Nesta heterogeneidade de formas de trabalho, identificam-se trabalhadores que prestam pessoalmente serviços submetidos não à subordinação clássica do Direito do Trabalho, mas sim em uma condição de dependência.
>
> Fora da noção clássica de 'subordinação jurídica', estes trabalhadores dependentes integrantes desta atipicidade são excluídos da tutela legal da relação de emprego (OLIVEIRA, 2012, p. 221).

A lição do autor mostra-se adequada à realidade do trabalho por meio de plataformas digitais, nas quais nem sempre a subordinação clássica será configurada, em razão da maior margem de flexibilidade concedida ao empregado, em relação tanto aos horários quanto ao modo de realizar o trabalho, caracterizando um poder diretivo mais diluído.

Em virtude disso, surgiram novas teorias que buscaram alargar o conceito de subordinação, em busca de encampar os trabalhadores da atualidade, especialmente os que lidam mais diretamente com tecnologia de informação, como é o caso dos trabalhadores em plataformas digitais, foco deste trabalho.

Exemplo disso é a chamada subordinação reticular como marco da passagem da sociedade da disciplina de Focault para a sociedade do controle, de Deleuze, em referência à transição para a fase do capitalismo tecnológico (JUNIOR; MENDES; OLIVEIRA, 2017) ou a subordinação por algoritmos, em alusão à gestão algorítmica dos dados coletados por plataformas digitais (REIS; CORASA, 2017).

Não se pode esquecer, porém, que, apesar de a doutrina ter incorporado a subordinação jurídica como um dos elementos fáticos da relação de emprego, o art. 3º da CLT fala apenas em "dependência deste", referindo-se ao empregador, o que certamente comporta discussão sobre o que pode entender como dependência no novo cenário do trabalho intermediado por plataformas digitais.

De todo modo, essa mudança no formato do comando do trabalho, que se opera de modo indireto, por meio de equipamentos tecnológicos, não passou despercebida aos olhos do legislador, que, em 2011, mediante a Lei n. 12.551, inseriu um parágrafo único[146] no art. 6º da CLT, para deixar claro que, para fins de subordinação jurídica, tanto faz se o controle feito pelo empregador ocorre por meios informatizados ou telemáticos, ou se ocorre de forma direta e pessoal.

Sendo assim, não se pode dizer, em abstrato, que sempre haverá subordinação redutível à hipótese do art. 3º da CLT, porque será a análise do caso concreto que definirá o maior ou menor grau de controle e ingerência sobre o trabalho exercido pelo empregado. Porém, um ponto a ser ressaltado é que o simples fato de o controle ser feito por meio pessoal ou informatizado não será suficiente para mudar a realidade fática, pois o que importa são os fatos, e não a forma.

Para Pontes de Miranda (2006, p. 112), "[...] o trabalhador subordinado ou dependente é aquele que fica sob as ordens e disciplina do empregador".

No entanto, é importante destacar que a subordinação não incide sobre a pessoa do trabalhador, mas sobre o trabalho prestado, devendo, pois, ser considerada objetivamente.

Evidentemente o objeto do contrato de trabalho — o trabalho prestado — é indissociável da pessoa do trabalhador, porém esse contrato trata de "[...] relação intersubjetiva cujo nexo fundamental é de natureza objetiva" (VILHENA, 2005, p. 517-518).

Para caracterizar a subordinação, não menos importante são os conceitos de alteridade e alheabilidade, cujos contornos ganharam notoriedade por meio da doutrina italiana e espanhola, os quais também podem ser extraídos da leitura atenta do art. 2º, *caput,* da CLT, no qual se situa a definição da figura do empregador como aquele que assume os riscos da atividade econômica.

Neste particular, é importante distinguir os conceitos de um e outro, em razão da dificuldade da tradução do termo *ajenidad* para o português.

A expressão aparece de duas formas, ora como referência à assunção dos riscos da atividade econômica pelo empregador, no mesmo sentido empregado por Barassi, ora como a assunção do fruto do trabalho pelo empregador, isto é, o trabalho é prestado por conta própria, e não por conta alheia, conforme a lição de Manuel Alonso Olea.

(146) De acordo com o parágrafo único do art. 6º da CLT: "[...] os meios telemáticos ou informatizados de comando, controle e supervisão se equiparam, para fins de subordinação jurídica, aos meios pessoais e diretos de comando, controle e supervisão do trabalho alheio".

De acordo com Barassi (1949), o alheamento ao risco da empresa seria também um elemento essencial para a caracterização da prestação do empregado.

Olea e Baamonte (1989) ensinam que, em razão da *ajenidad*, o trabalhador não fica com o fruto do seu trabalho desde o início, quando já é de propriedade do terceiro, credor do trabalho.

Para Pinto (2003), o alheamento ao risco da empresa (BARASSI, 1949) e a alteridade (OLEA; BAAMONTE, 1989) são elementos que fazem parte da subordinação, não se enquadrando como elementos essenciais à configuração da relação de emprego, e sim como elementos acidentais ou facultativos, que ocupam um papel auxiliar para definir a prestação do empregado.

Esses conceitos, que foram objeto de grandes debates no século passado, agora vêm à tona e com certeza são fatores que devem ser conjugados para, à luz do caso concreto, analisar a questão da subordinação.

Entretanto, o problema das relações de trabalho por intermédio das plataformas virtuais vai além da subordinação jurídica, pois, mesmo nos casos em que ela seja reconhecida, existe a possibilidade de não se caracterizar a relação de emprego pela ausência de seus outros requisitos.

Diante disso, reconhece-se, a necessidade apontada por Oliveira, de ampliar os limites do conceito da subordinação jurídica como meio de impedir a fuga do Direito do Trabalho, já que, no Brasil, o seu manto protetivo se volta tão somente às relações de trabalho com natureza jurídica de vínculo empregatício.

Entretanto, para além disso, de modo subsidiário, também se mostra necessário retomar a discussão sobre a expansão dos limites subjetivos do Direito do Trabalho, para nele incluir os trabalhadores que não são empregados, mas que, nem por isso, deixam de ser vulneráveis e economicamente dependentes das plataformas virtuais.

Freitas Junior e Silva (2017) chamam a atenção para o fato de que, em países como o Brasil, em que os trabalhadores autônomos não possuem nenhum tipo de proteção jurídico-laboral, a discussão em torno da caracterização ou não do vínculo empregatício ganha relevo, pois a inexistência de uma relação de emprego pode implicar o aumento da precariedade, mas o mesmo não ocorre em países em que o nível de proteção é maior, com serviços de bem-estar que funcionam bem, salários relativamente altos e mercado de trabalho em expansão, nos quais a magnitude moral da ausência de proteção será muito menor.

Diante desse cenário, além de considerar que, conforme exposto no item 2.1, o trabalho por meio de plataformas digitais não constitui um fenômeno isolado, pois faz parte de um conjunto de relações de trabalho que, assim como outras citadas, fogem ao padrão do emprego tradicional, entende-se que o melhor caminho em direção à proteção jurídico-laboral desses trabalhadores sob demanda é a construção de um núcleo protetivo mínimo que alcance todos os trabalhadores, independentemente de se configurar, ou não, uma relação de trabalho subordinado.

O desafio será, porém, traçar os critérios que distingam o autônomo tradicional, que atua como um empresário e detém capacidade para negociar seus serviços no mercado, daquele trabalhador autônomo que se encontra em situação de vulnerabilidade, já que somente a este será destinada proteção.

Um dos critérios razoáveis concerne à dependência econômica. A esse respeito, Feliciano e Pasqualeto (2019) consideram razoável a adoção de alternativas que confiram algum grau de proteção jurídica aos trabalhadores que se ativam por meio de plataformas digitais, mesmo quando não sejam empregados, a exemplo do que ocorre com o trabalhador autônomo dependente na Espanha.

Davidov (2017, p. 9) também defende que haja intervenção no contexto dessas novas relações para que esses trabalhadores sejam protegidos, quando houver dependência econômica, ainda que não se constate a subordinação, o que poderia ser feito por meio da criação de uma categoria intermediária de "contratados dependentes".

Para lá da dependência econômica, outros elementos podem definir tal condição. Um percentual de renda ou um tempo dedicado à plataforma, por exemplo, podem ser considerados um parâmetro sensato (CHERRY; ALOISI, 2017).

Adotando-se um exemplo do que se passou no Brasil, nesse caso, também poderia ser utilizado o critério objetivo empregado pela Lei Complementar n. 150/2015, que, para distinguir as diaristas das trabalhadoras domésticas com vínculo empregatício, estabeleceu que, para o reconhecimento do vínculo, é necessário que o labor ocorra por mais de dois dias na semana(147).

Outros aspectos, como possuir estabelecimento aberto ao público, contar com a ajuda de funcionários ou ser detentor dos meios de produção, cujo valor seja relevante para a atividade econômica, podem ser úteis.

Portanto, é importante deixar claro que o simples fato de o trabalhador ser contratado, monitorado e remunerado por intermédio de uma empresa-plataforma não impede a configuração do vínculo empregatício, desde que se façam presentes os seus requisitos: pessoalidade, onerosidade, não eventualidade e subordinação. Nesse sentido, vale a pena citar que o legislador brasileiro deixou claro, por meio do parágrafo único do art. 6º, que o controle pessoal e direto que incide sobre o trabalho não altera a realidade fática quanto ao reconhecimento da subordinação somente pelo fato de ser feito remotamente, por meios telemáticos.

O trabalhador em plataformas virtuais, assim como outros que possuem características *sui generis*, como os atletas profissionais ou artistas, deverão ser classificados do mesmo modo que os demais, ou seja, o caminho a ser percorrido em direção à proteção

(147) Diz o art. 1º da Lei Complementar n. 150/2015: "Ao empregado doméstico, assim considerado aquele que presta serviços de forma contínua, subordinada, onerosa e pessoal e de finalidade não lucrativa à pessoa ou à família, no âmbito residencial destas, por mais de 2 (dois) dias por semana, aplica-se o disposto nesta Lei".

jurídico-laboral deve primeiro perpassar pelo teste que identifica a presença dos elementos fáticos jurídicos do vínculo empregatício, hipótese em que haverá a incidência integral do arcabouço protetivo do Direito do Trabalho.

Assim, a regra geral para trabalhos por meio de plataformas virtuais continua sendo a da relação de emprego, de modo que, admitida a prestação de serviços, cabe ao contratante dos serviços afastar essa presunção e comprovar a existência de fato impeditivo, modificativo ou extintivo do direito do reclamante, nos termos do art. 818, II, da CLT.

Todavia, na hipótese de não se caracterizar o vínculo empregatício, também se mostra indispensável atribuir algum grau de proteção a esses trabalhadores que não contam organização empresarial (de negócios/econômica) própria, embora não sejam empregados dependem dos rendimentos auferidos deste trabalho, como se empregados fossem.

É indiscutível, portanto, que os trabalhadores que se ativam por meio de plataformas virtuais devem ser protegidos pelo Direito do Trabalho. A questão que se apresenta agora é qual a forma mais adequada de fazê-lo, considerando-se a realidade brasileira.

Nesse desiderato, é importante conhecer quais têm sido as principais reivindicações desses trabalhadores, como um passo antecedente para pensar num estatuto protetivo mínimo, bem como apontar quais pilares legais sustentam esse embasamento.

3.3. As reivindicações dos trabalhadores como ponto de partida para a proteção jurídico-laboral

A pesquisa constatou que o ponto central da discussão a respeito da proteção jurídica do trabalhador sob demanda em plataformas digitais reside na sua classificação ou não como empregado, uma vez que, tal qual sucede no Brasil, na maioria dos países citados no decorrer deste estudo, o preenchimento dessa condição servirá como porta de acesso à proteção integral dispensada ao trabalhador pelo Direito do Trabalho.

Ocorre que, embora centenas de trabalhadores tenham ajuizado ações na Justiça do Trabalho[(148)], em busca de direitos reconhecidos por essa legislação especializada, há uma parte dos trabalhadores que, de fato, se consideram autônomos, tanto que ajuízam ações na Justiça Comum[(149)], questionando alguns fatos, como o desligamento da plataforma, a ausência de pagamento de prêmios, entre outros pedidos.

---

(148) A simples consulta por certidão realizada em 14 de agosto de 2020, no âmbito do Tribunal Regional do Trabalho da 15ª Região, mediante busca pela razão social Ifood.com Agencia de Restaurantes Online S.A. (Certidão n. 469946/2020) e Uber do Brasil S.A (Certidão n. 1470460/2020), constatou a existência de mais de 300 ações judiciais em face das empresas citadas.

(149) Nos autos números 5008316.39.2017.8.09.0051 (1ª Vara do Juizado Especial Cível - Goiânia), 0710546-77.2018.8.07.0000 (6ª Turma Cível do TJDF), 1007115-80.2018.8.26.0016 (1ª Vara do Juizado Especial Cível - Vergueiro), por exemplo, os motoristas questionaram promessas de prêmios ou a rescisão do contrato diretamente na Justiça Estadual, ocasião em que os magistrados apreciaram o mérito da demanda, evidenciando que se consideram competentes em razão da matéria para apreciar e julgar os pedidos.

Uma pesquisa realizada pelo IBOPE em julho de 2020, por exemplo, questionou mil trabalhadores a respeito de duas opções para escolha, nos seguintes termos: i) primeira: “você prefere o modelo de trabalho atual, que te permite escolher os dias da semana e os horários em que gostaria de trabalhar, podendo ainda trabalhar com vários aplicativos e definir a melhor forma de compor sua renda?”; ou ii) segunda: “gostaria de ter carteira assinada para poder ter acesso a benefícios e direitos, como 13º salário, férias, Instituto Nacional do Seguro Social (INSS) e FGTS, mas tendo de cumprir horários e demais regras das empresas de aplicativos?” Diante do questionamento, 70% dos motoentregadores responderam que preferem a primeira opção do modelo atual de trabalho em que não há vínculo empregatício (SENA, 2020).

Recentemente, entre 26 e 31 de julho de 2020, também foi realizada pesquisa pela Universidade Federal da Bahia (2020) com 103 trabalhadores entregadores de várias regiões do Brasil, sendo 72 motociclistas e 31 trabalhadores com bicicleta, dos quais 54,4% responderam que não gostariam de ter a carteira de trabalho assinada, ao passo que 45,6% responderam que sim ou talvez.

Dos trabalhadores que declararam que não desejam ter a carteira de trabalho assinada, 87,5% indicaram uma justificativa para o seu posicionamento e a pesquisa constatou que 81% demonstraram receio de ter a remuneração reduzida ou perder a flexibilidade.

No gráfico seguinte, demonstram-se os principais motivos para a não formalização do contrato de emprego:

Gráfico 2 – Por que não gostaria de ter a carteira de trabalho assinada?

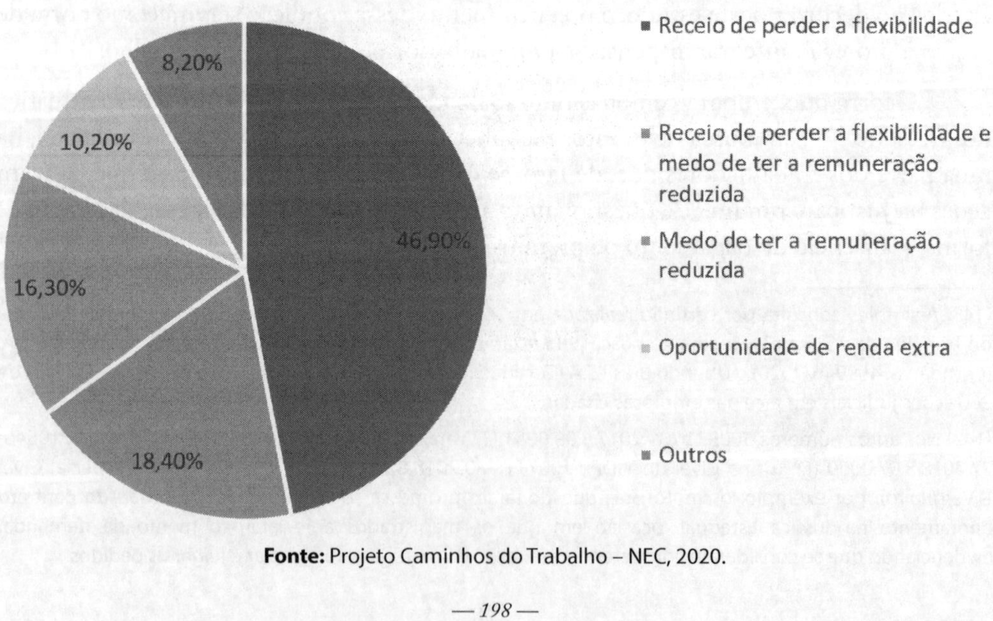

Fonte: Projeto Caminhos do Trabalho – NEC, 2020.

Em 25 de fevereiro de 2019, durante a realização de audiência referente à Ação Civil Pública movida pelo Ministério Público do Trabalho em face da empresa *Loggi*(150) (Processo n. 1001058-88.2018.5.02.0008), na qual se pleiteou o reconhecimento de vínculo empregatício com os entregadores, houve uma manifestação em São Paulo, em frente ao Fórum Trabalhista da Barra Funda, porque parte dos mototaxistas que realizam essa atividade não se sente representada pelo sindicato e não concorda com o pleito do Ministério Público do Trabalho para que todos sejam reconhecidos como empregados, pois preferem continuar trabalhando como autônomos. Um dos trabalhadores que participaram da manifestação disse (BRITO, 2019, [s.p]):

> Nós decidimos, eu juntamente com o Gringo, decidimos conversar com a Juíza logo após o término da audiência. A audiência acabando, o que aconteceu, eu falei para a Sra. Juíza que só uma parte estava sendo escutada, a segunda parte, a parte era do sindicato, a parte escutada foi a do sindicato através do Ministério Público, talvez, escutem bem, talvez mal influenciados por um sindicato que não representa a categoria, que ficamos (*sic*) bem entendidos. Não que o Ministério Público esteja fazendo isso porque ele quer o mal da categoria, mas sim porque ele foi mal influenciado pelo sindicato. Ou seja, nós também pedimos a palavra à Juíza pra dizer que nós também queremos ser ouvidos, pra ouvir a nossa parte e que essa multidão de mar azul, que ela viu da sala dela, nem todos aqui trabalham em período integral na Loggi, todos têm seu trabalho e não querem voltar para a CLT, que isso sem bem frisado, cê (*sic*) entendeu, rapaziada?

Situação semelhante aconteceu na Espanha, onde, depois que a ministra do Trabalho e Economia Social, Yolanda Díaz, afirmou que seu ministério segue firme no propósito de elaborar um projeto de lei, para reconhecer a condição de empregados dos entregadores (EL ECONOMISTA, 2020), três associações que reúnem cerca de 1.400 trabalhadores que realizam entregas por meio de plataformas digitais, a saber: a Asociación Autónoma de Riders (AAR), Asociación Profesional de Riders Autónomos (APRA) e Asociación Española de Riders Mensajeros (Asoriders) enviaram uma carta para o Ministério do Trabalho pleiteando a manutenção da sua condição como autônomos (EL ECONOMISTA, 2020).

De acordo com a carta (EL ECONOMISTA, 2020), os trabalhadores apresentaram suas principais convicções, que são sintetizadas em quatro itens: i) entendem que a proteção é algo irrenunciável, mas como sinônimo de segurança, e não de vínculo empregatício, cuja imposição poderia acarretar a perda de sua fonte de renda, bem como de

(150) Referida ação foi julgada improcedente em primeiro grau e a decisão foi mantida pelo Tribunal Regional do Trabalho da 2ª Região, sob fundamento de que a possibilidade de recusar corridas e o fato de o engajamento no aplicativo não ser obrigatório afastam a subordinação.

sua independência e flexibilidade; ii) a coletividade dos trabalhadores é muito heterogênea, incluindo empresários, estudantes e pessoas em fase de transição, que têm distintas necessidades e querem manter o controle de seu trabalho; iii) defendem o direito de ter um representante no debate sobre o futuro da categoria; iv) entendem que um novo marco regulatório deve protegê-los sem expô-los, com benefícios como férias, formação e licença-saúde, mas sem perder o maior atrativo desse trabalho que é liberdade, que a condição de autônomos lhes proporciona. Afirmaram que a melhor forma de representar a todos os entregadores é combinar a segurança e a flexibilidade.

Nota-se, portanto, que existe uma diversidade de interesses entre os próprios trabalhadores que trabalham por intermédio das plataformas digitais, o que certamente é um dos fatores que torna difícil a solução a respeito de uma proteção jurídica que seja considerada adequada para eles e por eles, sendo imprescindível dar voz aos principais interessados, como restou evidenciado pela fala do trabalhador acima citada.

Um ponto importante que deve ser destacado é que o fato de alguns trabalhadores se enxergarem como autônomos ou demonstrarem algum índice de satisfação em relação a esse modelo de trabalho não significa que haja contentamento com suas condições de trabalho. Muito pelo contrário, diversos movimentos têm sido organizados em várias cidades, de distintos países, em busca do reconhecimento de direitos que ensejem melhorias das condições de trabalho desses trabalhadores. Reportagem de Bárbara Muniz Vieira, publicada em 21 de junho de 2020, revelou que houve um "protesto na Avenida Paulista", em 5 de junho de 2020, de entregadores que se uniram para "[...] pedir melhores condições de trabalho", concentradas em três reclamações:

> [...] a queda no valor das taxas de remuneração, que têm caído na medida em que aumenta a quilometragem e o número de entregas pelo valor pago, os bloqueios indevidos e sem justificativas dos profissionais, que podem ficar dias sem trabalhar e sem saber o motivo, e o sistema de pontuação de ranking, que é o que define os dias e a área em que o entregador pode atuar, por exemplo (VIEIRA, 2020, [s.p]).

No mesmo sentido, poucos dias depois, em 1º de julho de 2020, aconteceu outro movimento dos entregadores que ficou conhecido como "breque dos apps", em que, segundo notícia veiculada no *site* do *UOL*, "[...] a principal reclamação é sobre a precariedade do trabalho, que muitas vezes envolve trabalhar muito e ganhar pouco" (OLIVEIRA, 2020, [s.p]). Segundo a reportagem, "[...] os entregadores fazem uma série de exigências aos aplicativos que, segundo eles, não oferecem diálogo". Entre as exigências, estão:

> Reajuste de preços: os entregadores recebem entre R$ 4,50 e R$ 7,50, valor que varia por aplicativo e distância percorrida — mais R$ 0,50 a R$ 1,00 por quilômetro rodado.

> Reajuste anual: pedem que haja um reajuste anual programado para o serviço.
>
> Tabela de preços: citado por alguns entregadores, seria uma tabela não ditada pelo governo ou reguladores, mas construída entre entregadores e aplicativos.
>
> Fim de bloqueios indevidos: reclamação constante dos entregadores, que questionam as políticas das empresas que acabam punindo entregadores com bloqueios.
>
> Entrega de EPIs: pedem equipamentos de proteção para trabalhar com mais segurança durante a pandemia.
>
> Apoio contra acidentes: se o entregador sofrer acidentes enquanto usa a plataforma, a ideia é ter algum tipo de auxílio.
>
> Programa de pontos: alguns entregadores questionam sistemas que fazem *ranking* de entregadores (OLIVEIRA, 2020, [s.p]).

Vale citar que, logo após esse movimento realizado em 1º de julho de 2020, foi protocolado um pedido de mediação pré-processual pelo Sindicato dos Mensageiros Motociclistas, Ciclistas e Mototaxistas do estado de São Paulo, como requerente, no Tribunal Regional do Trabalho da 2ª Região Procedimento de mediação e conciliação pré-processual (PMPP n. 1002822-65.2020.5.02.0000), que teve como requeridas as empresas *Ifood.com* Agências de Restaurantes Online S.A., *Rappi* Brasil Intermediação de Negócios Ltda., *Loggi* Tecnologia Ltda., *Lalamove* Tecnologia (Brasil) Ltda. e *Uber* do Brasil Tecnologia Ltda. e culminou em uma reunião[151] realizada em 14 de julho de 2020, quando, além do requerente e das requeridas, compareceu a União Geral dos Trabalhadores (UGT), mas não houve nenhum desfecho porque o sitema *Cisco Webex Meetings* se tornou instável.

De acordo com despacho proferido pelo Exmo. Desembargador Dr. Rafael Pugliese, ao designar a audiência de conciliação (ID 6ce3ab8), as reivindicações foram as seguintes: (i) aumento do valor por entrega realizada; (ii) aumento do valor pago por quilômetro rodado; (iii) fim das punições de bloqueios e desligamentos e do sistema de pontuação e restrição dos locais de trabalho; (iv) contratação de seguros de vida e contra acidente, roubo e furto de moto; (v) fornecimento de EPIs para sanitização, tais como álcool em gel 70%, máscaras descartáveis (mínimo 04/dia) e local fixo para a higienização das mãos e baú das motos; (vi) licença remunerada para os contaminados pela Covid-19 no exercício do trabalho.

A Associação Brasileira do Setor de Bicicletas (*Aliança Bike*) realizou uma pesquisa sobre o perfil dos entregadores ciclistas de aplicativos, na qual foram entrevistados

(151) A ata de reunião foi disponibilizada no *site* do Sindimoto.

270 trabalhadores, dos quais a maioria (132 trabalhadores) trabalha de 9 a 12 horas por dia e 132 dos 244 que informaram seus rendimentos recebem R$ 1.105,80 mensais. De acordo com essa pesquisa, para 31% desses trabalhadores a principal vantagem desse trabalho é "emprego rápido, sem processo seletivo" e para 30% é a "flexibilidade de horário". Já em relação aos problemas mais relatados, 31% apontaram ser o "tempo perdido entre as chamadas", 20% afirmaram que é o "medo de ser assaltado", 18% disseram que é a "distância entre o local de residência e o trabalho", 18% mencionaram o "medo de ser confundido com bandido" e 14% fizeram outras menções, entre as quais o "baixo preço do frete", "tempo perdido esperando pedido no restaurante", e uma citação referiu-se à "falta de fiscalização e regulação".

Quanto às opções que fariam diferença para a realização do trabalho, em resposta múltipla, foram as seguintes: 35% dos trabalhadores afirmaram que seria ter um "local de apoio com água, banheiro, tomada, oficina"; 35%, um "seguro de invalidez temporária (receber um dinheiro se não puder trabalhar por um tempo)"; já 19%, um "seguro para bicicleta"; e 11% mencionaram outras opções. De acordo com a pesquisa, é natural que os entrevistados se atenham às opções lidas e, por isso, entre as respostas espontâneas, vale citar "maior frete para quem faz entrega de bicicleta" e "salário fixo".

Em âmbito internacional, em abril de 2016, várias entidades sindicais(152) reuniram-se com juristas da Ásia, Europa e América do Norte, em um workshop internacional sobre estratégias sindicais, em Frankfurt, na Alemanha, para discutir a respeito das consequências econômicas e sociais do trabalho baseado em plataformas digitais e também da possibilidade de ocorrer uma "virada cooperativa" na gestão das relações de trabalho. Segundo o documento *Frankfurt Paper on Platform-Based Work* (2016, p. 2-3), na ocasião, um dos assuntos tratados foi o papel que os sindicatos e organizações de trabalhadores devem assumir, para que se cumpra a promessa de que o trabalho intermediado por plataformas digitais seja acessível aos trabalhadores excluídos, aí inclusos os dos países em desenvolvimento, oferecendo a eles uma liberdade e flexibilidade sem precedentes em sua vida profissional, mas sem deixarem de ter direitos típicos da relação de emprego tradicional, conquistados a duras penas nos últimos dois séculos, tais como: salário mínimo, expectativa de subsistência com um carga semanal de 35 a 40 horas de trabalho, acesso a um seguro saúde, indenização (*compensation*) em caso de lesão no trabalho (*injury of the job*), integração à seguridade social, proteção contra discriminação e dispensa injusta e direito à organização e negociação coletiva.

Em maio de 2019, quando a *Uber* anunciou a abertura de seu capital na bolsa, os motoristas de várias cidades dos Estados Unidos uniram-se e fizeram uma paralisação de

(152) Participaram do workshop as seguintes organizações sindicais: Austrian Chamber of Labour (Arbeiterkammer), Austrian Trade Union Federation (ÖGB), Danish Union of Commercial and Clerical Workers (HK), German Metalworkers' Union (IG Metall), International Brotherhood of Teamsters Local 117, Service Employees International Union e Unionen.

12 horas, para reivindicar quatro demandas: salário mínimo, transparência na tomada de decisões, benefícios trabalhistas e participação nas decisões da empresa(153). A alegação era que tanto os motoristas da *Uber* quanto os da *Lyft*, que é sua principal concorrente, recebiam, em média, U$ 8.55 por hora, sem dedução dos impostos, valor que estaria abaixo do salário mínimo da Califórnia de U$ 11.00 e um pouco acima do federal de U$ 7.25 (THE GUARDIAN, 2019).

Em razão da mudança no formato das relações de trabalho que não mais se desenvolvem nas fábricas, e sim em ambiente virtual, o documento *El mercado laboral digital a debate* (2019, p. 24-25) destaca que surgem necessidades que decorrem da peculiaridade de o trabalho ocorrer em ambiente digital, a saber: a portabilidade dos dados referentes à identidade e reputação do trabalhador; a limitação do controle algoritmo automatizado sobre os trabalhadores; a criação de algoritmos que evitem ou minimizem eventuais atos discriminatórios; e o direito à desconexão.

Não raro aparecem notícias que evidenciam o estado de fragilidade desses trabalhadores, que são relegados a segundo plano, como uma categoria sem direito a nada. À guisa de exemplos, citam-se as seguintes notícias:

> [...] mortes de motoristas alertam para a fragilidade das relações com aplicativos; [...] entregador do Rappi passa mal, é ignorado por empresa, *Uber* e Samu e morre em SP; [...] motoristas da *Uber* são obrigados a dormirem em estacionamentos para obterem ganhos decentes.(154)

A ausência de diálogo diante da extinção automatizada da relação contratual também é um fator que incomoda os trabalhadores, como se nota pela entrevista que Paulo Galo (BASILIO, 2020), que é um dos trabalhadores protagonistas do movimento do breque dos aplicativos, concedeu à Carta Capital, na qual informou que teve a sua conta bloqueada pelo aplicativo, mesmo tendo relatado que o pneu da moto tinha estourado, o que deixa clara a inexistência de contraditório.

Nesse cenário, parece inegável a necessidade que se apresenta de atribuir proteção jurídico-laboral a esses trabalhadores que encontram nessa atividade o seu meio de subsistência. Observe-se que a pesquisa realizada pela Universidade da Bahia (NEC, 2020, p. 7) evidenciou que 76,7% dos trabalhadores entrevistados têm na atividade de entrega por aplicativo a sua ocupação principal e 70% indicaram que não possuem outra ocupação.

---

(153) Tradução livre do original: "[...] a living wage, transparency in decision-making, employee benefits, and a voice in company decisions".

(154) Tradução livre do original: "The Uber drivers forced to sleep in parking lots to make a decent living".

A transformação disruptiva do trabalho produtivo[155], que, conforme lição de Alonso Olea, é todo aquele cuja finalidade é a subsistência de quem trabalha, tem sido desafiada pela revolução tecnológica, e é passada a hora de dar efetividade ao princípio constitucional consagrado no art. 7º, XXVI, segundo o qual constitui direito dos trabalhadores a proteção em face da automação.

O fato de o trabalho ser intermediado e dirigido por meios telemáticos não serve como justificativa para que a relação jurídica seja regulamentada inteiramente conforme critérios unilaterais impostos pelas proprietárias dos aplicativos e, portanto, dos meios de produção, sob pena de prevalecer a força numa relação em que a desigualdade de armas para a defesa dos papéis de cada um dos contratantes é notoriamente acentuada.

Evidentemente, porém, não há uma solução pronta sob medida para uma realidade em movimento e em constante transformação que, do mesmo modo que ocorreu nas revoluções industriais anteriores, demandará um tempo para a construção de respostas efetivas diante dos desafios impostos pela plataformização do trabalho.

Parker, Alstyne e Choudary (2018, p. 306) são enfáticos a esse respeito no livro Plataforma: a revolução da estratégia, que em inglês tem o título de a revolução da plataforma (*Plataform Revolution*):

> A história demonstra que a sociedade ocidental demorou gerações para desenvolver respostas eficazes às transformações (e suas decorrentes anomalias) associadas à Revolução Industrial dos séculos 18 e 19 — a reação incluiu o movimento sindical, a construção de um sistema educacional fundamentado em habilidades para preparar mão de obra para novos tipos de emprego, e a estruturação de uma rede de segurança social. Do mesmo modo será necessário algum tempo até que as sociedades contemporâneas descubram o que fazer para responder apropriadamente às mudanças econômicas, sociais e políticas geradas pela revolução da plataforma — e é por isso que precisamos começar a pensar nessas questões agora, quando sentimos o impacto das primeiras rupturas no sistema.

O fato de as relações de trabalho engendradas sob a égide das plataformas digitais suscitarem dúvidas quanto à classificação dos trabalhadores como autônomos ou subordinados, já que, muitas vezes, não se encaixam no formato subordinado do emprego, mas também não se vislumbram as relações paritárias regidas pelo Direito Civil, leva à perpetuação da insegurança jurídica entre os trabalhadores.

(155) Segundo Olea e Baamonde (2000, p. 41), "[...] o trabalho produtivo se define como aquele através do qual se provê o homem dos meios dos meios materiais ou bens econômicos de que precisa para subsistir, sendo indiferente que o fruto de direto de seu trabalho seja um bem consumível diretamente ou um que sirva para procurar-se outros diretamente consumíveis, um bem que resulte de seu trabalho singular ou de um trabalho cooperativo. O essencial do trabalho produtivo é que tem como causa final a subsistência de quem trabalha".

Até mesmo o editorial do *Financial Times*, que, de acordo com Casagrande (2000, [s.p]), pode ser considerado "[...] a bíblia do capitalismo, o alcorão dos mercados financeiros, o livro sagrado dos liberais", foi expresso no sentido de conferir proteção a esses trabalhadores. Em 11 de agosto de 2020, após a decisão da Califórnia, que determinou à *Uber* e *Lyft* que reconhecessem seus motoristas como empregados, o editorial afirmou que "é hora da *Uber* e da *Lyft* serem realmente inovadoras — e encontrarem uma maneira de operar ao mesmo tempo que concedem ao seu pessoal os direitos a que eles fazem jus"(156).

A necessidade de regulação do trabalho prestado por plataformas digitais também foi apontada pela mais alta corte da Justiça do Trabalho, que, ao apreciar a possibilidade de reconhecimento de vínculo empregatício de um motorista com a empresa *Uber*, rejeitou o pedido, mas afirmou que "[...] as novas formas de trabalho devem ser reguladas por lei própria e, enquanto o legislador não a edita, não pode o julgador aplicar indiscriminadamente o padrão da relação de emprego" (BRASIL; TST. 2020, [s.p]).

Ciente da dificuldade em construir um modelo protetivo adequado para satisfazer as necessidades mais prementes dos trabalhadores em plataformas digitais, no próximo tópico serão apresentados os pilares legais existentes no Brasil, com base nos quais, sem pretensão de esgotar o assunto, se defende seja dado um primeiro passo rumo à proteção jurídico-laboral do trabalhador sob demanda em plataformas digitais.

3.4. Pilares legais existentes para o embasamento de uma proteção jurídico-laboral mínima

Os pilares legais que dão embasamento para a construção de uma proteção jurídica do trabalhador sob demanda em plataformas digitais são de ordem tanto nacional quanto internacional.

Morais (2019) relembra que, como direitos humanos específicos, a Declaração Universal dos Direitos Humanos reconhece, no art. 23, os seguintes direitos humanos sociais, a saber: i) direito ao trabalho, livre escolha do trabalho, condições equitativas e satisfatórias de trabalho e proteção contra o desemprego; ii) salário igual por trabalho igual; iii) remuneração equitativa e satisfatória que lhe permita e à sua família uma existência em conformidade com a dignidade humana; e iv) direito à livre organização e filiação sindical para defesa de seus interesses. Do mesmo modo, o art. 24 também assegura o direito ao repouso e ao lazer.

O autor relembra que a Convenção 168 da OIT, que foi ratificada pelo Brasil em 24 de março de 1993 e, portanto, foi incorporada ao ordenamento brasileiro, também reconhece o direito à proteção contra o desemprego e afirma que "[...] esse rol de direitos

(156) Tradução livre do original: "[...] it is time for Uber and Lyft to be truly innovative — and find a way to operate while giving their staff the rights they are entitled".

possui natureza positiva e se projeta à comunidade internacional como baliza normativa à regulação das relações no mundo do trabalho e ao reconhecimento de outros direitos específicos" (MORAIS, 2019, p. 32).

Morais (2019, p. 50) relembra que o objeto do Direito do Trabalho é o trabalho humano e um dos fundamentos humanitários da criação da Organização Internacional do Trabalho é o combate às "[...] condições injustas, difíceis e degradantes de muitos trabalhadores".

Os valores sociais do trabalho e da livre iniciativa e a dignidade da pessoa humana constituem os fundamentos da República Federativa do Brasil com a soberania e a cidadania e aparecem no art. 1º da Constituição Federal.

Do mesmo modo, nos termos do art. 170 da Constituição brasileira, a valorização do trabalho humano e a livre iniciativa constituem as bases da ordem econômica brasileira, cuja finalidade é "[...] assegurar a todos existência digna, conforme os ditames da justiça social", devendo ser observados os princípios da função social da propriedade, redução das desigualdades regionais e sociais e busca do pleno emprego.

Essas diretrizes constitucionais estão em consonância com a ordem social brasileira, que, nos termos do art. 193 da Constituição, também "[...] tem como base o primado do trabalho, e como objetivo o bem-estar e a justiça sociais".

Pierdoná (2015) lembra que o trabalho segue toda a vida do cidadão, não só durante a sua fase de formação, que se dá pela educação, como também durante a fase adulta, quando o trabalho se presta tanto ao papel de garantir a sua subsistência quanto ao planejamento e contribuição para ter acesso à proteção previdenciária nos momentos em que não tiver mais capacidade para o trabalho, especialmente na velhice.

Não há dúvidas, portanto, do papel erigido ao trabalho pela Constituição brasileira, cuja principal finalidade, pode-se dizer, é assegurar a cada cidadão brasileiro uma existência digna.

Ocorre que diferentemente do que sucedia no século XIX, quando a regra era uma relação de trabalho marcada por um contrato de prazo indeterminado, em locais e horários previamente definidos, mediante controle pessoal e direto, o trabalho produtivo encontra-se hoje, em grande parte, também em modelos de relações laborais que estão fora do contrato de trabalho subordinado.

Avilés (2010, p. 477) afirma que, assim como tem ocorrido em vários países que editaram recentes normas sobre o trabalho autônomo, algumas citadas no item 2.4 deste estudo, "[...] a indefinição de fronteiras também permite que a legislação laboral colonize outros âmbitos além do contrato de trabalho, ampliando a aplicação de suas regras em direção à fronteiras antes desconhecidas"(157).

O autor afirma que o contrato de trabalho está passando por uma crise de identidade em razão das múltiplas tipologias normativas e pontua que

> [...] o reinado do contrato por tempo indefinido e jornada completa de perfil unitário em todas as suas expressões agora cede lugar para uma multiplicidade de modalidades onde o típico se tornou escasso por que se trata de imprimir à relação laboral a maior flexibilidade possível (AVILÉS, 2010, p. 475-476).(158)

As relações de trabalho intermediadas por plataformas digitais retratam a flexibilidade almejada pelas organizações empresariais, cujo poder econômico dá a estas acesso exclusivo a ferramentas de gestão ocultas, mas que a elas permitem dirigir e controlar o trabalho, razão pela qual se justifica que sejam incluídas no objeto do Direito do Trabalho.

Olea e Baamonde (2000, p. 39-40) afirmam que o objeto do Direito do Trabalho "[...] são as relações sociais que a convivência tornou necessárias [...]", delas excluindo o arbítrio individual. Ao se referirem às tais relações sociais, os autores afirmam que são

> [...] comportamentos dos homens provocados pela sociedade e cumpridos e fiscalizados dentro dela 'porque não há mais remédio' — porque não há remédio se se quer manter a textura social e nela 'o reconhecimento do homem como pessoa', isto é, como ser livre — além de atos ou reflexões meramente individuais, os coletivos de simples civilidade e, é claro, os violentos associais de ocasionais ou habituais, marginais e até institucionalmente poderosos; porque 'os dois tipos de relações entre os homens, um governado por lei e outro pela força... são de tal natureza que sempre que um cessa o outro começa(159) (OLEA; BAAMONDE, 2000, p. 40).

---

(157) Tradução livre do original: "La indefinición de fronteras también permite que la legislación laboral colonice otros ámbitos más allá del contrato de trabajo, ampliando la aplicación de sus reglas hacia fronteras antes desconocidas".

(158) Tradução livre do original: "Al reinado del contrato por tempo indefinido y a jornada completa, de perfil unitario en todas sus expresiones, sucede ahora una multiplicidad de modalidades donde lo típico deviene escaso porque se trata de imprimir a la relación laboral un máximo de flexibilidad".

(159) Tradução livre do original: "[...] conductas de los hombres causadas por la sociedade y cumplidas y hechas cumprir en su seno "porque no hay más remédio" — porque no hay más remédio se si quiere mantener la textura social y en su seno 'el reconocimiento del hombre como persona' esto és como ser libre —, más allá pues de los actos o reflexiones meramente individuales, de los colectivos de urbanidad simple y, desde luego, de los violentos asociales de los ocasional o habitual, marginal y aun institucionalmente poderosos; porque 'las dos suertes de relaciones entre los hombres, la uma regida por el derecho la otra por la fuerza... son de talnaturaleza que siempre donde la una cesa la otra comienza' —".

Logo, para que nessas relações de trabalho atuais, intermediadas por plataformas digitais, não prevaleça o arbítrio de uma das partes, que unilateralmente dita e altera as regras do jogo, é imperioso que as atividades realizadas pelos trabalhadores sejam, de fato, reconhecidas como trabalho, assim entendido como o meio do qual os cidadãos se valem para ganhar a vida e, portanto, como direito humano fundamental, assegurado constitucionalmente e passível de proteção.

Aliás, nesse sentido, é o art. 6º, n. 1, do Pacto Internacional dos Direitos Econômicos Sociais e Culturais, promulgado pelo Decreto n. 591/1992, no qual se lê: "Os Estados Partes do presente Pacto reconhecem o direito ao trabalho, que compreende o direito de toda pessoa de ter a possibilidade de ganhar a vida mediante um trabalho livremente escolhido ou aceito, e tomarão medidas apropriadas para salvaguardar esse direito".

O art. 2º, n. 1, do Pacto Internacional dos Direitos Econômicos Sociais e Culturais[160] reconhece a obrigação dos Estados de adotar medidas, inclusive legislativas, para assegurar "progressivamente" o exercício pleno dos direitos econômicos, sociais e culturais nele reconhecidos.

Ao interpretar tal dispositivo, Fonseca (2006, p. 88) relembra que, de acordo com o Comitê de Direitos Econômicos Sociais e Culturais, daí derivam três obrigações, quais sejam, obrigações de respeito, de proteção e de cumprimento, e destaca que a obrigação de proteger "[...] exige do Estado a prevenção de violação destes direitos por parte de terceiros", exemplificando que o direito ao trabalho, por exemplo, pode ser violado pelo Estado, quando este não assegura que o empregado cumpra as normas básicas de trabalho.

Fonseca (2006, p. 103) destaca, ainda, que os Estados não podem recorrer às disposições de aplicação progressiva previstas no 2.1 como justificativa para o descumprimento dos direitos econômicos, sociais e culturais e, embora a efetivação desses direitos se relacione com questões econômicas, políticas e sociais, somente se admitirá uma conexão com a teoria da reserva do possível se forem "[...] atendidos patamares mínimos de dignidade apurados concretamente em cada caso".

O trabalho, como meio de acesso a uma vida digna, também encontra previsão no art. 6º, n. 1, do Protocolo de São Salvador (Protocolo Adicional à Convenção Americana sobre Direitos Humanos em Matéria de Direitos Econômicos, Sociais e Culturais), o qual entrou em vigor no Brasil, em 30 de dezembro de 1999, por meio do Decreto n. 3.321/99, que diz que "[...] toda pessoa tem direito ao trabalho, o que inclui a oportunidade de obter os meios para levar uma vida digna e decorosa através do desempenho de atividade lícita, livremente escolhida ou aceita".

---

(160) Diz o art. 2º, n. 1: "1. Cada Estado Parte do presente Pacto compromete-se a adotar medidas, tanto por esforço próprio como pela assistência e cooperação internacionais, principalmente nos planos econômico e técnico, até o máximo de seus recursos disponíveis, que visem a assegurar, progressivamente, por todos os meios apropriados, o pleno exercício dos direitos reconhecidos no presente Pacto, incluindo, em particular, a adoção de medidas legislativas".

Salvaguardar esse direito não significa somente em garantir o acesso a uma fonte de renda, e sim assegurar que esse trabalho, veículo que conduz à subsistência, se materialize de maneira digna, de acordo com o disposto no art. 7º, *caput*, do mesmo tratado que diz que seus países signatários "[...] reconhecem o direito de toda pessoa de gozar de condições de trabalho justas e favoráveis".

Essa linha de pensamento também foi apresentada pela Comissão Mundial para o Futuro do Trabalho com base no relatório Trabalhar para um futuro melhor, o qual apresenta uma agenda centrada no ser humano, fundada em três ações que constituem seus pilares de sustentação: aumentar o investimento na capacidade das pessoas, aumentar o investimento nas instituições do trabalho e aumentar o investimento no salário digno e sustentável. Tais ações são de responsabilidade de todas as partes interessadas, o que quer dizer que é imprescindível um diálogo social entre governo, as organizações de trabalhadores e os empregadores (OIT, 2019a).

Ao fazer referência às instituições do trabalho, o referido relatório inclui leis, regulamentos, contratos de trabalho, organizações de trabalhadores e empregadores, acordos coletivos e sistemas de administração e a inspeção do trabalho. Uma das propostas desse relatório para a ampliação de investimento nessas instituições é que seja estabelecida uma "garantia laboral universal" como limiar mínimo de proteção a todos trabalhadores e trabalhadoras, e não apenas a empregados, sob o fundamento de que "[...] a relação de trabalho continua a ser a peça central da proteção laboral" (OIT, 2019a, p. 39-40). A recomendação feita pelo relatório é no sentido de que a garantia laboral universal inclua:

> (a) Direitos fundamentais dos trabalhadores: liberdade sindical e o reconhecimento efetivo do direito à negociação coletiva, a proibição de trabalho forçado, do trabalho infantil ou da discriminação; e
>
> (b) Um conjunto de condições básicas de trabalho: (i) 'um salário que assegure condições de subsistência adequadas'; 41 (ii) limites do número de horas de trabalho;42 e (iii) locais de trabalho seguros e saudáveis.

É importante lembrar, de acordo com o item 2 da Declaração da OIT sobre os Princípios e Direitos Fundamentais no Trabalho, que os países-membro da Organização Internacional do Trabalho, apenas pelo fato de terem essa condição, têm o compromisso de promover e tornar realidade os princípios que são objeto das convenções fundamentais da organização, ainda que não as tenha ratificado: liberdade sindical e direito à negociação coletiva; eliminação de todas as formas de trabalho forçado ou obrigatório; abolição efetiva do trabalho infantil; e eliminação da discriminação em matéria de emprego e ocupação.

Já o Pacto Internacional sobre Direitos Econômicos, Sociais e Culturais, tratado ratificado pelo Brasil pelo Decreto n. 591, de 6 de julho de 1992, prevê, em seu art. 7º, que toda pessoa tem o direito de "gozar de condições de trabalho justas e favoráveis", as quais devem assegurar os seguintes direitos:

> a) Uma remuneração que proporcione, no mínimo, a todos os trabalhadores:
>
> i) Um salário equitativo e uma remuneração igual por um trabalho de igual valor, sem qualquer distinção; em particular, as mulheres deverão ter a garantia de condições de trabalho não inferiores às dos homens e perceber a mesma remuneração que eles por trabalho igual;
>
> ii) Uma existência decente para eles e suas famílias, em conformidade com as disposições do presente Pacto;
>
> b) À [*sic*] segurança e a higiene no trabalho;
>
> c) Igual oportunidade para todos de serem promovidos, em seu trabalho, à categoria superior que lhes corresponda, sem outras considerações que as de tempo de trabalho e capacidade;
>
> d) O descanso, o lazer, a limitação razoável das horas de trabalho e férias periódicas remuneradas, assim como a remuneração dos feridos.

Nota-se, portanto, que os dispositivos da Constituição brasileira acima citados, os princípios da Declaração da OIT sobre os Princípios e Direitos Fundamentais no Trabalho e as disposições dos arts. 6º e 7º do Pacto Internacional sobre Direitos Econômicos, Sociais e Culturais e o art. 6º, n. 1, do "Protocolo de São Salvador" (Protocolo Adicional à Convenção Americana sobre Direitos Humanos em Matéria de Direitos Econômicos, Sociais e Culturais), podem ser utilizados como pilares de sustentação para construir um sistema de proteção jurídico-laboral aos trabalhadores sob demanda em plataformas digitais, independentemente de possuírem, ou não, vínculo empregatício.

Ao se referir às novas formas de trabalho que se vêm desenhando no mercado de trabalho, que sujeitam os trabalhadores a novas formas de agressões de sua dignidade, Fonseca (2006, p. 203-204) fala de uma mudança de paradigma do Direito do Trabalho que passa a ter de acompanhar as evoluções, sem deixar de proteger o trabalhador. Para tanto, a autora menciona que "[...] um caminho interessante é aquele que costuma dosar tal proteção a partir de um patamar mínimo, até se alcançar um máximo que consiste justamente nos direitos fundamentais do trabalhador".

Como ponto de partida para tal proteção, e levando-se em conta as principais reivindicações dos trabalhadores sob demanda em plataformas digitais, entende-se que há alguns direitos que devem constituir esse estatuto mínimo protetivo, sem prejuízo de outros que venham a ser agregados ao longo do tempo, seja por meio de negociação coletiva, seja pela via legislativa. São eles: salário mínimo com periodicidade mensal, limite de jornada (e direito à não conexão), respeito às normas de saúde e segurança do trabalho, direito à informação e portabilidade de dados, direito à sindicalização e negociação coletiva e direito à proteção previdenciária.

A justificativa fática para partir desses direitos, e não de outros, reside no fato de que, ao celebrar uma relação de trabalho, afora a definição do objeto deste, os fatores de maior importância tanto para o contratante quanto para o trabalhador residem no tempo que será destinado à atividade e na respectiva contraprestação. Tais fatores são interdependentes, especialmente quando a regra é o trabalho ser remunerado à base de produção, de modo que, quanto mais se trabalha, mais ganha, mas, por outro lado, quanto mais se excede, mais se põem em risco a saúde e a segurança do trabalhador.

Sem salário justo e tempo de trabalho limitado, não se mantém o necessário equilíbrio entre a vida privada e profissional, o que pode desaguar em problemas de saúde, e os dois instrumentos aptos para reduzir tais défices de trabalho decente residem no direito à informação e à negociação coletiva, pois apenas com transparência e reequilíbrio das forças de uma relação desigual é que esse caminho pode ser construído.

A dignidade humana e os valores sociais do trabalho e da livre iniciativa são fundamentos da República Federativa do Brasil (art. 1º da CF), e, para aqueles que vivem do trabalho, é possível afirmar que, sem este, não há recursos financeiros para a subsistência, não há como ter acesso a uma vida digna nem muito menos aos demais direitos sociais assegurados constitucionalmente no art. 6º da CF, direitos humanos de segunda geração, tais como a educação, a saúde, a alimentação, a moradia, o transporte, o lazer, a segurança, os quais também constituem necessidades vitais de toda família, nos termos do art. 7º, IV, da CF, a qual é a base da sociedade e também goza de proteção especial do Estado, na forma do art. 226 da Constituição.

A informação (art. 5º, XVI) com a negociação coletiva são direitos fundamentais que servem como ponte de ligação com os demais, além de reduzir as desigualdades que permeiam a relação de trabalho. E as normas definidoras dos direitos fundamentais têm aplicação imediata nos termos do § 1º do art. 5º, e os direitos previstos constitucionalmente não excluem outros decorrentes do regime e dos princípios por ela adotados, ou dos tratados internacionais de que a República Federativa do Brasil seja parte, no caso todos aqueles aqui citados que fazem parte do ordenamento jurídico vigente.

Vê-se, portanto, que juridicamente o direito é um sistema que deve ser interpretado harmoniosamente e, no plano fático, vida, trabalho e saúde são componentes indissociáveis e condicionantes para o exercício pleno do mais importante de todos, que é o direito à vida, mas não qualquer vida, e sim uma vida digna alicerçada por um trabalho decente que deve ser assegurado a todos, e não apenas aos que possuem uma relação contratual de emprego.

O estudo da Organização Internacional do Trabalho *Non-standard employment around the world: Understanding challenges, shaping prospects* (2016, p. 19) alerta para a insegurança que as formas não padronizadas de emprego geram em diferentes áreas, a saber: no emprego, ganhos, horas de trabalho, saúde e segurança no trabalho, seguridade social, treinamento e representação — áreas, portanto, que devem ser priorizadas.

A declaração do centenário da OIT, em sua parte III, B (2019), também é expressa quanto aos direitos que devem ser garantidos a todos os trabalhadores, independente da modalidade contratual ou da natureza da relação de trabalho, quais sejam: i) o respeito aos direitos fundamentais; ii) um salário vital adequado; iii) limite de jornada; iv) saúde e segurança no trabalho; v) proteção de dados pessoais e da privacidade; vi) necessário equilíbrio entre vida pessoal e profissional, por meio do controle do tempo destinado ao trabalho.

Nesse sentido, foi o relatório da Comissão Mundial para o Futuro do Trabalho, para a qual

> [...] o futuro do trabalho requer um sistema de proteção social forte e adequado, assente em princípios da solidariedade partilha de risco que apoiem as necessidades das pessoas ao longo do ciclo de vida. Os governos têm de garantir a proteção social universal desde o nascimento até à velhice. Isso deve incluir o estabelecimento de um patamar de proteção social que garanta um nível básico de proteção a todos as pessoas vulneráveis, complementado por regimes contributivos de segurança social que proporcionam níveis mais altos de proteção (OIT, 2019a, p. 36).

Segundo o relatório (OIT, 2019a, p. 39),

> [...] à medida que a organização do trabalho muda, devem ser identificadas novas formas para proporcionar proteção adequada a todos os trabalhadores e trabalhadoras quer trabalhem a tempo completo, estejam a executar micro tarefas *on-line*, a trabalhar em casa para cadeias de abastecimento globais ou a trabalhar com um contrato temporário. A relação de trabalho continua a ser a peça central da proteção laboral. É necessário analisar e, quando necessário, esclarecer as responsabilidades e adaptar o âmbito das leis e regulamentos para assegurar uma proteção eficaz a de quem tem uma relação laboral. Ao mesmo tempo, todos os trabalhadores e trabalhadoras, independentemente do tipo de relação contratual ou da situação laboral, devem igualmente gozar de proteção no trabalho adequada de forma a assegurar condições de trabalho humanas para todas as pessoas.

A garantia de trabalho universal propugnada pelo documento é exatamente no intuito de garantir a todos "[...] os direitos fundamentais dos trabalhadores a um 'salário que assegure condições de subsistência', estabeleça um limite do número de horas de trabalho e que garanta a segurança e a saúde no local de trabalho" (OIT, 2019a, p. 39).

A recomendação feita pelo relatório Trabalhar para um Futuro Melhor é no sentido de que seja estabelecida uma "garantia laboral universal", a qual deve incluir os direitos fundamentais dos trabalhadores, assim entendidos a liberdade sindical e o direito efetivo à negociação coletiva, a proibição de trabalho forçado, do trabalho infantil ou da discriminação e também um conjunto de condições básicas de trabalho que incluem um salário que permita condições adequadas de subsistência e limite do número de horas de trabalho e locais de trabalho seguros e saudáveis (OIT, 2019a, p. 40).

Não é demais ressaltar que o objetivo do desenvolvimento sustentável n. 3 da Agenda 2030 da ONU também preceitua a necessidade de "[...] garantir o acesso à saúde de qualidade e promover o bem-estar para todos, em todas as idades [...]", o que certamente não é possível sem as normas de saúde e segurança do trabalho, com as quais a saúde se relaciona diretamente. E o objetivo do desenvolvimento sustentável n. 8, "[...] promover o crescimento econômico sustentado, inclusivo e sustentável, emprego pleno e produtivo e trabalho decente para todas e todos [...]", também fala em trabalho decente para todos, e não apenas para empregados.

Dray (2015, p. 503-504) ressalta que "[...] a ciência do Direito, na esteira de Karl Larenz, é simultaneamente uma ciência 'normativa', 'compreensiva' e orientada a 'valores' [...]", de modo que as proposições que animam o Direito do Trabalho não podem deixar de satisfazer o seu escopo de proteger a parte mais fraca, que é o trabalhador. Segundo o autor, o princípio da proteção

> [...] deve atuar como pauta de valoração que à luz de um pensamento sistemático e orientado a valores deve determinar a decisão jurídica e procurar soluções justas e harmônicas no quadro das leis vigentes e dos princípios jurídicos, o mesmo é dizer, dentro dos quadros do sistema jurídico.

No entender de Dray (2015), ainda que se reconheça que o movimento expansionista do Direito do Trabalho esteja em crise e em situação de regressão, é possível afirmar que ele comporta um núcleo irredutível de normas e princípios que compõem o princípio da proteção, os quais não podem ser subvertidos ou afastados sobe pena de desvirtuamento ou obnubilação deste "princípio-mãe" e, por consequência, do próprio Direito do Trabalho, ramo do Direito cuja orientação valorativa e finalística é voltada para a proteção do trabalhador.

O autor (DRAY, 2015, p. 513) afirma que a ideia desse núcleo irredutível de direitos leva à "[...] compreensão lógica de expansão destas normas e princípios laborais às situações de parassubordinação, ou seja, àquelas que em bom rigor não comportam qualquer subordinação jurídica".

É com base na premissa da aplicação do Direito orientado a valores e de forma sistemática que se defende que, para os trabalhadores que se ativam por intermédio de plataformas digitais, cuja posição de desigualdade na relação de trabalho é evidente, se deve também assegurar um estatuto protetivo mínimo, ou, nas palavras de Guilherme Dray, um núcleo irredutível de direitos, sem os quais é impossível dar eficácia aos direitos universais do homem previstos na Declaração Universal dos Direitos Humanos, especialmente assegurar um padrão de vida que lhe assegure saúde e bem-estar.

Destaca-se que os direitos relacionados à seguridade social dos trabalhadores sob demanda em plataformas digitais são de suma importância e devem ser considerados integrantes desse núcleo irredutível, todavia deixarão de ser abordados neste trabalho dada a delimitação de espaço que o tema possui.

3.5. Estatuto mínimo dos trabalhadores sob demanda em plataformas digitais

Visto sob a perspectiva de um direito humano fundamental, o trabalho e o direito ao trabalho devem revestir-se de condições mínimas sem as quais não se pode falar em dignidade humana. A conjugação da "garantia laboral universal" prevista no relatório Trabalhar para um futuro melhor, com o direito de "gozar de condições de trabalho justas e favoráveis", nos termos do art. 7º do Pacto Internacional sobre Direitos Econômicos, Sociais e Culturais, constitui um rol de direitos que compõem o que se pode chamar de estatuto mínimo protetivo aos trabalhadores sob demanda em plataformas digitais, independentemente de possuírem, ou não, vínculo empregatício.

É o que se verá a seguir.

3.5.1. Salário mínimo com periodicidade mensal

Com base na premissa revelada por este estudo, no sentido de que as atividades laborais realizadas por intermédio das plataformas digitais são trabalho e, mais que isso, trabalho produtivo, pois tem como finalidade a obtenção ou acréscimo da renda necessária para a mantença do trabalhador e de sua família, defende-se que a sua justa remuneração trata de um direito que deve ser assegurado a todos, independentemente da classificação atribuída ao trabalhador.

Para tanto, invoca-se a aplicação do disposto no art. 7º do PIDESC, que, no Brasil, entrou em vigor em 6 de julho de 1992, por meio do Decreto n. 591/92, o qual assim preceitua:

> Os Estados Partes do presente Pacto reconhecem o direito de toda pessoa de gozar de condições de trabalho justas e favoráveis, que assegurem especialmente:
>
> a) uma remuneração que proporcione, no mínimo, a todos os trabalhadores:
>
> i) um salário equitativo e uma remuneração igual por um trabalho de igual valor, sem qualquer distinção; em particular, as mulheres deverão ter a garantia de condições de trabalho não inferiores às dos homens e perceber a mesma remuneração que eles por trabalho igual;
>
> ii) uma existência decente para eles e suas famílias, em conformidade com as disposições do presente Pacto;

Daí se extrai que a remuneração percebida pelo trabalho não só deve ser equitativa para trabalhadores que desempenham trabalhos de igual valor e para homens e mulheres em trabalhos iguais, mas também deve ser suficiente para garantir que o trabalhador e sua família tenham uma existência digna.

A dignidade, no contexto de uma interpretação sistemática que deve ser dada à Constituição Brasileira, traduz-se pelo exercício dos demais direitos sociais previstos em seu art. 6º, especialmente no que diz respeito à educação, saúde, alimentação, moradia, transporte e lazer, que também são direitos humanos de segunda geração.

Não é demais lembrar que o contrato de trabalho é sinalagmático, tendo por principais obrigações contratuais, por um lado, a do trabalhador, de prestar o serviço, e, por outro, a do contratante, de pagar a respectiva contraprestação.

Ocorre, porém, que, se antes o trabalho ou o produto que dele se extraía podiam ser medidos de forma pessoal e direta, pois a regra era a atividade a ser realizada nas dependências do contratante e mediante controle presencial, na atualidade, essa quantificação ou precificação da atividade laboral não se faz mais apenas por sistemas manuais e diretos, mas principalmente por meio de gestão virtual, remota e algorítmica.

A estrutura do modelo de negócios das plataformas digitais combina técnicas de gestão que nem sempre são explícitas, mas que, por meio de compensações financeiras aos motoristas e passageiros, tentam criar um ciclo de oferta e demanda que se retroalimenta para tornar o negócio sustentável.

Como visto no item 1.5, a criação de valor para uma plataforma concentra-se na interação entre o trabalhador e o consumidor, de modo que não basta atraí-los mediante incentivos ou subsídios, sendo necessário mantê-los ativos para que não migrem para outras plataformas. Quanto maior o número de usuários, maiores são as possibilidades de expansão com efeitos em rede (CHOUDARY, 2018).

Para Choudary (2018, p. 2), esse processo de interação entre o trabalhador e o consumidor abrange três fases: "[...] descoberta, quando os produtores e os consumidores se encontram; troca, quando bens, serviços e dinheiro mudam de mãos; e relacionamento, alimentado por múltiplas interações e trocas repetidas".

As estratégias para atrair e reter participantes apresentam três elementos-chave: incentivos e subsídios dos dois lados do mercado (trabalhador e consumidor), efeitos de rede com atuação em larga escala e elevação do custo de hospedagem em múltiplas plataformas, dificultando a transferência da reputação de uma plataforma para outra (CHOUDARY, 2018).

Já as estratégias para garantir o sucesso e a repetição das interações entre os participantes das plataformas dependem do gerenciamento voltado a quatro frentes: o custo das transações, as falhas de mercado, os sistemas de reputação e a liquidez de mercado (CHOUDARY, 2018).

Percebe-se, portanto, pela arquitetura do modelo de negócios das plataformas apresentada por Choudary (2018), que o custo da transação será o vetor desta para as três partes da relação de trabalho que emergem das plataformas digitais: o consumidor, o trabalhador e a própria plataforma, com o diferencial de que todo o poder de gestão se concentra nas mãos da última que, consequentemente, se situa numa posição vantajosa em relação às demais, por ser a detentora de todas as informações suscetíveis de extrair desse relacionamento.

Ocorre que, em termos de custos, quanto mais forem satisfeitos os interesses dos consumidores, menos ganhos serão proporcionados aos trabalhadores, criando uma linha de tensão entre ambos.

Nesse jogo, muitas vezes, as empresas tendem a adotar técnicas de gestão de conteúdo ético duvidoso, por vezes até abusivo. Estas evidenciam, no mínimo, a assimetria de poder existente entre a plataforma e as outras duas partes que participam dessa relação.

Durante a pandemia da Covid-19, a busca por vagas de trabalho nos aplicativos deu um salto(161), especialmente em razão do isolamento social e do fato de o Decreto n. 10.282/2020 ter considerado, em seu art. 3º, § 1º, XXII, que os serviços de transporte e entrega constituem atividades essenciais, indispensáveis ao atendimento das necessidades inadiáveis da comunidade.

A consequência foi a queda significativa no padrão remuneratório dos trabalhadores, conforme dados divulgados pela pesquisa "Condições de trabalho de entregadores via plataforma digital durante a Covid-19" (ABILIO *et al.*, 2020, p. 8), segundo a qual, dos 270 entrevistados, 47,4% declararam rendimento semanal de R$ 520,00 (o que corresponderia a R$ 2.080,00 mensais). Entre esses entrevistados, 17,8% afirmaram que a remuneração era até de R$ 260,00 por semana (R$ 1.040,00 mensais). Durante a pandemia, a parcela de entregadores que têm remuneração inferior a R$ 260,00 semanais praticamente dobrou, passando a compor 34,4% dos entrevistados.

A pesquisa referida constatou que, no período anterior à pandemia, havia uma concentração nos rendimentos semanais entre R$ 261,00 e R$ 650,00, mas havia um número significativo de trabalhadores com rendimentos maiores, na faixa de mais de R$ 1.041,00 por semana. Já no período da pandemia, o número de trabalhadores nessa faixa foi reduzido praticamente um terço.

No mesmo sentido, foi noticiado que os trabalhadores que recebiam até R$ 520,00 semanais correspondiam a 48,7% e, durante a pandemia, esse número passou a representar 72,8% dos entrevistados (MACHADO; SOUZA, 2020).

(161) Reportagem divulgada no *site UOL* noticiou que, de março a junho de 2020, a plataforma *Ifood* registrou 480 mil novos cadastros, mas não conseguiu absorver todo mundo. Ademais, informou, a título comparativo, que, antes da pandemia, em fevereiro de 2020, a quantidade de entregadores cadastrados no aplicativo era de 131 mil e, em março, passou a ser de 170 mil (TOMAZELLI, 2020).

Tais dados evidenciam o poder das empresas proprietárias das plataformas digitais de alterar unilateralmente os valores pagos pelos serviços, ainda que tenham tido aumento do número da entrega em decorrência do isolamento social.

Em Londres, em agosto de 2016, foram realizados protestos contra as políticas empregadas pela empresa *Uber*, consistentes na alteração unilateral que a empresa efetuou e redundou em cortes nos valores das taxas de pagamento.

Por ocasião de seu lançamento, a *UberEats* pagava o valor de 20 libras por hora e, com o crescimento da demanda e o impulso que a plataforma obteve, os trabalhadores passaram a depender desse nível de renda, mas, logo em seguida, a plataforma adotou uma fórmula de incentivo mais complexa, composta por várias rubricas, sendo 3,30 libras por entrega, mais 1 libra por milha e mais 5 libras por prêmio de viagem, após a qual se deduz o percentual de 25% cobrado pela empresa. Depois houve alteração nessa política de prêmios de viagem, no valor de 4 libras para almoços durante a semana e jantares nos fins de semana e de 3 libras para jantares durante a semana e almoços em fins de semana, ao passo que as entregas realizadas fora desse horário não ensejavam pagamentos extras (O'CONNOR, 2016).

A fim de conseguirem uma expansão inicial rápida de suas atividades, as plataformas subsidiam a participação dos trabalhadores e dos consumidores mediante preços competitivos e incentivos financeiros que podem não ser sustentáveis em longo prazo e, depois que atingem o efeito de rede, modificam unilateralmente as políticas até então adotadas (CHOUDARY, 2018).

Da mesma forma, a *Deliveroo* inicialmente contava um mecanismo de remuneração por hora em Londres e os trabalhadores tinham de trabalhar pelo menos duas noites de sexta, sábado e domingo (com suposta possibilidade de mudanças) e recebiam £ 7 a hora, mais £ 1 por entrega, mais gorjetas e custo da gasolina. Posteriormente a empresa passou a testar, em algumas áreas da cidade, um formato de trabalho sem agendamento e, portanto, com mais flexibilidade, mas, por outro lado, com redução da taxa de pagamento para o valor fixo de £ 3,75 por entrega (O'CONNOR, 2016).

A empresa *Lyft*, para concorrer com a *Uber*, também reduziu o valor de suas tarifas em 30% e suspendeu a cobrança da comissão de 20% em várias cidades, mas, no mesmo dia, restabeleceu a comissão de 20%, oferecendo um incentivo aos motoristas mais ativos. Para os que trabalham mais de 40 a 50 horas por semana, a comissão seria de 5% e para os que se ativam mais de 50 horas por semana haveria isenção da taxa (SINGER, 2014).

Para muitos trabalhadores, esse tipo de incentivo acaba gerando um sentimento de injustiça, como é o caso daqueles que não podem trabalhar por período integral, além do fato de criar um valor-hora desigual para o mesmo trabalho, apenas pelo fato de a jornada ser menor.

No caso da plataforma de serviços de limpeza *Handy*, o valor da hora trabalhada também varia de U$ 15.00 a U$ 20.00, a depender não só da classificação obtida pelo trabalhador mas também da quantidade de serviços realizados nos últimos 28 dias (GRISWOLD, 2015).

Vê-se, portanto, que o discurso de empoderamento do trabalhador acaba sendo reduzido por meio de políticas de gestão baseadas em métricas que reduzem a sua liberdade de escolha e determinam as decisões do trabalhador quando está ativo no aplicativo.

Choudary (2018, p. 21) ressalta que as métricas empregadas pelas plataformas para garantir que as interações sejam bem-sucedidas são as seguintes:

> 1. Taxa de aceitação: refere-se à proporção de solicitações de trabalho comunicadas a um trabalhador que são aceitas por esse trabalhador. Uma taxa de aceitação de trabalho mais alta significa interações mais bem-sucedidas.
>
> 2. Taxa de cancelamento: refere-se à proporção de solicitações de trabalho que são canceladas pelo trabalhador após sua aceitação. Uma taxa de cancelamento de trabalho mais alta é indicativa de interações com falha.
>
> 3. Reputação: refere-se à pontuação agregada de um trabalhador obtida a partir das avaliações fornecidas pelos consumidores. Uma reputação mais alta do trabalhador indica um histórico de interações bem-sucedidas e uma alta probabilidade de sucesso futuro.
>
> 4. Número de interações de plataforma bem-sucedidas por unidade de tempo: Isso pode ser medido nos níveis diário, semanal ou mensal. As plataformas de compartilhamento de carona medem isso no nível diário por trabalhador. As plataformas de freelancer podem medir isso em nível mensal para trabalhadores individuais ou para um grupo de trabalhadores.

No caso do serviço *Uber Juntos*, por exemplo (antigo *Uber Pool*), para que o motorista que tem garantias de pagamento consiga manter esse benefício, é necessário que o seu índice de taxa de aceitação se mantenha alto e para tanto não resta opção de não aceitar essa modalidade de produto, que é menos atraente, pois são viagens agrupadas nas quais os valores das corridas são divididos por pessoas que serão recolhidas para a mesma corrida em diversos pontos e, portanto, são menos rentáveis (CHOUDARY, 2018).

Além disso, como a experiência de recolher diversas pessoas pode acarretar o atraso na viagem, as avaliações do motorista podem ser reduzidas sem que tenha dado causa à insatisfação do cliente, pois tanto as avaliações como os cancelamentos e a taxa de aceitação são métricas utilizadas pela empresa que condicionam a permanência ou não do trabalhador no aplicativo (CHOUDARY, 2018).

Outro ponto que foi noticiado (CALO; ROSEMBLAT, 2017) é que normalmente as solicitações de corrida aparecem na tela por dez a vinte segundos e, em alguns casos, aparecem por uma fração de segundo e somem, sem que o motorista tenha tempo hábil para aceitá-la, o que depois é usado como argumento pela empresa para não garantir determinado valor sob o fundamento de que a taxa de aceitação não foi atingida.

Há notícias de que, quando os motoristas recusam solicitações de corridas, podem ser bloqueados do aplicativo por até 15 minutos, mas há pouca transparência quanto aos tempos-limite por parte da *Uber*, que afirma que as taxas de aceitação servem como incentivo para maior aceitação das corridas, além da garantia de um serviço confiável e de qualidade (MC FARLAND, 2016).

Certo é que, como os valores pagos variam em conformidade com as métricas ditadas pelas plataformas, a suposta flexibilidade para recusar corridas ou desligar o aplicativo para dirigir quando quiser pode significar o não atingimento das metas necessárias para atingir certo patamar de remuneração.

Da mesma forma, é claro que, se a *Uber* estipular taxas baixas em determinados horários e incentivos em outros, os motoristas serão levados aos horários desejados pela plataforma, mesmo que isso implique aceitar condições mais rígidas e menos flexíveis, na expectativa de obter maiores ganhos (ROSEMBLAT; SARK, 2016).

Dificilmente os trabalhadores conseguem acompanhar as alterações dos termos e condições, com os quais necessariamente têm de concordar para prosseguir ativos no aplicativo. O fato de não contarem com uma representação sindical dificulta uma ação coletiva e coordenada para questionar a legalidade das mudanças das políticas das plataformas.

Em São Francisco, em julho de 2015, havia exigência de que os motoristas mantivessem taxas de cancelamento baixas como 5% e taxas de aceitação altas como 80% ou 90% (ROSEMBLAT; SARK, 2016).

Os critérios que a *Uber* utiliza para selecionar quais trabalhadores receberão garantias mínimas não são revelados, mas ela admite que há garantias exclusivas apenas para um grupo específico, as quais dependem de alguns fatores, como aceitar 90% das solicitações de viagem, concluir uma viagem por hora, estar *on-line* por pelo menos 50 minutos a cada hora e manter uma classificação alta especificada durante essas viagens (ROSEMBLAT; SARK, 2016).

A incerteza em relação à remuneração também emerge dessas técnicas de incentivo das plataformas, pois pode acontecer que um motorista se desloque para um local onde a plataforma oferece uma tarifa maior, o que implica gasto e perda de tempo, e, ao chegar lá, o motorista não tenha garantia de que a taxa será mantida.

Por exemplo, o motorista pode ter a promessa de uma área em que a taxa aumenta 3,5 vezes, mas, quando o passageiro solicita a viagem, aparece a taxa de pico menor de 1,4, pois o passageiro pode alterar o local do pino de sua localização para fora da área de pico e depois contatar o motorista e alterar seu local de embarque; do mesmo modo, não há clareza de que a tarifa de pico tenha sido elevada para aumentar os ganhos do motorista ou apenas para atender à demanda de corridas (ROSEMBLAT; SARK, 2016).

Com essas estratégias de gestão algorítmica utilizada pelas empresas, as plataformas acabam criando (fomentando) uma relação de dependência do motorista para com a plataforma.

Motoristas da *Uber* da Califórnia viajam centenas de quilômetros para cidades próximas onde vão dirigir e acabam dormindo em estacionamentos para terem uma renda decente (THE GUARDIAN, 2019).

Em 04 de dezembro de 2018, após a apresentação de um estudo feito pela comissão de táxis e limusines de Nova York *TLC*, que concluiu que 85% dos motoristas da cidade estavam ganhando menos de um salário mínimo local de US$ 15.00 por hora, foi dado um passo significativo quanto à questão remuneratória e foi aprovado um salário mínimo para serviços de transportes por aplicativos, no valor bruto de US$ 26.51 por hora (estimando o líquido em US$ 17.22 por horas, ao subtrair as despesas), o qual passou a vigorar em 2019.

Do mesmo modo, recentemente, a Câmara Municipal de Seattle também aprovou lei que passará a vigorar em janeiro de 2021, a qual estabelece o valor mínimo/hora de US$ 16.00, após a dedução das despesas, para empresas com mais de 500 empregados (NEW YORK TIMES, 2020.

Em ambas as cidades, a fórmula para o cálculo do salário mínimo inclui uma combinação de taxas por minuto e por milhas e visam incentivar as empresas a manter os motoristas mais ocupados, em vez de aumentar a quantidade de trabalhadores disponíveis. No caso de Seatle, a medida determina também que as gorjetas não integrem o valor mínimo e devem ser repassadas integralmente aos motoristas que também deverão receber equipamentos de proteção, como máscaras, ou o respectivo reembolso.

A imposição de um valor mínimo/hora pode não ser a solução para os problemas de todos os trabalhadores sob demanda em plataformas digitais, mas não deixa de ser um passo em direção à construção de um estatuto mínimo protetivo para esses trabalhadores.

Apesar de inúmeras críticas[162] a esse respeito (FONSECA, 2020) , especialmente por parte das empresas que alegam que a mudança vai alterar o preço dos serviços, a

(162) Para Thiago Fonseca, por exemplo, a imposição de salário mínimo é uma prática desumana, pois impede pessoas mais pobres de serem empregadas.

iniciativa não parece ser inviável, visto que, mais de uma vez, foi proposta pelas próprias plataformas em circunstâncias que lhes eram convenientes.

A plataforma *TaskRabbit*, por exemplo, instituiu valor de 15 dólares por hora em 2014, sob alegação de que estava tentando melhorar as condições de trabalho de seus 30 mil trabalhadores espalhados pelos Estados Unidos (SINGER, 2014).

Recentemente, acuadas pela Lei AB 5 da Califórnia, cujo teste para a classificação do trabalhador como autônomo dificilmente deixaria de enquadrar os trabalhadores de plataformas fora desse estatuto, diversas plataformas digitais dos Estados Unidos investiram pesado numa campanha para aprovar a Proposta 22, que foi votada e aprovada nesse Estado, em 3 de novembro, segundo a qual os trabalhadores receberão o valor de U$ 15.60 por hora, o que representaria 120% do valor do salário mínimo da Califórnia em 2021, que será de U$ 13.00.

Nesse sentido, não parece fora de propósito a exigência de que as plataformas digitais de trabalho adotem um valor remuneratório mínimo para os trabalhadores, com periodicidade inferior à mensal, além de medidas que tornem transparentes as suas fórmulas de cálculo e eventuais alterações que forem procedidas.

3.5.2. Limite de jornada e direito à desconexão

A jornada flexível é uma das características que marcam as relações de trabalho que fogem do padrão tradicional (NSE), assim consideradas aquelas com um único empregador, por tempo indeterminado, num local físico definido e geralmente fixo.

Conforme exposto no item 2.1, o local de trabalho foi fissurado nos últimos 30 anos (Weil), e a flexibilidade da mão de obra nas empresas vem crescendo há 40 anos (Hyman), graças às mudanças organizacionais das empresas, mediante a descentralização das suas atividades produtivas e o fracionamento das etapas que compõem o processo de produção.

Esse processo de distanciamento entre a empresa proprietária de determinado produto e aqueles que participam de seu desenvolvimento até o momento em que chegam ao seu usuário final intensificou-se com o fenômeno da plataformização do trabalho, em virtude da convergência entre os aparelhos de comunicação e a internet, que também tornou possível o monitoramento do processo produtivo e do resultado do trabalho realizado em tempo real e de forma remota.

No trabalho sob demanda por meio de plataformas digitais, o trabalhador vive um verdadeiro dilema, pois, se, por um lado, é livre para definir o momento e a quantidade de tempo em que vai trabalhar, por outro, tende a ultrapassar os limites legais de jornada como forma de aumentar a sua renda, uma vez que o trabalho é remunerado à base de tarefas, e não à base de tempo, embora este também possa ser elastecido ilimitadamente mediante estímulos, para incrementar a performance do trabalhador e aumentar seus ganhos, ao mesmo tempo que colabora para elevar a reputação da empresa.

Algumas plataformas de entregas de comida são exemplos disso, pois incentivam que o trabalhador aumente a quantidade de entregas em um determinado lapso de tempo, oferecendo uma bonificação para tanto. Consequentemente, para aumentar seus rendimentos, os trabalhadores aceleram o seu ritmo de trabalho. Considerando-se que o instrumento utilizado para tal é uma motocicleta, é notório que a atividade tende a se tornar perigosa tanto para o trabalhador quanto para as demais pessoas que transitam pelas ruas concomitantemente.

A esse propósito, na cidade de São Paulo, a prefeitura chegou à conclusão de que o aumento de 18% no número de acidentes de trânsito envolvendo motociclistas em 2018 estava relacionado ao crescimento dos aplicativos de entrega com motos. Por essa razão, formalizou um termo de cooperação com algumas empresas de aplicativos para que elas se comprometessem a não oferecer nenhum tipo de pagamento extra baseado em número de entregas para determinado tempo (EXAME, 2019).

Aliás, a Lei n. 12.436/2011, que visa inibir práticas que estimulem o aumento de velocidade por motociclistas profissionais, arrola diversas condutas que são vedadas aos seus contratantes, sejam empresas, sejam pessoas físicas ou tomadoras de serviços, tais como: o oferecimento de prêmios por cumprimento de metas por entregas ou serviços realizados; o fornecimento de promessas ao consumidor de dispensa de pagamento pelo fornecimento de produto ou prestação de serviço fora do prazo; e a promoção de competição entre motociclistas para elevar o número de entregas ou de serviços realizados.

Tais medidas voltam-se não só à proteção da sociedade como um todo, que percorre as vias públicas, mas também aos entregadores que fazem dessa atividade seu meio de vida.

A questão relacionada ao tempo de trabalho sempre foi de extrema relevância para o Direito do Trabalho, aliás, pode-se dizer que foi uma das justificativas para a sua criação e esteve presente desde o seu nascimento, já que uma das primeiras leis trabalhistas de que se têm notícias no mundo contemporâneo versa exatamente sobre esse tema, chamada de *Peel's Act* na Inglaterra, a qual limitou a jornada dos menores a 12 horas em 1802.

Na mesma direção, seguiram outros países que, como a França, Suíça, Áustria, Estados Unidos, Rússia e Austrália, também editaram "[...] parâmetros razoáveis dentro dos quais o trabalho humano passaria a ser prestado" (NASCIMENTO, 2011, p. 272).

A primeira Convenção da Organização Internacional do Trabalho, de 1919, também se ocupou desse tema e limitou a jornada a oito horas diárias e 48 horas semanais, em resposta às principais reinvindicações sindicais e operárias do fim do século XIX e início do século XX.

Contudo, no caso dos trabalhadores por meio de plataformas digitais, existe uma peculiaridade que remete a uma modalidade ainda mais antiga de trabalho, que é aquele realizado longe das dependências do empregador, com a diferença de que na atualidade, mesmo a distância, é passível de monitoramento em tempo real, por meios tecnológicos variados.

Choudary (2018) afirma que as plataformas digitais utilizam mecanismos de vigilância tecnológica que permitem o rastreamento de entregas e o controle dos trabalhadores durante o trabalho.

No caso da plataforma *Upwork* (antiga *oDesk*), por exemplo, utiliza-se um sistema que faz o registro instantâneo da tela do computador dos trabalhadores seis vezes por hora, bem como registra as teclas digitadas e os cliques no *mouse*, além de tirar fotos pela *webcan* durante o trabalho. Desse modo, o contratante do serviço pode verificar se a pessoa realmente está trabalhando ou o que está fazendo e acompanhar o tempo que demoram para concluir o trabalho (SHELLENBARGER, 2008).

A vigilância do trabalhador agora é utilizada não apenas para monitorar a produtividade no local de trabalho, mas também para descobrir características e comportamentos pessoais dos trabalhadores (AJUNWA; CRAWFORD, SCHULTZ, 2017).

A plataforma *Honor* também fornece um aplicativo para as famílias dos idosos acompanharem as atividades dos cuidadores, monitorando-os em tempo real, para conferir a pontualidade, saber se, durante as atividades laborativas, o trabalhador está sentado ou caminhando e também se acessa redes sociais e atende a ligações telefônicas durante o trabalho (SAID, 2015).

Barros (2002) relembra que, já no século XVI, as mulheres trabalhavam com seda, materiais preciosos, com a cerveja e com as velas, e que esse trabalho perdeu a importância desde o século XIX, quando as mulheres começaram a migrar de suas casas para a indústria têxtil. Gomes e Gottschalk (2007) também relembram que, à época do capitalismo industrial, os comerciantes ricos apenas comercializavam as mercadorias que eram produzidas pelos artesãos em seus domicílios, os quais eram financiados por aqueles, mediante fornecimento de matéria-prima, dinheiro e até instrumentos de trabalho. Ademais, informam que a Inglaterra também foi o primeiro país a legislar sobre o trabalho em domicílio, pelo *Trade Board Act,* de 1909, assim como fizeram os Estados Unidos em 1913 e a França em 1915.

O trabalho realizado a distância e mediado por TIC contém vários fatores que podem influenciar no equilíbrio entre vida e trabalho, tais como: flexibilidade e autonomia; horas de trabalho e qualidade do tempo de trabalho; intensidade e carga de trabalho; e a fronteira entre o trabalho e a casa (EUROFOUND, 2020b).

Hall e Krueger (2016) realizaram uma pesquisa com motoristas da *Uber*, na qual se constatou que os motoristas recorrem a esse trabalho não por falta de oportunidade no mercado de trabalho ou por desespero, mas sim por se sentirem atraídos pela natureza do trabalho, sua flexibilidade e remuneração,

Além do mais, se, por um lado, a flexibilidade que agrada a tantos trabalhadores sob demanda em plataformas digitais permite melhor organização do tempo, convívio familiar e equilíbrio entre vida pessoal e profissional, por outro, em razão do tempo de trabalho, condicionar os ganhos pode intensificar o ritmo de trabalho e afetar a saúde e segurança do trabalhador nos aspectos físicos e psicológicos.

No estudo realizado pela EUROFOUND (2020b), foram identificadas as seguintes fontes que elevam a intensidade do trabalho intermediado pelas TIC: i) uso da tecnologia para monitorar o processo de trabalho e evitar a ociosidade, intensificando o ritmo de trabalho ou prolongando a jornada; ii) conectividade permanente, aumentando a pressão sofrida pelo trabalhador, que acredita que tem de estar sempre disponível para o trabalho, respondendo de forma rápida quanto possível; iii) interrupções frequentes em razão de os locais de trabalho serem desfavoráveis, fazendo com que a pessoa tenda a compensar o período de ineficiência; iv) reciprocidade entre empregado e empregador, no sentido de que o trabalhador que recebe a flexibilidade pode empenhar-se mais para demonstrar que o seu nível de comprometimento não foi afetado; v) cultura corporativa, ética pessoal e ambição, que podem levar o trabalhador a se esforçar além do necessário para trabalhar bem; vi) sobrecarga de informação que se configura quando o trabalhador não consegue assimilar todas as informações sobre uma tarefa ou decisão; vi) sobrecarga de *e-mails*, que se dá quando o trabalhador não consegue responder aos *e-mails* e mensagens recebidos no tempo disponível para tanto.

Evidentemente tais fatores gerais não se amoldam integralmente às condições de trabalho dos trabalhadores sob demanda em plataformas digitais, especialmente por serem classificados juridicamente pelas empresas como autônomos, mas são indicadores que, com as devidas adaptações, levam aos mesmos problemas, especialmente a baixo índice da qualidade de suas horas de trabalho.

Referido estudo da EUROFOUND (2020b) constatou que, para os trabalhadores autônomos e aqueles que não o são, mas que são altamente móveis, os tempos de qualidade de trabalho são considerados mais pobres. Esses trabalhadores também não costumam respeitar os intervalos de descanso de 11 horas entre duas jornadas e as 24 horas destinadas ao repouso semanal remunerado.

Segundo a EUROFOUND (2020b), a realização de horários de trabalho despadronizados e irregulares constitui uma característica típica dos trabalhadores sob demanda e leva-os a se desviarem de horários regulares e trabalhar fora dos horários comerciais, o que afeta tanto a duração da jornada quanto a organização do tempo despendido com o trabalho, afetando não só as suas condições laborais mas também o equilíbrio entre a vida pessoal e a profissional.

Para a EUROFOUND (2020b), os trabalhadores que laboram por intermédio de TICs são levados a trabalhar por mais horas por dois motivos: por oportunidade, porque o trabalhador se sente mais produtivo quando está fora de um local de trabalho tradicional; e por necessidade, pois as tarefas e a carga de trabalho demandam o investimento de mais tempo.

A intensidade da presença do trabalho por meio das plataformas na vida das pessoas servirá como uma bússola para orientar se o pêndulo da sua qualidade de vida delas rumará para cima ou para baixo.

O relatório *Labour market change: trends and police approaches towards flexibilisation* (EUROFOUND, 2020a) divide os trabalhadores europeus em plataformas em quatro categorias: i) os esporádicos, que prestaram serviços menos de uma vez por mês no ano anterior; ii) os marginais, que são os que trabalham pelo menos uma vez por mês, mas por tempo inferior a dez horas semanais, cujo recebimento corresponde a menos de 25% de sua renda; iii) os secundários, que também prestam serviços pelo menos uma vez por mês, porém dedicam entre 10 e 19 horas nessa atividade e a renda obtida, correspondente a um percentual entre 25% e 50% de sua renda; e iv) os principais, assim considerados os que prestam serviços mensalmente e se dedicam pelo menos por 20 horas semanais ou recebem ao menos 50% de sua renda por meio dessa atividade.

Para os entregadores que têm neste trabalho a sua única fonte de renda, a jornada é ainda mais extensa, pois se ativam, em média, por 10,4 horas, durante 6,2 dias por semana, totalizando 64,5 horas semanais (EUROFOUND, 2020a, p. 10).

No Brasil, a pesquisa feita pelo projeto Caminhos do Trabalho (2020), que envolveu apenas trabalhadores sob demanda, que são entregadores, constatou que eles trabalham, em média, 9 horas e 14 minutos por dia, 5,9 dias por semana, totalizando 55,2 horas semanais. Dos entrevistados, 70,5% trabalham 6 ou 7 dias por semana, durante 9 horas diárias ou mais.

A pesquisa intitulada "Condições de trabalho de entregadores via plataforma digital durante a Covid-19" (ABÍLIO, L. C. *et al.*, 2020), que analisou as condições de trabalho dos entregadores das empresas *Ifood*, *Rappi*, *Uber Eats* e *Loggi* no período de 13 a 27 de abril de 2020, apontou que 70,5% dos respondentes trabalhavam para duas ou mais plataformas (p. 6) e, ao comparar a jornada praticada antes e ao longo da pandemia, constatou um aumento considerável, pois, antes, apenas 38,2% dos entrevistados trabalhavam até 8 horas por dia, 54,1% trabalhavam entre 9 e 14 horas e somente 7,8% trabalhavam mais que 15 horas diárias. Durante a pandemia, a quantidade de trabalhadores que trabalhavam até 8 horas diárias subiu para 43,3%, mas 56,7% afirmaram trabalhar mais de 9 horas diárias. Entre estes, 18,5% trabalham entre 9 e 10 horas diárias, 19,3% trabalham entre 11 e 12 horas por dia, 11,48% entre 13 e 14 horas e 7,4% trabalham 15 horas ou mais. Além disso, 78,1% noticiaram trabalhar 6 ou 7 dias por semana, pois 51,9% afirmaram trabalhar os 7 dias da semana e 26,3% deles por 6 dias.

Gráfico 3 – Duração do trabalho antes e ao longo da pandemia.

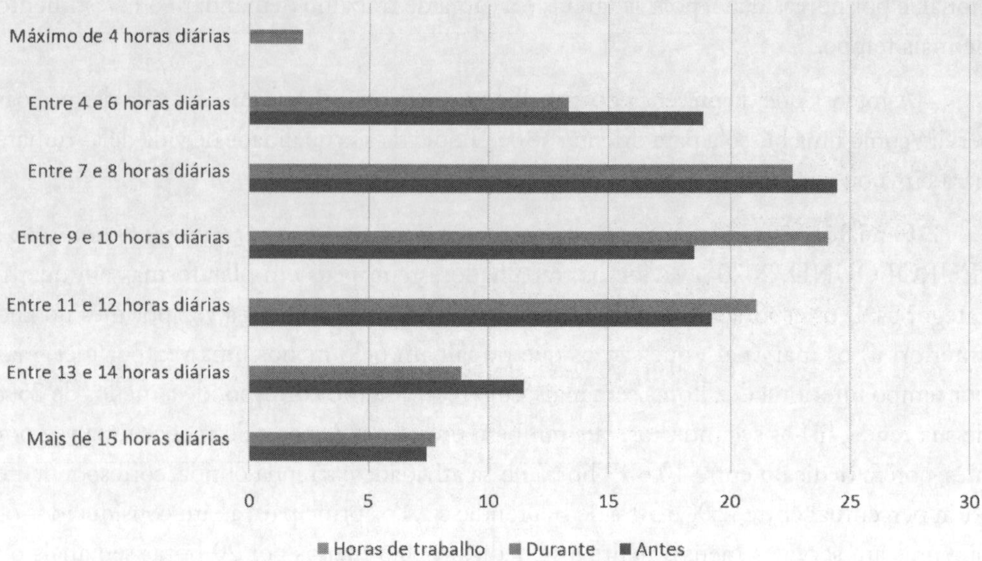

Fonte: Abílio *et al.*, 2020, p. 7.

Nota-se, portanto, que, para muitos, a flexibilidade de horários, em vez de fomentar o equilíbrio entre a vida pessoal e a profissional, muitas vezes propicia o trabalho por longas horas, assim considerado pela EUROFOUND (2020a, p. 21) aquele que excede 48 horas semanais.

Por meio do gerenciamento por métricas, que é inerente ao modelo de negócio das plataformas, consegue-se gerenciar os motoristas, de modo a obrigá-los a atingir um limite como uma condição prévia para prosseguir ativo na plataforma. E, quanto maior for o controle que plataforma tiver sobre a oferta e a demanda, maior será a sua capacidade de criar um mercado eficiente (CHOUDARY, 2018).

Das métricas citadas por Choudary (2018, p. 21) como meio de garantir que as interações nas plataformas sejam bem-sucedidas, guardam relação direta com a duração do trabalho especialmente as taxas de aceitação e de cancelamento, que podem ser manipuladas pela plataforma, porque constituem condições para que o trabalhador permaneça ativo na plataforma. Do mesmo modo, pode haver desestímulo para os trabalhadores que não atingiram um número de tarefas ou viagens por dia, mediante cobrança de uma taxa de transação mais alta (CHOUDARY, 2018).

O'Connor (2016), num artigo intitulado "Quando seu chefe é um algoritmo", constatou que a plataforma Deliveroo mantém relatórios personalizados dos trabalhadores, em que constam métricas, tais como: "tempo médio para aceitar pedidos", "tempo de viagem para restaurante", "tempo de viagem para o cliente", "tempo no cliente", "pedidos atrasados" e "pedidos não atribuídos", o que foi confirmado pela plataforma. Ela cita o seguinte exemplo de avaliação enviada ao trabalhador: "Seu tempo médio com o cliente foi menor do que nossa estimativa, o que significa que você está atendendo a esse critério de nível de serviço. Sua diferença média foi de 3,1 minutos".

Em relação à plataforma *Uber*, O'Connor (2016) informa que os trabalhadores estão sujeitos a um controle algoritmo semelhante e recebem um relatório semanal indicando a taxa de confirmação e a avaliação média do cliente. Os motoristas ativos no aplicativo têm um tempo determinado para responder às solicitações de viagem, que é apenas de 10 a 20 segundos, e, embora não saibam qual o destino final do passageiro, no caso de perda de três solicitações seguidas, eles são desconectados do aplicativo por dois minutos.

Essa forma de gerenciamento baseado em métricas também se aplica a outras formas de trabalho mercantilizado. No caso dos trabalhadores da plataforma *Handy*, por exemplo, o valor recebido pelo serviço oscila entre quatro faixas de valores, que vão de U$ 15.00 a U$ 22.00, de acordo com a classificação do trabalhador e com a quantidade de serviços realizados nos últimos 28 dias. A plataforma retém o valor de U$ 15.00 dos trabalhadores que se atrasam por tempo superior a 30 minutos e daqueles que cancelem um trabalho em tempo inferior a 36 horas. No caso de ausência, a penalidade é U$ 35.00 e, em caso de cancelamento inferior a duas horas, o valor da taxa é o mesmo do que seria pago pelo trabalho prestado (GRISWOLD, 2015).

A preocupação com os riscos envolvendo as jornadas variáveis tem dado forma a diversas tentativas de regulamentar, ainda que minimamente, as atividades laborais, marcadas por essa peculiaridade.

Documentos políticos, como o Pilar Europeu dos Direitos Sociais (COMISSÃO EUROPEIA, 2018), reconhecem a necessidade de se adotarem medidas que garantam melhor adoção e proteção dos direitos sociais diante dos desafios atuais e futuros e sejam voltados às pessoas com trabalho subordinado e a todos aqueles que são trabalhadores, "independentemente do estatuto, da modalidade e da duração do seu emprego", e, em seu item 9, prevê expressamente medidas que visem garantir o equilíbrio entre a vida profissional e a vida privada do trabalhador.

Na União Europeia, foi aprovada recentemente a diretiva sobre condições de trabalho transparentes e previsíveis direcionadas aos riscos crescentes dos trabalhos com horários variáveis e previsíveis, tais como o dos trabalhadores sob demanda e de contratos zero hora (PIASNA, 2019).

Piasna (2019, p. 1) aponta que a principal preocupação quanto ao horário de trabalho irregular são os ganhos instáveis e o trabalho insuficiente, com pouco ou nenhuma proteção para o trabalhador, que conta com alta imprevisibilidade, a qual, por sua vez, impede que as demais atividades fora do trabalho sejam planejadas. Em consequência, ela chama a atenção para "[...] a necessidade crescente de leis e regulamentos que limitariam a incidência, magnitude e consequências do trabalho horários imprevisíveis e irregulares". Ela pondera que,

> [...] embora os proponentes apontem os benefícios para os trabalhadores decorrentes da flexibilidade e autonomia no planejamento de seu trabalho, a experiência prevalecente é o da incerteza, estresse e equilíbrio entre trabalho e vida pessoal (PIASNA, 2019, p. 1).

No mesmo sentido, é o relatório da Organização Internacional do Trabalho *Non-standard employment around the world: Understanding challenges, shaping prospects* (OIT, 2016), que, ao tratar das sete áreas de insegurança identificadas em tais relações de trabalho, assevera que uma delas diz respeito às horas de trabalho em três dimensões: horas insuficientes, que repercutem no valor dos ganhos; horas excessivas, que, além de criarem riscos para a saúde e a segurança do trabalhador, afetam o equilíbrio entre vida e trabalho; e horas variáveis, que, pela imprevisibilidade, geram os mesmos problemas já citados, além de impedirem a interação com sindicatos ou colegas de trabalho, dificultando união necessária para a representação coletiva em torno de suas preocupações.

Por todo o exposto, nota-se que trabalho, renda e saúde são dimensões indissociáveis do ser humano, atuando conjuntamente como um tripé de sustentação ao bem maior e direito universal, que é a vida.

Não por outro motivo que a questão da duração do trabalho está arraigada no nascedouro do Direito do Trabalho e integra os mais importantes documentos que fazem menção aos direitos humanos fundamentais.

Quando se firma uma relação de trabalho, além do objeto que o compreende, emergem, como principais elementos para ambos os contratantes, o tempo que será dedicado a ele e a respectiva contraprestação, mediante a definição de "[...] que tempo será este e quanto tempo será este" (AMADO, 2018, p. 256).

Isso significa que o tempo de trabalho se bifurca como duas faces de uma mesma moeda, na qual, de um lado, se define o tempo de trabalho e, de outro, se delimita o tempo de não trabalho, ou seja, o tempo de descanso.

Nesse sentido, é importante deixar claro que o tempo de trabalho inclui o tempo de trabalho efetivo e os períodos de inatividade equiparados ao tempo de trabalho, pois predispõem a disponibilidade e acionamento para o trabalho, diferentemente do período de descanso, que implica uma organização do tempo para "[...] se dedicar livremente a outras dimensões da vida [...]" e, portanto, implica o não acionamento para o trabalho, o direito à não conexão com o trabalho (AMADO, 2018, p. 256).

No Brasil, não há uma regra específica que fale da obrigação do empregador de não invadir a privacidade do empregado e seu convívio familiar, como ocorre com o Código do Trabalho português, que diz, em seu art. 170, que "[...] o empregador deve respeitar a privacidade do trabalhador e os tempos de descanso e de repouso da família deste, bem como proporcionar-lhe boas condições de trabalho, tanto do ponto de vista físico como psíquico".

Do mesmo modo, não existe uma norma específica a respeito do direito à desconexão do trabalho, como ocorre com o Código do Trabalho francês, que diz, em seu Artigo L. 2242-8, recentemente alterado pela Lei n. 2016-1088, que incluiu o § 7º para determinar que sejam adotados

> [...] os procedimentos para o exercício pleno pelo trabalhador do seu direito de se desconectar e a implementação por parte da empresa de mecanismos que regulem o uso de ferramentas digitais, de modo a assegurar o cumprimento dos tempos de descanso e de licença, bem como vida pessoal e familiar. Se não for alcançado nenhum acordo, o empregador elaborará uma carta após parecer do Conselho de empresa ou, na sua falta, dos representantes de pessoal. Essa carta define os procedimentos para o exercício do direito de desconexão e também prevê a implementação, por funcionários e equipes de supervisão e gestão, de ações de treinamento e conscientização sobre o uso razoável de ferramentas digitais.[163]

Entretanto, a Constituição brasileira assegura ao trabalhador o direito de ter um limite de horas diárias e semanais de trabalho, no art. 7º, XIII, como também garante seja exercido o direito a um repouso semanal remunerado, preferencialmente aos domingos, nos termos do art. 7º, XV, e um repouso anual remunerado com, pelo menos, um terço a mais do que o salário normal, nos moldes do art. 7º, XVII, da Constituição Federal.

A justificativa para tanto é a convivência harmoniosa que deve haver entre as várias dimensões da vida, para que sejam respeitados também os direitos sociais à educação, saúde, alimentação e lazer, direitos humanos de segunda geração que não poderão ser fruídos regularmente se a pessoa dedicar todo seu tempo ao trabalho.

Süssekind (1999) afirma que o repouso semanal teve origem religiosa, mas modernamente, depois da universalização do Direito do Trabalho, assim como ocorre com a limitação do tempo de trabalho, se esteia em fundamentos de três ordens: fundamento biológico, que visa eliminar a fadiga; fundamento social, que visa possibilitar o convívio familiar e social e a prática de atividades físicas, culturais e recreativas; e fundamento

(163) Tradução livre do original: "Les modalités du plein exercice par le salarié de son droit à la déconnexion et la mise en place par l'entreprise de dispositifs de régulation de l'utilisation des outils numériques, en vue d'assurer le respect des temps de repos et de congé ainsi que de la vie personnelle et familiale. A défaut d'accord, l'employeur élabore une charte, après avis du comité d'entreprise ou, à défaut, des délégués du personnel. Cette charte définit ces modalités de l'exercice du droit à la déconnexion et prévoit en outre la mise en œuvre, à destination des salariés et du personnel d'encadrement et de direction, d'actions de formation et de sensibilisation à un usage raisonnable des outils numériques".

econômico, que consiste em aumentar rendimento no trabalho, aprimorar a produção e diminuir o desemprego.

Quanto às férias, o autor Süssekind (1999, p. 880) afirma que, além de um direito, constitui um dever, pois, ao se abstrair do ambiente laboral e realizar atividades diferentes da que realiza no trabalho, o trabalhador conseguirá "[...] restaurar o equilíbrio entre as funções cerebrais e musculares e harmonizar o seu sistema nervoso [...]", como meio de eliminar a fadiga.

Note-se que o direito às férias, indispensável para que o trabalhador recobre a higiene social e biológica, é tão salutar, que inclusive já foi reconhecido para trabalhadores não subordinados, como é o caso do trabalhador assemelhado ao empregado na Alemanha, do autônomo economicamente dependente na Espanha ou do *worker* no Reino Unido.

O art. 7º, XV, da Constituição Federal estabelece o direito ao repouso semanal remunerado, preferencialmente aos domingos, exatamente porque esse dia, em regra, é destinado ao lazer e ao convívio familiar, lembrando que o ordenamento jurídico brasileiro considera a família base da sociedade (art. 226) e objeto de proteção do Estado (art. 203, I).

A lição de Amado (2018, p. 263) se harmoniza com a perspectiva da legislação brasileira, ao mencionar que o direito em causa não seria a garantia à desconexão, mas, sim, "[...] ao repouso e aos lazeres, ao descanso semanal, a férias periódicas, à limitação da jornada de trabalho".

Segundo o autor, "[...] o trabalhador goza, assim, ao direito a não conexão (dir-se-ia: de um *right to be let alone)* por parte da empresa, de um *do not disturb!* resultante do contrato de trabalho e da norma laboral aplicável" (AMADO, 2018, p. 263).

Seja por um ângulo, seja por outro, o fato é que, para preservar a saúde e segurança do trabalhador e proporcionar o equilíbrio entre a vida privada e a profissional, faz-se necessário estabelecer limites à duração do trabalho, bem como a imposição de não conexão em horários destinados ao descanso.

Desse modo, é necessário que sejam adotadas medidas que impeçam as plataformas digitais de impor aos trabalhadores condições de trabalho que os levem a ultrapassar os limites legais de jornada e, do mesmo modo, sejam acionados por qualquer tipo de comunicação em momentos destinados ao descanso semanal ou entre duas jornadas.

Além da previsão constitucional a respeito dos limites de jornada mensal e semanal, um parâmetro legal que se sugere é aquele previsto no art. 59 da Consolidação das Leis do Trabalho, que tolera a realização máxima de dez horas diárias, a qual incide apenas sobre trabalhadores subordinados, mas poderia aqui ser aplicado por analogia.

Do mesmo modo, seria defensável a utilização do direito comparado, com base no art. 8º da CLT, e aqui se defende seja adotada regra semelhante àquela prevista no art. 13 da Lei portuguesa n. 45/2018, segundo a qual os motoristas não podem dirigir por mais de 10 horas, dentro de um período de 24 horas, independentemente do número de plataformas para as quais ele preste serviços.

Além do mais, segundo esse art. 13, as plataformas devem implementar mecanismos que assegurem o cumprimento desse limite e também conservar, por dois anos, os dados referentes aos registros das atividades dos trabalhadores, de acordo com seu número único de registro.

Tais providências viriam em boa hora e ao encontro do relatório da Comissão Mundial para o Futuro do Trabalho, que, ao falar de uma agenda para o futuro do trabalho centrada no ser humano, defende o investimento nas instituições do trabalho, aí inclusa a gestão da tecnologia a favor do trabalho digno.

3.5.3. Direito à saúde e segurança no trabalho

Após a vida, o bem jurídico mais importante que alguém pode ter é a saúde, pois esta constitui pressuposto determinante para o pleno exercício dos demais direitos, inclusive o trabalho.

Sem saúde, o homem não trabalha e, sem trabalho, a maioria das pessoas não tem acesso aos meios indispensáveis à sua subsistência.

De acordo com o art. 193 da CF, "[...] a ordem social tem como base o primado do trabalho, e como objetivo o bem-estar e a justiça sociais". Para que tais objetivos sejam alcançados, o título VIII da Constituição Federal apresenta vários institutos que a compõem, a começar da seguridade social, que, conforme o art. 194, "[...] compreende um conjunto integrado de ações de iniciativa dos Poderes Públicos e da sociedade, destinadas a assegurar os direitos relativos à saúde, à previdência e à assistência social".

Daí se extrai a relevância do papel constitucional que foi atribuído a esse direito social (art. 6º da CF) que com a previdência social e assistência social formam o tripé que dão sustentação ao Sistema da Seguridade Social.

A seguridade social tem por objetivo proteger todos os cidadãos em todas as situações de necessidade ao longo da vida. Para tanto, a proteção social ocorre por intermédio de três direitos sociais, que são a saúde, a previdência e a assistência social, os quais constituem porções de um único sistema de proteção instituído constitucionalmente e, como tais, não podem ser analisados isoladamente, mas de forma conjunta (PIERDONÁ, 2015).

Se o homem não goza de boa saúde e não consegue trabalhar, necessariamente precisa acionar o Estado em busca dos direitos relativos à previdência social ou assistência social, os quais oneram tanto o ente público quanto toda a sociedade, em razão da diversidade da base de financiamento da seguridade social, prevista no art. 195, *caput* da Constituição, que diz que o financiamento da seguridade social será feito por toda a sociedade, direta ou indiretamente.

Por conseguinte, o direito universal à saúde deve ser assegurado não só por meio de tratamento, mas especialmente por meio de medidas preventivas, como se extrai do art. 196 da Constituição, que prevê que tal direito deve ser garantido "mediante políticas sociais e econômicas que visem à redução do risco de doença e de outros agravos e ao acesso universal e igualitário às ações e serviços para sua promoção, proteção e recuperação".

Nesse desiderato, o art. 200, VIII, da CF preceitua que, além de atribuições, compete ao sistema único de saúde colaborar na proteção do meio ambiente, nele compreendido o do trabalho.

Do mesmo modo, o art. 5º, XXII, da Constituição brasileira assegura a todos os brasileiros e estrangeiros residentes no país a "[...] redução dos riscos inerentes ao trabalho, por meio de normas de saúde, higiene e segurança [...]", independentemente da classificação jurídica atribuída ao detentor desse direito como empregado ou não.

Pode-se dizer, portanto, que o meio ambiente, nele incluso o do trabalho, foi reconhecido pela Constituição Federal como um direito humano fundamental, de 4ª ou 5ª geração, pois deve ser assegurado inclusive às gerações futuras(164).

A Comissão Mundial para o Futuro do Trabalho também reconheceu que "[...] chegou o momento da [*sic*] segurança e a saúde no trabalho serem reconhecidas como um princípio e um direito fundamental no trabalho", independentemente do fato de o trabalhador ser classificado como empregado ou não (OIT, 2019a, p. 40).

A declaração do centenário da OIT (2019, p. 7) deu um grande passo nesse sentido, ao reconhecer, na sua parte II, C, que "[...] a saúde e segurança no trabalho é [sic] um princípio e direito fundamental no trabalho, além dos demais enunciados na Declaração da OIT sobre Princípios e Direitos Fundamentais no Trabalho (1998)"(165).

Desse modo, o direito à saúde e segurança no trabalho passou a integrar o núcleo essencial das normas internacionais da OIT, assim como a liberdade de associação e o reconhecimento efetivo do direito à negociação coletiva, a eliminação do trabalho forçado ou obrigatório, a abolição do trabalho infantil e a eliminação da discriminação no

(164) Guilherme Guimarães Feliciano afirma que se trata do prenúncio de uma nova geração de direitos humanos marcada pelas novas titularidades em matérias intergeracionais, a qual pode ser enquadrada como quarta ou quinta gerações. Nesta última, caso se adote o posicionamento de Paulo Bonavides, no sentido de que a quarta geração se liga "à ideia de resistência contra a globalização neoliberal".

(165) "La seguridad y salud en el trabajo es un principio y derecho fundamental en el trabajo, que se añade a todos los principios y derechos que se enuncian en la Declaración de la OIT relativa a los principios y derechos fundamentales en el trabajo (1998)."

emprego e na ocupação, os quais devem ser respeitados e promovidos pelos países membros da organização, independentemente de estes terem ratificado, ou não, as convenções existentes em relação a esses temas.

Nesse sentido, a lição deVálticos (1979, p. 227) afirma que, em decorrência do fato de terem aceitado a Constituição da OIT, os seus Estados-membro "[...] são obrigados a respeitar certos princípios fundamentais consagrados na Constituição [...]", defendendo, portanto, que independentemente da classificação jurídica do trabalhador como empregado ou não, a pessoa que detém a gestão organizacional do trabalho deve observar as normas que visam assegurar a saúde e segurança do trabalhador.

Ademais, ainda que não haja regulamentação específica a esse respeito para os trabalhadores por meio de plataformas digitais, é preciso lançar mão de medidas que supram eventuais lacunas legislativas existentes, nos termos do art. 8º da CLT.

Kemmelmeier (2019, p. 101) sustenta que, apesar da omissão estatal quanto à regulamentação desse tema, "[...] há elementos do ordenamento jurídico que indicam que as plataformas de trabalho digital têm o dever de proteção da saúde desses trabalhadores, independentemente da caracterização do vínculo empregatício [...]", os quais podem ser aplicados por analogia, por exemplo, o art. 5º-A da Lei n. 6.019/1974 referente ao trabalhador terceirizado, o art. 9º, § 1º, dessa mesma lei concernente ao trabalhador temporário, o art. 7º, incisos II a IV e VI, os quais se relacionam às cooperativas de trabalho, além do art. 8º da Convenção n. 167 da OIT, que trata da responsabilidade de dois ou mais empregadores que atuam simultaneamente na mesma obra.

Feliciano (2020, p. 236-237) afirma que, em razão do direito ao meio ambiente de trabalho equilibrado, o trabalhador que não é empregado faz jus aos direitos labor-ambientais genéricos e todos os seus desdobramentos jurídico-subjetivos, a saber:

> [...] o direito à vida e à integridade psicossomática no meio-ambiente do trabalho, o direito à correção progressiva dos riscos labor-ambientais (coletiva e/ou individualmente com a eliminação/neutralização/redução dos riscos), o direito à informação (e à participação) labor-ambiental, o direito de denúncia administrativa em matéria de saúde e segurança do trabalho e o direito à resistência labor-ambiental entre outros.

Para o autor, da interpretação do art. 2º, *caput,* da CLT, dessume-se que o empregador assume todos os riscos da atividade econômica, o que inclui os riscos inerentes (permitidos) e os proibidos, sejam eles de ordem econômico-financeira, sejam aqueles próprios do contrato individual do trabalho ou os riscos sociais, o que significa dizer tanto os riscos típicos como aqueles "derivados do próprio trabalho prestado". Assim, além das responsabilidades pelo seu comportamento organizacional, o empregador assume aquelas que derivam da dimensão institucional da relação de emprego, respondendo pelas lesões concretizadas pelos ricos à integridade dos trabalhadores, ainda que não os tenha criado. Tais responsabilidades são ínsitas aos contratos de trabalho, pois existe um "dever geral de indenidade labor-ambiental", como parte dos deveres acessórios do empregador, os quais deveriam inclusive ser positivados na legislação brasileira por meio de uma cláusula geral.

As normas de saúde e segurança do trabalho também devem ser adequadas ao meio ambiente de trabalho de cada trabalhador, e, quando se fala em trabalho sob demanda por intermédio de plataformas digitais, várias peculiaridades são constatadas, inclusive com elevado nível de heterogeneidade que decorre das múltiplas atividades econômicas que adotaram esse formato de trabalho, conforme mencionado no item 1.5.

No entanto, tal qual se passa com o trabalho realizado numa localidade geográfica delimitada, o meio ambiente de trabalho é influenciado por vários fatores (naturais, técnicos e psicológicos) que atuam sistematicamente nas condições de trabalho, na organização do trabalho e nas relações interpessoais existentes no contexto laboral e são condicionantes da saúde física e mental e da segurança do trabalhador (MARANHÃO, 2016).

Feliciano (2013, p. 12-13) afirma que o meio ambiente do trabalho que integra o meio ambiente humano deve ser concebido como uma Gestalt, de modo que, além da concepção psicológica, inclui o meio ambiente natural, artificial e cultural. Assim, pode ser definido como "[...] o conjunto (= sistema) de condições, leis, influência e interações de ordem física, química, biológica e psicológica que incidem sobre o homem em sua atividade laboral, esteja ou não submetido ao poder hierárquico de outrem".

Vê-se, portanto, que o conceito funcional apresentado para o meio ambiente do trabalho não apenas se liga ao local físico da atividade laboral, mas ainda foca a figura do homem no momento em que trabalha.

Ao analisar o meio ambiente de trabalho dos trabalhadores em plataformas digitais, além dos riscos que circundam as atividades laborativas em geral, diversas peculiaridades são constatadas e vão impactar a questão da proteção do trabalhador.

A afirmação da saúde como direito fundamental perpassa sua caracterização como direito subjetivo: a) à vida e à integridade psicossomática; b) à correção dos riscos ambientais; c) à denúncia pública do trabalho em condições de riscos graves e iminentes; d) à informação; e) ao direito à resistência (FELICIANO, 2013).

Desse modo, embora não se saiba a quantidade de pessoas engajadas no trabalho sob demanda por meio de plataformas digitais no Brasil, Garben (2017) relembra que muitas atividades que agora são intermediadas por plataformas digitais se assemelham às já existentes, como limpeza, entregas, transporte e *design* gráfico, entre outras, de modo que as implicações no campo da saúde e segurança do trabalhador são bem conhecidas.

Para Garben (2017), quando se analisa a questão da saúde e segurança dos trabalhadores em plataformas digitais, três aspectos devem ser ressaltados: primeiro, em relação aos diferentes desafios no tocante aos trabalhadores que se ativam de forma totalmente *on-line* (*crowdworkers*) e aqueles que se deslocam até um local específico (trabalhadores sob demanda); segundo, para que se diferenciem efeitos diretos da saúde e segurança em relação às atividades laborativas realizadas e os efeitos que são indiretos porque são decorrentes da precariedade do trabalho das plataformas *on-line* especificamente em razão da possibilidade de não aplicação da lei trabalhista; terceiro, a necessária distinção que costuma ser feita entre riscos físicos e riscos psicossociais.

No que concerne aos efeitos diretos do trabalho por meio de plataformas digitais sobre a saúde e segurança dos trabalhadores, Garben divide os riscos de saúde e segurança dos trabalhadores em três espécies: riscos gerais, riscos específicos para trabalhadores sob demanda (que fornecem trabalho físico) e riscos específicos para trabalhadores que se ativam apenas *on-line*.

Sobre os riscos diretos e gerais, a autora afirma que, como os trabalhadores em plataformas apresentam semelhanças em relação aos trabalhadores temporários e de agências, provavelmente aqueles estejam expostos aos mesmos riscos de saúde e segurança do trabalho que estes enfrentam, para os quais há estudos que demonstram que esses apresentam índices de acidentes de trabalho maiores do que a dos trabalhadores padrão (GARBEN, 2017).

No que se refere aos riscos específicos dos trabalhadores em plataformas digitais, a autora elenca os seguintes: ao trabalhar em locais privados, como residências particulares ou um veículo, o trabalhador perde o efeito protetivo que existe em um local de trabalho público; o fato de os trabalhadores serem mais jovens aumenta os riscos; o trabalho por meio de plataformas incentiva um ritmo sem pausas para descanso, o que pode levar à ocorrência de acidentes; os efeitos competitivos e a forma de avaliação das plataformas significam que os prazos para a conclusão das tarefas são muito curtos; o fato de o pagamento não ser contínuo, predominantemente por peças, aumenta a pressão sobre o tempo, principalmente nas plataformas de microtarefas em que as tarifas são baixas; a não concessão de licença médica remunerada incentiva que pessoas trabalhem enquanto estão doentes, aumentando os riscos (GARBEN, 2017).

Para a autora, a impossibilidade de ter acesso a um auxílio-doença também acarreta riscos psicossociais, pois o trabalhador fica com aquela sensação de que "não vai poder cair", assim como o fato de inexistir um local de trabalho comum pode levar ao isolamento, da mesma forma que o fato de ser monitorado o tempo todo pode induzir a comportamentos antissociais ou prejudiciais à saúde, como o desenvolvimento de dependência de álcool ou drogas para combater o estresse, o que poderia ser detectado pelo empregador numa situação normal. A vigilância contínua e em tempo real também é apontada por Garben como importante fator de estresse, pois o trabalhador se sente na obrigação de ser amigável, eficiente e útil o tempo todo. Da mesma maneira, o trabalhador se sente na obrigação de estar à disposição o tempo todo para aceitar futuros trabalhos, com dificuldade para divisar os limites entre vida e trabalho. Assim, "[...] o modelo de trabalho amigável e flexível 'a qualquer hora e em qualquer lugar' pode facilmente se transformar em uma armadilha 'sempre e em todo lugar', com efeitos negativos sobre a saúde psicológica" (GARBEN, 2017, p. 25).

Quanto aos riscos de saúde e segurança no trabalho específicos dos trabalhadores sob demanda, Garben (2017) afirma que, além de serem aplicáveis todos aqueles presentes nas atividades organizadas de forma tradicional, incidem riscos típicos como probabilidade menor de receberem treinamento, agravados pela pressão que a plataforma exerce sobre o tempo de conclusão da tarefa. O caráter informal e pontual da atividade pode significar falta de conhecimento e clareza sobre os regulamentos, as especificações das tarefas e os equipamentos necessários para a realização, bem como se devem, ou não, ser fornecidos.

Quanto aos efeitos indiretos na saúde e segurança do trabalhador, que decorrem da incerteza quanto à aplicação da lei trabalhista, a autora aponta pelo menos dois: primeiro, a dificuldade de aplicar a regulamentação das normas de saúde e segurança de maneira direta, incluindo as regras sobre horário de trabalho, pois não há um local físico específico, o que dificulta a fiscalização e a adoção de medidas preventivas, transferindo ao trabalhador o custos de seguro e de proteção ao trabalhador que, na maioria das vezes, não detém esclarecimento suficiente para tanto; segundo, a questão da insegurança a respeito da renda e do próprio trabalho, porque a relação de trabalho pode ser encerrada abruptamente e não há nenhuma garantia de remuneração mínima, pois o pagamento é por tarefa. O trabalhador nunca sabe se terá trabalho e por quanto tempo ou mesmo se receberá pagamento, pois, diante dessa incerteza, ele sempre está buscando novas oportunidades de trabalho, com acréscimo de estresse e tempo que isso gera (GARBEN, 2017).

Conforme exposto no item 2.1, o trabalho por meio de plataformas digitais de trabalho faz parte das relações de trabalho não padronizadas, as quais, segundo a Organização Internacional do Trabalho, apresentam fatores de risco de três ordens, conforme se demonstra no quadro seguinte, extraído do documento *Safety and health at the heart of the future of work* (2019b, p. 51).

Nesse documento da Organização Internacional do Trabalho, também se apresentam as oportunidades e desafios da saúde e segurança do trabalho em plataformas digitais: as primeiras são remoção de pessoas de ambientes perigosos, maior controle sobre o equilíbrio entre vida pessoal e profissional e transferência do trabalho realizado anteriormente na economia informal para o setor formal; e os segundos: segurança reduzida, visibilidade regulatória reduzida e riscos aumentados; emprego atípico e ajustes de trabalho sem vínculo empregatício, deixando a plataforma como intermediária; operadores de plataforma podem desafiar a aplicabilidade das normas de saúde e segurança no trabalho e as normas que incidem numa relação de emprego; falta de acesso a pouco ou nenhum benefício contratual tradicional, como férias, auxílio-doença, informações de SST, treinamento e suporte aos locais de trabalho fornecidos pelo empregador, equipamentos de proteção individual (em circunstâncias que não atendem a normas de ergonomia, padrões ambientais e de SST); gestão ineficaz no local de trabalho, incluindo a avaliação de risco inexistente ou pouco frequente; falta de clareza e especificidade das tarefas; certificação adequada, conhecimento ou compreensão dos regulamentos relevantes são menores; saúde e segurança do trabalhador, assim como outros fatores são de responsabilidade do trabalhador.

Quadro 2 – Fatores de risco.

FATORES DE RISCOS	
DESORGANIZAÇÃO	**FALHA REGULATÓRIA**
• Tarefas curtas, inexperiência. • Indução, treinamento e supervisão ineficientes. • Procedimentos e comunicação ineficazes • Sistemas de gestão de SST ineficazes e incapacidade de organizar.	• Conhecimento escasso dos direitos e obrigações legais. • Acesso limitado à SST e direitos de indenização do trabalhador. • Obrigações legais descumpridas ou contestadas. • Descumprimento e supervisão regulatória insuficiente.
CONSEQUÊNCIAS	
• Trabalho inseguro • Jornada extensa ou irregular • Trabalhos múltiplos • Conflito entre vida e trabalho	• Contingente, pagamento irregular • Tarefas extras, mudança na carga horária • Erosão de pagamento, segurança e direitos • Erosão da saúde pública/segurança

Fonte: OIT, 2019b, p. 51.

Para responder a esses desafios que existem em relação à necessária prevenção, a OIT (2019b) ressalta a necessidade do diálogo social entre os principais interessados (governo, empregadores e trabalhadores) e sugere a adoção de seis medidas: i) antecipação dos novos riscos de saúde e segurança no trabalho; ii) multidisciplinaridade na gestão da saúde e segurança do trabalho; iii) construção de competência em saúde e segurança no trabalho; iv) ampliação do horizonte fazendo um vínculo com a saúde pública; v) realce da relevância das normas internacionais de trabalho e outros instrumentos em saúde e segurança do trabalho; e vi) reforço do papel dos governos e parceiros sociais e ampliar as parcerias.

Releva notar que a saúde e segurança do trabalho atuam de maneira decisiva na rotina laboral dos trabalhadores, sem as quais é impensável pensar em trabalho decente ou em dignidade da pessoa humana.

Não por outro motivo que a Declaração do Centenário incluiu a saúde e segurança no trabalho no rol de princípios e direitos fundamentais da OIT, em conformidade com a Declaração Universal dos Direitos do Homem.

É preciso, portanto, ampliar os horizontes para enxergar, nas relações de trabalho intermediadas por plataformas, não somente um "bico", um ganho extra ou uma atividade acessória para ser realizada em horários livres. Para muitos, essa atividade equivale ao emprego, servindo como ganha-pão e ainda como tentativa de acesso aos demais direitos humanos que todos deveriam obter.

Além disso, por estar intrinsecamente ligada à vida, não cabe mais condicionar o acesso à saúde e segurança do trabalho à natureza da relação de trabalho, especialmente quando esta é imposta pela parte que detém os meios de produção, e ao trabalhador só resta clicar na opção "li e aceito" ou não trabalhar e, consequentemente, não subsistir.

3.5.4. Direito à informação e portabilidade de dados

Um dos desdobramentos da convergência entre a tecnologia de comunicação e informação e a informática, mencionada do capítulo 1, foi a mudança na natureza do direito à informação, que deixou de ser apenas um direito de personalidade, transmudando-se para um bem de valor patrimonial consubstanciado após o processamento dos dados (CRUZ, 2017)[(166)].

A incapacidade de extrair, analisar e tratar uma quantidade elevada de dados com equipamentos comuns deu origem à área do conhecimento conhecida como *Big Data*.

Atualmente muitas empresas utilizam Big Data para tratar os dados que são obtidos por meio das informações que os usuários das plataformas digitais disponibilizam, quando acessam *sites* ou aplicativos[(167)].

Aliás, a questão da utilização desses dados, que hoje são considerados matéria-prima para o sistema capitalista de produção atual, tem suscitado debates em torno de questões éticas, pois não raro as empresas que têm potencial para lidar com essa tecnologia se aproveitam dos dados disponibilizados por clientes e usuários, sem o conhecimento destes, para revertê-los em proveito próprio, algumas vezes para fazer concorrência com esse mesmo cliente que disponibilizou os dados[(168)].

---

(166) O *site ExpertDigital* explica a diferença entre dados e informação, explicando que "[...] os dados são matérias-primas que devem ser processadas e as informações são os dados processados".

(167) O *site Software Testing Help* indica as principais empresas de *Big Data* a serem observadas: *Prolifics, Clairvoyant, ScienceSoft, Xplenty, IBM, HP, Enterprise, Teradata, Oracle, SAP, EMC, Amazon, Microsoft, Google, VMware, Splunk, Alteryx, Cogito* (SOFTWARE TESTING HELP, 2020).

(168) Recentemente foi publicada uma reportagem que noticiou que a Amazon estava utilizando dados dos vendedores cadastrados em seu espaço de marketplace, para desenvolver os próprios produtos e, em seguida, competir com os seus clientes (ARBEX, 2020).

Em 2016, noticiou-se que a empresa *Uber* fez uma alteração no seu aplicativo, que passou a permitir rastrear e coletar dados referentes à localização do usuário do serviço, mesmo após o momento em que a corrida foi finalizada (CANALTECH, 2016).

Nos autos do Processo 1009040-30.2018.8.26.0625, que tramitou na 5ª Vara Cível de Taubaté, por exemplo, um motorista ajuizou ação em face da *Uber* do Brasil, alegando que foi desligado do aplicativo imotivadamente e pleiteando a sua reintegração e os lucros cessantes, e a empresa deixou claro que rastreia os dados dos passageiros e dos motoristas, mesmo quando não estão realizando corridas, pois a defesa afirmou que o motivo do desligamento foi o descumprimento do contrato e a prática de fraude na utilização da plataforma, pois o autor "[...] manipulava viagens transportando passageiros fora do sistema (objetivando o recebimento do valor integral das viagens solicitadas pelos usuários)".

No caso das plataformas digitais de trabalho, todos os dados gerados pelos trabalhadores são de propriedade da plataforma, aí inclusos não só os dados pessoais dos trabalhadores e aqueles referentes ao seu histórico funcional, mas também outros um pouco mais amplos, como a distância percorrida, o trajeto, a velocidade, o tempo de espera, apenas para exemplificar.

Dessa forma, o trabalhador não tem acesso, por exemplo, às avaliações que os clientes fazem de seu serviço, as quais lhe poderiam ser úteis, quando fosse se cadastrar em outro aplicativo. As informações referentes aos serviços finalizados constroem a reputação digital do trabalhador, servindo como um currículo em que seu histórico fica armazenado. Tal currículo serve para eventual busca de um novo posto de trabalho e para a inscrição em plataformas que forneçam seguro ou, por exemplo, benefícios ligados à proteção social.

O documento *El mercado laboral digital a debate* comunica que já existem plataformas digitais que reúnem dados sobre as credenciais digitais dos solicitantes de emprego para elas demonstrarem as habilidades deles, como é o caso da Credly, ou aquelas que reúnem num só lugar as reputações extraídas de várias plataformas, para demonstrar que o trabalhador é confiável, como ocorre com a Trady. Outras servem para dar suporte ao trabalhador nos campos de administração e finança, como a *Hurdlr* e *SherpaShare,* que acessam o perfil dos usuários para conferir a identidade e a reputação dos trabalhadores; ou plataformas como *Checkr* ou *GoodHire*, que verificam a identidade e os antecedentes dos usuários (CAÑIGUERAL BAGÓ, 2019).

No campo da proteção social, o documento informa que existem as plataformas de benefícios portáteis, assim conceituadas porque estes estão associados ao trabalhador, e não ao contrato de trabalho (CAÑIGUERAL BAGÓ, 2019).

O monitoramento do comportamento do trabalhador também pode ser realizado sem que ele tome conhecimento de que está sendo vigiado, até porque a plataforma pode ocultar suas práticas como forma de esconder o controle sobre o trabalhado realizado, para evitar a configuração da relação de emprego. A exemplo disso, Robinson (2018) afirmou que a *Uber* usa tecnologia para monitorar o desempenho dos trabalhadores, podendo reduzir as avaliações caso seja ultrapassada a velocidade de 70, ou mesmo adverti-los por frearem o veículo com muita força ou de forma frequente.

A Lei Geral de Proteção de Dados reconheceu a importância da disponibilização dos dados em relação à pessoa do seu titular e, em seu art. 18, V, assegura-lhe o direito de obter do controlador, a qualquer momento e mediante requisição, a portabilidade dos dados para outro fornecedor de serviço ou produto, desde que observados os segredos comercial e industrial.

Além disso, o art. 18 assegura ao titular dos dados a confirmação da existência de tratamento dos dados, o acesso a eles, a possibilidade de correção de dados incompletos, inexatos ou desatualizados, a anonimização, o bloqueio ou eliminação dos dados desnecessários, excessivos ou tratados em desconformidade com a lei e a informação das entidades com quem os dados foram compartilhados e utilizados.

O inciso VII do art. 18 traz um dispositivo interessante, diretamente ligado à transparência, pois assegura que o titular dos dados tenha acesso à informação sobre a possibilidade de não fornecer o consentimento para tratamento de seus dados e sobre as consequências dessa negativa, uma vez que atualmente, não só para o trabalhador senão para qualquer usuário das plataformas digitais, as únicas opções conferidas são clicar sobre o "li e aceito" para utilizar os serviços ou simplesmente não ter acesso ao serviço, ainda que as condições impostas pelas proprietárias das plataformas sejam arbitrárias.

Para o tratamento desses dados, também será indispensável que haja o consentimento expresso (por escrito ou por outro meio que demonstre a manifestação de vontade do titular), o qual poderá ser revogado a qualquer momento, conforme se extrai do art. 7º, I, combinado com o art. 8º, *caput*, e art. 18, IX, da Lei Geral de Proteção de Dados (LGPD).

Como as relações laborais por intermédio das plataformas digitais são constituídas em meio digital, pode-se afirmar que as atividades de tratamento dos dados pessoais nas três fases do contrato de trabalho (antes, durante e após) deverão observar os dez princípios previstos no art. 6º da LGPD, a saber: i – finalidade (os propósitos do tratamento devem ser legítimos, específicos, explícitos e informados ao titular de forma compatível com a finalidade); ii – adequação (o tratamento dos dados leva em conta seu contexto e deve ser compatível com as finalidades informadas ao titular); iii – necessidade (o tratamento deve ser o mínimo necessário para a realização de suas finalidades, utilizando apenas os dados pertinentes, proporcionais e não excessivos para tanto); iv – livre acesso (o titular deve ter acesso fácil acesso e gratuito sobre a forma e a duração do tratamento e sobre a integralidade de seus dados pessoais); v – qualidade dos dados (os dados devem ser apresentados de acordo com a necessidade e finalidade do tratamento, com exatidão, clareza, relevância e atualização; vi – transparência (as informações a respeito do tratamento dos dados e dos agentes que deverão ser claras, precisas e facilmente acessíveis, observando-se os segredos comercial e industrial); vii – segurança (os dados devem ser protegidos contra acessos indevidos ou não autorizados, bem como de situações acidentais ou ilícitas que impliquem a destruição, perda, alteração, comunicação ou difusão deles); viii – prevenção (as plataformas que coletarem os dados devem adotar medidas para prevenir que eles sejam danificados em razão do tratamento); ix – não discriminação (é vedada a realização de tratamento para fins discriminatórios ilícitos ou abusivos; e x – responsabilização e prestação de contas (cabe ao agente comprovar que adotou medidas eficazes para a observância e cumprimento eficazes das normas de proteção de dados).

Diante disso, as plataformas digitais deverão adotar medidas que demonstrem que os dados pessoais coletados foram tratados na medida necessária para a consecução das finalidades contratuais, assegurando ao trabalhador o acesso, retificação e portabilidade das informações, inclusive com cláusulas transparentes que demonstrem as políticas utilizadas pelos algoritmos, quando da admissão ou não admissão do trabalhador na plataforma, extinção ou bloqueio da conta e forma de cálculo das tarifas.

A adoção dos princípios previstos na LGPD vai ao encontro da proposta de regulamentação da Comissão Mundial para o Futuro do Trabalho da OIT, no sentido de que as decisões finais operacionalizadas por intermédio de inteligência artificial sejam tomadas por seres humanos, e não algoritmos (OIT, 2019a). Segundo o relatório, o gerenciamento algorítmico, o controle e vigilância do trabalho por meio de vigilância ou outras formas de monitoramento são questões que devem ser reguladas para que a dignidade dos trabalhadores seja protegida, pois "o trabalho não é uma mercadoria; nem é um robô".

Acredita-se que a observância das diretrizes da lei geral de proteção de dados trará grandes benefícios aos trabalhadores, eliminando litígios que decorrem da ausência de transparência a respeito das informações e das políticas de funcionamento das plataformas digitais como um todo.

A questão da portabilidade, por exemplo, está muito ligada à portabilidade de proteção social.

Já a transparência das políticas remuneratórias pode auxiliar o trabalhador a avaliar a conveniência ou não de trabalhar em determinado horário ou buscar tarifas dinâmicas[(169)], bem como lhe permite dimensionar os custos que terá com a execução do trabalho, para melhor subsidiar a decisão de aceitar, ou não, a realização de determinado trabalho.

---

(169) As tarifas dinâmicas são aquelas que variam conforme a demanda e, muitas vezes, causam insatisfação pela ausência de transparência tanto para motoristas quanto para consumidores.

A esse respeito, pode-se mencionar como exemplo a divergência citada no capítulo 2, que surgiu em torno da Proposta 22[170], que foi votada na Califórnia em 3 de novembro, segundo a qual, os trabalhadores terão a garantia de receber um *percentual equivalente a 120% do salário mínimo de 2021, o que totalizaria U$ 15,60, mas um estudo realizado por* Ken Jacobs e Michael Reich demonstrou que isso seria um valor bruto, pois, se o trabalhador contabilizasse e deduzisse todas as despesas existentes, como por exemplo, as referentes à aquisição e manutenção do veículo, impostos e tempo de espera, *o valor final* seria de apenas U$ 5,64 (JACOBS; REICH, 2020).

Vê-se, portanto, que a importância do direito à informação e da portabilidade dos dados vai além do princípio da boa-fé que rege todo e qualquer contrato e os princípios enunciados no art. 6º da LGPD, atingindo várias áreas da vida do trabalhador, o que está em consonância com o art. 2º, VII, desse diploma legal que utiliza como um dos fundamentos para disciplinar a proteção de dados pessoais os direitos humanos, o livre desenvolvimento da personalidade, a dignidade e o exercício da cidadania pelas pessoas naturais, fundamentos que, de igual forma, devem nortear amplamente as relações de trabalho.

3.5.5. Direito à livre associação e negociação coletiva

O ser humano é um ser gregário por natureza. As similitudes de condições ou os interesses comuns o levam à formação de grupos, cujo conceito, segundo Evaristo de Moraes Filho, "[...] é o que de mais decisivo se conclui na ciência social de hoje" (MORAIS FILHO, 1978, p. 19).

O autor afirma que, pelas suas características de independência relativa aos indivíduos que o compõem e pela grande força de interação que apresenta, significa uma categoria social à parte (MORAIS FILHO, 1978, p. 22). Para o autor,

> [...] o grupo se apresenta em relação aos indivíduos como uma autêntica Gestalt, isto é, como uma forma, uma configuração, como um todo sintético que, embora sendo por eles formado e constituído, vai além de sua simples soma. Possui qualidades e caraterísticas que lhe são próprias, que somente aquela reunião de pessoas, naquelas condições precisas de tempo e espaço, seria capaz de provocar. Cada indivíduo, tomado isoladamente, não poderia refletir toda a riqueza do espírito grupal (MORAIS FILHO, 1978, p. 25).

Quando se fala de trabalho, na acepção do trabalho produtivo de Olea como meio de subsistência, essa categoria social torna-se evidente, pois surge um coletivo formado por pessoas que se identificam por sentimentos comuns, cujos interesses se entrecruzam e assim formam um grupo social específico, ligado à uma profissão ou ocupação.

(170) A redação da proposta consta no *site* <Ballotpedia.org>.

Ao tratar da distinção entre profissão e ocupação, Moraes Filho (1978, p. 58), ressalta:

> A sociedade moderna, devido à intensa divisão do trabalho social, é organizada economicamente numa base profissional ou ocupacional. E as impressões dessa profissionalização vão tão longe que chegam a marcar o ser humano naquilo que ele tenha de mais íntimo, afetando-lhe profundamente a história de sua própria vida, ligando-o de certa maneira ao todo social e dando uma forma específica à estrutura social de cada época.

E, se, em 1952, quando a obra de Moraes Filho foi publicada pela primeira vez, já se fazia importante a distinção entre profissão e ocupação, hoje mais ainda essa distinção se faz importante quando se pensa em *gig economy*, pois houve uma atomização do trabalho, fracionado em tarefas e, muitas vezes, distribuído entre amadores, fomentando a desprofissionalização dos que trabalham, o que certamente arrefece a união de esforços que seria de esperar de um grupo de profissionais com interesses em comum.

Segundo a Confederação Mundial do Emprego (2016, p. 3), "[...] o trabalho não é mais um lugar para ir, mas sim uma tarefa para desempenhar"(171).

A afinidade de interesses cria um vínculo natural de solidariedade e, quando em um grupo profissional as pessoas se aproximam e agem de forma coordenada, o nível social e econômico do grupo é elevado e seus interesses são defendidos melhor, resistindo, com mais força, aos interesses que lhe são opostos (MORAIS FILHO, 1978).

No Brasil, a entidade reconhecida constitucionalmente (art. 8º, VI) como representante dos interesses da coletividade de trabalhadores é o sindicato, cujo conceito incorpora a ideia de categoria (DELGADO, 2017), prevista no art. 511 da CLT.

Delgado (2017, p. 1510) afirma que "[...] os trabalhadores somente ganham corpo, estrutura e *potência* de ser coletivo por intermédio de suas organizações associativas de caráter profissional, no caso, os sindicatos".

Para Delgado (2017, p. 1536), "[...] o sindicato consiste em associação coletiva, de natureza privada, voltada à defesa e incremento de interesses coletivos profissionais e materiais de trabalhadores, sejam subordinados ou autônomos, e de empregadores".

A principal ferramenta à disposição dos sindicatos para fazer valer os interesses da categoria é a negociação coletiva, cujos instrumentos são as convenções coletivas de trabalho e os acordos coletivos de trabalho.

A negociação coletiva insere-se no método de solução de conflitos da autocomposição, pois não requer a presença de um agente exterior para pacificar a controvérsia.

---

(171) Tradução livre do original: "Work is no longer a place to go but more a task to perform!".

Ela gera interesses profissionais e econômicos de destacada relevância social, podendo ser chamada de transação coletiva negociada (DELGADO, 2017).

De acordo com o art. 2º da Convenção n. 154 da OIT, ratificada[(172)] pelo Brasil em 10 de julho de 1992, a negociação coletiva tem por finalidade:

> a) fixar as condições de trabalho e emprego;
>
> b) ou regular as relações entre empregadores e trabalhadores;
>
> c) ou regular as relações entre os empregadores ou suas organizações e uma ou várias organizações de trabalhadores, ou alcançar todos estes objetivos de uma só vez.

Essa modalidade de resolução de conflitos sempre esteve presente nas relações de emprego, como alvo de intensos debates, principalmente por constituírem o único[(173)] meio passível de excepcionar alguns dispositivos constitucionais, tais como a irredutibilidade salarial, os limites de jornada e a carga horária dos turnos ininterruptos de revezamento, nos termos do art. 7º, VI, XIII e XVI.

A liberdade sindical e o reconhecimento do direito à negociação coletiva constituem direitos reconhecidos pela Organização Internacional do Trabalho como um dos quatro direitos fundamentais confirmados pela Declaração de Filadélfia de 1944 e pela Declaração dos Princípios e Direitos Fundamentais do Trabalho, de 1998, segundo a qual, pelo simples fato de pertencerem à OIT, os países-membro têm o compromisso de promovê-los e torná-los realidade, de boa fé e de conformidade com a sua Constituição.

O direito à liberdade sindical e direito de negociação coletiva estão inseridos também na Agenda 2030 da ONU, cujo objetivo de desenvolvimento sustentável n. 8 consiste em "[...] promover o crescimento econômico sustentado, inclusivo e sustentável, emprego pleno e produtivo e trabalho decente para todas e todos".

De acordo com a Organização Internacional do Trabalho, o trabalho decente "[...] é o ponto de convergência dos quatro objetivos estratégicos da OIT", sendo o primeiro deles

> [...] o respeito aos direitos no trabalho, especialmente aqueles definidos como fundamentais, a saber liberdade sindical, direito de negociação coletiva, eliminação de todas as formas de discriminação em matéria de emprego e ocupação e erradicação de todas as formas de trabalho forçado e trabalho infantil (OIT, 1999, [s.p]).

---

(172) Decreto Legislativo n. 22, de 12.05.1992, do Congresso Nacional. Promulgada pelo Decreto n. 1.256, de 29.09.1994, com vigência nacional desde 10 de julho de 1993.

(173) Em razão do estado de calamidade pública reconhecido pelo Decreto n. 6/2020, no entanto, foi editada a "Medida Provisória n. 936/2020 que institui o Programa Emergencial de Manutenção do Emprego e da Renda e dispõe sobre medidas trabalhistas complementares para enfrentamento do estado de calamidade pública, a qual autorizou a redução de salário e jornada por meio de acordo individual, medida de constitucionalidade reconhecida pela ADI 6363, em caráter liminar".

Ao tratarem da negociação coletiva de trabalho como pressuposto de efetivação do trabalho decente, Stürmer e Bittencourt (2020, p. 58-59) relembram que a Declaração Universal dos Direitos do Homem prevê, em seu art. 23, IV, que "[...] todo o homem tem direito a organizar sindicatos e a neles ingressar para a proteção de seus interesses" e, portanto, devem ser analisados como um direito humano fundamental reconhecido constitucionalmente.

O art. 22, n. 1, do Pacto Internacional dos Direitos Civis e Políticos (PIDCP)(174) prevê que "[...] toda pessoa terá o direito de associar-se livremente a outras, inclusive o direito de construir sindicatos e de a eles filiar-se, para a proteção de seus interesses". E o art. 8º do Pacto Internacional dos Direitos Econômicos, Sociais e Culturais (PIDESC)(175) também assegura a toda pessoa fundar com outras e filiar-se ao sindicato de escolha, com o objetivo de promover e proteger seus interesses econômicos e sociais.

Não há dúvida, portanto, de que esse direito de matiz constitucional integra o corpo dos direitos humanos fundamentais e, como tal, impõe a sua aplicação a todos os trabalhadores, e não apenas àqueles subordinados, principalmente porque a universalidade é uma característica dos direitos fundamentais (NOVELINO, 2016).

No Brasil, é permitida a sindicalização tanto de trabalhadores subordinados quanto de trabalhadores autônomos, de modo que, embora a união de forças seja mais difícil fora de uma relação de emprego, não há óbice legal para tanto.

No entanto, em muitas jurisdições estrangeiras, as estruturas formais que autorizam a negociação coletiva limitam-se aos trabalhadores que possuem uma relação de emprego, razão pela qual a sua classificação como trabalhador autônomo inibe essa prática, cujos resultados podem implicar violação à lei da livre concorrência (ALOISI, 2019).

Aloisi (2019) cita alguns obstáculos em relação ao exercício efetivo dos direitos coletivos pelos trabalhadores em plataformas digitais, tanto de ordem socioeconômica, como a falta de poder para negociar, a natureza de curta duração das tarefas, o medo de retaliação, quanto de ordem prática, como o fato de não terem proximidade física, temporal e linguística, com possibilidade de as necessidades serem opostas, gerando agendas variadas e conflitantes, o que dificulta a formação de uma aliança efetiva para a defesa de reivindicações comuns.

Johnston e Land-Kazlauskas (2019c, p. 32) também indicam algumas barreiras para os trabalhadores conseguirem uma negociação coletiva, tais como:

> 1) promoção de interesses comuns — e superação da competição entre os trabalhadores;

(174) Em vigor no Brasil desde 7 de julho de 1992, conforme o Decreto n. 592, de 6 de julho de 1992.

(175) Em vigor no Brasil desde 7 de julho de 1992, conforme o Decreto n. 591, de 6 de julho de 1992.

2) determinação de um local (ou múltiplos locais) de aglomeração — virtual, ou preferencialmente real — de modo a superar o isolamento;

3) identificação da contraparte na negociação, e

4) ter como alvo uma fonte de poder para fazer uma reivindicação coletiva.

O trabalho sob demanda por meio de plataformas digitais de trabalho é algo novo e incipiente, de modo que a constituição de grupos consolidados para a defesa dos interesses dos que os compõem tem grandes desafios pela frente.

De acordo com o documento da OIT, *Organizing On-demand: representation, voice and collective bargaining in the gig economy (*OIT, 2019c, p.1), a maneira como o trabalho é organizado na *gig economy* pode impactar negativamente os trabalhadores, que contam uma programação imprevisível, ganhos inconsistentes e sem uma perspectiva de emprego em longo prazo.

Desde a tentativa de descaracterizar o trabalhador ou o trabalho em si, mediante o emprego de rótulos, como *gigs*, *hits*, *taskers*, ou *rabbits*, ou ligação do fenômeno à terminologia que não retrata a realidade, como economia compartilhada, conforme exposto no item 1.4, o trabalho sob demanda por meio de plataformas digitais apresenta um grau de heterogeneidade que dificulta a reunião das condições de similitude presentes quando se pensa em uma categoria profissional.

O amadorismo e a elevada rotatividade ou transitoriedade na atividade colaboram para que, muitas vezes, o próprio trabalhador não se enxergue como pertencente a uma categoria, embora se valha dela como fonte de custeio integral ou parcial[(176)] para sua subsistência e de sua família.

Certo é que a representação coletiva e a voz desses trabalhadores são ferramentas essenciais para mitigar os riscos enfrentados por eles e melhorar os termos e condições de trabalho, "[...] na tentativa de reequilibrar as assimetrias de poder e informação entre as plataformas e seus trabalhadores" (VANDAELE, 2018, p. 6).

Nesse desiderato, apesar das dificuldades de várias ordens, no entanto, vários têm sido os movimentos de mobilização desses trabalhadores em busca de melhores condições de trabalho, conforme ressaltado no item 3.3.

Choudary (2018) afirma que a ação coletiva compreende três fases: i) é necessário um meio para desenvolver os relacionamentos e as redes sociais; ii) são necessárias ferramentas de interação, para que haja envolvimento no problema, compartilhamento de experiências e divulgação das informações; e iii) a organização efetiva em direção aos objetivos coletivos.

(176) A pesquisa realizada pela Universidade Federal da Bahia (2020) constatou que a maioria dos entregadores entrevistados, ou seja, 76,7%, tem nessa atividade a sua ocupação principal.

Em âmbito internacional, o documento da OIT *Organizing On-demand: representation, voice and collective bargaining in the gig economy* (OIT, 2019c) cita várias experiências que demonstraram que não é irreal a possibilidade de reunir esse coletivo de trabalhadores, ainda que sob formato não sindical, tais como por meio dos fóruns *on-line*, centros de trabalho, cooperativas, ou conselhos de trabalho.

O documento *El Mercado Laboral en Debate* (2019, p. 31) menciona a existência de inúmeras organizações consideradas "quase sindicatos" no segmento dos trabalhadores sob demanda em plataformas digitais, a saber: *Riders x Derechos*, de entregadores em Barcelona; *Independent Workers Union*, que agrega trabalhadores em geral no Reino Unido; *United Private Driver* de motoristas, no Reino Unido; *The Indy Worker Guild*, de trabalhadores em geral nos Estados Unidos; *Independent Drivers Guild* de motoristas, em Nova York; e *Asociación de Personal de Plataformas* (APP), de entregadores em Buenos Aires.

Vandaele (2018) realça alguns exemplos de iniciativas exitosas rumo às melhorias de condições de trabalho dos trabalhadores em plataformas, como ocorreu na Alemanha, em 2015, quando foi iniciada por uma plataforma uma autorregulação por intermédio de um Código de Conduta de *Crowdsourcing*, que, depois de ter sido aprimorada, esclarecida e promovida pelo sindicato *IG Metall*, resultou na assinatura de oito plataformas baseadas na Alemanha que concordaram em aderir aos padrões salariais locais.

A autora ainda cita o exemplo da união transnacional que resultou na Declaração de Frankfurt sobre trabalho baseado em plataformas, de 2016, que propõe salários mais justos e transparência em relação às condições de trabalho, proteção social e direito à organização, e no *site* austríaco-alemão-sueco *Fair Crowd Work*, criado no mesmo ano, que, com base em pesquisa feita com os trabalhadores, avalia os termos e condições de trabalho das plataformas digitais (VANDAELE, 2018).

Outro exemplo que merece destaque ocorreu na cidade de Bolonha, com a participação de empresas, trabalhadores e o governo municipal, e que redundou na *Carta dei diritti fondamentali del lavoro digitale nel contesto urbano* (Carta dos direitos fundamentais do trabalho digital em contexto urbano), assinada em 31 de maio de 2018, a qual contém 12 artigos divididos em três capítulos, que tratam de disposições gerais, direitos de informação e direitos de proteção da pessoa e de seus direitos fundamentais.

A carta estabelece padrões mínimos de proteção para os trabalhadores, tais como, remuneração mínima não inferior à dos acordos coletivos de setores semelhantes, adicional para o trabalho noturno, em fins de semana ou em condições climáticas desfavoráveis, notificação e justificação da retirada da plataforma, adoção de medidas voltadas à proteção da saúde e segurança dos trabalhadores, direito à desconexão, liberdade e organização sindical.

O documento foi assinado pelas empresas *Sgnam* e *Mymenu* (que se fundiram em seguida) (ZARLONI, 2018), as quais representam entre 130 e 140 entregadores dos 500 que trabalham em Bolonha. Um fator que chamou a atenção para esse caso foi o fato de plataformas de grande porte, como *Justeat*, *Deliverhoo*, *Glovo* e *Foodora*, não terem assinado o documento. Em razão disso, o prefeito da cidade, Virginio Merola, conclamou os cidadãos a boicotar tais empresas (LA REPUBLICA, 2018).

O *site* da cidade dá publicidade às plataformas signatárias e não signatárias da carta, num movimento chamado *"naming and shaming"* (VANDAELE, 2018, p. 17).

No campo da negociação coletiva formalmente reconhecida, é importante citar que, em julho de 2018, em Copenhagen, foi celebrado um acordo coletivo de trabalho entre a plataforma digital de trabalho dinamarquesa Hilfr.dk, que presta serviços de limpeza em residências privadas, e o sindicato dinamarquês 3F, que, segundo consta (HILFR, 2017), foi o primeiro do mundo. A vigência do acordo foi prevista para 12 meses, com início em 1º de agosto de 2018, e, entre os direitos assegurados aos trabalhadores, estão um subsídio para caso de doença e férias, salário mínimo/hora e contribuição para pensão.

Além disso, as faxineiras que antes eram autônomas poderão optar pela classificação como empregadas depois de completarem cem horas de trabalho e contarão com proteção em caso de dispensa, direito de proteção de dados e proteção contra cancelamento de turno (VANDAELE, 2018).

Johnston e Land-Kazlauskas (2019c, p. 13-18) resumem a dificuldade em alcançar uma negociação coletiva "plenamente desenvolvida" em quatro pontos:

> 1. Primeiro, a economia de plataforma é um desenvolvimento recente; a novidade dos mercados de trabalho digitais sugere que a negociação coletiva ainda não foi totalmente estabelecida de acordo com a definição tradicional, inclusive através da celebração de convenções coletivas.
>
> 2. Em segundo lugar, o movimento em direção à negociação coletiva pode ser proporcional à importância relativa da economia de *gig* no mercado de trabalho mais amplo. Apesar da ampla cobertura da mídia, o trabalho de bicos e plataformas emprega uma pequena proporção da força de trabalho total.
>
> 3. Terceiro, os esforços dos trabalhadores em direção à sindicalização e negociação coletiva têm sido ativamente resistidos por algumas plataformas de trabalho.
>
> 4. O quarto desafio que os trabalhadores da plataforma enfrentam para alcançar a negociação coletiva está enraizado no fato que a atividade organizada realizada por autônomos pode ser considerada contrária a estatutos da concorrência ou outras leis antitruste.

De acordo com o documento El Mercado Laboral en Debate (2019, p. 30-31), o coletivo dos trabalhadores sob demanda que trabalham por intermédio de plataformas digitais apresenta em comum as seguintes características: i) a fragmentação da atividade é muito acentuada, de modo que, às vezes, atuam não só numa tarefa específica, mas apenas uma única plataforma; ii) são auto-organizados e caracterizam-se como nativos digitais, com estruturas baseadas nas redes sociais, por meio de grupos simples no *Telegram* ou *Twiter*, sem disposições formais; e iii) diferentemente do que ocorre nos sindicatos, suas estruturas organizacionais costumam ser descentralizadas e horizontais, com pouca hierarquia entre seus membros.

As iniciativas citadas como meio de efetivação da negociação coletiva formalmente reconhecida ou como um passo a ela antecedente estão em consonância com o conceito e com os ditames do diálogo social pregados pela OIT.

A Declaração do Centenário da Organização estipulou, em sua parte IV, B, que

> [...] cabe à OIT fortalecer a capacidade de seus constituintes tripartidos de participar em todos os processos relevantes, dentro e fora de suas fronteiras, e de promover a representação coletiva no trabalho por meio de mecanismos de diálogo social fortes e influentes que respeitem plenamente a liberdade de associação e negociação coletiva, com a convicção de que tal representação e diálogo contribuem para a coesão global das sociedades e são questões de interesse público (OIT, 2019a, [s.p]).

Massoni e Romar (2019) lembram que a promoção do diálogo social e do tripartismo constitui simultaneamente objetivo e meios eficientes de atingir os fins que a OIT almeja desde sua criação e neste centenário.

Falar de negociação coletiva é falar de diálogo social e, este, por sua vez, é um dos aspectos do trabalho decente (BITTENCOURT; STURMER, 2020).

Fato é que os novos mecanismos de gestão algorítmica inerentes às plataformas de trabalho enaltecem a pujança dessas organizações em detrimento da vulnerabilidade dos trabalhadores cadastrados em suas bases de dados.

Vaneale (2019) observa que, por meio dos métodos de gerenciamento de dados, as plataformas podem simplesmente excluir os trabalhadores problemáticos, substituindo-os, ou alterar o valor pago por tarefa para estimular que os trabalhadores ativem o aplicativo.

Por outro lado, as ferramentas tecnológicas também podem ser aproveitadas para dar voz ao coletivo de trabalhadores, por meio de aplicativos como *WhatsApp* ou redes sociais, como *Facebook*, *Twiter* ou *Instagram*.

A questão da reputação da marca, que, conforme exposto no item 1.3, compõe hoje o núcleo essencial das empresas, pode ser um forte aliado dos trabalhadores como incentivo para as plataformas assumirem um rol mínimo de compromissos em direção às condições dignas de seus trabalhadores, para não verem sua imagem ser arranhada, por intermédio de manifestações ou protestos veiculados nos grandes veículos de mídias.

O item A ii da segunda parte da Declaração do Centenário da OIT inclusive propõe que todo o potencial do progresso tecnológico seja aproveitado para alcançar o bem-estar material, a realização pessoal e a dignidade de todos os seres humanos, o que permite que se conclua que os recursos existentes sejam aproveitados para o proveito econômico das empresas proprietárias das plataformas digitais e como instrumento para dar voz aos trabalhadores, para que, organizados formalmente ou não, sejam capazes de levar adiante as suas reivindicações e necessidades.

Os exemplos aqui citados em um modelo ou em outro podem não ser soluções acabadas e definitivas, mas com certeza são inspirações que lançam luzes em direção à construção de um caminho que melhore as condições de vida de todos aqueles que trabalham e daí retiram total ou parcialmente o seu sustento, independentemente da classificação jurídica que for atribuída a esses trabalhadores.

Entre todos os direitos que devem ser concedidos aos trabalhadores por meio de plataformas digitais, não há dúvida de que a liberdade de associação e a negociação coletiva são o mais importante deles, pois somente por meio da união de vozes desse coletivo é que eles poderão sair de sua invisibilidade para perseguir os demais direitos mínimos que devem ter, como uma remuneração justa, limite de jornada e um meio ambiente de trabalho seguro.

3.5.6. Direito à proteção previdenciária

Apesar de a proteção previdenciária envolver direitos que não são propriamente trabalhistas, haja vista a autonomia do Direito Previdenciário e ainda o fato de o objeto desta pesquisa se circunscrever à proteção jurídica em âmbito laboral, existe um elo indissociável entre esses dois ramos do direito, cuja história se desenvolveu simultaneamente, que têm como vetor um fato comum, que é o trabalho.

Logo, sem a pretensão de esgotar o assunto, é importante enfatizar que nessa seara também se faz imprescindível assegurar a proteção do trabalhador, pois o Direito Previdenciário foi pensado exatamente para as situações em que o trabalhador por velhice ou por motivo de doença se vê impossibilitado de trabalhar.

A discussão em torno da natureza da relação de trabalho, na condição de empregado ou de autônomo, também terá implicações aqui, pois, com o advento da Constituição de 1988, a previdência social, com a saúde e a assistência social, passou a integrar o Sistema da Seguridade Social. E diferentemente do que ocorre com os outros dois subsistemas citados, a previdência social exige do trabalhador uma contribuição direta como condição de acesso às prestações previdenciárias, de modo que se pode dizer que tem natureza profissional/contributiva, pois pressupõe o exercício de uma atividade remunerada (DA SILVA E PIERDONÁ, 2019).

Todos os que exercem atividade profissional remunerada são considerados segurados obrigatórios da previdência social, mas os benefícios e as obrigações podem ser distintos, a depender do tipo do segurado obrigatório.

Martins (2018), por exemplo, classifica os segurados obrigatórios em dois grupos, quais sejam: segurados obrigatórios comuns (empregado, empregado doméstico e trabalhador avulso) ou segurados obrigatórios individuais (autônomos, eventuais, equiparados a autônomos e empresários).

Os trabalhadores autônomos, segurados obrigatórios da previdência social, na condição de contribuintes individuais (art. 11, V, "*h*", da Lei n. 8.213/91), devem recolher contribuição previdenciária com alíquota de 20%.

Já o microempreendedor individual, figura criada em 2006 pela Lei Complementar n. 123, que trata de um microempresário individual, que trabalha por conta própria, poderá ter a alíquota de contribuição previdenciária reduzida para 5%, com base no art. 30, II, da Lei n. 8.212/91, se preenchidos os requisitos do art. 18-A da lei. Neste caso, porém, fica excluído do benefício da aposentadoria por tempo de contribuição, na forma do art. 21, § 2º, II, da Lei n. 8.212/01, alterado pela Lei n. 12.470/2011.

No caso específico dos trabalhadores que atuam como motoristas na atividade de transporte remunerado individual de passageiros, Sarau (2019, p. 147) afirma que a Lei n. 13.640/2018 apenas tangenciou o tema a respeito da natureza da relação de trabalho ao alterar a lei de diretrizes da Política Nacional de Mobilidade Urbana (Lei n. 12.587/12), nela inserindo o art. 11-A, cujo inciso III apresenta a "[...] exigência de inscrição do motorista como contribuinte individual do Instituto Nacional do Seguro Social (INSS), nos termos da alínea *h* do inciso V do art. 11 da Lei n. 8.213, de 24 de julho de 1991".

Para Sarau (2019, p. 147), "[...] a configuração dos motoristas de aplicativos como segurados contribuintes individuais não é suficiente para caracterizá-los como trabalhadores autônomos", uma vez que diversas figuras do mundo do trabalho são albergadas nessa figura, nos termos do art. 11, V, da Lei n. 8.213/91.

De todo modo, o mais importante é que o autor chama a atenção para aquele contribuinte individual que presta serviços à empresa e, consequentemente, recebe tratamento previdenciário semelhante ao que é conferido ao segurado empregado, recaindo sobre a empresa, e não sobre o trabalhador, a responsabilidade de recolher as contribuições previdenciárias, nos termos do art. 4º da Lei n. 10.666/2003, que diz:

> Art. 4º Fica a empresa obrigada a arrecadar a contribuição do segurado contribuinte individual a seu serviço, descontando-a da respectiva remuneração, e a recolher o valor arrecadado juntamente com a contribuição a seu cargo até o dia 20 (vinte) do mês seguinte ao da competência, ou até o dia útil imediatamente anterior se não houver expediente bancário naquele dia.

Note-se que o mesmo ocorre com o trabalhador cooperado, cujos recolhimentos previdenciários também ficam sob a responsabilidade das cooperativas, na forma do § 1º do art. 4º da Lei n. 10.666/2003, a qual determina que

> [...] as cooperativas de trabalho arrecadarão a contribuição social dos seus associados como contribuinte individual e recolherão o valor arrecadado até o dia 20 (vinte) do mês subsequente ao de competência a que se referir, ou até o dia útil imediatamente anterior se não houver expediente bancário naquele dia.

Diante disso, defende-se que, assim como ocorre com o contribuinte individual que presta serviços à empresa, os trabalhadores sob demanda em plataformas digitais deveriam ter o sistema de recolhimento previdenciário diferenciado, cabendo às empresas proprietárias das plataformas digitais nas quais são cadastrados fazer a retenção do pagamento feito ao trabalhador, para que o trabalhador, em situações de doença e incapacidade, não fique desguarnecido.

Da Silva e Pierdoná (2019) também destacam que não basta a inscrição dos trabalhadores na previdência social, sendo necessárias medidas que assegurem o efetivo recolhimento das contribuições correspondentes. Para tanto, as autoras sugerem que, além da competência atribuída ao Distrito Federal e municípios para regulamentar e fiscalizar o serviço de transporte remunerado privado individual de passageiros, como fez a Lei n. 13.640/2018, o sistema jurídico poderia ser modificado mediante alteração da Lei do Custeio (n. 8.212/91), para determinar que a retenção e recolhimento das contribuições sejam de responsabilidade das administradoras das plataformas.

Neste caso, assim como ocorre com o contribuinte individual que presta serviços à empresa, a alíquota será de 11%, mas o trabalhador terá acesso a todos os benefícios, porque a empresa também recolherá 20% sobre os valores pagos ao contribuinte individual (DA SILVA; PIERDONÁ, 2019; MARTINS, 2018).

Da Silva e Pierdoná (2019) sustentam que, dessa forma, as mudanças que vêm sendo implementadas no mundo do trabalho não seriam sinônimo de ausência de proteção previdenciária, independentemente da existência ou não de vínculo empregatício com os trabalhadores, e alertam que, diante da insuficiência de contribuições para garantir o equilíbrio financeiro e atuarial, previsto no art. 201 da Constituição Federal, poderiam ser alteradas as alíquotas e bases de cálculo das contribuições das empresas com base no art. 195, § 9º, da CF, considerando-se, "dentre outras coisas, a utilização intensiva de mão de obra". Segundo as autoras,

> [...] se a empresa, em razão da utilização de tecnologias, emprega menos trabalhadores, poderá ter contribuições diferenciadas para, assim, compensar os valores que deixa de recolher, em razão da dispensa de trabalhadores e a substituição pelas tecnologias digitais (DA SILVA; PIERDONÁ, 2019, p. 191).

Quanto aos benefícios previdenciários propriamente ditos, merece destaque o benefício do seguro-desemprego, cuja finalidade "[...] é promover a assistência financeira temporária do trabalhador desempregado em virtude de ter sido dispensado sem justa causa, inclusive a indireta" (MARTINS, 2018, p. 629).

O seguro-desemprego, de acordo com o art. 239 da Constituição Federal, é custeado pelos valores arrecadados do PIS e do Pasep e, embora no Brasil o benefício seja concedido apenas a empregados em situação de desemprego involuntário, seria de grande valia a criação de um benefício semelhante, com requisitos preestabelecidos e mediante prévio custeio, para auxiliar financeiramente os trabalhadores sob demanda em plataformas digitais na hipótese de desligamento das plataformas por iniciativa destas.

A realidade requer sejam criadas novas políticas que atendam às necessidades dos trabalhadores da era da quarta revolução industrial e, dessa forma, o Sistema da Seguridade Social não ficaria sobrecarregado, mas simultaneamente os contribuintes não ficariam desprotegidos.

4. Considerações Finais

A geração que nasceu na década de 1970 e teve a oportunidade de fazer um curso universitário nos anos 1990 testemunhou a chegada da internet aos lares brasileiros, poucos dos quais contavam com o moderno microprocessador 486, que era a novidade do momento.

Nessa época, havia as *lan houses*, que eram os estabelecimentos equipados com vários computadores, separados por baias, destinados àqueles que não tinham esse aparelho em casa e queriam ter acesso à internet a fim de obter informações ou entretenimento, geralmente mediante pagamento por hora.

Não se cogitava a ideia de que cerca de dez anos depois a internet se tornaria onipresente e portátil, acessível a qualquer momento e de qualquer lugar, por meio de um novo aparelho multifuncional que seria batizado de *smartphone*, o qual foi incorporado como acessório de uso pessoal acoplado aos trajes das pessoas, assim como o relógio de pulso.

A partir de então, tornou-se possível a comunicação instantânea e global com qualquer pessoa disposta a tanto, o que transformou profundamente as relações comerciais, profissionais, sociais e afetivas.

A participação coletiva e as comunidades formadas na rede mundial de computadores estimularam a uma exposição excessiva tanto de produtos quanto da vida pessoal dos usuários. De forma estratégica, as empresas apropriaram-se do espaço público da internet para que os usuários espontaneamente lançassem seus dados pessoais, no intuito de revertê-los em informações que são monetizadas e usadas como matéria-prima desse sistema informacional que se retroalimenta.

Os antigos classificados dos jornais impressos tornaram-se obsoletos se comparados aos anúncios feitos pela internet. Agora, além de os computadores portáteis, como *notebook* e *tablets,* e os *smartphones* terem se tornado instrumentos para possibilitar a comunicação e extração de informações, a internet foi instalada em outros objetos do cotidiano, os quais foram capacitados para transmitir dados mediante a chamada internet das coisas.

Por meio de programas de geolocalização ou aplicativos como *Pic2map*, hoje é possível localizar diretamente uma pessoa ou identificar o local de onde uma foto foi disparada, pois até mesmo a câmera digital e as fotos podem ser localizadas no *Google Maps*.

Chegou-se então o momento em que, além da alta velocidade de comunicação entre as pessoas, se tornou possível a interação entre os mundos físico, biológico e digital, o que significou uma transformação inacabada no padrão de comportamento de toda sociedade.

Foi diante de tantas inovações impactantes, incipientes e ainda em desenvolvimento que este trabalho buscou analisar o contexto das relações de trabalho sob demanda intermediadas por plataformas digitais.

Depois de apresentados o problema central da pesquisa e as hipóteses, foi preciso fazer uma contextualização de um novo modelo organizacional que despontou ante a convergência da internet com os aparelhos de comunicação, convergência que centralizou num só lugar o espaço para todo tipo de interação.

Por se tratar de algo novo e ainda em construção, foi necessário investigar a origem de fenômenos igualmente recentes com os quais essas relações de trabalho são frequentemente relacionadas, mas com as quais não se confundem, como é o caso da chamada economia compartilhada, para entender qual a abordagem jurídica correta a ser dada aos novos modelos de trabalhar.

No decorrer da pesquisa, constataram-se os ganhos que o aprimoramento da tecnologia de informação e comunicação trouxe para a sociedade e elevou o seu grau de desenvolvimento, mas, por outro lado, notaram-se também diversos fatores que revelaram o lado negativo da chegada dessas novas técnicas não por elas mesmas, mas pela forma como a sociedade tem direcionado a utilização desses novos recursos.

Problemas decorrentes do excesso de conectividade e da exposição exacerbada de adultos e crianças frequentemente tocam em pontos sensíveis, como vício em internet, *fake news*, isolamento social, consumismo, discursos de ódio e exclusão digital, para citar apenas alguns exemplos.

No âmbito das relações de trabalho, também houve ganhos, pois as vagas de trabalho de acesso instantâneo, com baixa exigência de qualificação e remuneração quase imediata, permitiram a inclusão de estudantes e mulheres que só podem ocupar-se durante parte do dia e também de pessoas portadoras deficiência, servindo como alento a um universo de desempregados.

Por outro lado, o distanciamento entre as empresas proprietárias do produto e o trabalhador que se ativa na ponta da cadeia produtiva retirou deste a sensação de pertencimento. Do mesmo modo, a possibilidade de ocupação de determinadas vagas por amadores contribuiu para a desprofissionalização dos trabalhadores, diluindo os vínculos de solidariedade que caracterizam as relações de trabalho do século passado, desunindo os trabalhadores.

O processo de descentralização produtiva que já estava em curso nas organizações empresariais foi intensificado, permitindo aos detentores dos meios de produção rastrear e monitorar, de forma instantânea, o desenvolvimento de seus produtos até sua chegada ao consumidor final, sem que tenha necessariamente um elo jurídico com cada uma das empresas ou trabalhadores que participem dessas fases.

As plataformas digitais de trabalho criam uma terminologia própria para induzir a falsa compreensão de que as novas relações de trabalho são apenas "bicos", descaracterizando a natureza do trabalho produtivo. Para tanto, valem-se de rótulos que confundem a natureza da atividade ou desidentificam o trabalhador. No primeiro caso, utilizam expressões cujo significado ainda não foi pacificado, como economia compartilhada ou *gig economy*; no segundo, empregam termos que associam o trabalhador aos serviços que eles desempenham, tais como *rabbits*, *taskers* ou *riders*.

Ao contrário do que sugere o discurso de empoderamento do trabalhador, utilizado pelas plataformas digitais, o que se nota, na prática, não é o aproveitamento de bens subutilizados ou a autonomia do trabalhador, e sim o exercício de uma atividade remuneratória totalmente controlada e rastreada por meio da qual o trabalhador retira o sustento próprio e da sua família, de forma idêntica àquela que ocorre com o emprego, que vai evaporando.

Depois de analisar a classificação geral das plataformas digitais, partiu-se especificamente para a análise das plataformas digitais voltadas principalmente à prestação de serviços, recortando o objeto deste trabalho, para dele excluir o trabalho prestado de modo totalmente *on-line*, chamado de *crowdwork* e geralmente traduzido para trabalho da multidão, focando apenas o trabalho sob demanda por meio de aplicativos, em referência àquelas situações em que a atividade laboral é captada de modo *online*; contudo, a execução do trabalho exige que haja a presença física do trabalhador numa localidade geograficamente determinada.

Dentro desse recorte, constatou-se que as plataformas digitais não possuem um modelo-padrão de funcionamento, de modo que as características das relações de trabalho variam caso a caso, conforme as técnicas de gestão utilizadas por meio dos algoritmos.

Um fator comum detectado nas diversas modalidades de trabalho sob demanda por meio de plataformas digitais foi o fato de tais plataformas ditarem critérios semelhantes para condicionar a permanência dos trabalhadores nas plataformas, quais sejam: índice de aceitação de trabalhos, a quantidade de cancelamentos e avaliação feita pelas consumidores, sem que o trabalhador saiba exatamente se a interpretação que as plataformas fazem dessas informações retrata a realidade, pois não lhe é assegurado o acesso a tais informações nem mesmo o direito ao contraditório.

Verificou-se que tanto é possível a configuração de vínculo empregatício, quando presentes todos os requisitos previstos no art. 3º da CLT, quanto também é possível que falte um desses requisitos, sendo inaplicável a CLT.

Dessa realidade fática heterogênea culminaram inúmeras decisões judiciais conflitantes em torno no tema da regulação e da consequente proteção laboral que pode ser atribuída aos trabalhadores sob demanda em plataformas digitais, não só no Brasil, mas em vários países.

Daí nasceu a inquietação em torno das possibilidades regulatórias por meio das quais seria possível conceder uma proteção jurídico-laboral aos trabalhadores sob demanda que se ativam por meio plataformas digitais, já que, no Brasil, não há um estatuto protetivo destinado a trabalhadores autônomos em geral, salvo algumas especificidades legais. Tais trabalhadores são regidos pelo Direito Civil.

E aí reside o dilema, pois, se os modelos trabalhistas com base nos quais a legislação especializada foi forjada não se aplicam a esta nova realidade de trabalho, do mesmo modo, o Direito Civil clássico, cuja premissa repousa na igualdade entre as partes, não é adequado para regular um trabalho em que todas as condições sob as quais ele deve ser realizado são ditadas unilateralmente pela proprietária da empresa, que também é a detentora da marca, do *software* e dos dados que ela capta, trata e monetiza, para gerenciar e garantir o êxito do seu negócio.

Para responder à pergunta central deste trabalho, qual seja — diante das características do trabalho sob demanda, intermediado por plataformas digitais, quais são as possibilidades regulatórias mediante as quais é possível conceder uma proteção jurídico--laboral aos trabalhadores sob demanda que se ativam por meio dessas plataformas? —, foram analisadas diversas propostas regulatórias tanto mediante modelos já existentes na legislação brasileira, tais como empregado, autônomo, autônomo dependente, intermitente e cooperado, quanto mediante novos formatos que têm sido sugeridos em projetos de lei em tramitação ou já aprovados, como é o caso *sui generis* de Portugal, onde se estabeleceu uma quarteirização, à semelhança do que se passa com a relação de trabalho com o trabalhador brasileiro avulso, a qual conta com a figura do Órgão Gestor de Mão de Obra (OGMO).

Em razão da dificuldade encontrada para se ajustar o formato das relações de trabalho intermediadas por plataformas aos modelos jurídicos já existentes, pois, em muitos locais, ainda não há o reconhecimento de proteção trabalhista para empregados autônomos, deu-se especial relevo à proposta de criar uma figura de um trabalhador situado entre o empregado e o autônomo, analisando-se a experiência nesse sentido já existente em países precursores dessa iniciativa, como Itália, Alemanha, Reino Unido, Espanha e Portugal, para avaliar se tais modelos serviriam como inspiração para a solução do dilema regulatório brasileiro.

Depois de analisar todas as propostas extraídas da literatura pesquisada, analisou-se também quais são as principais reivindicações desses trabalhadores, por entender que, seja qual for o modelo regulatório adotado, é preciso dar voz aos próprios interessados para descobrir quais são as suas necessidades mais prementes.

Pesquisas realizadas durante a pandemia, citadas no decurso do trabalho, deixaram claro que há um grande número de trabalhadores, especialmente no ramo de entrega de comidas, que trabalham muito mais que oito horas diárias e sofreram acentuada queda na sua remuneração, embora a demanda nessa área tivesse aumentado.

A pandemia serviu para mostrar não só a quantidade de trabalhadores que buscou nesse trabalho um meio de subsistência senão também a situação de vulnerabilidade em matéria de saúde e segurança do trabalho diante do não fornecimento de equipamentos de proteção, como máscaras, luvas ou álcool-gel, cuja entrega consta no rol das principais reivindicações dos trabalhadores.

Constatou-se também a existência de trabalhadores que preferem seguir na condição de autônomos, o que não significa dizer que querem permanecer sem proteção trabalhista alguma.

No decorrer do trabalho, foi possível perceber que foram criadas novas roupagens para as relações de trabalho, engrossando a lista das já consideradas atípicas, por não envolverem um único empregador, não terem duração indeterminada ou localização geográfica geralmente fixa, nas dependências do contratante, principalmente pelo fato de o trabalhador ter liberdade para trabalhar quando e quanto quiser.

Por outro lado, restou claro que as plataformas digitais detêm total controle sobre o negócio, cuja finalidade principal não pode ser atingida senão por meio desse contingente de trabalhadores que ficam permanentemente disponíveis para atender à demanda, que é retroalimentada, sendo indispensável a prestação de um trabalho prestimoso por parte desses trabalhadores para que as interações se repitam.

O incentivo velado para a permanência na plataforma de trabalho deixa turva essa suposta flexibilidade e faz com que, na prática, muitas dessas relações sejam marcadas pela precariedade diante da insegurança em torno da renda, dos horários de trabalho e do futuro, já que os riscos da atividade são integralmente transferidos para o trabalhador.

A linha divisória entre subordinação e autonomia é tênue, mas a necessidade de proteção laboral como garantia de uma vida digna é clara.

No momento em que a agenda das nações unidas está inteiramente voltada para o desenvolvimento sustentável, que perpassa pela erradicação da pobreza, é imprescindível pensar no direito ao trabalho que certamente é um dos fios condutores para alcançar esse caminho.

A pesquisa demonstrou que o formato do trabalho mudou, mas a realidade prossegue inalterada: o trabalho continua sendo a principal ferramenta de acesso aos meios materiais indispensáveis à subsistência e também ao exercício dos demais direitos sociais assegurados constitucionalmente, educação, saúde, alimentação, moradia, lazer e segurança.

Independentemente da classificação atribuída ao trabalhador, a pesquisa concluiu que é possível atribuir proteção jurídico-laboral aos trabalhadores sob demanda intermediados por plataformas digitais mediante os pilares legais atualmente existentes, de modo que, não sendo o caso de se caracterizar o vínculo empregatício, quando terão todos os direitos da CLT, ainda assim façam jus a um estatuto mínimo de direitos.

Na linha proposta pela comissão mundial para o futuro do trabalho, que, no relatório Trabalhar para um futuro melhor, propôs a adoção de uma "garantia laboral universal" voltada para toda pessoa que trabalha, a pesquisa constatou que, com base nos pilares legais existentes no ordenamento jurídico brasileiro, é possível estabelecer um estatuto mínimo de direitos aos trabalhadores sob demanda em plataformas digitais, contemplando as suas reivindicações e assegurando-lhes um trabalho digno e decente.

Tal estatuto deve ser composto por um salário mínimo com periodicidade mensal, limite de jornada e direito à desconexão, direito à saúde e segurança no trabalho, direito à informação e portabilidade de dados, direito à livre associação e negociação coletiva e direito à proteção previdenciária.

O trabalho, a renda e a saúde constituem um tripé que dá sustentação ao direito mais importante de todos, que é o direito à vida, não sendo demais ressaltar que um homem sem saúde não consegue trabalhar e, consequentemente, suprir as suas necessidades básicas e de sua família sem a assistência do Estado. Portanto, é interesse de todos que o trabalho seja remunerado condignamente, de modo a prover o cidadão com todas as suas necessidades vitais. Nesse sentido, além de buscar a estabilidade da renda, as condições contratuais devem ser revestidas de critérios claros e preestabelecidos, sendo inaceitáveis alterações abruptas e unilaterais por parte das plataformas digitais somente pelo fato de entenderem que a relação de trabalho não possui natureza empregatícia.

A jornada, do mesmo modo, deve ser tanto limitada quanto estipulada por meio de critérios objetivos e sem a utilização de subterfúgios obscuros que, de maneira indireta, induzam o trabalhador a permanecer excessivamente à disposição da plataforma, pondo em risco a sua saúde, a do usuário e de toda sociedade. O tempo de trabalho deve ser cumprido para assegurar a sua outra face, que é a do direito ao não trabalho, ou o direito ao repouso entre duas jornadas, semanal e anual, como forma de preservar a saúde e o equilíbrio entre a vida profissional e pessoal, indispensável para que a pessoa usufrua outros domínios da vida.

Na esteira da Comissão Mundial para o Futuro do Trabalho, a qual reconheceu a segurança e a saúde no trabalho como um princípio e um direito fundamental no trabalho, deve ser assegurado a todo trabalhador o direito universal à saúde, não só por meio de tratamento, mas especialmente por meio de medidas preventivas que incluem o direito à informação em seu tríplice aspecto – de informação, à informação e sobre a informação.

Aliás, o direito à informação é indispensável nas três fases da relação de trabalho intermediada por plataformas digitais — formação, execução e extinção —, devendo as cláusulas contratuais ser revestidas de transparência. A existência de critérios para fixar preços ou para condicionar a permanência do trabalhador na plataforma são práticas aceitáveis desde que sejam devidamente esclarecidas e não utilizadas de forma velada, sem que as pessoas saibam que há algoritmos ditando as suas escolhas.

Por fim, é preciso avançar para a efetivação do direito à negociação coletiva, como instrumento adequado para restabelecer o desequilíbrio de poder existente entre as partes nessa relação de trabalho em que a propriedade dos meios de produção, assim entendidos os dados, os *softwares,* os algoritmos e a marca, pertence à plataforma digital, que é a única responsável pela gestão do negócio e das relações jurídicas que são entabuladas sob sua égide.

A tecnologia pode ser uma ferramenta crucial para aproximar os trabalhadores, compartilhar as suas reivindicações e mobilizá-los para viabilizar a melhoria das suas condições de trabalho.

A inovação no âmbito do Direito deve orientar direitos novos como a portabilidade de dados, mas também pode ser aliada à implementação de antigos, como a proteção previdenciária, para que o trabalhador esteja a salvo durante o trabalho e em momentos em que a lida não seja possível por incapacidade ou velhice.

Não é possível olhar para as novas relações de trabalho com lentes utilizadas para enxergar formas de trabalho antigas, mas as novas roupagens requerem soluções igualmente inovadoras, quando se trata da concessão da proteção jurídico-laboral a quem trabalha.

O direito ao trabalho requer a adoção de uma agenda regulatória centrada no ser humano, e a tecnologia pode ser uma forte aliada para o escopo pretendido. Tudo vai depender do uso que se fará dela.

Referências

Doutrina

ABÍLIO, L. C. *et al.* Condições de trabalho de entregadores via plataforma digital durante a Covid-19. *Revista Jurídica Trabalho e Desenvolvimento Humano*, Campinas, ed. Especial, p. 1-21, 2020.

AJUNWA, I.; CRAWFORD, K.; SCHULTZ, J. Limitless Worker Surveillance. *California Law Rewiew*, California, p. 735-776, 2017.

ALOISI, A. *Negotiating the digital transformation of work:* non-standard workers' voice, collective rights and mobilisation practices in the platform economy. San Domenico de Fiesoli: European University Institute, 2019.

AMADO, J. L. Tempo de trabalho e tempo de vida: sobre o direito à desconexão profissional. *Revista do Tribunal Regional do Trabalho da 15ª Região*, Campinas, p. 255-268, 2018.

ANGULO, J. J.; RODRÍGUEZ, D. P.; DÍAZ, R. G.-Á. Nuevo contexto para el trabajo: economía de plataformas y liberalismo económico. In: SIGNES, A. T.; BEJAMARO, M. H. (Orgs.). *Trabajo en Plataformas Digitales:* innovación, Derecho y mercado. Pamplona: Aranzadi, 2018. p. 37-62.

ANTÚNEZ, N. Introducción al Derecho Informático. BAUZÁ, M. (Coord.). *Manual de Derecho Informático e Informática Jurídica I.* Montevideo: Fundación de Cultura Universitária, 2017.

AQUINO, G. M.; PASQUALETO, O. D. Uberizado é empregado? O Que diz a Justiça do Trabalho no Brasil: um mapeamento das decisões judiciais sobre a (im)procedência do pedido de reconhecimento de vínculo empregatício entre o motorista e a Uber do Brasil Tecnologia Ltda. In: MISKULIN, A. P.; FELICIANO, G. G. (Orgs.) *Infoproletários a luz do Direito do Trabalho*: Direito e justiça em um novo horizonte de possibilidades. São Paulo: LTr, 2019.

AVILÉS, A. O. *La deconstrucción del Derecho del Trabajo.* Madrid: La Ley, 2010.

BARASSI, L. *Il Diritto del Lavoro.* Milão: Dott, Giuffré, 1949.

BARROS, A. M. *Contratos e Regulamentações Especiais de Trabalho.* São Paulo: LTr, 2002.

______. *Curso de Direito do Trabalho.* São Paulo, 2005.

BRABHAM, D. C. *et al.* Crowdsourcing Applications for Public Health. *American Journal of Preventive Medicine*, p. 179-187, 2014.

BRANQUINHO, C. L. *Crowdsourcing:* uma forma de inovação aberta. Rio de Janeiro: CETEM/MCTI, 2016.

BRASIL. MPF. *Grupo de estudo "GE Uber"* – Relatório conclusivo. Brasília: CONAFRET, 2016.

CANARIS, C. W. *Pensamento sistemático e conceito de sistema na ciência do Direito.* Lisboa: Fundação Calouste Gulbenkian, 1989.

CAÑIGUERAL BAGÓ, A. *El mercado laboral digital a debate:* plataformas, trabajadores, derechos y worker tech. Espanha: Cotec, 2019.

CARNELUTTI, F. *Teoria Del Regolamento Colletivo dei Rapporti di Lavoro.* Padova: Cedam, 1935.

CASTELLS, M. A Galáxia da Internet reflexões sobre a internet, os negócios e a sociedade. In: CASTELLS, M. (Org.). *A Galáxia da Internet reflexões sobre a internet, os negócios e a sociedade.* Rio de Janeiro: Jorge Zahar, 2003.

______. *A Sociedade em Rede.* São Paulo: Paz e Terra, 2016.

CAVALCANTE, J. D. *Sociedade, Tecnologia e a Luta pelo Emprego.* São Paulo: LTr, 2018.

CAVALLINI, G. Impacto das novas tecnologias nas relações de trabalho: qualificação do vínculo e subordinação. In: LUDOVICO, G.; ORTEGA, F. F.; NAHAS, T. C. (Coords.). *Novas tecnologias, plataformas digitais e direito do trabalho:* uma comparação entre Itália, Espanha e Brasil. São Paulo: Thomson Reuters Brasil, 2020. p. 49-75.

CAYRES, P. H. *Modelagem de banco de dados.* Rio de Janeiro: Escola Superior de Redes, 2015.

CHERRY, M.; ALOISI, A. A critical examination of a third employment category for on-demand work (in comparative perspective). In: DAVIDSON, N.; FRANCA, J.; FINCK, M. (Eds.). *The Cambridge handbook of law and regulation of the sharing economy.* New York: Cambridge University Press, 2018.

CHAVES JUNIOR, J. E. R. *et al. Tecnologias Disruptivas e Exploração do Trabalho Humano.* São Paulo: LTr, 2017. p. 166-179.

CHAVES JUNIOR, J. E. R. O Direito do Trabalho e as Plataformas Eletrônicas. In: MELO, R. S.; ROCHA, C. J. (Org.s). *Constitucionalismo, trabalho, seguridade social e as reformas trabalhista e previdenciária.* São Paulo: LTr, 2017. p. 357-375.

CHERRY, M.; ALOISI, A. Dependent Contractors in the Gig Economy: a comparative aproach. *American University Law Review*, n. 66, 2017. Disponível em: <http://digitalcommons.wcl.american.edu/aulr/vol66/iss3/1>. Acesso em: 14 jul. 2019.

CHOUDARY, S. P. The Architecture of digital labour platforms: policy recommendations on platform design for worker well-being. *International Labour Office*, Geneva, 2018.

CORDEIRO, A. M. *Direito do Trabalho.* Coimbra: Almedina, 2018.

COUTINHO, S. G. Os Desafios para a Regulamentação: questões que não estão bem contempladas no arcabouço legal. In: ORGANIZAÇÃO INTERNACIONAL DO TRABALHO. *Futuro do Trabalho no Brasil:* perspectivas e diálogos tripartites. Brasília: OIT, 2018. p. 83-85.

DAS ACEVEDO, Deepa. Regulating Employment Relationships in the Sharing Economy. 2015. *Employee Rights and Employment Policy Journal*, 2016, n. 1, p. 1-35. Disponível em: <https://ssrn.com/abstract=2657673>. Acesso em: 1º fev. 2021.

DA SILVA, L. A. M. G.; PIERDONÁ, Z. L. Novas Tecnologias, trabalho e seus impactos na Previdência Social. In: FINCATO, D.P.; VIDALETTI, L. P. (Orgs.). *Novas tecnologias, processo e relações de trabalho III.* Porto Alegrae: Magister, 2019.

DAVIDOV, G. The status of Uber drivers: a purposive approach. *Spanish Labour Law and Employment Relations Journal,* v. 6, n. 1-2, 2017.

DAVIES, A. C. *Perspectives on Labour Law.* New York: Cambridge University Press, 2009.

DELGADO, M. G. *Curso de Direito do Trabalho.* São Paulo: LTr, 2017.

______. Direitos fundamentais nas relações de trabalho. *Revista LTr:* legislação do trabalho, São Paulo, SP, v. 70, n. 6, p. 657-667, jun. 2006.

DELPIAZZO, C. E. Globalización de La Información. In: DELPIAZZO, C. E; VIEGA, M. *Lecciones de Derecho Telemático.* Montevidéu: Fundación de Cultura Universitária, 2009. v. II.

______. Telecomunicaciones y Covergencia Tecnológica. BAUAZÁ, M. (Coord.), *Manual de Derecho Informático e Informática Jurídica I.* Montevideu: Fundación de Cultura Universitária, 2017.

DE STEFANO, V. The rise of the "just-in-time work-force": on-demand work, crowdwork and labour protection in the "gig-economy". *Conditions of work and employment series*, n. 71, 2016.

______. *"Negotiating the algorithm":* automation, artificial intelligence and labour protection. Geneva: International Labour Organization, 2018.

DE STEFANO, V.; ALOISI, A. *European legal framework for "digital labour platforms".* Luxeme bourg: Publications Office of the European Union, 2018.

DINIS, M. T. M. Contribuições ao ensino do método hipotético-dedutivo a estudantes de Geografia. *Revista Geografia Ensino & Pesquisa*, v. 19, n. 2, maio/ago. 2015. p. 108.

DRAHOKOUPIL, J.; FABO, B. The platform economy and the disruption of the employment relationship. *ETUI Policy Brief*, p. 1-6, 2016.

DRAHOKOUPIL, J.; PIASNA, A. *Work in the platform economy:* Deliveroo riders in Belgium and the SMart arrangement. Bruxelas: ETUI aisbl, 2019.

DRAY, G. M. *O princípio da proteção do trabalhador.* São Paulo: LTr, 2015.

DUARTE, V. *Plataforma conecta pessoas que precisam do serviço de um diarista e fatura R$ 13 milhões.* [S.l.]: [s.n.], 2017.

DUPAS, G. *Ética e poder na sociedade da informação.* São Paulo: Editora Unesp, 2011.

ERICKSON, K.; SORENSEN, I. Regulating sharing economy. *Internet Policy Review*, 2016.

ESTELLES-AROLAS, E.; GUEVARA, F. G. Towards an Integrated Crowdsourcing Definition. *Journal of Information Science*, p. 1-14, 2012.

EUROFOUND. *New forms of employment.* Luxembourg: Publications Office of the European Union, 2015.

______. *Overview of new forms of employment — 2018 update.* Luxembourg: Publications Office of the European Union, 2018.

______. *Labour market change:* trends and police approaches towards flexibilisation. Luxembourg: Publications Office of the European Union, 2020a.

FABRELLAS, A. G. Crowdsourcing sites y nuevas formas de trabajo el caso de Amazon Mechanical Turk. *Revista Derecho Social y Empresa*, p. 1-20, 2016.

FELICIANO, G. G. *Curso crítico de Direito do Trabalho:* teoria geral do Direito do Trabalho. São Paulo: Saraiva, 2013.

______. Direito do Trabalho e Direito dos Contratos: Apontamentos Relevantes sobre a Parte Especial do Novo Código Civil. *Revista do TRT da 15ª Região*, Campinas, p. 83-100, 2002.

______. Tutela processual dos direitos humanos nas relações de trabalho. *Revista de Direito do Trabalho*, p. 59-111, 2006.

______. Reconhecendo a danosidade sistêmica.In: FELICIANO, G. G.; URIAS, J.; MARANHÃO, N. (Orgs.). *Direito Ambiental do Trabalho.* São Paulo: LTr, 2013. p. 11-25.

______. *Nexo normativo e responsabilidade civil em acidentes de trabalho e doenças ocupacionais:* releituras a partir da teoria da imputação objetiva. Tese de Pós-Doutorado. Coimbra: Ius Gentium Conimbrigae/Centro de Direitos Humanos da Universidade de Coimbra, 2021 (em andamento).

______; PASQUALETO, O, Q, F. (Re)descobrindo o Direito do Trabalho: *gig economy*, uberização do trabalho e outras reflexões. In: FELICIANO, G. G.; MISKULIN, A. P. S. C. *Infoproletários e a Uberização do trabalho.* São Paulo: LTr, 2019. p. 13-28.

FELSTINER, A. Working the Crowd: Employment and Labor Law in the Crowdsourcing Industry. *Berkeley Journal of Employment and Labor Law*, 2011.

FERREIRA, L. M. *Parassubordinação:* a dialética das metamorfoses justrabalhistas para uma nova era colaborativa. São Paulo: LTr, 2017.

FERREIRA, M. B.; ANJOS, M. *Dicionário escolar da língua portuguesa Aurélio Júnior*. Positivo, 2011.

FREITAS JR., A. R. O trabalho a procura de um direito: crise econômica, conflitos de classe e proteção social na Modernidade. *Estudos Avançados*, n. 28, p. 69-93, 2014.

______. *On demand:* trabalho sob demanda em plataformas digitais. Belo Horizonte: Arraes, 2020.

GAIA, F. S. *Uberização do Trabalho:* aspectos da subordinação jurídica disruptiva. Rio de Janeiro: Lumen Juris, 2019.

GALANTINO, L. *Diritto di Lavoro.* Torino: G. Giappihelli, 1996.

GARBEN, S. *Protecting Workers in the Online Platform Economy:* An overview of regulatory and policy developments in the EU. Louxembourg: Publications Office of the European Union, 2017.

GASPAR, D. G. *Subordinação Potencial:* encontrando o verdadeiro sentido da subordinação jurídica. São Paulo: LTr, 2016.

GAUTHIER, G. *et al. Disrupción, economia compartida y derecho.* Montevideo: Fundación de Cultura Universitaria, 2016.

GOLDMAN, T.; WEIL, D. Who's responsible here? Establishing Legal Responsibility in the Fissured Workplace. *Institute for New Economic Thinking*, p. 1-53, fev. 2020.

GOMES, O.; GOTTSCHALK, E. *Curso de Direito do Trabalho.* Rio de Janeiro: Forense, 2007.

GREENHOUSE, S. *Beaten down, worked up*. The past, present and future of american labor. New York: Alfred A. Knopf, 2019.

HALL, J. V.; KRUEGER, A. B. An Analysis of the Labour Market for Uber´s Driver-Partners in the United Sates. *National Bureau of Economic Research — Princeton University*, Priceton, p. 36, 2016.

HOWE, J. *Crowdsourcing:* why the power of the crowd is driving the future of business. New York: Crown Business, 2008.

HYMAN, L. *How american work, american business and the american dream became temporary*. New York: Viking, 2018.

IZA. IZA Research *Report No. 54:* Social Protection Rights of Economically Dependent Self-employed Workers. 2013. Disponível em: <https://www.iza.org/publications/r/156/socialb-protection-rights-of-economically-dependent-self-employed-workers. Acesso em: 31 jul. 2020.

JACOBS, K.; REICH, M. *The Effects of Proposition 22 on Driver Earnings:* Response to a Lyft-Funded Report by Dr. Christopher Thornberg. Berkeley: UC Berkeley Center, 2020. Disponível em: <https://laborcenter.berkeley.edu/the-uber-lyft-ballot-initiative-guarantees-only--5-64-an-hour-2/>. Acesso em: 20 set. 2020.

JUNIOR, J. E.; MENDES, M. N.; OLIVEIRA, M. C. Subordinação, dependência e alienidade no trânsito para o capitalismo tecnológico. In: LEME, A. C.; RODRIGUES, B. A.; CHAVES JUNIOR, J. E. (Orgs.). *Tecnologias disruptivas e a exploração do trabalho humano.* São Paulo: LTr, 2017.

KALIL, R. B. *Capitalismo de plataforma e Direito do Trabalho:* crowdwork e trabalho sob demanda por meio de aplicativos. Tese (Doutorado) – Programa de Pós-Graduação em Direito da Universidade de São Paulo, Faculdade de Direito, São Paulo, 2019.

KATZ, L. F.; KRUEGER, A. B. *The rise and nature of alternative work arrengements in the United States*, 2016.

KATZ, V. Regulating the sharing economy. *Berkeley Technology Law Journal*, p. 1.067-1.126, 2015.

KEMMELMEIER, C. S. Plataformas digitais de trabalho on demand e direito à saúde. In: FELICIANO, G.G.; MISKULIN, A. P. S. C. *Infoproletários e a Uberização do trabalho*. São Paulo: LTr, 2019. p. 95-105.

KEMPEN, O. E.; KRETZSCHMAR, R. Os Problemas e as Dificuldades de Organizar Sindicalmente os Trabalhadores Semi-autônomos na Alemanha. In: RENAULT, L. O. *et al.* (Orgs.). *Parassubordinação:* em homenagem ao professor Márcio Túlio Viana. Tradução de Lorena V. Porto. São Paulo: LTr, 2011. p. 260-280.

KIM, T. The Dynamex Decision: The California Supreme Court Restricts Use of Independent Contractors. *Labor Employment Law*, 2018. Disponível em: <https://www.laboremploymentlawblog.com/2018/05/articles/class-actions/dynamex-decision-independent-contractors/>. Acesso em: 22 set. 2020.

LÉVY, P. *Cibercultura.* Tradução de C. I. São Paulo: Costa, 2010.

______. *A inteligência coletiva*: por uma antropologia do ciberespaço. São Paulo: Edições Loyola, 2015.

MAESTRI, H. C. *Função social da empresa, responsabilidade social e sustentabilidade:* um enfoque jurídico sobre a tríade social que integra as sociedades industriais. 2011. 126 f. Dissertação (Mestrado em Direito) – Programa de Pós-Graduação em Direito da Faculdade de Direito Milton Campos, Nova Lima, 2011.

MANDEL, M. The Triumph Of The New Economy: A powerful payoff from globalization and the *Info Revolution*. Bloomberg, 1996. Disponível em: <https://www.bloomberg.com/news/articles/1996-12-29/the-triumph-of-the-new-economy>. Acesso em: 2 dez. 2020.

MANFREDINI JUNIOR, R.; ROCHA, R. S. Legião Urbana. "*Daniel na cova dos leões*". Dois, 1986.

MANYIKA, J. *et al.* Independent Work: Choice, Necessity, and the Gig Economy. *McKinsey Global Institute*, n. 49, out. 2016. Disponível em: <https://www.mckinsey.com/featured-insights/employment-and-growth/independent-work-choice-necessity-and-the-gig-economy#>. Acesso em: 20 set. 2020.

MARANHÃO, N. Meio ambiente do trabalho: descrição jurídico-conceitual. *Revista Direitos do Trabalho e Política Social*, Cuiabá, v. 2, n. 3, p. 80-117, jul./dez. 2016.

MARECOS, D. V. *Código do Trabalho Comentado.* Coimbra: Almedina, 2017.

MARTIN, C. J. The sharing economy: A pathway to sustainability or a nightmarish form of neoliberal capitalism? *Ecological Economics*, 2016.

MARTINEZ, P. R. *et al. Código do Trabalho Anotado*. Coimbra: Almedina, 2017.

MARTINS, S. P. *Direito da Seguridade Social.* São Paulo: Saraiva, 2018.

MASSONI, T.; ROMAR, C. T. Ação sindical e futuro do trabalho no centenário da OIT. *Revista de Direito do Trabalho*, dez. 2019.

MC FARLAND, M. How Uber punishes drivers who refuse to use UberPool. *CNN business*, 2016. Disponível em: <money.cnn.com: https://money.cnn.com/2016/07/28/technology/uber--uberpool-timeouts/>. Acesso em: 10 ago. 2020.

MCKINSEY GLOBAL INSTITUTE. *Independent Work:* choice, necessity and the gig economy. San Francisco: McKinsey Global Institute, 2016.

MERCADER UGUINA, J. R. Los Trades en las Plataformas Digitales. In: LOS COBOS, F. P. (Org.). *El trabajo en plataformas digitales:* análisis sobre su situación jurídica y regulación futura. 1. ed. Madrid: Wolters Kluwer, 2018. p. 105-118.

MERCHANT, B. Crise de desemprego por automoção já está acontecendo, só é invisível. *GIZMODO Brasil*, 2019. Disponível em: <https://gizmodo.uol.com.br/crise-desemprego-automacao-estudo/>. Acesso em: 22 nov. 2019.

MEXI, M. Social Dialogue and the Governance of the Platform Economy: Challenges and Opportunities. ILO Background Paper for discussion at the ILO-AICESIS — CES Romania International Conference: The governance of the digital economy: the critical role of social dialogue through ESC-SIs, Romênia, 2019, *Anais*..., Romênia, 2019.

MICHAELIS. *Dicionário brasileiro de língua portuguesa*. [s.d.]. Disponível em: <https://michaelis.uol.com.br/moderno-portugues/busca/portugues-brasileiro/Tecnologia%20/>. Acesso em: 02 abr. 2019.

MIRANDA, P. *Tratado de Direito Privado*. Atualizado por Vilson Rodrigues Alves Campinas: Bookseller, 2006.

MISKULIN, A. P. S. C. Uber: da ficção à realidade: considerações iniciais sobre a natureza de suas atividades e da relação jurídica que mantém com passageiros e motoristas. In: FELICIANO, G. G.; MISKULIN, A. P. S. C. (Coords.). *Infoproletários e a Uberização do trabalho:* direito e justiça em um novo horizonte de possibilidades. São Paulo: LTr, 2019.

MORAIS FILHO, E. *O problema do sindicato único no Brasil.* São Paulo: Alfa-Ômega, 1978.

MORAIS, O. *Proteção dos Direitos Humanos Fundamentais:* perspectivas na sociedade tecnológica de risco. Porto Alegre: Sérgio Antonio Fabris, 2019.

MOREIRA, P. S. O Contrato a Projeto na Reforma Italiana de 2003. In: MANRICHH, N., *Reforma do Mercado de Trabalho*. São Paulo: LTr, 2010.

NASCIMENTO, A. M. *Iniciação ao Direito do Trabalho*. 36. ed. São Paulo: LTr, 2011.

NETO, R. L. O transporte remunerado de passageiros em veículos descaracterizados nos direitos português e inglês. *Revista dos Tribunais*, 2018.

NOVELINO, M. *Curso de Direito Constitucional.* Salvador: JusPodivm, 2016.

O'CONNOR, S. When your boss is an algorithmic. *Financial Times*, nov. 2016.

OLEA, M. A; BAAMONDE, M. E. *Derecho del Trabajo*. Madrid: Civitas, 2000.

OLIVEIRA, M. C. *A ressignificação da Dependência Econômica*. Brasília: TST, 2012.

ORGANIZAÇÃO INTERNACIONAL DO TRABALHO. *Digital labour platforms and the future of work:* towards decent work in the online worldGeneva: International Labour Organization, 2018.

______. *Documento final do Centenário da OIT*. Adotado na 108.ª Sessão da Conferência Internacional do Trabalho. Geneva: OIT, 2019. Disponível em: <https://www.ilo.org/wcmsp5/groups/public/---europe/---ro-geneva/---ilo-lisbon/documents/publication/wcms_706928.pdf>. Acesso em: 22 dez. 2020.

______. *Non-standard employment around the world:* Understanding challenges, shaping prospects. Geneva: International Labour Organization, 2016.

______. *Ensuring better protection for self-employed worker*. Genebra: OIT: 2020.

______. *Safety and Health at the Heart of the Future Work*. Geneva: International Labour Orgag nization, 2019.

______. *Trabalhar para um futuro melhor.* Lisboa: Organização Internacional do Trabalho, 2019.

______. *World Employment and Social Outlook:* Trends 2019. Geneva: ILO, 2019.

PALACIO, A. V. In: NINET, J. I. (Org.). *Comentarios a la Ley del Estatuto del trabajo autónomo.* Valencia: Ciss, 2007.

PARKER, G. G., ALSTYNE, M. W.; CHOUDARY, S. P. *Plataforma a revolução da estratégia:* o que é a plataforma de negócios, como surgiu e como transforma a economia em alta velocidade. Rio de Janeiro: Alta Books, 2018.

PÁRRAGA, F. T. Economía digitalizada y relaciones de trabajo. *Revista de derecho social*, 2016.

PEREZ REY, J. *El Régimen Profesional Del Trabajo Autónomo Económicamente Dependiente:* Novedades Legales y Jurisprudenciales. Albacete: Bomarzo, 2016.

PERULLI, A. Il diritto del lavoro "oltre la subordinazione": le collaborazioni etero-organizzate e le tutele minime per i riders autonomi". *Centre for the study if European Labour Law "Massimo D'Antona"*. 2020. Disponível em: <http://csdle.lex.unict.it/Archive/WP/WP%20CSDLE%20M%20DANTONA/WP%20CSDLE%20M%20DANTONA-IT/20200212-082604_Perulli_n410-2020itpdf>. Acesso em: 28 set. 2020.

______. Study on economically dependent work/parasubordinate (quasi-subordinate) work. *Commitee on Employment and Social Affairs — European Parliament*, 2003.

PESOLE, A. *et al. Platform workers in Europe.* Luxemburgo: Publications Office of the European Union, 2018.

PIASNA, A. *Regulating uncertainty:* variable work schedules and zero-hour work in EU employment policy. [S.l.]: ETUI Policy Brief, 2019.

PIERDONÁ, Z. L. Da Ordem Social — Parte I Seguridade Social. In: TANAKA, S. Y. K. (Coord.). Direito Constitucional. São Paulo: Atlas, 2015.

______. O sistema de seguridade social brasileiro. In: VILLATORE, M.A.; ROMERO, F. M. (Orgs.). *III Encontro de Internacionalização do CONPEDI.* 1. ed. Madrid: Ediciones Laborum, 2015. p. 87-104.

PIÑERO-ROYO, M. R. La agenda reguladora de la economía colaborativa: aspectos laborales y de seguridad social. *Temas Laborales*, p. 125-161, 2017.

PIÑERO-ROYO, M. R. P. La figura del trabajador de plataforma: las relaciones entre las plataformas digitales y los trabajadores que prestam sus servicios. In: COBOS, F. P. (Org.). *El trabajo en plataformas digitales:* análisis sobre su situación jurídica y regulación futura. Madrid: Wolters Kluwer, 2018.

PINTO, J. A. *Curso de Direito Individual do Trabalho.* São Paulo: LTr, 2003.

PINTO, Á. V. *O Conceito de Tecnologia.* Rio de Janeiro: Contraponto, 2005.

PLASTINO, E.; ZUPPOLINI, M.; GOVIER, M. América Latina: Competências para o Trabalho na Era das Máquinas Inteligentes. *Accenture*, São Paulo, 2018. Disponível em: <https://www.accenture.com/_acnmedia/PDF-95/Accenture-NSN-Portugues-Updated.pdf#zoom=50>. Acesso em: 8 out. 2019.

PORTO, L. V. *A subordinação no Contrato de Trabalho:* uma releitura necessária. São Paulo: LTr, 2009.

PRASSL, J. *Human as a service:* the promiseses and perils of work in the gig economy. New York: Oxford University Press, 2018.

PRUNER, D. E.; KOOL, S. S. Desenvolvimento sustentável: a importância das empresas na promoção do trabalho decente. *Revista Eletrônica Direito e Política*, p. 294-320, 2013.

PUEBLA, E. M. *El trabajo autónomo económicamente dependiente:* contesto europeo y régimen jurídico. Valencia: Tirant lo Blanch, 2012.

QUINTAS, P.; QUINTAS, H. *Código do Trabalho Anotado e Comentado.* Coimbra: Almedina, 2016.

RAMALHO, M. *Tratado de Direito do Trabalho.* Coimbra: Almedina, 2012.

REALE, M. *Lições Preliminares de Direito.* São Paulo: Saraiva, 2002.

REIS, D. M.; CORASSA, E. D. Aplicativos de Transporte e Plataforma de Controle: o mito da tecnologia disruptiva do emprego e a subordinação por algoritmos. In: LEME, A. C.; RODRIGUES, B. A.; CHAVES JUNIOR, J. E. R. *Tecnologias Disruptivas e Exploração do Trabalho Humano.* São Paulo: LTr, 2017.

RODRÍGUEZ, M. J. *Derecho Informático e Informática Jurídica I.* Montevideo: Fundación de Cultura Universitária, 2017.

ROOSE, K. The sharing economy isn't about trust, it's about desperation. *NY Mag*, Nova Iorque, abr. 2014. Disponível em: <https://nymag.com/intelligencer/2014/04/sharing-economy-is--about-desperation.html>. Acesso em: 25 jul. 2019.

ROSEMBLAT, A.; CALO, R. The taking economy: Uber, information and power. *Columbia Law Rewiew*, Columbia, mar. 2017.

ROSEMBLAT, A.; STARK, L. Algorithmic labor and information asymmetries: a case study of Uber's drivers. *International Journal of Communication*, v. 10, p. 3758-3784, 2016.

SÁNCHEZ, R. A. Economía colaborativa: un nuevo mercado para la economía social. *Revista de Economía Pública, Social y Cooperativa*, p. 231-258, 2016.

SANTORO PASSARELLI, G. *Il Lavoro Parasubordinato.* Milão: Franco Angeli, 1979.

______. *I rapporti di collaborazione organizzati dal committente e le collaborazioni continuative e coordinate.* Milão: 2015.

SCHEIBER, N. How Uber uses psychological tricks to push its drivers'buttons. *New York Times*, New York: [s.n.], 2017.

SCHMIDT, F. A. Mapping the Political Challenges of Crowd Work and Gig Work. *Good Society — Social Democracy*, 2017.

SCHOLZ, T. *Cooperativismo de Plataforma:* contestando a economia do compartilhamento corporativa. Tradução de R. A. Zanatta São Paulo: Elefante, Autonomia Literária & Fundação Rosa Luxemburgo, 2017.

SCHOR, J. Debating the Sharing Economy. *A Great Transition Initiative*, p. 1-15, 2014.

SCHWAB, K. *The Forth industrial revolution.* New York: Crown Business, 2016.

SIDDIQUI, F.; ALBERGOTTI, R. Uber drivers sue app over "constant barrage" pushing California anti-employment initiative. *The Washington Post.com.* The Washington Post, out. 2020. Disponível em: <https://www.washingtonpost.com/technology/2020/10/22/uber-prop22-suit/>. Acesso em: 10 nov. 2020.

SILVA, A. A. *Convenção Coletiva do Trabalho Perante o Direito Alemão.* Rio de Janeiro: Forense, 1981.

SILVA, H. B. M. *Comentários à reforma trabalhista.* São Paulo: Revista dos Tribunais, 2017.

SILVA, O. P. *Subordinação, Autonomia e Parassubordinação nas Relações de Trabalho.* São Paulo: LTr, 2004.

SMITH, I., BAKER, A.; WARNOCK, O. *Employment Law.* Oxford: Oxford, 2017.

SMITH, R.; LEBERSTEIN, S. *Rights on Demand:* ensuring workplace standards and worker security in the on-demand economy. New York: National Emplyment Law Project, 2015.

SOUSA, D. A. Breve overview sobre os efeitos laborais da Lei das Plataformas Portuguesas. In: MISKULIN, A. P. S. C.; FELICIANO, G.G. (Orgs.). *Infoproletários à luz do Direito do Trabalho:* Direito e justiça em um novo horizonte de possibilidades. São Paulo: LTr, 2019.

SOUTO MAIOR, J. L. *História do Direito do Trabalho no Brasil:* Curso de Direito do Trabalho. São Paulo: LTr, 2017. v. I.

______. *Relação de Emprego e Direito do Trabalho:* no contexto da ampliação da competência da Justiça do Trabalho. São Paulo: LTr, 2007.

STEINMETZ, K. Exclusive: See How Big the Gig Economy Really Is. *Time*, 2016. Disponível em: <http://time.com/4169532/sharing-economy-poll/>. Acesso em: 30 mar. 2019.

STURMER, G; BITTENCOURT, L. A. S. A negociação coletiva de trabalho como pressuposto do trabalho decente. In: STÜRMER, G. *et al.* (Orgs.). *Direito do trabalho e democracia.* Curitiba: CRV, 2020. p. 51-74.

SUDARARAJAN, A. *The sharing economy:* the end of employment and the rise of crowd-based capitalism. MIT Press, 2016.

SÜSSEKIND, A. Repouso Semanal e em Feriados. In: SÜSSEKIND, A. (Org.). *Instituições de Direito do Trabalho*. São Paulo: LTr, 1999.

TAKAHASHI, T. *Sociedade da Informação no Brasil:* livro verde. Brasília: Ministério da Ciência e Tecnologia, 2000.

TELLES JR., R. Digital Matching Firms: a new definition in the "sharing economy" space. *ESA Issue Brief*, p. 01-16, 2016. Disponível em: <https://intuittaxandfinancialcenter.com/wp- content/uploads/2017/02/digital-matching-firms-new-definition-sharing-economy-space.pdf?__cf_chl_jschl_tk__=8208c5ff6c9c0e3bdb f1203e42778014e79e6a44-16039 22165-0-ARrRgNe-bwyq1BSyvlDolRy0lPKkGegsIgpfnM3gYFDedc9wy5M>. Acesso em: 27 set. 2019.

TIPPETT, E. C.; SCHAAFF, B. Misclassification in the Sharing Economy: It's. *Rutgers law review*, 2017.

TODOLÍ-SIGNES, A. T. *El Trabajo en la Era de La Economía Colaborativa.* 1. ed. Valencia: Tirant lo Blanch, 2017. v. I.

URIARTE, O. E.; ALVAREZ. Apuntes sobre los cuestionamientos al concepto de subordinación. *Revista de Direito do Trabalho*, v. 103, p. 201-217, jul./set. 2001.

VALTICOS, N. *International labour law.* Deventer: Kluwer, 1979.

VANDAELE, K. *Will Trade Unions Survive in the Platform Economy?* Emerging Patterns of Platform Workers' Collective Voice and Representation in Europe. [S.l.]: European Trade Union Institute, 2018.

VIEGA, M. J. Relaciones Telemáticas. In: DELPIAZZO, C. E.; VIEGA, M. J. (Org.). *Lecciones de Derecho Telemático*. Montevidéu: Fundación de Cultura Universiaria, 2009. p. 105-117.

VILHENA, P. E. R. de. *Relação de emprego: estrutura legal e supostos*. São Paulo, LTr, 2005.

WEIL, D. *Fissured Workplace:* why work became so bad for so many and what can be done to improve it. Havard: University Havard, 2017.

ZHAO, Y.; ZHU, Q. Evaluation on crowdsourcing research: Current status and future direction. *Information Systems Frontiers*, p. 417-434, 2012.

ZIPPERER, A. G. *A Multiterceirização e a subordinação jurídica*. A intermediação de mão de obra a partir de plataformas digitais e a necessidade de tutela modular do Direito do Trabalho. 2018. Tese (doutorado) – Programa de Pós-Graduação em Direito da Pontíficia Universidade Católica do Paraná, Curitiba, 2018.

Legislação e jurisprudência

BRASIL. *Decreto n. 276/2003, de 04 de novembro de 2003*. Diário Oficial [da] União, 04 nov. 2003. Brasília: Ministério das Obras Públicas, Transportes e Habitação, 2003.

______. IBGE. *PNAD Educação 2019*: Mais da metade das pessoas de 25 anos ou mais não completaram o ensino médio. 2020. Disponível em: <https://agenciadenoticias.ibge.gov.br/agencia-sala-de-imprensa/2013-agencia-de-noticias /releases/28285-pnad-educacao-2019-mais-da--metade-das-pessoas-de-25-anos-ou-mais-nao-completaram-o-ensino-medio#:~:text=A%20 taxa%20de%20escolariza%C3%A7%C3%A3o%20foi,para%2025%20anos%20ou%20mais>. Acesso em: 10 jan. 2020.

______. *Lei n. 8.863, de 28 de março de 1994*. Altera a Lei n. 7.102, de 20 de junho de 1983. Diário Oficial [da] União, 29 mar. 1994. Brasília: Casa Civil, 1994.

______. *Lei n. 8.949, de 9 de dezembro de 1994*. Acrescenta parágrafo ao art. 442 da Consolidação das Leis do Trabalho (CLT) para declarar a inexistência de vínculo empregatício entre as cooperativas e seus associados. Diário Oficial [da] União, 12 dez. 1994. Brasília: Casa Civil, 1994.

______. *PL n. 2.884/2019*. Brasília: Câmara dos Deputados, 2019.

______. *PL n. 3.748/2020*. Brasília: Câmara dos Deputados, 2020.

______. *PL n. 4.172/2020*. Brasília: Câmara dos Deputados, 2020.

______. *RESOLUÇÃO CFM n. 2.178/2017*. Diário Oficial [da] União, 28 fev. 2018. Brasília: Casa Civil, 2018.

______. Tribunal Regional do Trabalho da 2ª Região. *PMPP n. 1002822-65.2020.5.02.0000*. Rel. Rafael Edson Pugliese Ribeiro. Diário Oficial [da] União, 29 out. 2020. São Paulo: TRT2, 2020.

______. Tribunal Regional do Trabalho da 3ª Região. *Processo 0011359-34.2016.5.03.0112*. Rel. Ubirajara Carlos Mendes. Diário Oficial [da] União, 26 nov. 2018. Belo Horizonte: TRT3, 2018.

______. Tribunal Regional do Trabalho da 3ª Região. *Processo n. 0011863-62.2016.5.03.0137*. Juiz Filipe de Souza Sickert. Diário Oficial [da] União, 30 jan. 2017. Belo Horizonte, 2017.

______. Tribunal Regional do Trabalho da 3ª Região. *Processo n. 0011359-34.2016.5.03.0112*. Juiz Márcio Toledo Gonçalves. Diário Oficial [da] União, 13 fev. 2017. Belo Horizonte, 2017.

______. Primeira Vara do Trabalho de Canoas. *Processo 00020882-91.2021.5.040201*. Sentença da MM. Juíza Adriana Seelig Gonçalves. 31 mar 2022.

______. Tribunal Superior do Trabalho. *Processo n. TST-AIRR-10575-88.2019.5.03.0003*. Rel. Min. Alexandre Luiz Ramos. Diário Oficial [da] União, 09 set. 2020. Brasília, 22.

______. Tribunal Superior do Trabalho. *Processo n. TST-RR-1000123-89.2017.5.02.0038*. Rel. Min. Breno Medeiros. Diário Oficial [da] União, 05 fev. 2020. Brasília: TST, 2020.

______. Tribunal Superior do Trabalho. *Processo n. TST-AIRR-10575-49.2019.5.03.0113*. Relª. Minª. Dora Maria da Costa. Diário Oficial [da] União, 13 maio 2020. Brasília, 2020.

______. Tribunal Superior do Trabalho. *Processo n. RR – 100353-02.2017.5.01.0066*. Rel. Mauricio Godinho Delgado. Diário Oficial da União, 11 abril 2022. Brasília, 2022.

BRUNET, L. N. La Sociedad de La Información y Del Conocimiento. In: BAUZÁ, M. *Manual de Derecho Informático e Informática Jurídica I*. Montevideo: Fundación de Cultura Universitaria, 2017. p. 11-34.

CALIFORNIA STATE. *Assembly Bill n. 5 (AB 5)*. California: Signed into law, 2018.

______. *Case No. CGC-15-546378*. 2015. Disponível em: <https://pt.scribd.com/doc/268911290/Uber-vs-Berwick>. Acesso em: 27 jun. 2019.

______. *Case n. RG 21088725*. Castellanos v. State of California. 2021.

______. *Dynamex Operations West, Inc. v. Superior Court*. 2018. Disponível em: <https://scocal.stanford.edu/opinion/dynamex-operations-west-inc-v-superior-court-34584>. Acesso em: 29 ago. 2020.

CALIFORNIA SUPREME COURT. Dynamex Operations W. x. Superior Court and Charles Lee. *Real Party in Interest, 4 Cal.5th 903*. California, 2018.

CHILE. *Proyecto de ley que establece garantías básicas a las personas que prestan servicios a través de plataformas digitales*. 2020. Disponível em: Senado – Tramitación de proyectos. Acesso em: 06 nov. 2020.

COMISSÃO DAS COMUNIDADES EUOPEIAS. *Livro Verde:* modernizar o direito do trabalho para enfrentar os desafios do século XXI. Bruxelas: [s.n.], 2006.

ESPANHA. *Ley 20/2007, de 11 de julho de 2007*. Disponível em: <https://www.boe.es/buscar/act.php?id=BOE-A-2007-13409>. Acesso em: 10 jan. 2021.

______. *Roj: SJSO 3042/2018 – ECLI*: ES:JSO:2018:3042, 2018. Disponível em: <http://www.poderjudicial.es/search/openDocument/fa259a801e2ea6e1/20180926>. Acesso em: 18 ago. 2020.

______. Tribunal Social de Valência. *Sentença 244/2018*: Roj: SJSO 1482/2018 – ECLI: ES:JSO:2018:1482. Valencia, 2018.

______. Tribunal Social de Valência. *Roj SJSO 2892/2019* – ECLI: ES:JSO:2019:2892. Valencia, 2019.

EUA. *Case Number: 13-CA-163062*. 2015. Disponível em: <https://www.nlrb.gov/case/13-CA-163062>. Acesso em: 30 jun. 2019.

______. *Case Number: 11-46739*. Uber vs Berwick. Disponível em: <https://pt.scribd.com/doc/268911290/Uber-vs-Berwick>. Acesso em: 27 jun. 2019.

ITALIA. *Codice de procedura civile*. Decreto real de 28 de outubro de 1940, n. 1443. Disponível em: <https://www.gazzettaufficiale.it/sommario/codici/proceduraCivile>. Acesso em: 20 set. 2020.

______. *Decreto legislativo 81/2015, de 15 junho de 2015*. Disponível em: <https://www.gazzettaufficiale.it/eli/id/2015/06/24/15G00095/sg>. Acesso em: 20 set. 2020.

______. *Legge 81/2017, de 22 de maio de 2017*. Disponível em: <https://www.gazzettaufficiale.it/eli/id/2017/06/13/17G00096/sg>. Acesso em: 10 jan. 2021.

MEXICO. *INICIATIVA QUE REFORMA DIVERSAS DISPOSICIONES DE LA CONSTITUCIÓN POLÍTICA DE LOS ESTADOS UNIDOS MEXICANOS; Y DE LAS LEYES DEL IMPUESTO SOBRE LA RENTA, Y FEDERAL DEL TRABAJO, A CARGO DE LA DIPUTADA MARÍA ALEMÁN MUÑOZ CASTILLO, DEL GRUPO PARLAMENTARIO DEL PRI*. Disponível em: <sil.gobernacion.gob.mx/Archivos/Documentos/2019/04/asun_3873231_20190430_1554308431.pdf. http://sil.gobernacion.gob.mx/Archivos/Documentos/2019/04/asun_3873231_20190430_1554308431.pdf>. Acesso em: 06 nov. 2020.

MINAS GERAIS. Tribunal Regional do Trabalho da 3ª Região. *Processo n. 0011359-34.2016.5.03.0112*. Autor: Rodrigo Leonardo Silva Ferreira. Réu: Uber do Brasil Tecnologia LTDA. Diário Oficial [do] Estado, 31 jan. 2017. Belo Horizonte: 2017.

______. Tribunal Regional do Trabalho da 3ª Região. *Processo n. 0011863-62.2016.5.03.0137*. Autor: Artur Soares Neto. Réu: Uber do Brasil Tecnologia Ltda. Diário Oficial [do] Estado, 31 jan. 2017. Belo Horizonte, 2017.

______. Tribunal Regional do Trabalho da 3ª Região. 1ª Vara do Trabalho de Sete Lagoas. *Processo n.0010272-92.2021.5.03.0039*. Juiz Paulo Eduardo Queiroz Goncalves. Sete Lagoas, Minas Gerais. 14, jun.2021. Disponível em: <https://pje-consulta.trt3.jus.br/consultaprocessual/detalhe-processo/0010272- 92.2021.5.03.0039/1>. Acesso em 12. jul. 2022.

REINO UNIDO. EMPLOYMENT TRIBUNAL. *Case n. 2202550Q/2015*. Mr Y Aslam, Mr J Farrar and Others -V- Uber. Londres, 2016. Disponível em: <https://www.judiciary.uk/judg<ments/mr-y-aslam-mr-j-farrar-and-others-v-uber/>. Acesso em: 03 jul. 2020.

______. *Employment Rights Act 1996*. 1996. Disponível em: <https://www.legislation.gov.uk/ukpga/1996/18/contents>. Acesso em: 19 maio 2019.

______. London Employment Tribunal. *CASE n. 2202550Q/2015*. Mr. Y Aslam; Mr. J Farrar v. Uber B.V; Uber London Ltd; Uber Britannia Ltd. Disponível em: <https://www.judiciary.uk/wp-content/uploads/2016/10/aslam-and-farrar-v-uber-reasons-20161028.pdf>. Acesso em: 03 jul. 2019.

RÉPUBLIQUE FRANÇAISE. *Décision 16/12875*. CA Paris, pôle 6 – ch. 2, 9 nov. 2017, nº 16/12875; Juridiction: Cour d'appel de Paris, 2017.

______. *Décision 17/03088*. CA Paris, pôle 6 – ch. 2, 12 oct. 2017. Disponível em: <https://www.doctrine.fr/d/CA/Paris/2017/C93A1BD439C6D478D03D1>. Acesso em: 10 jan. 2020.

SUÍÇA. *Décision historique dans le dossier Uber:* les chaffeurs sont des salariés, pas des indépendants. Chancellerie d'État Service communication et information. Genève, jun 2022.

UNIÃO EUROPEIA. Resolução do Parlamento Europeu, de 15 de junho de 2017, sobre uma Agenda Europeia para a Economia Colaborativa (2017/2003(INI)). Disponível em: <https://www.europarl.europa.eu/doceo/document/TA-8-2017-0271_PT.html>. Acesso em: 08 dez. 2020.

UNIONEN. *The Frankfurt Declaration on Platform-Based Work*. 2017. Disponível em: <http://faircrowd.work/unions-for-crowdworkers/frankfurt-declaration/>. Acesso em: 28 jul. 2020.

***Sites* eletrônicos**

99FREELAS. *Veja como funciona*. Disponível em: <https://www.99freelas.com.br/como-funciona>. Acesso em: 29 jul. 2020.

AIRBNB. Disponível em: <https://www.airbnb.com.br/help/topic/1359/pagamentos-pre%C3%A7os-e-reembolsos>. Acesso em: 29 jul. 2020.

______. *O que é o Airbnb?* 2018. Disponível em: <https://news.Airbnb.com/br/saiba-mais-sobre-o-Airbnb/>. Acesso em: 21 nov. 2020.

AMAZON MECHANICAL TURK PRICING. Disponível em: <https://requester.mturk.com/pricing>. Acesso em: 29 jul. 2020.

ARBEX, P. *Amazon usa dados de clientes para desenvolver seus produtos, diz WSJ*. 2020. Disponível em: <https://braziljournal.com/amazon-usa-dados-de-clientes-para-desenvolver-seus-produtos-diz-wsj>. Acesso em: 12 set. 2020.

BASILIO, A. L. *O entregador Paulo Lima, conhecido como Galo, fala sobre a greve da categoria e os caminhos em busca de melhores condições de trabalho*. 2020. Disponível em: <https://www.cartacapital.com.br/sociedade/entregadores-antifascistas-a-uberizacao-vem-pra-suprimir-direitos/>. Acesso em: 09 out. 2020.

BENSUSÁN, G.; EICHHORST, W.; RODRIGUÉZ, J. *Las transformaciones tecnológicas y sus desafíos para el empleo, las relaciones laborales y la identificación de la demanda de cualificaciones*. 2017. Disponível em: <https://repositorio.cepal.org/bitstream/handle/11362/42613/S1700870_es.pdf?sequence=1&isAllowed=>. Acesso em: 28 set. 2019.

BLABLACAR. *Termos e condições*. 2020. Disponível em: <https://blog.blablacar.com.br/about-us/terms-and-conditions>. Acesso em: 28 jul. 2020.

BOTSMAN, R. *The Sharing Economy Lacks A Shared Definition*. Fast Company, 2013. Disponível em: <https://www.fastcompany.com/3022028/the-sharing-economy-lacks-a-shared-definition>. Acesso em: 25 jul. 2019.

BRASIL. *Desemprego*. 2020. Disponível em: <https://www.ibge.gov.br/explica/desemprego.php>. Acesso em: 14 out. 2020.

BRITO, C. *Motocas da Loggy Gritando na Porta TRT*. Youtube. 1:00min. Disponível em: <https://www.youtube.com/watch?v=b7Yn8UmqrEc>. Acesso em: 10 out. 2020.

CABIFY. *Transforme seu tempo em dinheiro*. Disponível em: <https://cabify.com/br/motoristas>. Acesso em: 28 jul. 2020.

CAMERA PRIVÊ. *Contrato de Prestação de Serviços e Outras Avenças*. 2020. Disponível em: <https://models.cameraprive.com/br/legal/platform-agreement>. Acesso em: 09 ago. 2020.

CANALTECH. *Uber passa a rastrear localização de usuários mesmo após o fim de uma corrida*. 2016. Disponível em: <https://canaltech.com.br/apps/uber-passa-a-rastrear-localizacao-de-usuarios--mesmo-apos-o-fim-de-uma-corrida-84945/>. Acesso em: 18 set. 2020.

CARNEIRO, L. *Branding e compartilhamento*: as novas cooperativas de plataforma. 2019. Disponível em: <https://www.proxxima.com.br/home/proxxima/how-to/2019/03/22/branding-e--compartilhamento-as-novas-cooperativas-de-plataforma.html>. Acesso em: 20 ago. 2020.

CASAGRANDE, C. Juízes do trabalho (supostamente) liberais: leiam o Financial Times. 2020. Jota.info. Disponível em: <https://www.jota.info/opiniao-e-analise/colunas/o-mundo-fora-dos--autos/juizes-do-trabalho-supostamente-liberais-leiam-o-financial-times-17082020>. Acesso em: 13 set. 2020.

CASTELO, J. P. A relação entre *apps* de entrega e quem atua para eles deve seguir a legislação trabalhista. *Folha de S. Paulo*. Disponível em: <https://www1.folha.uol.com.br/opiniao/2019/07/a--relacao-entre-apps-de-entrega-e-quem-atua-para-eles-deve-seguir-a-legislacao-trabalhista--sim.shtml>. Acesso em: 07 ago. 2020.

CONGER, K. California'a Gig Worker Law Is Unconstitutional. *New York Times*, ago. 2021. Disponível em: <https://www.nytimes.com/2021/08/20/technology/prop-22-california-ruling.html>. Acesso em: 28 ago. 2021

CORREIO BRASILIENSE. Trabalhador enfrenta fila de espera para se tornar entregador em aplicativo. 2020. Disponível em: <https://www.correiobraziliense.com.br/app/noticia/brasil/2020/07/19/interna-brasil,873476/trabalhador-enfrenta-fila-de-espera-para-se-tornar-entregador-em-aplic.shtml>. Acesso em: 22 jul. 2020.

CRAFTY. Quem somos? Disponível em: <https://crafty.work/sobre>. Acesso em: 29 jul. 2020.

CRUZ, L. Diferença entre Dados e Informação. 2017. Disponível em: <https://expertdigital.net/diferenca-entre-dados-e-informacao/#gsc.tab=0>. Acesso em: 18 set. 2020.

CUMBRE MUNDIAL SOBRE LA SOCIEDAD DE LA INFORMACIÓN. *Cumbre Mundial sobre la Sociedad de la Información*. 2019. Disponível em: <http://www.itu.int/net/wsis/index--es.html>. Acesso em: 10 abr. 2020.

DESPATRONADOS. *Delivery e courier de trabalhadores para trabalhadores*. Disponível em: <https://despatronados.wixsite.com/cooperativa>. Acesso em: 26 ago. 2020.

DIAS, M. *Como funciona o inDriver*? *App* deixa usuário definir preço das corridas. 2019. Disponível em: <https://www.techtudo.com.br/noticias/2019/07/como-funciona-o-indriver-app-deixa-usuario-definir-preco-das-corridas.ghtml>. Acesso em: 1º set. 2020.

DIGILABOUR. *Coletivos e cooperativas de entregadores no Brasil*. 2020. Disponível em: <https://digilabour.com.br/2020/07/26/coletivos-e-cooperativas-de-entregadores-no-brasil/>. Acesso em: 26 ago. 2020.

DICHKEY, M. A. *Judge grants Uber and Lyft temporary stay in driver reclassification case*. 2020. Disponível em: <https://techcrunch.com/2020/08/20/uber-lyft-emergency-stay-california/>. Acesso em: 29 ago. 2020.

DINERO. *Llegó la hora de regular las plataformas digitales*. 2020. Disponível em: <https://www.dinero.com/pais/articulo/los-proyectos-de-ley-para-regular-las-plataformas-digitales/294772>. Acesso em: 06 nov. 2020.

DOGHERO. *Como funciona*. Disponível em: <https://www.doghero.com.br/como-funciona>. Acesso em: 29 jul. 2020.

DOUTOR 123. *Como funciona*. 2020. Disponível em: <https://doutor123.com.br/>. Acesso em: 30 jul. 2020.

DUARTE, F. *Mortes de motoristas alertam para fragilidade nas relações com aplicativos de transporte*. 2019. Disponível em: <https://www.bahianoticias.com.br/noticia/242314-mortes-de-motoristas-alertam-para-fragilidade-nas-relacoes-com-aplicativos-de-transporte.html>. Acesso em: 10 jan. 2021.

EISENBREY, R.; MISHEL, L. *Uber business model does not justify a new 'independent worker' category*. 2016. Disponível em: <https://www.epi.org/publication/uber-business-model-does-non t-justify-a-new-independent-worker-category/>. Acesso em: 28 jun. 2019.

EISENBREY, R.; MISHEL, L. *Uber model does not justify a new independent worker category*. 2016. Disponível em: <https://www.epi.org/publication/uber-business-model-does-not-justify--a-new-independent-worker-category/>. Acesso em: 28 jun. 2019.

El ECONOMISTA. *Díaz traslada a los 'riders' que el Ministerio sigue progresando en la ley para regular su situación*. 2020. Disponível em: <https://www.eleconomista.es/empresas-finanzas/noticias/10579244/06/20/Diaz-traslada-a-los-riders-que-el-Ministerio-sigue-progresando-en-la--ley- para-regular-su-situacion.html>. Acesso em: 07 set. 2020.

ESTADÃO. *Empresas blablacar vai começar a cobrar assinaturas por caronas*. 2017. Disponível em: <https://link.estadao.com.br/noticias/empresas,blablacar-vai-comecar-a-cobrar-assinatura-por--caronas,70002109369>. Acesso em: 28 jul. 2020.

EUROPAN COMISSION. *Platform Workers in Europe Evidence from the COLLEEM Survey*. 2018. Disponível em: <https://ec.europa.eu/jrc/en/publication/eur-scientific-and-technical-research-reports/platform-workers-europe-evidence-colleem-survey>. Acesso em: 10 jan. 2020.

EXAME. *Prefeitura de SP faz acordo com iFood e Loggi para segurança de entregador*. 2019. Disponível em: <https://exame.com/negocios/prefeitura-de-sp-faz-acordo-com-ifood-e-loggi-para--seguranca-de-entregador/>. Acesso em: 09 out. 2020.

EXTRA CLASSE. *Contratação uberizada de professores por aplicativo já é realidade*. 2020. Disponível em: <https://www.extraclasse.org.br/educacao/2020/01/contratacao-uberizada-de-professores-por-aplicativo-ja-e-realidade/>. Acesso em: 06 set. 2020.

FELICIANO, G. G.; MORAES, P. *Automoção e trabalho:* sobre monturos, futuros e apuros. *Jota Info*. 2019. Disponível em: <https://www.jota.info/paywall?redirect_to=//www.jota.info/opiniao-e-analise/colunas/juizo-de-valor/automacao-e-trabalho-sobre-monturos-futuros-e-apuros-11102019>. Acesso em: 20 ago. 2020.

FERREIRA, A. *Precisa de bico para ganhar dinheiro extra? Apps* ajudam a arranjar cliente. 2017. Disponível em: <https://economia.uol.com.br/noticias/redacao/2017/08/23/bico-apps-dinheiro-renda-extra-oferecer-servicos.htm>. Acesso em: 28 jul. 2020.

FINANCIAL TIMES. *Uber and Lyft should treat drivers as employees*. Disponível em: <https://www.ft.com/content/8adf4de7-90e9-4304-aa6e-71d652946e80>. Acesso em: 13 set. 2020.

FISCHER, A. Os entregadores e a CLT. *Jota Info*, jul. 2020. Dsiponível em: <https://www.jota.info/paywall?redirect_to=//www.jota.info/opiniao-e-analise/artigos/os-entregadores-e-a-clt-31072020>. Acesso em: 05 set. 2020.

FOLHA DE S. PAULO. Número de carros de apps supera o de táxis em SP, revela secretário de Dória. Disponível em: <http://www1.folha.uol.com.br/cotidiano/2017/02/1855880-numero-de-carros-do-uber-supera-o-de-taxistas-em-sp-diz-secretario-de-doria.shtml>. Acesso em: 16 out. 2017.

FONSECA, T. *Uma impagável lição de economia:* taxistas impõem salário mínimo para motoristas da Uber. 2020. Disponível em: <https://www.mises.org.br/article/2970/uma-impagavel-licao-de-economia-taxistas-impoem-salario-minimo-para-motoristas-da-uber>. Acesso em: 09 out. 2020.

FREITAS JR., A. R.; SILVA, V. R. *The uberization of work and the legal regulation:* the challenge of labor protection in semi-peripheral economies. 2017. Disponível em: <http://www.labourlawn research.net/papers/uberization-work-and-legal-regulation-challenge-labor-protection-semi-peripheral-economies>. Acesso em: 09.out. 2020.

FRETE BRAS. *A forma mais rápida de encontrar caminhões para sua carga.* Disponível em: <https://pagina.fretebras.com.br/publicar-carga-para-frete?_ga=2.54351720.137460513.1562759355-1729840871.1562270284>. Acesso em: 29 jul. 2020.

FREY, C. B; OSBORNE, M. A. *The future of employment:* how susceptible are jobs to computerisation? 2013. Disponível em: <https://www.oxfordmartin.ox.ac.uk/downloads/academic/The_Future_of_Employment.pdf>. Acesso em: 16 out. 2019.

G1. *Aplicativo da prefeitura do Rio para táxis na cidade entra em funcionamento*. Disponível em: <https://g1.globo.com/rio-de-janeiro/noticia/aplicativo-da-prefeitura-do-rio-para-taxis-na-cidade-entra-em-funcionamento.ghtml>. Acesso em: 09 jul. 2019.

______. Rappi abre espaços de convivência e descanso para entregadores em São Paulo. *Globo.com*. 2020. Disponível em: <https://revistapegn.globo.com/Startups/noticia/2020/02/rappi-abre-espacos-de-convivencia-e-descanso-para-entregadores-em-sao-paulo.html>. Acesso em: 28 jul. 2020.

GETNINJAS. *GetNinjas alcança a marca de 500 mil profissionais cadastrados*. 2017. Disponível em: <https://comunicacao.getninjas.com.br/imprensa/getninjas-alcanca-marca-de-500-mil-cadastrados>. Acesso em: 28 jul. 2020.

GIG ECONOMY. Disponível em: <https://www.dontgigup.eu/>. Acesso em: 10 jan. 2020.

GLOBO NEWS. *Conheça o universo das cam girls, as garotas da web*. 2015. Disponível em: <http://g1.globo.com/globo-news/noticia/2015/10/conheca-o-universo-das-cam-girls-garotas-da-web.html>. Acesso em: 09 ago. 2020.

GOZZER, S. Trabajo dice que los chóferes de Uber son empleados de la firma. *El Pais.* 2015. Disponível em: <https://elpais.com/economia/2015/06/12/actualidad/1434135569_865496.html.> Acesso em: 27 jun. 2019.

GRISWOLD, A. *Dirty work:* almost everything that startsup get right — and horribly wrong — happened at home-cleaning service Handy. 2015. Disponível em: <https://slate.com/business/2015/07/handy-a-hot-startup-for-home-cleaning-has-a-big-mess-of-its-own.html>. Acesso em: 29 set. 2019.

GUTIÉRREZ, H. *Deliveroo se propone cerrar su división española.* 2021. Disponível em: <https://elpais.com/economia/2021-07-30/deliveroo-se-propone-cerrar-su-division-espanola.html>. Acesso em: 28 ago. 2021.

HARRIS, S.; KRUEGER, A. *A Proposal for Modernizing Labor Laws for Twenty-First-Century Work:* The "Independent Worker". The Hamilton Project. 2015. Disponível em: <https://www.hamiltonproject.org/papers/filter/all_topics/all_paper_types/2015/>. Acesso em: 10 jan. 2020.

HERN, A. *Why the term 'sharing economy' needs to die.* Out. 2015. Disponível em: <https://www.theguardian.com/technology/2015/oct/05/why-the-term-sharing-economy-needs-to-die>. Acesso em: 10 out. 2019.

HILFR. *Historic agreement:* First ever collective agreement for the platform economy signed in Denmark. Disponível em: <https://blog.hilfr.dk/en/historic-agreement-first-ever-collective-agreement-platform-economy-signed-denmark/>. Acesso em: 25 set. 2020.

IFOOD. *iFood:* como funciona a maior foodtech da América Latina. Disponível em: <https://movile.blog/ifood-como-funciona-a-maior-foodtech-da-america-latina/#:~:text=O%20iFood%20surgiu%2C%20em%202011,vida%20mais%20pr%C3%A1tica%20e%20prazerosa>. Acesso em: 30 jul. 2020.

IFOOD. *Termos e condições.* 2013. Disponível em: <https://www.ifood.com.br/termos>. Acesso em: 30 jul. 2020.

INDRIVER. *O poder de volta pata as suas mãos.* Disponível em: <https://indriver.com/pt/city/>. Acesso em: 1º set. 2020.

INLINE. *Trabalho flexível:* o mercado de trabalho em mudança. Disponível em: <https://www.inlinepolicy.com/understanding-workertech>. Acesso em: 10 jan. 2021.

INSTITUTE, M. G. *Independent work:* choice, necessity, and the gig economy. 2016. Disponível em: <https://www.mckinsey.com/~/media/McKinsey/Global%20Themes/Employment%20and%20Growth/Connecting%20talent%20with>. Acesso em: 20 set. 2019.

LALAMOVE. *Entregas rápidas 24/7.* Disponível em: <https://www.lalamove.com/brasil/sobre-nos>. Acesso em: 31 ago. 2020.

LALAMOVE. *Perguntas frequentes.* Disponível em: <https://www.lalamove.com/brasil/faq/usuario>. Acesso em: 31 ago.2020.

LARA, D. La ley de repartidores echa a andar en medio de la negativa de las empresas a contratar a toda su flota. *El Pais.* 2021. Disponível em: <https://elpais.com/economia/2021-05-11/el-consejo-de-ministros-aprueba-la-ley-de-riders-el-mundo-nos-esta-mirando.html>. Acesso em: 28 ago. 2021.

LA REPUBLICA. *Il sindaco di Bologna Merola:* "Boicottate Justeat & C." 2018. Disponível em: <https://bologna.repubblica.it/cronaca/2018/05/31/news/il_sindaco_di_bologna_boicottate_justeat_c_-197845063/>. Acesso em: 25 set. 2020.

LE DIRECT. Quatre livreurs de plateformes requalifiés en salariés par un juge professionnel. *Liberation.* 2019. Disponível em: <https://www.liberation.fr/direct/element/quatre-livreurs-de--plateformes-requalifies-en-salaries-par-un-juge-professionnel_99467/>. Acesso em: 27 jun. 2019.

LEPANJUURI, K.; WISHART, R.; P.; *The characteristics of those in gig economy.* 2018. Disponível em: <https://www.gov.uk/government/publications/gig-economy-research>. Acesso em: 10 jan. 2020.

LINHART, D. *L'ubérisation du code du travail n'est pas une fatalité.* 2017. Disponível em: <https://www.monde-diplomatique.fr/2017/07/LINHART/57684>. Acesso em: 15 jun. 2019.

LOBEL, O. *The Gig Economy & The Future of Employment and Labor Law.* San Diego: [s.n.], 2016. Disponível em: <http://ssrn.com/abstract=514132>. Acesso em: 20 set. 2019.

LOS ANGELES TIMES. *Companies start implanting microchips into workers' bodies.* 2017. Disponível em: <https://www.latimes.com/business/technology/la-fi-tn-microchip-employe-es-20170403-story.html>. Acesso em: 16 out. 2019.

MACHADO, L.; ALVIM, M. *A vida secreta dos brasileiros que trabalham no 'Uber do pornô'.* 2019. Disponível em: <https://www.uol.com.br/tilt/noticias/bbc/2019/10/14/a-vida-secreta-dos-brasileiros-que-trabalham-no-uber-do-porno.htm>. Acesso em: 08 nov. 2019.

MACHADO, L.; SOUZA, F. Coronavírus: entregadores de aplicativo trabalham mais e ganham menos na pandemia, diz pesquisa. 2020. Disponível em: <https://www.bbc.com/portuguese/bra-sil-52564246>. Acesso em: 10 nov. 2020.

MACHADO, Leandro. Dormir na rua e pedalar 12 horas por dia: a rotina dos entregadores de aplicativos. *BBC News Brasil,* mai 2019. Disponível em: <https://www.bbc.com/portuguese/bra-sil-48304340.amp#amp_tf=De%20%251%24s&aoh=16584255747675&referrer=https%3A%-2F%2Fwww.google.com>. Acesso em: 21 jul 2022.

MAIA, D. *Entregador do Rappi passa mal, é ignorado por empresa, Uber e Samu e morre em SP.* 2019. Disponível em: <https://www1.folha.uol.com.br/cotidiano/2019/07/entregador-do-rappi-pas-sa-mal-e-ignorado-por-empresa-uber-e-samu-e-morre-em-sp.shtml>. Acesso em: 13 jul. 2019.

MARASCIULO, M. *6 curiosidades sobre a história dos smartphones.* 2019. Disponível em: <https://revistagalileu.globo.com/Tecnologia/noticia/2019/07/6-curiosidades-sobre-historia-dos-smar-tphones.html>. Acesso em: 14 out. 2020.

MEHROTRA, D. As histórias de terror do Amazon Mechanical Turk. *Gizmodo.* 2020. Disponível em: <https://gizmodo.uol.com.br/amazon-mechanical-turk-historias-trabalhadores/>. Acesso em: 29 jul. 2020.]

MIELOT, G. Fin d'Uber à Genève, des chaffeurs sur lês carreau. *Léman Bleu,* jun 2022. Disponível em: <https://www.lemanbleu.ch/fr/Actualites/Geneve/2022060797013-Fin-d-Uber-a-Ge-neve-des-chauffeurs-sur-le-carreau.html>. Acesso em: 12 jul 2022.

MOOBIE. *Você sabe o que é economia compartilhada?* Disponível em: <https://www.moobie.com.br/economia-compartilhada>. Acesso em: 28 jul. 2020.

O EXPLORADOR. *Yoneji Masuda foi um dos pioneiros na conceituação da ideia de sociedade da informação*. 2016. Disponível em: <http://www.oexplorador.com.br/yoneji-masuda-sociologo-e-professor-japones/>. Acesso em: 05 abr. 2019.

OLIVEIRA, F. *Quer ajudar a causa dos entregadores de apps?* Veja "manuais" da greve. 2020. Disponível em: <https://www.uol.com.br/tilt/noticias/redacao/2020/07/01/breque-dos-apps-campanha-de-entregadores-pede-apoio-popular-nas-redes.htm?cmpid=copiaecola>. Acesso em: 07 set. 2020.

ONU. *ODS08*: trabalho decente e crescimento econômico. Disponível em: <http://www.agenda2030.com.br/ods/8/>. Acesso em: 8 out. 2019.

OUR HISTORY. 1995. Disponível em: <https://www.ebayinc.com/company/our-history/>. Acesso em: 13 abr. 2020.

OXNAR. O que é "camming"? 2018. Disponível em: <http://www.blogdoox.com/2018/01/o-que-e-camming.html>. Acesso em: 09 ago. 2020.

PARAFUSO. Diarista preferencial. 2017. Disponível em: <https://ajuda.parafuzo.com/hc/pt-br/articles/215721238-Diarista-Preferencial>. Acesso em: 1º set. 2020.

PAUL, K. *The Uber drivers forced to sleep in parking lots to make a decent living*. 2019. Disponível em: <https://www.theguardian.com/technology/2019/may/07/the-uber-drivers-forced-to-sleep-in-parking-lots-to-make-a-decent-living>. Acesso em: 15 set. 2019.

PÉREZ, G. R. *El Consejo de Ministros aprueba la ley de 'riders': "El mundo nos está mirando"*. 2021. Disponível em: <https://elpais.com/economia/2021-05-11/el-consejo-de-ministros-aprueba-la-ley-de-riders-el-mundo-nos-esta-mirando.html>. Acesso em: 28 ago. 2021.

POPULAR SCIENCE. *Boy Given A 3-D Printed Spine Implant*. 2014. Disponível em: <https://www.popsci.com/article/science/boy-given-3-d-printed-spine-implant/>. Acesso em: 16 out. 2019.

PROFES. Queremos te ajudar a aprender melhor. Disponível em: <https://profes.com.br/contas/planos/>. Acesso em: 1º set. 2020.

PROFES. *Termos de uso*. Disponível em: <https://profes.com.br/info/termos-de-uso/>. Acesso em: 1º set. 2020.

RAPPI. *Como funciona a Rappi:* tudo o que precisa saber sobre o *app*. 2019. Disponível em: <https://www.rappi.com.br/blog/como-funciona-a-rappi/>. Acesso em: 28 jul. 2020.

REMESSA ONLINE. *Como funciona a plataforma Fiverr*. 2019. Disponível em: <https://www.remessaonline.com.br/blog/fiverr-o-que-e-como-funciona/>. Acesso em: 29. jul. 2020.

REVISTA VIAGEM. Tiramos 10 dúvidas sobre o app de caronas de viagem BlaBlaCar. *Viagem e Turismo.* 2016. Disponível em: <https://viagemeturismo.abril.com.br/materias/10-duvidas-sobre-as-caronas-de-viagem-da-blablacar-agora-no-brasil/>. Acesso em: 28 jul. 2020.

ROBINSON, C. *Exploring portable ratings for gig workers*. 2018. Disponível em: <https://medium.com/doteveryone/exploring-portable-ratings-for-gig-workers-5632fd9b262e>. Acesso em: 10 ago. 2019.

ROSA, N. 13 anos de iPhone: relembre como foi o dia que mudou a história dos celulares. *Canaltech*. 2020. Disponível em: <https://canaltech.com.br/smartphone/13-anos-de-iphone-relembre-como-foi-o-dia-que-mudou-a-historia-dos-celulares-158893/>. Acesso em: 25 nov. 2020.

SACHS, B. *Do we need an "independent worker" category?* On labor: works, unions, politcs. 2015. Disponível em: <https://onlabor.org/do-we-need-an-independent-worker-category/>. Acesso em: 28 jun. 2019.

SAID, C. *Honor lands $20 million for senior in-home care agency*. San Francisco, 2015. Disponível em: <https://www.sfchronicle.com/business/article/Honor-lands-20-million-for-senior-in-home-care-6173606.php>. Acesso em: 15 set. 2019.

SAÚDE BUSINES. Docway leva a medicina brasileira para o futuro. *Saúde Business*. 2019. Disponível em: <https://saudebusiness.com/mercado/docway-leva-medicina-brasileira-para-o-futuro/>. Acesso em: 29 jul. 2020.

SCHREIBER, M. *Adeus, iFood'*: entregadores tentam criar cooperativa para trabalhar sem patrão. Disponível em: <https://noticias.uol.com.br/ultimas-noticias/bbc/2020/07/27/adeus-ifood-entregadores-tentam-criar-cooperativa-para-trabalhar-sem-patrao.htm>. Acesso em: 19 ago. 2020.

SHELLENBARGER, S. *Work at Home?* Your Employer May Be Watching. 2008. Disponível em: <https://www.wsj.com/articles/SB121737022605394845>. Acesso em: 14 abr. 2019.

SINGER, N. In the Sharing Economy, Workers Find Both Freedom and Uncertainty. *New York Times*. 2014. Disponível em: <https://www.nytimes.com/2014/08/17/technology/in-the-sharing-economy-workers-find-both-freedom-and-uncertainty.html>. Acesso em: 09 out. 2020.

SMITH, R.; LEBERSTEIN, S. Número de carro Uber supera o de taxista. *Folha de S. Paulo*. 2016. Disponível em: <http://www1.folha.uol.com.br/cotidiano/2017/02/1855880-numero-de--carros-do-uber-supera-o-de-taxistas-em-sp-diz-secretario-de-doria.shtml)>. Acesso em: 05 nov. 2020.

SOBRINHO, W. P. Aplicativos de saúde facilitam consulta, mas escondem avaliação do médico. *UOL*. 2018. Disponível em: <https://noticias.uol.com.br/saude/ultimas-noticias/redacao/2018/03/16/consulta-barata-e-medico-em-casa-a-revolucao-dos-aplicativos-na-saude.htm>. Acesso em: 29 jul. 2020.

SOFTWARE TESTING HELP. Top 13 Best Big Data Companies of 2020. 2020. Disponível em: <https://www.softwaretestinghelp.com/big-data-companies/>. Acesso em: 18 set. 2020.

SOUZA, F. Moradores de periferia de SP criam a Ubra para bairro vetado pelo Uber. *G1.com*. Disponível em: <https://g1.globo.com/brasil/noticia/moradores-de-periferia-de-sp-criam-a-ubra-para-bairro-vetado-pelo-uber.ghtml>. Acesso em: 09 jul. 2019.

SUPERPROF. *Política e privacidade*. 2020. Disponível em: <https://www.superprof.com.br/politica-de-privacidade.html>. Acesso em: 1º set. 2020.

THE GUARDIAN. The Uber drivers forced to sleep in parking lots to make a decent living. *The Guardian*. 2019. Disponível em: <https://www.theguardian.com/technology/2019/may/07/the-uber-drivers-forced-to-sleep-in-parking-lots-to-make-a-decent-living>. Acesso em: 09 out. 2020.

TIPPETT, E. C. *Employee Classification in the Sharing Economy*. Cambridge: Handbook of Law and Regulation of the Sharing Economy, Forthcoming, 2017. Disponível em: <https://ssrn.com/abstract=3009943>. Acesso em: 09 out. 2020.

TODOLLI, A. *Primera Sentencia que Condena a Deliveroo y declara la Laboralidad del Rider*. 2018. Disponível em: <https://adriantodoli.com/2018/06/04/primera-sentencia-que-condena-a-deliveroo-y-declara-la-laboralidad-del-rider/>. Acesso em: 27 jun. 2019.

TOMAZELLI, I. Trabalhador enfrenta fila de espera para se tornar entregador em aplicativos. *UOL*. 2020. Disponível em: <https://economia.uol.com.br/noticias/estadao-conteudo/2020/07/19/trabalhador-enfrenta-fila-de-espera-para-se-tornar-entregador-em-aplicativos.htm>. Acesso em: 10 nov. 2020.

TUTTLE, B. Can we stop pretending the sharing economy is all about sharing? *Money.com*, 2014. Disponível em: <http://money.com/money/2933937/sharing-economy-Airbnb-uberb-monkeyparking/>. Acesso em: 13 nov. 2019.

VIEIRA, B. M. Entregadores se unem por melhores condições de trabalho nos aplicativos: 'Entrego comida com fome', diz ciclista. *G1.com*. 2020. Disponível em: <https://g1.globo.com/sp/sao-paulo/noticia/2020/06/21/entregadores-se-unem-por-melhores-condicoes-de-trabalho-nos-aplicativos-entrego-comida-com-fome-diz-ciclista.ghtml>. Acesso em: 22 jul. 2020.

VINTECONTO. *Como funciona*. 2015. Disponível em: <https://vinteconto.com.br/como-funciona>. Acesso em: 29 jul. 2020.

WIKIPÉDIA. *Workana*. Disponível em: <https://pt.wikipedia.org/wiki/Workana>. Acesso em: 28 jul. 2020.

WIRED. The Rise of Crowdsourcing. 2006. *Wired.com*. Disponível em: <https://www.wired.com/2006/06/crowds/>. Acesso em: 15 out. 2017.

WORKANA. A evolução do trabalho começa pelas pessoas e sua cultura. Disponível em: <https://www.workana.com/about>. Acesso em: 28 jul. 2020.

WORLD POPULATION REVIEW. *Uber Countries 2020*. Disponível em: <https://worldpopeulationreview.com/country-rankings/uber-countries>. Acesso em: 29 ago. 2020.

ZARLONI, L. *Nasce il polo italiano del food delivery:* Sgnam-Mymenu ingloba Bacchette forchette. 2018. Disponível em: <https://www.wired.it/economia/business/2018/07/27/food-delivery-bacchetteforchette-sgnam-mymenu-polo-italiano/?refresh_ce=>. Acesso em: 25 set. 2020.